国家社科基金
后期资助项目
GUOJIA SHEKE JIJIN HOUQI ZIZHU XIANGMU

牛河梁遗址红山文化晚期社会的构成

A Study of the Social Structure of the Late Stage of
Hongshan Culture in Niuheliang Site

郭 明 著

社会科学文献出版社
SOCIAL SCIENCES ACADEMIC PRESS (CHINA)

彩图 1　N2Z1 东侧冢界墙

彩图 2　N2Z3 空拍照片

彩图 3　N5Z1M1 与 N5SCZ1 相对位置

彩图 4　N2Z2M1 冢台砌石

彩图 5　十三地点砌石

彩图 6　三联璧与双联璧形制对比

彩图 7　N2Z1M1 玉镯管钻

彩图 8　N2Z1M14 玉镯内壁修复痕迹

彩图 9　N2Z3 出土玉钻芯

彩图 10　N5Z1M1 勾云形玉器再修整

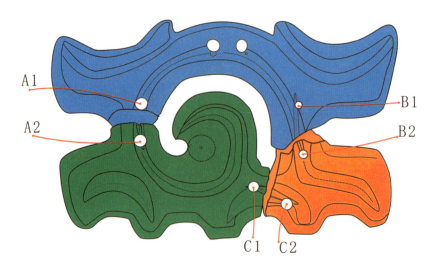

彩图 11　N2Z1M24 勾云形玉器修复钻孔

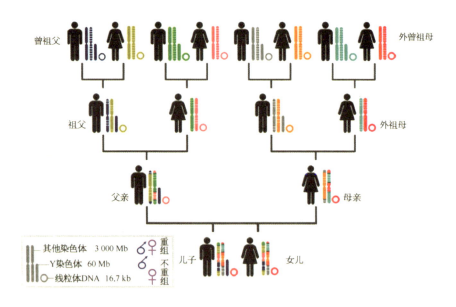

彩图 12　基因组遗传方式示例

（李辉、金力:《Y染色体与东亚族群演化》,上海科学技术出版社,2015,第16页,图1-4）

国家社科基金后期资助项目
出版说明

后期资助项目是国家社科基金设立的一类重要项目，旨在鼓励广大社科研究者潜心治学，支持基础研究多出优秀成果。它是经过严格评审，从接近完成的科研成果中遴选立项的。为扩大后期资助项目的影响，更好地推动学术发展，促进成果转化，全国哲学社会科学工作办公室按照"统一设计、统一标识、统一版式、形成系列"的总体要求，组织出版国家社科基金后期资助项目成果。

全国哲学社会科学工作办公室

目　　录

序

　　随着 20 世纪 70 年代末 80 年代初东山嘴、牛河梁遗址的发现和"燕山南北地区考古"课题的提出，红山文化研究有了突破性的进展，但相对于同时代其他地区的考古文化而言，仍有很多薄弱环节，如分期和地域文化类型划分等基础性研究。这种情况随着牛河梁遗址发掘和研究的进展，特别是 2012 年牛河梁遗址考古发掘报告的发表，逐渐有所改善，但仍有不少差距。郭明同志选择牛河梁遗址为重点做红山文化晚期社会构成方面的研究，并已拿出系列成果，自然应引起关注。

　　分期一直是红山文化研究中一个未完全解决且仍有较大难度的课题，这同红山文化遗址普遍堆积较薄而大面积发掘甚少、缺少系统发掘资料有关。牛河梁遗址资料虽相对完整，但遗存的地层（如石砌遗迹和相应的文化堆积）和遗物（玉器和非实用陶器）有诸多前所未遇的特殊性，尤其是墓葬多只葬玉器，基本无陶器随葬，这些都迫使我们在墓葬分期方面不得不另辟蹊径。在牛河梁遗址发掘报告中将有明确地层关系和陶器对应变化的遗存从总体上分为三期，主要是下、上层积石冢的区分，成为当时解开牛河梁遗址诸多问题如遗址群形成的一把钥匙，至于各地点间、每个地点诸积石冢间、诸冢中墓葬间的时间早晚关系，受材料所限，未做进一步探讨，只尽量提供了原始资料。郭明同志在运用类型学方法进行分期研究方面下了很大功夫。在发掘报告分期的基础上，对以筒形器为主的陶器做了进一步的型与式的划分，将 A、B 型都做了分式，B 型还细分了亚型。以此为前提将下层积石冢分为两段，上层积石冢分为五段，从而使牛河梁遗址的分期有所推进。

　　不仅如此，郭明同志还将类型学运用于对积石冢的分析中，将积石冢各自结构上的差别做了细致的排比，依据地层关系对包括外界墙、内界墙、冢台和冢内诸墓间关系的判断；圆形冢与方形冢的分类比较；墓葬结构结合头向的不同对各冢内墓葬及与冢体的早晚关系的比较；头向和墓葬顶底板的有无对应的分段研究；等等。在此基础上将积石冢从建造、使用到废弃过程分别加以分析，这对下一步积石冢的发掘和研究都会有所启示。

社会形态研究作为本书的重点，作者不仅把诸多积石冢及其结构细部的区别与社会形态的变化紧密结合，更坚持从理论上加以探讨，如聚落的共时性与历时性；从陶器和玉器制作分工看神权社会中社会管理方式及变化，生产组织方式及权力来源；酋邦社会在中国的适应和名称使用问题；随葬特殊玉器和多数量玉器的一致与区别看富与贵的一致和区别；等等。这些都增加了本项研究的深度。

读郭明同志的论著，也引起我对牛河梁遗址一些问题的回顾和思考。

2012 年底牛河梁遗址报告正式出版，报告虽然是对 30 多年发掘工作的总汇，但也只是阶段性成果。这是因为除了牛河梁遗址区内多数遗址点尚未发掘以外，在报告编写过程中，又不断有新的课题提出。

提到目前牛河梁遗址用于包括分期在内的材料的局限性，我的体会是，出土量最大的 B 型筒形器，通体复原者甚少，大量的口部和大量的底部，彼此无法对应，这就使从体型上进行分析比较受到很大限制，也对准确划分型式造成困难；A、B 型筒形器与下、上层积石冢的划分，虽然已可定论，但由于都为下、上层积石冢的叠压关系，如 N2Z4、N5Z2，N16 的 1979 年发掘部分，而上层积石冢都规模较大，高平低垫，使直接叠压在下面的下层积石冢几乎全被严重扰动而很不完整，所以对下层积石冢的了解十分有限。郭明在行文中已注意到这些不利因素。下一步的工作需在牛河梁已有资料和提出问题的基础上有针对性地进行。从牛河梁以往调查材料看，筒形陶器仍然是分期主要依据。除最多见的 B 型筒形器以外，需选择较单纯的下层积石冢即只出 A 型筒形器的积石冢进行系统发掘，还有出折领筒形器或 A 型筒形器和折领筒形器共出的遗存也应引起注意。这在调查材料中已有些线索。例如凌源市区附近有只出 A 型筒形器的遗存，又如目前只见于第一地点的折领型筒形器（本书划为 C 型），也见于未经发掘的 N9 地点。本书提供的 2014 年调查材料也有可喜线索，如 N8、N36 只采集到 A 型，南营子东梁，为 A 型与折领筒形器共出。这些都应列为今后工作的重点。

至于对牛河梁遗址进行社会形态方面的研究，这是从牛河梁遗址发现之初就已开始的课题，也是对牛河梁遗址关注的焦点所在，虽然这项研究是从多方面展开的，但社会结构无疑是其中的核心内容。牛河梁作为红山文化级别最高的一处中心聚落，在反映社会结构方面当然更具典型性，同时遗存保存相对较好，不仅各地点之间都独占山头，每个地点的诸冢之间也都保存了包括冢的界限在内的地上部分，这就使各个地点和各地点诸积石冢及它们所代表的不同层次的社会单元，可以有比较明确的区分。冢内则有中心大墓与同冢中其他墓葬不仅在规模上而且也在位置上的明显区分。这些都显示出牛河梁遗址在探讨社会结构方面独有的优势。

不过，对红山文化进行社会变革的研究，需要把握的最大特点也是切入点，是神权至上。本书对这一重要特点也有较为准确的认识和把握。神权社会自有其发展规律和进程，就我们目前所能认识到的，如在物质条件不足的前提下，精神领域得到超前发展；与此相应的是，对非实用的具精神内含的因素如玉器及非实用的陶器，在自身发展演变、传统的延续和文化交流中的活跃程度的估计，这些与以往与生产生活有密切关系的因素有所不同的新的研究对象，需要有个摸索适应过程和与通常考古研究方法相衔接的新的研究方法。对此要有充分估计。本书对这些方面也都做了有益的探索

规模宏大的牛河梁遗址群，历经 5000 年风雨沧桑，却从地下、地上遗存到周围环境，无论单体还是组合，都能得以基本保存，少有晚期扰动，这是极为难得的。应作为一个整体，做出独立的长期考古规划，在以往工作经验包括教训的前提下，及时提出新课题，有针对性开展工作，坚持年年有成果，不断积累，一定会对牛河梁遗址和以它为代表的中华 5000 年文明起源的自身发展道路、特点及其在中国乃至东亚和世界的地位，有更全面的揭示。郭明同志对牛河梁遗址的研究成果，也一定会在其中起到积极作用。

郭大顺

2018 年 3 月于海南东方市汇艺蓝海湾

绪 论

　　红山文化是辽西地区①新石器时代晚期重要的考古学文化，其遗址较为集中地分布在燕山以北的大凌河和西辽河上游地区②（图 0−1）。多数遗址仅见于调查材料，经过正式发掘并有材料发表者仍相对较少，经过发掘的魏家窝铺、西台等大型聚落址的材料尚未发表。

　　这在一定程度上阻碍了红山文化研究的深入。零星发表的材料和调查资料虽然提供了丰富的信息，但对其有效地利用仍依赖对科学发掘材料的系统分析。

　　位于红山文化区南部的牛河梁遗址是目前发现的规模最大的红山文化遗址群，由多个积石冢地点和其他功能建筑遗迹组成，根据遗址点的分布范围所确定的保护核心区面积约 50 平方公里。《牛河梁——红山文化遗址发掘报告（1983—2003 年度）》（以下简称《牛河梁》）详尽地发表了牛河梁遗址近 20 年的考古发现情况，是目前发表资料最为完整的红山文化遗址。因此，本书选取牛河梁遗址作为切入点，通过对牛河梁遗址系统发掘材料的分析，借助其他零散发表材料及调查资料，探讨以牛河梁遗址为代表的红山文化社会的社会形态及相关问题。

---

① 此处的辽西地区不限于行政区划上的辽宁西部地区，而是采用考古学上辽西区的概念，其范围包括行政区划上的辽宁省西部和内蒙古东南部地区。（苏秉琦：《中国文明起源新探》，生活·读书·新知三联书店，1999，第 40 页）

② 近年西辽河流域发现的哈民忙哈遗址也常被划归红山文化，称为红山文化哈民类型，但其陶器的特征与目前确认的典型红山文化遗存仍有差别，也有学者提出应将其单独定名为哈民忙哈文化。由于不涉及对哈民忙哈遗址的具体分析，在此笔者采用较为保守的判断，不将此类遗存归入红山文化加以考量。

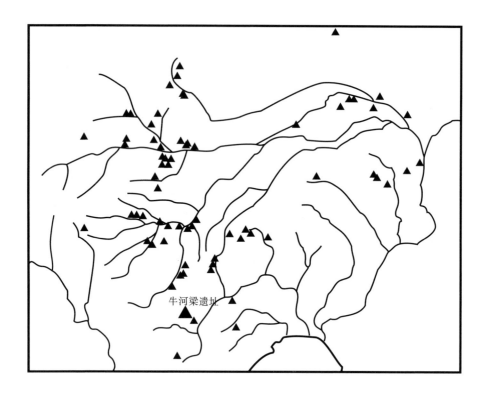

图 0 - 1　红山文化遗址分布示意

图片来源：据刘国祥《红山文化研究》（科学出版社，2016，第 11 页）改绘。

一　遗址概况

　　牛河梁遗址地处大凌河水系的上游地区，努鲁尔虎山东南侧的丘陵地带，为目前发现的位于红山文化区南部的遗址之一。行政区划上位于辽宁省建平县、凌源市与喀喇沁左翼蒙古族自治县交界处，遗址中心点东北距建平县城 12.5 公里，西南距凌源市区 15 公里。遗址所在区域属较为典型的辽西丘陵地貌，区域内可见多道东北 - 西南走向的山梁，地势北高南低，海拔高程 550 ~ 680 米。梁脊较为平缓，截至目前，发现的红山文化遗址点多分布于梁脊之上。山上岩石风化严重，质地较为疏松，区域内以松树或灌木为主要植被。

对全新世整体气候环境①以及东北地区气候环境变化的分析②都显示距今 8500~5000 年期间为全新世气候最为暖湿的一个时期，自距今 5000 年开始，气候逐渐向干凉转变。

气候环境的变化会影响土壤和沉积物中的黏土矿物含量的变化：暖湿气候环境下，高领石和蒙脱石的含量会增加，而伊利石的含量则会在干凉的气候环境下有所增加。对凌源市西八间房大凌河上游阶地黏土矿物含量变化的分析③显示该地区的气候自距今 9000 年开始向暖湿方向发展，至距今 6000 年左右达到最高，黏土矿物含量显示距今 5000 年开始气候波动性向干凉变化。

相应地点的孢粉分析的结果也表明大凌河区域的暖湿气候自距今 8500 年左右开始一直延续到距今 5000 年左右。与矿物含量变化略有差异的是，自距今 6000 年开始木本花粉中针叶树花粉的含量有所增加，显示出现了阔叶树植被衰退的迹象，而这种差异的出现也可能与人群对环境特别是植被的破坏有关。

对牛河梁遗址文化层内发现的动植物残体样本的分析发现植物残体包括较多的栎、白蜡树残体和藜草籽，表明遗址形成前或遗址形成时期，植被属森林草原类型，区域内存在大量的栎及白蜡树树种。④ 孢粉分析的结果显示孢粉组合⑤中以草本、灌木花粉为主，木本花粉以温带落叶阔叶树种为主，大量的草本及灌木花粉显示当时可能以草原植被为主，孢粉组合中环纹藻的出现则显示着当时的气候较现今暖湿。两种分析结果大体相同，但其所显示的木本植物的比例方面略有差异，结合遗址中发现的大量

① 孔昭宸、杜乃秋、王苏民等：《中国全新世大暖期气候与环境的基本特征》，载施雅风主编《中国全新世大暖期气候与环境》，海洋出版社，1992，第 1~18 页。
② 孔昭宸、杜乃秋、刘观民等：《内蒙古自治区赤峰市距今 8000—2400 年间环境考古学的初步研究》，载周昆叔主编《环境考古研究》第一辑，科学出版社，1991，第 112~119 页；夏正楷、邓辉、武弘麟：《内蒙西拉木伦河流域考古文化演变的地貌背景分析》，《地理学报》2000 年第 3 期。
③ 莫多闻等：《红山文化牛河梁遗址环境考古研究》，载辽宁省文物考古研究所编著《牛河梁——红山文化遗址发掘报告（1983—2003 年度）》，文物出版社，2012，第 486 页。
④ 莫多闻等：《红山文化牛河梁遗址环境考古研究》，载辽宁省文物考古研究所编著《牛河梁——红山文化遗址发掘报告（1983—2003 年度）》，文物出版社，2012，第 484 页。
⑤ 莫多闻等：《红山文化牛河梁遗址环境考古研究》，载辽宁省文物考古研究所编著《牛河梁——红山文化遗址发掘报告（1983—2003 年度）》，文物出版社，2012，第 485 页。

炭屑，分析者指出可能是当时人类营建遗址过程中砍伐树木等行为导致了孢粉组合中木本植物花粉的减少。

对东北地区全新世的整体气候变化特征和大凌河流域小区域多项气候环境因素的分析都显示，在距今 5000 年的红山文化较为繁盛的时期区域内气候环境最为温暖适宜。目前牛河梁遗址共有四组测年的数据，年代集中在前 3799 ~ 前 2920①，这表明遗址的使用时间大体在全新世大暖期环境最为适宜的时期。

牛河梁遗址区与现今的大凌河仍有一定的距离，但在该区域的调查发现了很多铺满河卵石的干旱河床，也显示红山文化牛河梁遗址延续使用的时期的气候环境较现今更为暖湿适宜，红山文化时期遗址区内可能存在河流等适宜于水生藻类植物生活的环境，人类获取水生食物资源可能较今日更为便利。

二 遗址的考古发现

牛河梁遗址的考古调查和发掘工作主要集中在 2003 年之前，经过多年的工作，研究者在遗址区内逐渐确认了包括第一地点"女神庙"、第十三地点"金字塔"建筑及 14 个积石冢地点在内的十六个地点，并对其中的部分地点进行了发掘和试掘，根据工作重点的差异，牛河梁遗址的考古工作可分别以 1983 年和 2013 年为界分为三个阶段。

1983 年以前为第一阶段，以调查和零星的发掘为主，发现遗物以彩陶片、玉器等为主。早在 20 世纪 40 年代，佟柱臣先生在牛河梁一带做考古调查时曾采集到大块的彩陶片②，并曾见到"缺去一角的勾云形玉佩饰"③。20 世纪 70 年代以来，从该地区不断收集到后来被认为属于红山文化的玉器，但一直没有找到明确的出土地点及层位关系，对这类玉器的认识并不清楚。

---

① 辽宁省文物考古研究所：《辽宁牛河梁红山文化"女神庙"与积石冢发掘简报》，《文物》1986 年第 8 期。

② 佟柱臣：《凌源新石器时代遗址之调查》，《热河》满洲古迹古物名胜天然纪念物保存协会会志第四辑考古资料编，1943 年 4 月；《凌源新石器时代遗迹考察》，《盛京时报》1943 年 6 月 13、15 日，第 5 版；《凌源牛河梁彩陶遗址》，载《建国教育》（1943 年）。

③ 佟柱臣：《中国东北地区和新石器时代考古论集》，文物出版社，1989，第 255 页。

1979 年开展的辽宁省文物普查试点工作中，在凌源县（今凌源市）三官甸子村东北的城子山遗址发掘了 3 座出土玉器的墓葬，这组墓葬后来被确认为属红山文化，确定城子山遗址是一处包含夏家店下层文化和红山文化遗存的重要遗址点①，现编号为牛河梁遗址第十六地点（N16）。

1981 年辽宁省第二次文物普查时，工作人员从当地村民手中收集到斜口筒形玉器 1 件、双联玉璧 1 件，并根据村民提供的线索在建平县马家沟村附近找到了玉器的采集地点，在地点附近又采集到红山文化彩陶片及石器，确认该地点为红山文化遗址。对发现人骨的遗迹进行了清理，发现了砌石墓葬及玉器②，从而确定此前发现的玉器皆为红山文化遗物。该地点后被编号为牛河梁遗址第二地点（N2）。

通过这一时期的调查和发掘，牛河梁遗址及出土玉器的性质得到初步确认，为后来的系统发掘奠定了基础。

第二阶段为 1983～2013 年，在此期间进行的考古调查进一步确认了牛河梁遗址的十六个地点，并对其中的第一地点、第十三地点进行了试掘，对第二、三、五、十六地点进行了系统发掘，发掘成果成为对牛河梁遗址进行深入研究的重要资料。

第一地点（N1）位于第二地点北侧山梁顶端，发现四处建筑址及窖穴、灰坑等遗迹：N1J1（女神庙）为半地穴式建筑，位于第一地点南侧，由北多室和南单室组成，在穴口外缘发现碳化木柱，墙壁和仿木建筑构件上可见草拌泥痕迹，出土遗物多为各类塑像残块，彩绘壁画残块及少量器形较大、烧制火候较高的特异形陶器残片。因其出土遗物的特殊性，建筑内也未发现日常生活遗迹，发掘者将其称为"女神庙"，认为其可能与宗教等特殊礼仪行为有关。③

N1J2 位于 N1J1 北侧，由东、西、北部偏西三个近"品"字形分布的山台组成，山台上有人工砌筑的石墙，在北部山台的北缘采集到泥塑人像

① 李恭笃：《辽宁凌源县三官甸子城子山遗址试掘报告》，《考古》1986 年第 6 期。
② 孙守道、郭大顺：《辽河流域的原始文明与龙的起源》，《文物》1984 年第 6 期。
③ 辽宁省文物考古研究所：《辽宁牛河梁红山文化"女神庙"与积石冢群发掘简报》，《文物》1986 年第 8 期。

的手臂、耳，清理出泥塑仿木建筑构件残块。

N1J3 位于 N1J2 东侧，西距 N1J2 东山台东石墙约 60 米，为不规则的圆角长方形半地穴式建筑，在其中清理出大量的筒形器残片。[①]

N1J4 位于 N1J2 北山台北侧，为长方形半地穴式建筑，地面经修整，发现柱洞 4 排，在地面中部有两个相连的方形烧土面，出土石器、筒形器、塔形器、折腹盆、彩陶罐及夹砂灰陶筒形罐等器物残片。

第十三地点（N13）的主体为直径 40 米的圆形夯土土丘，土丘外包积石并砌石墙，石墙直径 60 米，出土塔形器及彩陶片，试掘区域内未发现墓葬，性质也与牛河梁遗址区其他地点的发现不同，发掘者认为其可能也是与特殊礼仪行为有关的"金字塔式建筑"。

第二地点（N2）是牛河梁遗址发现最早的遗址点，也是目前经过发掘的面积最大的遗址点，东距建平县富山乡张福店村马家沟村民组 830 米、海拔高程约 625 米，所在山岗地势较为平坦开阔，北高南低，锦承铁路和老 101 公路在其南北两侧通过。经过 1983～1992 年的多次发掘，确认这是一个由六个单体积石冢（或积石建筑）组成的群冢组合，自西向东编号为 Z1～Z6，除 Z6 为老 101 公路所叠压，无法了解其全貌外，其余几组积石冢基本结构保存完好，多为方形或长方形积石建筑，多数遗迹积石之下可见墓葬。其中 Z1 发现墓葬数量最多，M21[②]，M25、M26[③]，M4及其上叠压的 M14 都曾以简报形式发表过。墓葬内出土遗物仅见玉器一种，在积石冢北侧还发现了位于原位的筒形器。N2Z2 也为长方形积石冢，冢域范围内墓葬数量不多，但其中心位置的墓葬为目前发现墓葬中规模较大者，该墓早期被盗，未有遗物出土。N2Z3 和 N2Z4 可见圆形积石建筑，N2Z3 为目前牛河梁遗址发现的唯一一座以立置石柱作为积石冢主体、无墓葬的积石冢，发掘者认为其应为"坛"。N2Z4 还发现了圆形和方形积

---

① 华玉冰：《牛河梁女神庙平台东坡筒形器群遗存发掘简报》，《文物》1994 年第 5 期。

② 辽宁省文物考古研究所：《辽宁牛河梁第二地点一号冢 21 号墓发掘简报》，《文物》1997 年第 8 期。

③ 辽宁省文物考古研究所：《牛河梁红山文化第二地点一号冢石棺墓的发掘》，《文物》2008 年第 10 期。

石建筑之间的叠压关系①，除了以砌石为边界、其中有多个墓葬的积石建筑外，N2Z4 还发现了以单个墓葬为中心，以筒形器为外围边界的圆形积石冢，并由此确定了以筒形器为边界的下层积石冢和以砌石为边界的上层积石冢之间的早晚关系。N2Z5 为方形积石冢，面积较小，不见墓葬，又被发掘者称为"方坛"。

第三地点（N3）位于第二地点南侧山梁上，为规模较小的单冢。发掘发现了中心墓、南侧的砌石墓②及环绕冢体的壕沟，中心墓葬位于山岗最高处，其他规模较小的墓葬位于中心墓的南侧和西南侧，墓葬排列方式与已知的第二地点有所不同，也未见第二地点的那种砌筑规整的石墙。出土遗物主要为筒形器和玉器两种，玉器为墓葬随葬品，筒形器则见于冢体堆积或墓葬填土中。

第五地点（N5）位于凌源市凌北镇哈海沟村庙前村民组东北、石灰窑子村民组西北约 0.7 千米当地俗称"架子山"的山梁顶端，与第三地点在同一山梁上，东距第三地点约 1 千米，最高点海拔高度 616 米。遗迹主要为灰坑、多个具有叠压关系的积石冢和墓葬，出土遗物可见陶器、细石器和玉器，发掘确认了下层生活遗存（灰坑）、下层积石冢和上层积石冢之间的叠压关系③，其中规模最大的墓葬中出土了玉鳖、勾云形玉器等造型较为复杂的玉器。④

第十六地点（N16）位于辽宁省凌源市凌北镇三官甸子村下河汤沟村民组西北约 1 千米的当地俗称"城子山"的山丘顶部，中心区域海拔高度 555.5 米，是区域内经过发掘的遗址中最西侧的一座遗址。发掘进一步明确了夏家店下层文化遗存与红山文化遗存的叠压关系，发现遗迹以积石遗迹和墓葬为主，发掘中发现了墓葬封土之间的叠压关系，为判断积石冢的营建和墓葬的埋葬过程提供了线索。第十六地点中心大墓 M4 出土了玉

①　辽宁省文物考古研究所：《辽宁牛河梁第二地点四号冢筒形器墓的发掘》，《文物》1997年第 8 期。

②　魏凡：《牛河梁红山文化第三地点积石冢石棺墓》，《辽海文物学刊》1994 年第 1 期。

③　辽宁省文物考古研究所：《辽宁凌源市牛河梁遗址第五地点 1998—1999 年度的发掘》，《考古》2001 年第 8 期。

④　辽宁省文物考古研究所：《辽宁牛河梁第五地点一号冢中心大墓（M1）发掘简报》，《文物》1997 年第 8 期。

人、玉凤等遗物①，丰富了红山文化出土玉器的内涵。

2007～2011年，第三次全国文物普查在区域内发现了27处红山文化遗存，新发现的遗迹仍以积石冢为主，至此，遗址区内红山文化遗址点的数目增加至43个。（图0-2）

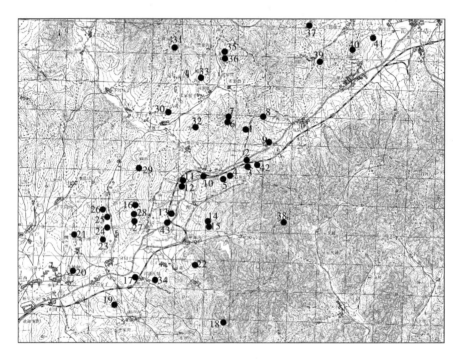

图0-2　牛河梁遗址红山文化遗存分布

图片来源：辽宁省文物考古研究所编著《牛河梁——红山文化遗址发掘报告（1983—2013年度)》，文物出版社，2012，第6页，图四。

这一阶段的调查和发掘成果收录在《牛河梁——红山文化遗址发掘报告（1983—2003年度）》中，成为牛河梁遗址乃至红山文化研究的重要基础性成果。

第三阶段自2013年至今，以区域性考古调查为主，在以往研究的基础上对重点遗迹展开发掘。

---

① 辽宁省文物考古研究所：《牛河梁第十六地点红山文化积石冢中心大墓发掘简报》，《文物》2008年第10期。

2014 年辽宁省文物考古研究所与中国人民大学历史学院①联合对牛河梁遗址区进行了区域性考古调查，初步完成调查面积约 44 平方公里，确定 50 米 ×50 米采集点 241 个，结合地面遗迹确认三普发现的红山文化积石冢 6 处，并新发现了疑似居住遗存一处。2016 年将调查范围扩展到保护区外围，在遗址区的西南侧发现了多个红山文化采集点，这些发现可为未来牛河梁遗址红山文化遗存的研究提供丰富的材料。

2017、2018 年，辽宁省文物考古研究所与中国社会科学院考古研究所合作开展了第一地点 2 号建筑址（N1J2）的发掘工作，对 N1J2 的结构布局和形成过程有了进一步的认识，初步的研究显示 N1J2 是一处规模庞大，由多层砌石台面和建筑构成的复杂遗迹，其功能与牛河梁遗址其他地点的积石冢类遗迹有所不同，可能是红山文化时期的宗教和礼仪活动的中心。发掘为确定第一地点的结构、性质和功能提供了新的材料，对探讨牛河梁遗址红山文化晚期社会的文明特征具有重要的意义。

牛河梁遗址是目前发现规模最大的红山文化遗址，在近 50 平方公里的范围内发现了大规模的积石冢群，先后在遗址区发现了 44 个遗迹地点，部分考古发现先后以简报形式发表。2012 年辽宁省文物考古研究所编著《牛河梁——红山文化遗址发掘报告（1983—2003 年度）》的出版首次将自 1983 年牛河梁遗址正式考古发掘以来的重要发现进行了完整的公布，发表的材料除众多研究者和收藏者所关注的玉器之外，还有大量的陶器及其他遗存，为对红山文化进行深入的探讨提供了丰富的资料。而近年新的调查发现也为进一步了解特定遗物与遗迹的关系提供了线索。

三　国内外研究概况

随着考古发掘的开展及信息资料的公布，对牛河梁遗址的研究也日趋深入，无论是以牛河梁遗址材料为中心的探讨还是对红山文化的综合研究，牛河梁遗址都是不可回避的内容，与此相关的研究涵盖了遗物分析、社会结构的探讨等多个方面。

---

① 吕学明等：《2014 年牛河梁遗址系统性区域考古调查研究》，《华夏考古》2015 年第 3 期。

1. 遗址的分期和年代

红山文化的分期主要见二期说①、三期说②和四期说③等几种（表0-1），关于牛河梁遗址在红山文化分期中的位置，除赵宾福认为红山文化三期遗存在牛河梁遗址都有发现外，其他研究者虽然在具体分期方案上略有不同，但多将牛河梁遗址的年代确定在红山文化较晚时期，基本为二期说的晚期，三期说的中、晚期，四期说的第三、四期。对比可以发现研究者对于牛河梁遗址的性质和年代的意见较为相似，多认为是红山文化晚期遗存。

表0-1 红山文化分期对照

二期	三期					四期	
高美璇等	张星德	杨虎	赵宾福	刘国祥	朱延平	陈国庆	索秀芬
？ 红山后类型	后冈一期	兴隆洼F133	半坡、后冈一期	早期 早段	老官台-半坡	一期	一期
				早期 晚段	半坡		
	庙底沟	西水泉	庙底沟	中期 早段	庙底沟	二期	二期
				中期 晚段			
城子山类型	半坡四期	东山嘴	半坡四期	晚期 早段	半坡四期	三期	三期
				晚期 晚段		四期	四期 早段
							四期 晚段

---

① 早晚两期分别是以红山后、西水泉、四棱山遗址为代表的"红山后类型"和以东山嘴、城子山、胡头沟遗址为代表的"城子山类型"。（高美璇、李恭笃：《辽宁凌源县三官甸子城子山红山文化遗存分期探索》，《考古》1986年第6期）

② 杨虎分别以兴隆洼F133遗存、西水泉类型和东山嘴类型为代表将红山文化分为三期（杨虎：《关于红山文化的几个问题》，载《庆祝苏秉琦考古五十五周年论文集》，文物出版社，1989）；张星德提出红山文化的三期可分别与中原地区的后冈一期文化、庙底沟文化和半坡四期文化相当（张星德：《红山文化分期初探》，《考古》1991年第8期）；赵宾福也将红山文化分为三期，与张星德的基本时代对应关系较为一致，牛河梁遗址下层遗存、下层积石冢和上层积石冢分别属于红山文化的三个时期（赵宾福：《以陶器为视角的红山文化发展阶段研究》，《考古学报》2012年第1期）；刘国祥将每期又进一步分为早晚两段（刘国祥：《红山文化研究》，科学出版社，2015，第15、16页）。

③ 朱延平所划分的四期中，一期以兴隆洼遗址F133为代表，二期以兴隆洼遗址F106为代表，三期以西水泉和蜘蛛山等遗址为代表，四期以牛河梁和东山嘴等遗址为代表［朱延平：《东北地区南部公元前三千纪初以远的新石器考古学文化编年、谱系及相关问题》，《考古学文化论集（4）》，文物出版社，1997，第85～86页］。陈国庆的四期略有差异，将牛河梁遗址第五地点下层遗存划归第三期，而其他遗存为第四期（陈国庆：《红山文化研究》，《华夏考古》2008年第3期）；文中并未对其分期结果与其他学者的分期结论之间的差异加以说明，但根据对各时段特征的描述大体与其他学者的分期予以对应。

根据考古发现进一步对牛河梁遗址红山文化遗存分期的结论也较为相似，基本与牛河梁遗址第二地点 Z4 发现的层位关系一致，多分为三期①（表 0 - 2）：第一期为下层生活遗存阶段，第二期为下层积石冢阶段，第三期为上层积石冢阶段。牛河梁遗址发现多个墓葬的积石冢皆被划归上层积石冢阶段，但对不同地点积石冢及墓葬的年代对应关系并未做出具体判定。或分为二期三段：将下层积石冢与上层积石冢合并为一期。② 也有研究者③通过对"积石冢"遗存的分析对其发展过程进行进一步的划分，将积石冢遗存分为两期六段，其中早期为下层积石冢（敷石冢）阶段，此期还可以进一步分为两段（1~2 段）；晚期为上层积石冢阶段，此期还可以进一步划分为四段（3~6 段）。（表 0 - 2）

表 0 - 2　牛河梁遗址分期对照

遗物特征	索秀芬等	《牛河梁》	方殿春等		遗迹特征
筒形罐、钵	早期	第一期			下层生活遗存
A 型筒形器	晚期	1 段　第二期	早期	1~2 段	下层积石冢
短体、B 型、折领筒形器		2 段　第三期	晚期	3~6 段	上层积石冢

第 1、2 段分别以 N2Z4M4、N2Z4M6 和 N2Z4M5 为代表，第 3 段以 N2Z4B 为代表，第 4 段以 N2Z1 为代表，第 5 段以 N2Z4A 为代表，第 6 段以 N1 "陶片窝"（N1J3）和第十六地点遗迹为代表。各类遗存相对年代的研究渐趋细化，研究者逐渐意识到不同地点甚至同一地点的遗存也可能存在时间的差异，并着手对遗存的年代进行进一步的划分。

2. 陶器研究

陶器因其易碎、易于获得却难以保存的特性，具有较为明确的时代指

---

① 吕学明、朱达通过对牛河梁第二、第五地点的层位关系和墓葬特点的分析，将牛河梁遗址红山文化墓葬划分为早晚两个发展阶段。[吕学明、朱达：《牛河梁红山文化墓葬分期及相关问题》，载《玉魂国魄——中国古代玉器与传统文化学术讨论会文集》，燕山出版社，2002，第 130 页；辽宁省文物考古研究所编著《牛河梁——红山文化遗址发掘报告（1983—2003 年度）》，文物出版社，2012，第 469 页]

② 索秀芬、李少兵：《牛河梁遗址红山文化遗存分期初探》，《考古》2007 年第 10 期。

③ 方殿春、朱达：《红山文化牛河梁期的确立》，载辽宁省博物馆编《辽河寻根　文明溯源——中华文明起源学术研讨会论文集》，文物出版社，2012，第 46~57 页。

示意义，因此常被作为考古学研究中的重要研究对象，用以探讨年代、分期以及文化交流等方面的问题。牛河梁遗址陶器的研究并不多，相关的研究多集中在遗存的分期方面，对陶器特征和功用的研究主要集中在出土数量较多的筒形器上。目前牛河梁遗址发现数量较多的陶器主要有筒形罐和无底筒形器两种，遗址中发现的筒形罐年代普遍略早于无底筒形器已是被较为普遍接受的观点，而遗址中发现的地层叠压关系也证明了这一点。

无底的筒形器因为造型较为奇特，曾为研究者所关注，内容涉及筒形器的分类和功能等方面，由于受考古发现和材料发表的限制以及各研究者着眼点的不同，观点各异。

虽然受材料发表的限制，研究者根据器物造型的不同对筒形器进行分类的结果略有差异，但总体而言其分类的结果与《牛河梁》大体相近：郑红①将筒形器分为五型，其中前三种造型见于牛河梁遗址，分别相当于《牛河梁》的折领筒形器、A 型筒形器和 B 型筒形器；陈星灿将筒形器分为四型②，其中三型见于牛河梁遗址。

关于筒形器的功用众说纷纭，莫衷一是，或认为筒形器是专门用于丧葬的一种祭器③，或认为筒形器是集天、地、人于一身的特殊器物④，或认为筒形器是红山文化宗教典礼的产物⑤，还有人认为筒形器是红山文化人们的乐器——陶鼓⑥。但无论对筒形器的具体功能和用途的认识如何，研究者大都认为此类器物并不是日常生活用器，而是与墓葬、祭祀等礼仪性活动有关的用具。⑦ 也有学者认为筒形器应兼具实用和装饰两种功能，在祭祀活动中作为稳定钵类等器物的底座使用。⑧

---

① 郑红：《红山文化筒形器研究》，《辽海文物学刊》1997 年第 1 期。
② 陈星灿：《红山文化彩陶筒形器是陶鼓推考》，《北方文物》1990 年第 1 期。
③ 尚晓波：《牛河梁红山文化遗存丧葬习俗初探》，载吉林大学考古学系编《青果集——吉林大学考古专业成立二十周年考古论文集》，知识出版社，1993，第 111 页。
④ 华玉冰：《牛河梁女神庙平台东坡筒形器群遗存发掘简报》，《文物》1994 年第 5 期。
⑤ 刘国祥：《红山文化无底筒形器的考古发现及其功用》，《中国文物报》1994 年 9 月 11 日。
⑥ 陈星灿：《红山文化彩陶筒形器是陶鼓推考》，《北方文物》1990 年第 1 期。
⑦ 陈国庆：《浅析红山文化筒形器》，《北方文物》2003 年第 4 期。
⑧ 傅宗德：《筒形器用途初探》，《辽海文物学刊》1997 年第 1 期。

　　牛河梁遗址发现了相当数量的彩陶器，彩陶纹饰造型各异，其中勾连涡纹是最为复杂且富于变化的一种。勾连涡纹又称勾连花卉纹，因其造型与仰韶文化流行的花卉纹较为相似，曾被认为是仰韶文化花卉纹在燕山以北的变体。① 也有学者根据其与兴隆洼文化筒形罐上压划勾连纹的相似性提出此类纹饰是从本地早期纹饰特征演化而来的。② 笔者也曾根据牛河梁遗址发现的勾连涡纹形制的变化，对其纹饰演变的特征及社会意义进行过简要的探讨。③

　　3. 玉器研究

　　牛河梁遗址出土玉器造型多样，在材料发表之初就得到了诸多研究者的关注，涉及对玉器的综合研究、特定器类的专门研究以及对玉料来源和制作工艺等诸多方面的研究。

　　器物的综合研究④多包括对玉器的分类、使用方式与功能的探讨。玉器的分类多依据造型题材予以区分，由于分类标准的不同，结果也不尽相同。根据玉器的数量和使用方式的差异，有学者提出牛河梁遗址中出现的玉器与礼制有关，并据其专以玉器随葬的特征指出在牛河梁遗址中可能存在"唯玉为葬"的习俗。⑤

　　对特定器类的专门研究以对勾云形玉器的研究⑥较多，因其造型较为特殊，分析主要集中在基本分类、演变序列和造型来源方面。

　　近年通过对玉器的微痕分析并结合实验考古的结果对制作工艺和特征的分析也取得了明显的进展。⑦

　　红山文化玉器的研究者不仅注意到了玉器本身特征的变化，更是关注

① 苏秉琦：《中国文明起源新探》，三联书店，1999，第122页。
② 朱延平：《红山文化彩陶纹样探源》，《边疆考古研究 (6)》，科学出版社，2007，第78~85页。
③ 郭明：《牛河梁遗址出土勾连涡纹的演变》，载《红山文化学术讨论会论文集》，辽宁人民出版社，2013，第364~376页。
④ 刘国祥：《牛河梁玉器初步研究》，《文物》2000年第6期；吕军：《红山文化玉器研究》，载吉林大学考古学系编《青果集——吉林大学考古学系建系十周年纪念文集》，知识出版社，1998，第44~83页。
⑤ 郭大顺：《红山文化的"唯玉为葬"与辽河文明起源特征再认识》，《文物》1997年第8期。
⑥ 笔者在对勾云形玉器进行讨论的文章中曾对相关研究成果予以总结，在此不再一一赘述。
⑦ 邓聪等：《牛河梁遗址出土玉器技术初探》，载辽宁省文物考古研究所编《牛河梁——红山文化遗址发掘报告 (1983—2003年度)》，文物出版社，2012，第525~540页。

玉器作为社会文化载体的作用，并在对玉器研究的基础上对社会状况进行深入研究。

4. 墓葬研究

墓葬是社会信息的重要载体，也是探讨史前时期社会生活和结构等相关内容时的重要分析对象。作为目前发掘的规模最大的红山文化墓地，对牛河梁遗址的墓葬特征的讨论受到了学界的广泛关注，除了涉及社会结构的分析之外，对牛河梁遗址部分地点积石冢内墓葬的年代及特征变化的论述也相对较多。研究方法也较为相似，多根据墓葬位置和随葬品数量等因素的变化探讨牛河梁遗址中墓葬等级和规模的变化，并据此进一步探讨墓主在身份地位上可能存在的差异，而基于墓葬的基础分析则主要围绕墓葬规模和类型的划分方面展开。

根据目前发表的材料，郭大顺将墓葬分为中心大墓、台阶式墓、甲类石棺墓、乙类石棺墓和附属墓五个等级。其中甲、乙类石棺墓的确定与墓葬中是否有玉器随葬有关，而附属墓则为葬在冢顶或冢界以外的墓葬。[①]

朱达等则将牛河梁遗址的墓葬大体分为两种：一种为在周围放置筒形器的墓葬（筒形器圈墓），墓葬多南北向，虽然在墓顶也有积石，但随葬物品中少见玉器，而以彩陶罐为主；另一种则为石棺墓，墓葬多以东西向为主，随葬品则多见玉器，并提出这两种墓葬之间存在从筒形器圈墓向石棺墓转变的可能。[②] 在稍晚时候发表的文章[③]中进一步将牛河梁遗址墓葬分为早晚两个发展阶段，第一阶段包括 N2Z4 南部的筒形器圈墓和 N5 中层的墓葬；第二阶段以 N2Z4 上层墓葬和 N5 上层墓葬为代表，还包括 N2Z1、N2Z2 的墓葬及第三地点的墓葬。文章中还对属于第二阶段的第二地点一号冢的墓葬的早晚关系进行了进一步的划分：早期墓葬包括 M21、M22、M23、M24，墓葬规模大，埋藏较深；中期墓葬包括 M1、M4 和 M14 等，规模较小，埋藏浅；最晚的墓

① 郭大顺：《中华五千年文明的象征——牛河梁红山文化坛庙冢》，载辽宁省文物考古研究所编《牛河梁红山文化遗址与玉器精粹》，文物出版社，1997，第 25 页。

② 辽宁省文物考古研究所：《辽宁牛河梁第二地点四号冢筒形器墓的发掘》，《文物》1997年第 8 期。

③ 吕学明、朱达：《牛河梁红山文化墓葬分期及相关问题》，载费孝通主编《玉魂国魄——中国古代玉器与传统文化学术讨论会文集》，燕山出版社，2002，第 128~134 页。

葬为 M7、M17 等，石棺墓全部为二次葬。并据此提出牛河梁遗址第一地点一号冢的墓葬有着从下向上规模缩小和随葬品逐渐减少，以及二次葬增加的趋势。

《牛河梁》将第二地点发现的墓葬分为三型：A 型为土圹墓，根据土圹内侧立石的特征分为敷石墓和立石墓两种，此类墓葬仅见于 N2Z4 下层积石冢；B 型为砌石墓，即墓壁由规格相对一致的规整石板平砌而成，根据土圹特征的差异又分为土阶和土圹两种，土阶墓的长边一侧（北侧）直立，另一侧（南侧）为凿出的多级台阶，土圹墓则不见台阶，两侧基本皆为直壁；C 型为无圹墓，根据墓葬的大小分为砌石墓和石匣墓两种，示例所见砌石墓的石板为立置。前两个类型的墓葬打破生土或基岩，C 型墓葬埋藏较浅，基本于地表建墓掩埋。

N2Z1 南侧埋葬的墓葬在东、西两侧各自相对集中，中间保留了较宽的空白地带，根据其在空间位置上与北侧大墓之间的对应关系，《牛河梁》指出 N2Z1 可能存在两个主要的埋葬群体。

5. 积石冢的结构及营建方式

从将积石冢作为一个整体来讨论到意识到积石冢为延续一段时间逐渐形成的遗迹现象，是考古学研究向精细化发展的重要转变，考古发掘的材料为此提供了地层依据。关于积石冢的营建，《牛河梁》指出，不同遗迹单位的结构和建造过程存在一定程度的差别：N2Z1 在两座大墓四周建筑冢台，其外为冢界墙；N2Z2 则在单个墓葬的墓口上砌筑冢台，在冢台封土后再砌冢界墙、阶墙并积石。

6. 对特殊遗迹现象的解读

牛河梁遗址的遗迹现象包括通常所说的"庙""坛""冢"，其中冢为多数遗迹的特征，坛、庙遗迹则相对少见，由于材料发表较少，相关论述也并不多见。

N2Z3 是为学界所关注的特殊功能建筑之一，该遗迹与周边其他积石冢略有差异，在其中没有发现墓葬，而保留了三重石环的结构，以立置的红色安山岩小石柱构成三重石环的各自边界，在内层石环内侧还发现了位于原位的筒形器遗存。因其没有墓葬，发掘者认为其是与祭祀行为有关的"坛"，并由此确定了在牛河梁遗址中存在较为特殊的"庙""坛""冢"的结构。

冯时更是根据对三重石环直径的研究，指出这三重石环与《周髀算经》中"盖图"的相似性，进而提出这三重石环的结构可能与古人对天象的认识有关，即此圆形的"冢"可能为祭天的圆坛。①

N13为牛河梁遗址唯一的一座"金字塔"建筑，研究者多在综合论述中提及，认为其与特殊礼仪行为有关，但受发表材料所限，未见详细的分析。

7. 社会结构及社会发展阶段

牛河梁遗址发现以后，随着材料的公布，学术界开始对以牛河梁遗址为代表的红山文化遗存所反映的社会组织与结构、社会发展阶段以及其所反映的中华文明起源和模式问题展开讨论。

有学者根据红山文化的聚落布局以及墓葬和出土遗物特征的差异指出，红山文化已经出现了专门掌管祭祀和政治权力的特权阶层，出现了专职祭祀人员，已经进入了复杂的酋邦社会。②

有学者根据牛河梁遗址并未发现居住遗存，而以积石冢、"女神庙"等特殊遗存为特征指出，牛河梁遗址可能与宗教祭祀活动有关，其所代表的可能是红山文化以神权为特征的中心聚落形态（或酋邦）社会。③

或者根据牛河梁遗址中出现的"女神庙""坛"和积石冢的特殊组合，提出牛河梁遗址是红山文化晚期规模最大的中心性祭祀遗址，其中随葬大型玉器的中心墓葬的墓主可能为兼具神权与王权的特殊人物。④ 牛河梁遗址是"原始氏族部落制的发展已达到产生基于公社又凌驾于公社之上的高一级组织形式"的古国所在。⑤ 牛河梁遗址所代表的红山文化晚期

---

① 冯时：《红山文化三环石坛的天文学研究——兼论中国最早的圜丘与方丘》，《北方文物》1993年第1期。
② 曹彩霞：《从酋邦理论探讨红山社会复杂化》，《赤峰学院学报》（汉文哲学社会科学版）2015年第5期。
③ 王震中：《中国古代国家的起源与王权的形成》，中国社会科学出版社，2011，第210页。
④ 郭大顺：《中华五千年文明的象征——牛河梁红山文化坛庙冢》，载辽宁省文物考古研究所《牛河梁红山文化遗址与玉器精粹》，文物出版社，1997，第26页。
⑤ 苏秉琦：《辽西古文化古城古国——兼谈当前田野考古工作的重点或大课题》，《文物》1986年第8期。

已经进入了初级文明阶段。①

　　根据牛河梁遗址所发现的积石冢和其中出土的精美玉器，有学者指出牛河梁遗址所代表的红山文化晚期社会的相对集中的领导权是建立在宗教信仰和仪式角色的基础上。②

　　栾丰实③通过对牛河梁遗址、田家沟遗址和东山岗遗址的简要分析指出，红山文化晚期在不同区域间、不同遗迹地点之间以及各地点内部都出现了等级差异，进而指出牛河梁遗址所代表的红山文化晚期社会已经进入了分层社会。鉴于不同区域所见等级分化的程度的差异，指出红山文化晚期不同区域的社会发展程度存在差异。

　　朱乃诚④指出牛河梁遗址所代表的是"一人独尊"的红山文明，并通过对牛河梁遗址发现的中心大墓的分析，对此观点进行了具体阐述。提出牛河梁遗址出现的三个中心大墓，可以分别划归不同的埋葬时期，其中N2Z2M1最早，N16M4次之，N5Z1M1最晚。这种"一人独尊"的权力建立在神话宗教信仰活动的基础上。

　　随着考古发现资料的增加和研究的深入，对牛河梁遗址的研究也取得了丰富的成果。

　　对处于红山文化晚期阶段的牛河梁遗址遗存的相对年代进一步加以划分，为进一步对牛河梁遗址多个遗址地点之间关系的探讨提供重要的依据。研究者不仅关注到不同时段遗存性质的差异，也注意到同一时段的多个墓葬之间可能存在早晚关系。相对年代的进一步细化为研究的深入和信息的获取提供了有效的时间参照系。

　　对积石冢营建和使用过程的区分意味着在传统地层学的基础上对遗迹关系的进一步细化，为相关遗迹的年代判断提供了更为精确的层位学依据。

---

① 刘国祥：《牛河梁第十六地点四号大型墓及相关问题探讨》，载辽宁省博物馆《辽河寻根　文明溯源——中华文明起源学术研讨会论文集》，文物出版社，2012，第88页。
② 王巍：《红山文化与中华文明起源研究》，载科技部社会发展科技司、国家文物局博物馆与社会文物司编《中华文明探源工程文集社会与精神文化卷》（Ⅰ），科学出版社，2009，第121页。
③ 栾丰实：《试论牛河梁及周边地区的红山文化晚期社会》，载辽宁省文物考古研究所《红山文化学术研讨会论文集》，辽宁人民出版社，2013，第58～79页。
④ 朱乃诚：《中国早期文明的红山模式》，载辽宁省文物考古研究所《红山文化学术研讨会论文集》，辽宁人民出版社，2013，第168～187页。

对陶器和玉器等器物的分析,从对器形和纹饰变化的关注,到对制法、工艺的探讨,以及对产品生产过程和原料获取方式的讨论,都为未来对资源分配和社会组织方式的讨论提供了线索。

虽然学界对于牛河梁遗址所代表的红山文化晚期社会的定义到底是更适合于"酋邦"还是"古国"仍有不同的观点,但红山文化晚期进入了复杂社会阶段已成共识。对牛河梁遗址出现的多个"中心大墓"的年代区分为进一步构建红山文化社会的组织方式提供了新的思路。

既往的研究成果无疑为对牛河梁遗址的系统深入分析奠定了基础,由于多数成果发表于《牛河梁》出版之前,虽然研究内容涉及范围广泛,但因材料所限,无法进行系统性的综合研究,有些具体问题仍有待深入讨论。

牛河梁遗址是由多个遗址点构成的遗址群,彼此之间相距较远,也无直接的层位关系可以判断其早晚,确定标准的年代框架是进一步讨论各遗址点及遗迹单位之间关系的重要前提。依据《牛河梁》提供的层位关系和遗物特征的差异可以对遗迹的相对年代进行初步的判断,而第十六地点的发现则提示着,牛河梁遗址遗迹的年代关系仍存在进一步细化的可能。

目前的研究成果多依据调查材料获得,根据区域考古调查发现的调查点或遗址点聚群分布的特征及聚落规模的大小探讨社会的结构和组织方式是在发掘材料有限的条件下进行社会研究的重要方法。由于缺乏准确年代框架的区分,这种分析所获得的结果是累计的平均值,并不能准确反映红山文化社会发展的动态特征,对于调查材料的充分利用也需要有效的标准来对其进行细致的区分。

高等级墓葬的出现以及随葬品数量的差异表明在牛河梁遗址中已经出现了一定程度的社会分层,而对社会分层的特征及其影响范围的论述却着墨甚少。对于社会发展阶段的论述也较为宽泛,仍须进一步对导致复杂社会形成的因素、社会的组织方式等加以讨论。

四 研究目的与方法

1. 研究目的

社会的构成是指特定社会各主要社会群体之间相互联系的基本状态,

包括社会群体的构成、社会组织方式等多方面的内容。社会是一个动态的发展过程，由于社会容量和人口数量的差异，社会的构成要素和组织方式会有所不同；随着人口规模的增加和社会分化的出现，社会结构也会发生变化，而这些变化的结果都将在物质遗存上有所反映。

考古学研究则是从这些物质遗存——遗迹及遗物入手探讨其制作和使用者的生活和社会活动，即"透物见人"，因而对于人和社会的研究是考古学研究的终极目的，遗迹、遗物等物质遗存是研究的直接对象和重要切入点。研究表明通过对物质遗存中相关信息的分析可以较为准确地复原社会群体的人群构成及其关系[①]。目前国内此方面的研究主要通过对墓葬材料的分析来讨论特定考古学文化中社会群体的组成方式及群体之间的关系，并根据其社会分化状况探讨社会复杂化进程及文明的起源问题。

牛河梁是目前发表材料最为充分的红山文化遗址，材料的发表为研究提供了广阔的空间。本书将在现有研究的基础上，综合利用考古学、社会学等多学科的研究方法，以《牛河梁》为主要研究对象，结合其他地区的考古发掘和区域考古调查的材料，从遗物的特征、遗迹的形成和使用过程，遗迹所反映的社会群体的关系及其变化，社会分层和社会分工的形成和特征等方面，探讨以牛河梁遗址为代表的红山文化社会的组织特征、权力来源、社会性质等与社会结构有关的问题。本书将重点解决以下问题。

第一，确定准确的年代框架。通过对遗迹和遗物特征的综合分析，探寻牛河梁遗址最能反映时代变化的特征因素，实现对最小遗迹单元及其共时性的确认，为遗迹功能和人群关系的讨论提供时间框架和比较的基础。

第二，利用准确的时间框架和更为细致的时间节点，再现社会发展变化的动态过程。在此基础上通过对遗址区内各遗址点的建筑和使用过程、功能要素的分布、不同区域的功能及其变化等的分析，结合遗物及其特征的变化，了解更多与牛河梁遗址的建造和使用有关的人群的信息，解析红山文化的社会组织方式及其变化。

第三，社会分工，特别是通过物质遗存所能够发现的劳动分工是社会

----

① John M. O'Shea, *Mortuary Variability: An Archaeological Investigation* (Academic Press, 1984).

组织方式的重要内容，更加倾向于社会经济生产或宗教礼仪行为的劳动组织方式则是探讨权力的来源和形成过程的重要内容。

2. 研究方法

由于研究更多地集中在与人和人类社会相关的方面，单纯依靠传统的考古学方法并不能有效地实现研究的目标，因此本书将在以传统考古学方法对物质遗存研究的基础上，借用相关社会学理论与方法，对以牛河梁遗址为代表的红山文化社会进行深入探讨。主要涉及的研究方法有以下几种。

类型学方法与地层学方法。二者同为考古学研究中的重要方法，也是进行新石器时代考古学研究中最重要和有效的方法。其方法在考古研究中的意义及应用，都可以作为专题加以论述，至目前已有多位学者曾对此发表过论述。①

类型学根据其探讨范围的不同可以分为宏观、中观和微观三种，宏观类型学应用的典范见苏秉琦先生关于考古学文化的区、系、类型学的论述；中观类型学则是我们通常所应用的器物类型学，同样的原则也可相应扩展到对于遗迹的研究中；微观类型学也可称为"文化因素分析法"②，可以在同一件器物上发现源于不同文化或不同制作者的特征③，从而对人群之间的关系进行更深入的探讨。本书所涉及的多为中观和微观两个层面。

牛河梁遗址区内发现了多个遗址点，各遗址点相对独立，未见地层上的叠压打破关系，在确定各遗迹单位的使用时间并探讨遗迹单位之间的关系时，类型学将起到极为关键的作用。《先史考古学方法论》④ 给我们提供了一个在缺乏地层依据的条件下，探讨器物早晚关系的很好范例。我们通过类型学方法所获得的器物演化序列是一种逻辑上的先后关系，它是基于器物制作者之间在制作技术的传承过程中存在的信息增加或遗失而产

---

① 张弛：《考古年代学四题》，《文物》2015 年第 9 期。
② 俞伟超：《关于"考古类型学"的问题》，《考古学是什么》，中国社会科学出版社，1996，第 54 ~ 107 页；贺云翱：《具有解构思维特征的"文化因素分析法"——考古学者的"利器"之四》，《大众考古》2013 年第 5 期。
③ 黄建秋：《陶器形态与折衷陶器研究》，《南方文物》2007 年第 3 期。
④ 蒙特留斯：《先史考古学方法论》，滕固译，商务印书馆，1937。

生的，所获得的信息反映的是器物制作时间的早晚，而非废弃时间的早晚。由于陶器的易碎性，在使用过程当中非常容易破损，与其他耐用品相比，其从制作完成到破损废弃的时间相对较短。可以认为，一般情况下，这种逻辑上的先后关系与其实际使用中的先后关系较为吻合。因此，可以依据陶器形态的变化，确定其演化的序列，并根据特征变化的组合关系确定分期。

器物制作是人的行为，而通过对陶器的类型学分析所发现的特征也与人群有关，因此，我们可以依据器物方面的变化来探讨有关制作者方面的信息，并可以根据器物特征的变化来探讨其所代表的人群的相关内容。人们的生活习惯、行为方式会受到特定文化传统的影响，具有共同文化传统的人在行为上有很大的同一性，这种同一性也体现在人们制作和使用器物的习惯上。因此在相同的制作技术和文化传统之下，器物具有相似性，同时由于不同时期制作者的制作技术、材料的变化也相应地导致器物特征的变化，由此，我们可以根据器物上所显示的制作工艺或者习惯方式的差异探讨与人群相关的信息。

同样也可以对遗迹的特征加以分析，进而根据遗迹特征的差异程度获取与其制作和使用者有关的信息。

本书根据器物形态特征及制作工艺的变化结合地层学资料确定牛河梁遗址的分期，并通过对器物的类型学对比确定各类遗存的相对年代；结合遗物、遗迹特征及其分布的变化，确定不同文化因素的来源及其所代表的文化意义，并据此讨论社会集团之内不同社会群体之间的内部区分。

考古地层学是通过判断遗址中堆积形成的次序来研究遗存之间早晚关系的方法，牛河梁遗址多个地点距离较远，没有直接的地层关系可以为其形成时间的先后提供线索，同时由于遗迹保存相对较浅，同一地点的多数遗迹之间也较少见直接的叠压或打破关系，传统的地层学方法的作用并不明显。但其原理对于分析遗址内各遗迹单元的形成过程同样适用，我们可以将一个独立的遗迹单元作为一个层位来看待，而不同遗迹单元形成和使用过程中所出现的彼此的早晚关系也可以通过地层学分析的方法获得。

随着研究的精细化，通过有限的材料获取大量信息的需要成为促进地层学向着精细化发展的动力，微观的地层学方法对于探讨遗迹的形成和使用过程具有重要的意义。除了传统地层学中的层位，研究者逐渐认识到即使在同一地层的遗迹也存在先后形成的可能，根据人类活动而确定的"地面"① 不仅为我们探讨遗迹的功能和时间关系提供了新的思路，也使研究的视角将单纯的遗迹现象与人类行为联系起来，从而更加关注人类行为的过程和结果。在牛河梁遗址中虽然很难对"地面"进行准确的判断，但不同遗迹的使用功能和建筑地面的确定也为探讨遗迹的形成过程和延续时间提供了依据，并且可以进一步为我们提供与人类行为有关的信息。

聚落分析法。聚落是一个与特定的时间和空间相关的概念，以空间上的连续性和时间上的稳定性为标准界定聚落的时空范围，在此基础上探讨遗迹的早晚及功能上的联系。考古学中对聚落的研究开始于戈登·威利的《维鲁河谷史前聚落形态研究》②，他注重居住单位之间的关系，并将此与文化中的社会互动和社会控制制度联系起来，开创了依据遗迹探讨社会群体关系的先河。张光直③主张以使用考古遗址的人群而非遗址本身作为界定聚落单位的标准，当遗迹和遗物的变化在一个聚落单位的空间之内达到质变的程度，即可以认为整个文化共同体的平衡性遭到破坏，出现了新的聚落。与通过器物类型学的分析所确立的考古学文化不同，聚落的使用时间可能短于考古学文化或特定考古学文化的分期，而遗址的使用时间则有可能长于或短于考古学文化的分期。根据聚落的定义，一个遗址中可能存在多个聚落，也就是说聚落与遗址和考古学文化并非等同的概念。

聚落形态本身并非我们研究的最终结果，考古学家试图通过对聚

---

① 赵辉：《遗址中的"地面"及其清理》，《文物季刊》1998 年第 2 期。

② Gordon R. Willey, *Prehistoric Settlement Patterns in the Viru Valley* (Peru, Bulletin 155, Bureau of American Ethnology, Smithsonian Institute, 1953), 转引自张光直《考古学专题六讲》，文物出版社，1986，第 75 页；张光直：《考古学中的聚落形态》，胡鸿保、周燕译，陈星灿校，《华夏考古》2002 年第 1 期；周星提出"聚落是按照一定的生产关系和社会关系（在史前主要表现为血缘关系）所组成共同体的人们居住生活得以实现的空间，是居民居住生活方式的物质实体"（周星：《黄河中上游新石器时代的住宅形式与聚落形态》，载《史前史与考古学》，陕西人民出版社，1992，第 113 页）。

③ 张光直：《谈聚落形态考古》，载《考古学专题六讲》，文物出版社，1986，第 87~89 页。

落的分析，探讨单一聚落的形态、布局及结构的变化；同一考古学文化或时期聚落的分布及其相互关系；同一考古学文化不同时期或同一谱系不同时代的诸考古学文化的聚落形态、布局、结构和聚落分布；不同谱系同时期诸考古学文化的聚落的相互关系，以及聚落形态、布局、结构和它们的异同；居住于同一聚落中的人与人的关系（或曰聚落社会的结构）、聚落社会之间的相互关系与聚落社会的时空变化、聚落与生态环境的关系。①

　　以往半个多世纪对聚落形态的研究也取得了相当的成果，对不同地区聚落的分析方法和所获得的一些结论也为今后的研究提供了线索和参照。

　　①聚落单位的层级研究：根据研究范围的差异可以将聚落模式分解为三个层级的概念：单个的建筑或结构，这些结构在社区内的分布模式，社区的空间分布。② 通过对聚落基本单元的整理、各共时基本单元的连接、各历时聚落基本单元的排列顺序、聚落资料与其他资料之间相互关系的研究对其所反映的社会关系进行分析。③

　　②历时聚落研究：对历时聚落形态的研究是一种对变迁的研究——一个遗址、一个地区和一种文化乃至整个世界范围的聚落形态本身的变迁，以及作为上述变迁具体体现的聚落形态内部的变迁。④

　　同时，研究者提出聚落内部结构的研究是聚落形态研究的基本内容，又是空间聚落形态和历时聚落形态研究的基础。⑤ 要了解一个聚落的内部结构和平面布局，关键是确定一系列相应遗存的共时性问题。以共时性聚落单元及其相互关系为基础，了解区域形成和使用的动态信息，进而根据

①　张忠培：《聚落考古初论》，《中原文物》1999 年第 1 期。

②　Bruce G. Trigger, "The Determinants of Settlement Patterns," in K. C. Chang, ed. , *Settlement Archaeology* (Palo Alto, California: National Press Books, 1968), p. 55；或表述为 "个别住宅与特殊建筑物，一个村落或社区内这些住宅与建筑物的结合，村落间或社区间的联结"（张光直：《考古学中的聚落形态》，胡鸿保、周燕译，陈星灿校，《华夏考古》2002 年第 1 期）。

③　张光直：《考古学中的聚落形态》，胡鸿保、周燕译，陈星灿校，《华夏考古》2002 年第 1 期。

④　张光直：《考古学中的聚落形态》，胡鸿保、周燕译，陈星灿校，《华夏考古》2002 年第 1 期。

⑤　栾丰实：《关于聚落考古学研究中的共时性问题》，《考古》2002 年第 5 期。

其内部形态的变化来探讨社会结构的变化。

目前虽然未在牛河梁遗址找到明确的居住址,仍以积石冢等特殊遗存为主,但是不同地点遗存及同一地点不同遗迹现象之间的关系,以及与此相关的人群之间的关系也可以通过此种方法来加以研究。

经过多年的聚落考古的实践,研究者对于聚落的认识更加深入,并且根据研究对象的差异进一步提出微观聚落和宏观聚落研究的区分,前者针对特定聚落或遗址的研究,根据遗址中遗迹特征的变化来探讨其功能和使用,通常以经过系统发掘的遗址作为研究对象;后者则采用目前较为流行的区域考古调查方法,根据调查发现的采集点或遗址点的聚群分布情况探讨社会整体的组织方式和特征。区域考古调查是在有限发掘的情况下进行考古研究的有效方法,因为缺乏准确的年代判断依据而曾遭到研究者的批判①,但将二者结合则可以通过具体遗址所确定的纵向年代框架来弥补区域调查方法可能存在的问题,充分利用有限的材料获取更多的信息。

3. 社会分化与社会分工

社会分化是导致社会结构发生变化的重要因素,是社会对新出现的变化因素进行调整的过程,包括社会的水平(横向)分化和垂直(纵向)分化两个方面。社会的水平分化包括社会群体功能的变化、群体之间以及群体内部异质性的形成与发展,多表现为群体或性别的差异。从物质特征上可以表现为没有明显财富或等级意义的差异以及不同群体之间功能的不同。

垂直分化是社会不平等的表现,包括财富、地位的差异,可以表现为个体占有和使用物品和资源的能力的差异,在考古学的证据上则体现为活着时候的居住方式和死后的埋葬方式以及随葬品的不同组成。当这种差异出现相对固定化的特征,即可认为出现了社会分层,社会分层程度可以通过分层体系的刚性和地位的凝固化表现出来,刚性和地位的凝固化程度越强,则社会分层体系愈加牢固。②

社会分工,特别是专业化水平的提高对于生产力的提高具有重要的作

---

① 裴安平:《“区域聚落形态”可以休矣》,《东南文化》2015 年第 1 期。
② 〔美〕戴维·格伦斯基编《社会分层》,王俊等译,华夏出版社,2005。

用，也是社会容量和密度增加的结果，即社会分工的复杂程度与社会的复杂化程度正相关，我们可以通过社会分工的状况窥见整体社会的变化。分工、由分工而产生的交换以及与此相关的商品生产对复杂化社会的重要意义①也使社会分工成为文明起源或社会复杂化的讨论中所涉及的重要内容。②

关于社会分工的方式及其反映的社会组织方式的差异，国外的学者多有论述③，并且从中归纳出来源于社会经济生产的权力和以宗教或政治特征为核心的权力之间所显明的社会特征之间的差异。④

社会分工和社会分化在研究中所涉及的对象存在一定程度的差异，因此通常被作为两种不同的研究视角加以探讨，社会分工与社会水平分化，特别是群体分化都可以表现为人群之间的关系，有学者提出将社会分工作为社会分化的第三个维度⑤，将二者结合起来。

通过对物质材料的分析，探讨在社会中是否已经出现了基于财产或者地位的分化，这种分化是否已经出现了制度化的特征及其所反映的社会状况；而对于社会分工，特别是劳动分工的探讨则可以进一步了解社会劳动的组织方式，这也在一定程度上表明通过对墓葬等物质材料的分析所发现的社会政治或经济权力分化产生的原因，从而对社会权力的来源与行使方式有所了解。

五　篇章结构

本书试图利用上述基本研究方法，以牛河梁遗址的考古发现为核心，探讨以牛河梁遗址为代表的红山文化社会结构、组织方式和社会关系等方面的问题，分为以下八个部分。

绪论，介绍牛河梁红山文化遗址区的地理环境及相关问题，通过对以往发现和研究过程的回顾和总结，简要总结该领域的重要研究成果，在此

---

① 恩格斯：《家庭、私有制与国家的起源》，人民出版社，1999，第181页。
② 苏秉琦：《中国文明起源新探》，三联书店，1999，第118页。
③ 文德安：《工艺生产与中国古代社会的复杂化进程》，《南方文物》2007年第1期。
④ 何驽：《长江流域文明起源商品经济模式新探》，《东南文化》2014年第1期。
⑤ 杨建华：《论社会分化的三个维度》，《浙江学刊》2010年第1期。

基础上确定本书研究目标,并对相关研究方法进行初步探讨,为正文的分析提供材料支持和理论基础。

第一章,牛河梁遗址的分期与年代。细致的时空框架是进一步研究的基础,可以使研究更加立体丰富,不仅探讨整体特征,更可以了解其形成和发展的过程。本章的研究主要应用类型学和地层学方法,通过对出土遗物的分析,从器物形制特征、共存关系的变化中,获取与时代变化相关的信息,确定本书讨论的基本时间框架,依据测年数据和器物对比初步确定牛河梁遗址在红山文化分期中的位置。

第二章,遗迹的形成和使用过程。将遗迹形成过程中的建造、使用和废弃过程加以分解,通常建造和使用的年代基本接近,而在使用时期还可能出现增建和改动,废弃则意味着使用功能的结束。考古学可以根据建筑特征和地层关系初步复原遗迹的建造、使用和废弃的过程,并在此基础上确定遗迹的共时性。本章将通过对遗迹单位特征和早晚关系的分析,确定各类遗迹,主要是积石冢和墓葬的建造和使用过程,进而了解积石结构与墓葬之间的关系、不同埋葬时期的墓葬个体之间的关系等内容。

第三章,社会分化的形成与演变。传统认为牛河梁遗址已经普遍出现了社会分化,但就具体分化的方式和特征并未有具体论述。本章将通过对墓葬特征,特别是墓葬规模、随葬品种类、数量等方面的比较,从纵向分化和横向分化两个方面讨论牛河梁遗址社会分层的形成与特征、社会群体的组成方式及变化以及不同时期社会管理、组织方式的特征,并根据埋葬行为所反映的规范化特征对牛河梁遗址红山文化分层社会的特征进行简要讨论。

第四章,社会分工的形成与发展。社会分工是探讨文明起源的重要切入点之一,也是促进复杂的社会组织形成的重要因素及社会复杂化的重要表现。本章通过对出土遗物,特别是玉器和筒形器制作特征的分析,讨论牛河梁社会中存在的劳动分工,特别是手工业生产分工的特点及其所反映的社会管理方式的变化。根据社会分工的方式及劳动、产品的生产组织方式探讨社会权力的来源。

第五章,红山文化晚期的社会形态。通过对牛河梁遗址所反映的社会结构和组织方式的分析,结合其他地区的考古发掘与调查资料,在对流行概念进行具体讨论的基础上,探讨以牛河梁遗址为代表的红山文化晚期的社会的普遍特征。

　　第六章，红山文化晚期社会的构成。社会构成是对社会形态所反映的社会原则和规范的概括，本章将通过对社会公共设施和礼仪活动以及特殊物品的生产和再分配原则的分析，对以牛河梁遗址为代表的红山文化晚期社会的权力来源和社会组织的基本原则进行简要探讨。

　　结语。对本书的研究成果加以总结并对研究中未解决的问题予以简要说明。

第一章

牛河梁遗址的分期与年代

经过正式发掘的红山文化遗址相对较少，加之材料公布的滞后，给红山文化的深入研究带来了极大的限制，虽然近年区域考古调查成果显著，但由于调查材料缺乏明确的层位关系，很难对相应遗迹的年代做出准确判断。要充分利用调查的材料，对正式发掘材料的深入分析至关重要。

虽然现有分期的结论与发掘者对于牛河梁遗址的层位划分基本一致，但具体划分方式仍有差异，不同时段之间的连续性并不清晰。《牛河梁》所公布的筒形器的特征及遗物的共存关系显示这一分期仍有完善的可能。

本章将通过对牛河梁遗址出土遗物的类型学分析，根据遗物特征的变化，确定其在牛河梁遗址使用时期内的相对年代，通过遗物特征的比较，进一步确定牛河梁遗址在红山文化分期中的位置，为本书的讨论确定一个准确的时间框架，也为调查发现的材料提供可靠的年代比较标准，进而为下文对于各遗迹单位甚至人群之间关系的讨论奠定基础。

第一节　出土遗物的类型学分析

陶器和玉器是牛河梁遗址中较为常见的器物，由于二者技术特征和制作要求的差异，对社会变化反应的灵敏度也略有不同。以下将选取两类器物中造型较为复杂、具有较为明显的连续性特征及变化的器物进行类型学分析，为研究确定相对细致的时间框架。

一 陶器的类型学分析

易碎的特性使得陶器很难长期使用并保存下来，因此，陶器是最具时代指示意义的器物之一。牛河梁遗址特征变化明显的陶器可见筒形器、彩陶盖罐等，以下在已有分类的基础上，将通过对陶器的类型学分析，确定陶器的风格和主要特征的变化。

1. 筒形器

筒形器是牛河梁遗址出土数量最多的遗物之一，虽多数遗物散落在积石冢上，但考古发掘也发现了出土位置相对较为明确的保存在原位的筒形器，多位于墓葬或积石冢的外围，成组排列。筒形器皆为红陶，无底，底部边缘经过修整，修整方式略有差异。《牛河梁》根据筒形器器体的高矮不同将出土筒形器分为三种。（图 1-1）

第一种筒形器器形相对较高，发现数量相对较多，可进一步根据器形的差异分为三型。

A 型筒形器，口底特征较为相近，斜沿较平、敛口，腹微外鼓，多数器物口径略小于底径，彩陶纹饰多自口下开始施纹。

B 型筒形器，侈口圆唇，腹壁较直，口下有弦纹若干，其下有凸棱一周，彩陶纹饰主要集中于腹部凸棱以下位置。

折领筒形器，造型与 B 型较为相近，但敞口明显，施纹位置与 B 型筒形器基本相同。

第二种筒形器器形较短，《牛河梁》称之为"短体筒形器"，敛口、短平沿，口部特征与 A 型筒形器较为近似，腹部近直，特征与 B 型筒形器相似，但不见 B 型筒形器的弦纹及凸棱，彩陶纹饰集中于口部以下位置。

第三种筒形器《牛河梁》称之为"扁钵式筒形器"，敛口、折肩、直腹、无底。造型与前两种差别较为明显。发现的扁钵式筒形器少见原位摆放者，这也影响了研究者对其功能的认识，我们无法确定此种造型的器物与其他筒形器的功能是否相同。由于此类型器物数量少，形制变化不明显，本书的讨论暂不涉及。

这三种造型的划分基本涵盖了牛河梁遗址目前发现的筒形器的特征，

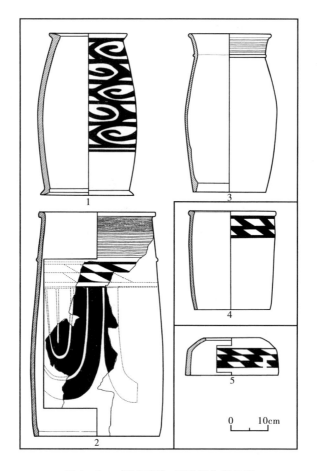

图 1-1 《牛河梁》筒形器分类示意

注：1. A 型筒形器；2. B 型筒形器；3. 折领筒形器；4. 短体筒形器；5. 扁钵式筒形器。

第一种筒形器虽然造型略有差异，但相似性较为明显，发掘报告已经确定了 A 型、B 型筒形器的早晚关系，但对于在第一地点出土数量较多的折领筒形器与前二者之间的关系未做具体论述。若要厘清不同遗址点之间的早晚关系，需要对筒形器特征的变化有较为深入的了解，以下将重点通过对前两种筒形器（暂不对扁钵式筒形器加以讨论）的分析来了解其器形演变的过程。

在筒形器的各部特征中，口部特征最为复杂，所以在对不能复原器物进行分析时将更多地以口部特征为主。笔者对筒形器的分类与《牛河梁》

基本一致，为论述方便，在一致的分类中采用与《牛河梁》相应的分类名称。（表 1 - 1）

表 1 - 1　筒形器分类对照

本书	《牛河梁》	本书	《牛河梁》
A 型	A 型	C 型	折领筒形器
B 型	B 型	D 型	短体筒形器

　　A 型筒形器（即《牛河梁》的 A 型筒形器）。皆敛口、微鼓腹、口底造型较为相近，底径略大，主要见于第十六地点③层和 N2Z4 下层积石冢。

　　多素面或施红陶衣，有纹饰者较为少见，纹饰仅见勾连涡纹一种，黑彩绘于红陶衣之上。口部特征可见斜沿（A1 口）、宽平沿（A2 口）、短平沿（A3 口）三种，而底部特征则可以分为斜沿外撇（A1 底），裙边外撇、沿面下凹（A2 底）和裙边近直、沿面下凹（A3 底）三种，根据口、底特征的组合情况可以将 A 型筒形器分为五式。（图 1 - 2）

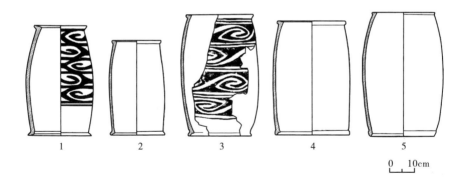

图 1 - 2　牛河梁遗址 A 型筒形器形制演变示意

1. Ⅰ式（N2Z4M4：W2）；2. Ⅱ式（N2Z4M4：W24）；3. Ⅲ式（N2Z4L：1）；4. Ⅳ式（N2Z4M6：W4）；5. Ⅴ式（N2Z4M5：W1）。

　　Ⅰ式（A1 口 + A1 底），敛口，沿微斜，深弧腹，底口略宽于上口，底沿外撇，内侧斜直。

　　Ⅱ式（A1 口 + A2 底），敛口，宽斜沿，深弧腹，底口略宽，底部裙边外撇，内侧下凹。

Ⅲ式（A2 口 + A2 底），敛口，斜沿近平，沿较宽，深弧腹，底口与上口宽度相近，底部裙边外撇，内侧下凹。

Ⅳ式（A2 口 + A3 底），敛口，斜沿近平，沿较宽，深弧腹，底口略宽，裙边近直，外撇不明显。

Ⅴ式（A3 口 + A3 底），敛口，窄平沿，深弧腹，底口略宽，裙边近直，外撇不明显。

Ⅰ式见于第十六地点和第二地点 Z4 下层积石冢。79T3③：5、6、8，三件器物皆较为完整，器表施红衣，黑彩为横向排列的连续单勾涡纹，相邻纹样带方向一致，器表纹样带数量略有差异，分别为 6 组、5 组和 4组；N2Z4M4：W2，器表施连续单勾涡纹 5 周，相邻纹样带反向排列，其间以单弦纹分隔。

Ⅱ式见 N2Z4M4：W24，素面无纹饰。

Ⅲ式见 N2Z4L：1、N2Z4M4 外侧筒形器，N2Z4L：1 器表施四周连续双勾涡纹，施纹部分上下两侧及纹样带之间采用单线弦纹作为分隔。

Ⅳ式见 N2Z4M6 外侧筒形器群，N2Z4M6：W4、W5 器表施红陶衣，未见其他纹饰。

Ⅴ式见 N2Z4M5 外围筒形器群，N2Z4M5：W1 施红陶衣，无纹饰。

N2Z4M5 的筒形器圈①打破 N2Z4M6、N2Z4M4 的筒形器圈，由此可知，Ⅴ式年代最晚，A 型筒形器Ⅰ式→Ⅱ式→Ⅲ式→Ⅳ式→Ⅴ式的演变序列成立。

从Ⅰ式到Ⅴ式，渐趋过渡，口部由斜沿渐趋平、短，底沿渐内收，存在施纹和素面两种，有纹饰者纹样分隔带从无到有。除Ⅲ式见于 N2Z4 上层积石冢的积石下，原初使用位置不明外，其余此型筒形器皆见于"下层积石冢"。

下层积石冢被上层积石冢所叠压，在修筑上层积石冢时对地面的平整给下层积石冢造成了相当程度的破坏，《牛河梁》也未将冢上堆积（冢体堆积）与位于原位的筒形器（冢界）进行明确区分，所幸下层积石冢出

---

① 墓葬外围由多件筒形器围成的圆形边界。

土的筒形器与墓葬的所属关系相对明确，简要统计显示 N2Z4M5 冢界及冢体堆积出土筒形器多见 V 式，而 N2Z4M4、N2Z4M6 出土者则多见Ⅲ式、Ⅳ式，这也表明对 A 型筒形器演变序列的分析基本无误。

B 型筒形器（即《牛河梁》的 B 型筒形器）。侈口直颈、颈部施刻划弦纹，腹部近直，颈腹相交处起凸棱，底边直或微斜，底边内侧处理方式略有差异，可见起台、起棱和不起棱台三种。从修整方式来看，起台者为最早修整底边，而后从上而下进行腹部修整，腹壁薄而底壁厚，形成宽窄不一的较平台面；起棱者则是在从上向下修整腹部之后，再修整底壁，由于修整方向的差异，在内壁近底部形成凸棱；不起棱台者则在修整方向上较为一致，从腹至底均匀变化。没有发现三种底部修整的特征有随着时间变化的趋向。

虽然整体形制较为一致，但口部内侧可见有明显平面和内壁圆弧两种变化，根据口部形态的差异可以分为两个亚型。（图 1-3）

Ba 型口内侧压出规整明显的平面，侈口外叠唇。根据外叠唇形态的差异可以分为三式。

Ⅰ式，叠唇向外，与外壁形成明显的钝角。

Ⅱ式，叠唇向下，外叠部分与器壁垂直。

Ⅲ式，沿向下弯卷明显，与器壁形成弧面。

Bb 型口内侧圆弧，不见修整平面，与 Ba 型存在较为一致的变化，也可以相应分为三式。

Ⅰ式，叠唇向外，与外壁形成明显的钝角。

Ⅱ式，叠唇向下，外叠部分与器壁垂直。

Ⅲ式，沿向下弯卷明显，与器壁形成弧面。

两个亚型在口沿部的变化较为一致，皆存在口沿向外翻卷直至贴于器壁的过程，因此推测两个亚型应同时存在，没有发现底部的三种处理形态与 B 型筒形器的两个亚型之间有直接的联系。对已发表器物的分类统计（表 1-2）可以发现，三式筒形器在分布上也存在差异，虽然多数遗迹中可以同时发现三式 B 型筒形器，N2Z2、N2Z6 只见Ⅲ式，因此可以推测三式筒形器在流行的时间上略有差异。从残存各式筒形器的数量来看，Ⅲ式为现存数量最多者，虽然资料发表者对于资料的选择对统计结果会产生影

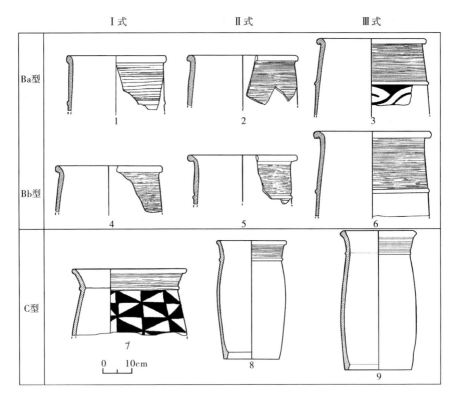

图 1 - 3　牛河梁遗址 B、C 型筒形器分类演变示意

注：1. N2Z1：139；2. N2Z1：90；3. N2Z4A：18；4. N2Z1：141；5. N2Z1：88；6. N2Z5：12；7. N1J3：10；8. N1J3：7；9. N1J3：21。

响，但从总体来看，对于易碎器物而言，时间越长越难以保存，得以存留的数量则越少，据此则可以推测Ⅲ式年代最晚。由此可以在逻辑上确认 B 型筒形器的形制演变过程：外叠唇由方唇渐趋下卷。Ba 和 Bb 为同时存在的两种造型，其风格较为接近，口部修整的差异可能与特定群体的制作习惯有关。

表 1 - 2　各遗迹单位 B 型筒形器数量统计

式别	N16	N2Z1	N2Z2	N2Z3	N2Z4A	N2Z5	N2Z6	N5
Ⅰ	8	4		2	4	1		6
Ⅱ	5	3			1			1
Ⅲ	9	6	3	1	16	1	2	4

C 型（即《牛河梁》的折领筒形器）。圆唇、敞口，颈部外斜，与腹相交处向内折，外侧为刻划或贴塑弦纹，其下有一凸棱，凸棱下腹壁微弧，底沿微内收，多素面，偶见直角三角纹组成的几何纹饰。根据弯折情况的差异可以分为三式。

Ⅰ式，颈部弯折部分可见明显折棱，多数器物器表无纹饰，N1J3：10，凸棱下施以由直角三角形为基本纹饰单元构成的连续纹饰。

Ⅱ式，颈部弯折略有弧度，没有明显界线，凸棱位置略下移，N1J3：7，器表施红陶衣，无纹饰。

Ⅲ式，颈部弯折不明显，近直，N1J3：21、2，器表施红陶衣，无纹饰。

从Ⅰ式到Ⅲ式沿部从外折明显渐趋内收近直。Ⅰ式仅见于 N1J3，Ⅱ式、Ⅲ式则在 N1J4 中也有发现，可能存在Ⅰ式⇔Ⅱ式⇔Ⅲ式的演变序列，暂时无法对其准确演变方向加以确认。

2014 年调查中没有在同一地点同时采集到三种筒形器，可能其流行的早晚也略有不同。C 型筒形器底部修整特征与 B 型较为相似，也可见到起台、起棱和不起棱台三种，其可能与 B 型筒形器的使用时间大体相近。

D 型（即《牛河梁》的短体筒形器）。微敛口，短平沿，器腹较短，微弧近直，底部修整方式与 B 型筒形器相似。根据器体的长短又可进一步划分为 Da、Db 两种。（图 1 - 4）

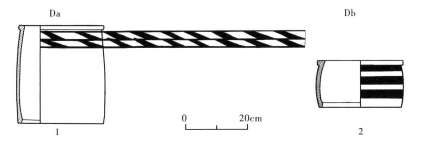

图 1 - 4　牛河梁遗址 D 型筒形器分类

注：1. N2Z4B：4；2. N2Z4B：L1。

Da 型，器形较高，仅腹上部施纹，施纹自口部以下开始，为两周或三周宽短斜线纹或菱形纹，上下纹样带相间施纹，中间以弦纹分隔，见N2Z4B：4。

Db 型，器体较短，通体施纹，纹饰为两到三周的宽带纹，见 N2Z4B：L1。

D 型筒形器数量相对较少，没有发现两个亚型的器物之间存在早晚关系，目前发现位于原位的筒形器皆为 Da 型。

D 型筒形器口部特征与 A 型筒形器较为相近，而底部修整则表现出与 B 型筒形器相同的特征，可能是介于 A、B 两型筒形器的中间形制（图 1－5）。此型筒形器数量较少，主要见于 N2Z4B2 北侧圆形冢体的周围，其下叠压的下层积石冢皆见 A 型筒形器，而 Z4 上层的方形积石冢出土者则多为 B 型筒形器，从地层上也可确定 D 型筒形器流行的时间处于 A、B 型筒形器之间。

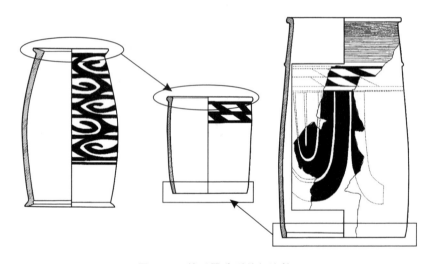

图 1－5 筒形器造型特征比较

C 型筒形器多见于第一地点，也在其他地点的积石冢中有所发现，不过多为调查资料，没有明确的地层关系予以支持，但从其与 B 型及 D 型筒形器底部相同的处理方式以及在纹饰布局上与 B 型筒形器较为接近的特征可以初步判定其可能与 B 型筒形器年代更为接近，可能为同时存在的两种类型。（表 1－3）

由此可以大致将筒形器的变化分为三个阶段：第一阶段使用 A 型筒形器，遗迹主要见于第二地点 Z4 下层；第二阶段皆为 D 型筒形器，造型

表 1 - 3 筒形器器形变化统计

层位	编号	A	Ba	Bb	C	Da	Db
下层积石冢	79T3③:5	I					
	N2Z4M4:W3	I					
	N2Z4M4:W24	II					
	N2Z4L:1	III					
	N2Z4M6:W5	IV					
	N2Z4M5:W1	V					
上层积石冢	N2Z4B					○	○
	N2Z1		○	○			
	N1J3:10				I		
	N1J3:7				II		
	N1J3:21/2				III		

较为简洁，器形、纹饰明显简略，仅见于 N2Z4B2；第三阶段则又见器形较大的器物，造型纹饰变化更为复杂。三阶段在器物造型及纹饰方面都发生了较为明显的变化，后一阶段部分沿用了前一阶段的特征。

2. 彩陶盖罐

此类器物发现数量较少，多有器盖，器形及纹饰变化较为明显，可以分为三型。（图 1 - 6）

A 型。皆为泥质红陶，敛口、圆唇、丰肩、鼓腹，下腹斜直，腹上对称置双耳，小平底，器表施红色陶衣，其上施黑彩。此类器物主要见于 N2Z4 下层墓葬中，根据器形及纹饰差别可以分为三式。

I 式，见于 N2Z4M6，一对竖桥状耳位于下腹部，器表施有双勾涡纹宽带四周，皆为红地黑彩，腹下侧近底部不施纹饰，纹样带之间为空白的自然分割带。

II 式，见于 N2Z4M5，竖桥状耳位于腹中部略偏下，器表纹样带 4 周，最上一周为由三组弦纹间短宽斜线纹构成的纹样带，其下三周为双勾涡纹带，纹样带下以一周黑彩弦纹作为施纹的边界。与前式相比，器形相对矮胖，桥状耳位置略向上移。

III 式，见于 N2Z4M7，竖桥状耳上移至近腹最大径处，主体纹饰为七周简化单勾涡纹纹样带，相邻纹样带反向排列，其间以弦纹分隔，最下仍

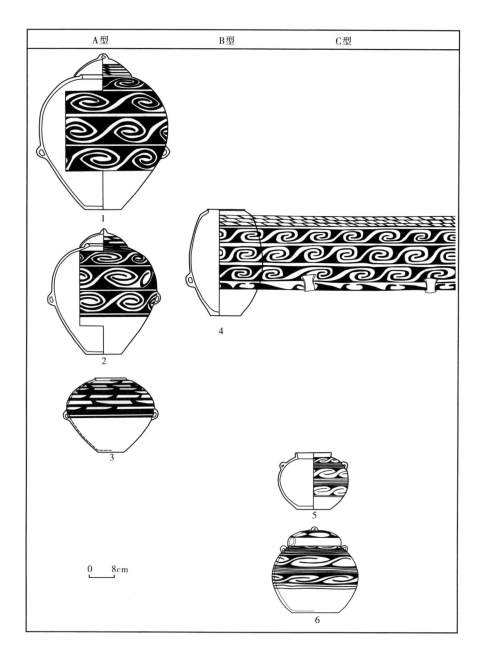

图 1-6 彩陶盖罐分类及形制演变

注：1. A I 式（N2Z4M6：1）；2. A II 式（N2Z4M5：1）；3. A III 式（N2Z4M7：1）；4. B 型（N5JK1：1）；5. C I 式（N5Z2M2：2）；6. C II 式（N10：1）。

以单周弦纹为施纹边界。与前式相比，器形更加矮胖，桥状耳进一步上移，器表施纹带上移。

从Ⅰ式到Ⅲ式，器形渐趋矮胖，桥状耳和施纹带位置渐趋上移，纹饰由较为规整的双勾涡纹渐变为简化的单勾涡纹，辅助纹样带从无到有。

M5的筒形器圈打破M6的筒形器圈，即M5晚于M6，由此可以推测存在Ⅰ式→Ⅱ式→Ⅲ式的演变序列。

A型彩陶罐上可见对应的器盖2件，器盖造型较为相似，皆侈口圆唇，盖顶有桥状钮，但纹饰略有差异。

AⅠ式罐上器盖纹饰为黑彩弦纹间短斜线纹，从盖顶看，器盖表面被分为四组，中间以弦纹相连；AⅡ式罐上的器盖由两行等距分布的四组单勾涡纹组成；AⅢ式罐无专用器盖，以钵作为器盖使用。

综合两类器物纹饰的变化则可以发现如下规律。

AⅡ式彩陶罐器表的第一段纹样与AⅠ式罐上器盖的纹样相似，也就是说AⅡ式罐的器表纹样可视为由AⅠ式罐上纹样与器盖上的纹样组合而成。而俯视AⅢ式罐的纹饰则可以发现，其最上段纹饰与AⅡ式罐盖上纹饰相似。而主体部分纹饰则与AⅡ式罐上段纹样相近，即较晚出现的器物纹饰部分保留了早期已出现的特征，并有所变化。AⅢ式彩陶罐未见配套器盖，而以钵作为器盖使用，从器物俯视图来看，其上段纹饰与AⅡ式罐器盖的纹饰相似。（图1-7）

根据彩陶盖罐纹饰特征的变化，可以发现两类器物存在大体相似的变化规律：较晚出现的彩陶罐上的纹饰结合了前一阶段彩陶罐及盖的纹饰特征。

由此可知，Ⅱ式晚于Ⅰ式，即可以确定A型彩陶盖罐存在Ⅰ式→Ⅱ式→Ⅲ式的变化。

B型。微侈口、尖唇，折肩、深弧腹微外鼓，下腹斜收，平底。腹下部对称施竖耳两个，器表施红衣，其上施黑彩纹饰，纹样带可分为三组，第一组为以弦纹分隔的短斜线纹三周；第二组为连续双勾涡纹带三周；第三组为连续单勾涡纹带。目前完整器仅见N5JK1：1。

口部残片1件，基本可辨器形，N2Z4BD：51，折肩部分较宽，肩部

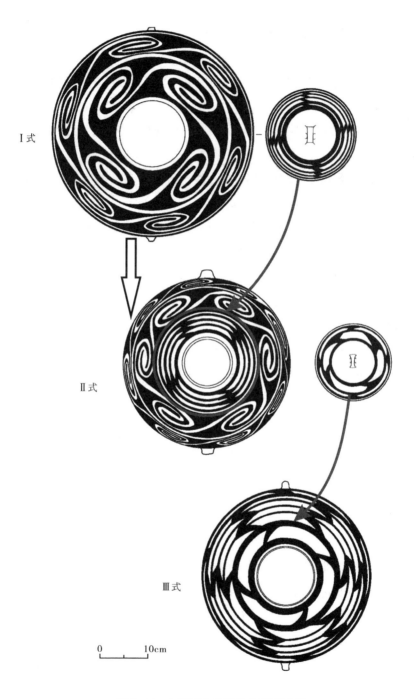

图 1-7　A 型彩陶盖罐纹饰演变示意

施黑彩，纹饰为以线纹分隔的短斜线纹。

纹饰及纹样带特征与 A 型 II 式彩陶盖罐较为相似，推测其年代大体相当。

C 型。目前在牛河梁遗址中仅发现 2 件，直口尖唇、溜肩、鼓腹、平底，对称环耳施于肩部，器表纹饰施至腹中部，纹饰自口下开始，为三组连续分布的简化双勾涡纹带，相邻纹样带之间由 4~5 周弦纹组成的弦纹带分隔。造型略有差异，可以分为两式。

I 式，直口微敞，双耳较小，位于肩部偏下位置，纹样带以一周弦纹为边界；

II 式，口近直，双耳位置上移，纹样带以最下侧两周弦纹为边界。

I 式见 N5Z2M2：4，未见器盖，II 式见 N10：1，有相配器盖，器盖直口、方唇浅斜腹，盖顶施环纽，纹饰为对称分布的弧线三角纹带。

推测存在 I 式→II 式的演变序列，从 I 式到 II 式，器耳位置逐渐上移。

综合三型彩陶盖罐的特征可以发现，A III 式、B 型及 C I 式未见专门器盖，可能以钵等作为器盖使用。

A 型彩陶罐见于 N2Z4 下层墓葬，B 型彩陶罐见于第五地点下层祭祀坑及第二地点 Z4 垫土层，而 C 型彩陶罐则见于 N5 上层墓葬中，由此可以大体确定三型彩陶罐存在流行时间的早晚：A 型年代最早，B 型几乎与其同时，但沿用时间可能较晚，C 型年代最晚。由此可以将彩陶罐的演变大体分为两个阶段，第一阶段可见 A、B 两型，第二阶段则流行 C 型。纹饰特征也有变化，前一阶段采用较为复杂的双勾涡纹，而第二阶段则使用简化的双勾涡纹，纹饰特征的变化与前述筒形器相吻合。（表 1-4）

表 1-4　彩陶盖罐共存关系统计

层位关系	出土单位	A	B	C
下层积石冢	N2Z4M6	I		
	N2Z4M5	II		
	N2Z4M7	III		
	N5JK1		B	
上层积石冢	N5Z2M2			I
	N10			II

3. 钵

是牛河梁遗址下层居住遗存中较为常见的器物，可见叠唇、敛口等多种形制，以叠唇钵出土数量最多，在造型上可见较为连续的变化。（图1-8）

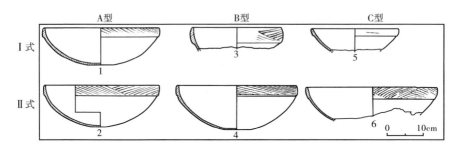

图1-8 牛河梁遗址叠唇钵形制演变

注：1. N5H38：1；2. N5JK4：1；3. N5H17：2；4. N5H41：8；5. N5H41：13；6. N5H16：6。

叠唇钵，口沿部外卷形成明显突出的叠唇，与器腹相交处形成凸棱，叠唇部分多有纹饰，红地黑彩，黑彩可见由线条构成的短线纹，斜平行线纹及梯形或三角形纹饰等几种。根据口沿部形态的差异可以分为三型。

A型，直口，弧腹，小平底，黑彩皆施在叠唇部分。可以分为两式。

Ⅰ式，尖唇，纹饰可见规整平行斜线纹、平行线纹及横向短线纹三种，见N5H38：1。

Ⅱ式，圆唇，纹饰为较为规整的平行斜线纹或由不同方向的平行斜线纹相间构成的纹饰，见N5JK4：1。

B型，敛口，弧腹，小平底，黑彩皆施在叠唇部分，可以分为两式。

Ⅰ式，尖唇，纹饰由不同方向的平行斜线纹相间构成，见N5H17：2。

Ⅱ式，圆唇，叠唇外凸不明显，口腹分界处略下凹，纹饰为较为规整的平行斜线纹，见N5H41：8。

C型，侈口，弧腹，小平底，可以分为两式。

Ⅰ式，尖唇，口部外敞明显，纹饰由不规则斜向短线纹构成，见N5H41：13。

Ⅱ式，圆唇，口部微内收，纹饰由不同方向的平行斜线纹相间构成或无纹饰，见N5H16：6。

三种叠唇钵形制变化基本相同，纹饰特征变化也较为相似，皆属于N5下层遗存，地层关系并未为确定不同式别的早晚关系提供线索，推测其可能存在纹饰特征由简至繁的变化，即叠唇钵存在从Ⅰ式至Ⅱ式的变化。

4. 筒形罐

筒形罐是东北地区新石器时代最为常见的器物之一，器物的形制变化并不明显，牛河梁遗址出土筒形罐的数量相对较少，但造型各异，根据腹部形态的差异可以分为以下五型。（图1-9）

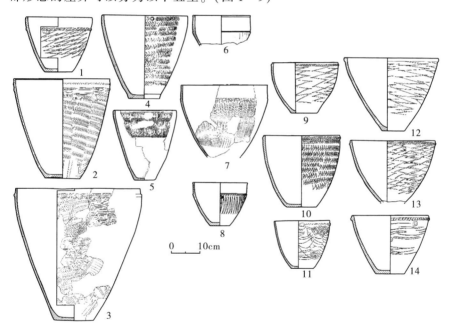

图1-9 牛河梁遗址筒形罐形制演变

注：1. AⅠ式 N5H21：1；2. AⅡ式 N5H14：1；3. AⅢ式 N5H41：6；4. BⅠ式 N5H41：4；5. BⅡ式 N2Z4H1：2；6. CⅠ式 N5H46：2；7. CⅡ式 N5H16：21；8. CⅢ式 N5ZCZ1：5；9. DⅠ式 N5JK5：4；10. DⅡ式 N5ZCZ1：3；11. DⅢ式 N5ZCZ2：1；12. EⅠ式 N5JK5：1；13. EⅡ式 N5ZCZ1：6；14. EⅢ式 N5ZCZ1：4。

A型，斜弧腹近直。根据器形及纹饰的变化可以分为三式。

Ⅰ式，直口尖圆唇，腹上施压印指窝纹的附加堆纹一周，其下有对称疣耳，主体纹饰为竖排刻划之字纹。

Ⅱ式，直口尖圆唇，附加堆纹较浅，位置较Ⅰ式上移，其上施压划斜线纹，主体纹饰为刻划短线纹构成的纵向纹样带，主体纹样带顶端有对称分布的横耳。

Ⅲ式，器形与前两式基本相近，疣耳部分上移，与附加堆纹基本重合，主体纹饰为不规则排列的篦划短线纹。

Ⅰ式见 N5H21：1，Ⅱ式见 N5H14：1，Ⅲ式见 N5H41：6，三组遗迹之间没有直接的叠压或打破关系，附加堆纹和疣状耳位置逐渐上移并重合，根据器形和纹饰的变化推测存在Ⅰ式→Ⅱ式→Ⅲ式的演变序列。

B 型，微敛口斜直腹，小平底，根据器形和纹饰特征的变化可以分为两式。

Ⅰ式，N5H41：4，口部有疣窝，自口沿处开始施竖压横排之字纹，施纹至腹下部，器壁近底部内收。

Ⅱ式，N2Z4H1：2，自口下施横排之字纹三周，施纹至腹中部，腹壁向底部渐趋内收。

从Ⅰ式到Ⅱ式，施纹带逐渐缩短上移。

C 型，微折腹筒形罐，上腹直，下腹斜弧。可分为三式。

Ⅰ式，折腹位置有凹弦纹一周，其下施压印之字纹。

Ⅱ式，折腹位置凹弦纹下施一周压印指窝纹，其下为压印之字纹。

Ⅲ式，与Ⅱ式造型相近，凹弦纹下为一周圆点纹，其下施之字纹，主体纹饰上端有对称分布疣状耳。

三式器物造型基本相同，折腹部分纹饰略有差异。Ⅰ式见 N5H46：2，Ⅱ式见 N5H16：21，Ⅲ式见 N5ZCZ1：5，根据第五地点的地层关系，下层灰坑被积石冢所叠压，可知Ⅰ式、Ⅱ式年代早于Ⅲ式，即存在Ⅰ式→Ⅱ式→Ⅲ式的变化序列。

D 型，深弧腹，根据形态差异可以分为三式。

Ⅰ式，直口，方圆唇外鼓，形成口部凸棱，斜弧腹，口下施竖排刻划之字纹。

Ⅱ式，直口尖圆唇，口下有一周附加堆纹，堆纹上施按压指窝纹，其下为竖压横排之字纹，似为分片制作。

Ⅲ式，敞口圆唇，口下施小泥片堆纹，泥片间为按压涡纹，其下为不规则划纹构成的主体纹饰。

Ⅰ式至Ⅲ式，器底逐渐增大，器表纹样渐趋简化。

Ⅰ式见 N5JK5：4，Ⅱ式见 N5ZCZ1：3，Ⅲ式见 N5ZCZ2：1，《牛河梁》将三者都划归为下层积石冢遗存，推测存在Ⅰ式→Ⅱ式→Ⅲ式的演变序列。

E 型，斜弧腹，小平底，根据器形及纹饰的差异可以分为三式。

Ⅰ式，直口尖唇，口下有附加堆纹一周，堆纹上施压印指窝纹，其下为竖排刻划之字纹，仅底部收缩明显。

Ⅱ式，口微外侈，尖唇，口下有附加堆纹一周，堆纹上压印指窝纹，其下施竖排之字纹。

Ⅲ式，口外敞明显，口下附加堆纹与Ⅱ式相近，主体纹饰为篦纹工具在器表划出的近似水波纹，附加堆纹之下出现 4 个对称分布的疣状耳。

从Ⅰ式至Ⅲ式，器形渐趋矮胖，主体纹饰趋于简化，疣状耳从无到有。Ⅰ式见 N5JK5：1，Ⅱ式见 N5ZCZ1：6，Ⅲ式见 N5ZCZ1：4，《牛河梁》将三者都划归为下层积石冢遗存，推测存在Ⅰ式→Ⅱ式→Ⅲ式的演变序列。

从整体来看，筒形罐的施纹部位逐渐上移，纹饰中较为规范的之字纹渐趋被更为简略的刻划纹饰所代替。除附加堆纹外，疣状耳渐趋流行，最早只在 A 型器物上出现，后来多种造型的筒形罐上都出现了疣状耳。此类特征在年代较早的红山文化遗址中并不多见，却是年代更晚的小河沿文化中较为流行的特征。

5. 折腹盘

大敞口尖圆唇，上、下腹交接处内外起棱，形成明显的折腹，小平底。在第一、二、五地点都有发现，根据折腹位置及特征的变化可分为三式。（图 1 - 10）

Ⅰ式，泥质黑陶，器形较高，上腹斜直较长，见 N5JK1：2（报告称"折腹钵"），同造型器物还见于 N1H1。

Ⅱ式，泥质黑陶，器形略矮，腹中部起折棱，折棱部分外凸不明显，见 N2Z4M8：2。

Ⅲ式，折腹部分进一步上移，内外施彩，外侧折棱凸起部分绘平行线

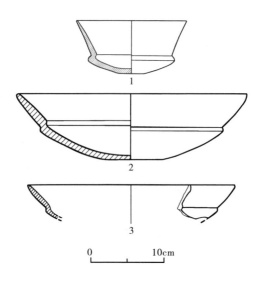

图 1 – 10　牛河梁遗址折腹盘的形制演变

注：1. N5JK1：2；2. N2Z4M8：2；3.
N2Z4BD：82。

间菱形纹，其余部分为同心圆细线弦纹，内盘心处绘勾连涡纹，见
N2Z4BD：82。

　　Ⅰ式到Ⅲ式，折腹位置逐渐上移，器形渐趋扁宽。Ⅱ式和Ⅲ式同出于
N2Z4，Ⅱ式见于下层积石冢，Ⅲ式则见于其上垫土层，由此可知Ⅱ式早
于Ⅲ式，即Ⅰ式→Ⅱ式→Ⅲ式的演变序列成立。

　　6. 塔形器

　　少见完整器，在 N1、N2、N3、N5、N16 地点皆有发现，仅部分器物
可复原，底部为特征最明显的部分，有大裙边，底边内收。根据底边形态
特征的变化可以分为四式。（图 1 – 11）

　　Ⅰ式，上侧外弧，下侧近底部内敛，底边近平，内敛部分可见两周逐
渐外弧的棱线，器物见 N2Z4M9：W10，器表施简化单勾涡纹，相邻纹样
带反向排列。

　　Ⅱ式，下侧裙边内敛部分转折明显，有凹弦纹两组，底边略外侈。见
N2Z4M4：W9，纹饰特征与前式相同。

　　Ⅲ式，裙边内敛起台部分渐短，内壁可见弯折痕迹，底边外侈。见

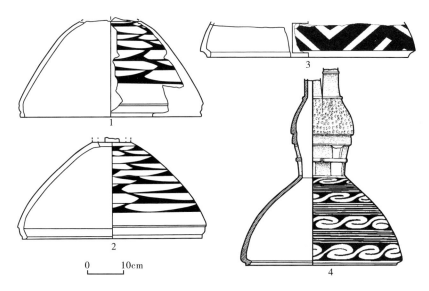

图 1 - 11　牛河梁遗址出土塔形器

注：1. Ⅰ式（N2Z4M9：W10）；2. Ⅱ式（N2Z4M4：W9）；3. Ⅲ式（N2Z4BD：72）；4. Ⅳ式（N2Z2：49）。

N2Z4BD：72，器表施几何纹黑彩，由于保存部分较短，具体纹饰特征不清。

Ⅳ式较为完整，可复原，裙边起台部分下移，底边外侈愈加明显，内壁弯折明显。N2Z2：49，纹饰为多弦纹分割的简化双勾涡纹。

从Ⅰ式到Ⅳ式，裙边底部内收、起台渐趋明显，推测存在Ⅰ式→Ⅱ式→Ⅲ式→Ⅳ式的变化。

从器物出土层位来看，N2Z4BD叠压N2Z4M4，即Ⅲ式晚于Ⅱ式，可以认为塔形器Ⅰ式→Ⅱ式→Ⅲ式→Ⅳ式的变化序列成立。

通过对牛河梁遗址出土的几种较为典型的器物的分析，并结合层位及共存关系的信息，可以根据陶器器物组合的变化将牛河梁遗址的主要使用时间分为四期。

第一期即《牛河梁》（下同）下层遗存阶段，典型遗存见于第五地点，出土遗物以生活实用性较强的钵和筒形罐为主，遗址出土的钵及大部分的筒形罐都见于此一时期。

第二期相当于下层积石冢阶段，典型遗存见于第五地点下层积石冢和第二地点Z4下层积石冢，在地层中仍可见筒形罐，但数量和种类有所减少，折腹盘和 A 型筒形器、彩陶盖罐等为这一时期新出现的器形。

第三期延续时间较短，目前仅见 N2Z4B 的圆形积石冢，D 型筒形器是这一时期新出现的器形，彩陶盖罐和 A 型筒形器基本不见，筒形罐虽有发现但数量较少。

第四期相当于上层积石冢阶段，B、C 型筒形器是这一时期最为常见的器形。

其中第一期与其他时期的差别最为明显，应是日常生活遗存，而第二期开始则主要为墓葬等特殊遗存。第三期为第二、四期中间的过渡期，遗存较薄，分布范围也较为有限。从筒形器的特征上来看，经过第三期的过渡，第二、四期之间有着较为明显的变化。根据器形及其组合关系的变化，各期仍存在进一步划分的可能，但因其对本书分析的结果并无明显的影响，且现有材料也不足以做此划分，因此本书暂不对其进行进一步的细分。

二　玉器的类型学分析

牛河梁遗址除少数墓葬可见陶器随葬外，多数墓葬皆以玉器为随葬品，以下将通过对玉器造型及其组合变化的分析，讨论牛河梁遗址玉器的特征及变化。

牛河梁遗址玉器出土位置多较为明确，目前发现的玉器多出土于前文通过陶器分析所划分的第四期遗迹中。墓葬之间存在的叠压打破关系将为玉器形制早晚的判定提供重要参照。虽然通过类型学原则所确定的器物制作的时间与根据墓葬特征确定的器物的埋藏时间并不完全一致，但依据地层学的原则，晚期器物不会出现在早期的墓葬中，假设器物的使用频率及沿用时间大体相当，则制作较早的器物埋藏时间也相对较早，所以可以通过其埋藏的时间对其制作时间做一般性验证。

1. 勾云形玉器

勾云形玉器①是牛河梁遗址中较为常见的玉器种类之一，也是牛河梁

---

① 虽然目前学术界对于勾云形玉器的说法很不一致，此处用此名称作为以往研究中提到的所有具有多个卷勾特征的玉器的通称。关于勾云形玉器的分析，笔者曾以《试析红山文化勾云形玉器》为题发表于《考古与文物》2007 年第 5 期。由于发表材料的增加，本书在此对勾云形玉器造型的变化过程加以进一步论述。

遗址出土玉器中造型和纹饰最为复杂的器类。根据中央卷勾的数量可以分为单勾型和双勾型两种。（图 1 - 12）

图 1 - 12　牛河梁遗址出土勾云形玉器形制演变

注：1. AⅠ式（N2Z1M21：3）2. AⅡ式（N2Z1M14：1）3. AⅢ式（N5Z1M1：3）
4. AⅣ式（N2Z1M24：3）5. AⅤ式（79N16M2：1）6. AⅤ式（79N16 采：1）7. BⅠ式
（N2Z1M27：2）8. BⅡ式（N2Z1M22：2）9. BⅢ式（N16M15：3）10. BⅣ式（N2Z1C：
7）11. BⅤ式（N2Z1M9：2）

单勾型 6 件，中部有一个圆形镂孔或一个中央卷勾，其中 79N16M2 出土的与 1979 年同地点采集的勾云形玉器造型、大小基本一致，其余则略有差异。根据中部镂孔或卷勾形态以及下侧中部凸起的特征及纹饰变化可以分为五式。

Ⅰ式，器形较小，中部为一圆形镂孔，器表近平，未见打磨瓦沟纹，下侧接近右下卷勾处略外凸，与左下和右下卷勾共同形成下侧的三个圆凸，中部圆凸靠近右下圆凸。使用孔借用背面与上端的平面制成半隧孔，仅见 N2Z1M21：3 一件。

Ⅱ式，器形较Ⅰ式明显增大，中部有清晰卷勾，略呈螺旋状，见 N2Z1M14：1，四角卷勾弯曲明显，中部与镂孔走向一致的螺旋形瓦沟纹一直延续至下部，中部圆凸外凸不明显，位置靠近右侧圆凸，与左下卷勾下侧外凸部分共同构成器体下侧的三个凸起。器物埋藏前已断裂，经过修复后随葬于墓葬中，上端有镂孔 3 个，其外侧两孔应为修复孔，推测中间的镂孔才是器物的使用孔。胡头沟墓地①出土了一件在造型、质地方面皆较为一致的器物，但残毁较为严重。

Ⅲ式，造型与前式相近略宽，中央卷勾卷曲明显，略较前式简略，近似螺旋状，中部圆凸位置偏向中部，中部及右下卷勾部分器表瓦沟纹呈弧形相连，见 N5Z1M1：3，中部螺旋形瓦沟纹止于中部圆凸之上，背面中部四角设隧孔 4 组。

Ⅳ式，四角外卷明显，中央卷勾形态与前式相近，器表瓦沟纹特征也与前式一致，器形较前式更为短宽，上部中央部分略向外凸出，使用孔为上侧的成对小圆形镂孔，下侧中部圆凸位置居中，与右侧圆凸以瓦沟纹相连。见 N2Z1M24：3，出土前已残成三段，经过修复。

Ⅴ式，中部卷勾部分略微简化，由近旋转一周的螺旋形镂孔简化为半周弧形镂孔，下侧三个圆形凸起，右下卷勾部分打磨瓦沟纹纹饰与中央卷勾部分的瓦沟纹相接，中部和右侧圆凸上以打磨瓦沟纹相连。发现造型相同的器物两件，79N16M2：1 器体较长，背侧设燧孔 4 组；79N16 采：1，器形、大小皆与之相近，器表纹饰也基本相同，中央卷勾与下侧卷勾之间的瓦沟纹较前式两个纹饰相连的特征进一步发展，中央卷勾部分瓦沟纹与右下卷勾上的瓦沟纹连为一体，右上卷勾残断，未见使用孔。

---

① 方殿春、刘葆华：《辽宁阜新县胡头沟红山文化玉器墓的发现》，《文物》1984 年第 6 期。

从Ⅰ式到Ⅴ式，中央卷勾逐渐规范，从较早阶段的螺旋形镂孔逐渐简化为规范的半弯钩形镂孔，下侧中部圆凸逐渐居中，其上瓦沟纹与右侧圆凸之间的瓦沟纹特征逐渐清晰，中央瓦沟纹走向基本与镂孔特征一致，右下卷勾上的瓦沟纹由独立瓦沟纹逐渐变为与中部瓦沟纹连为一体。

Ⅲ式出土于牛河梁遗址第五地点，Ⅴ式见于第十六地点，Ⅰ式、Ⅱ式见于牛河梁遗址第二地点一号冢内。由 M21 圹口东侧为 M14 所叠压的地层关系可知 M14 年代略晚于 M21，由此可知Ⅱ式晚于Ⅰ式，鉴于此类勾云形玉器在器形及纹饰上的连续性特征，可以认为单勾型勾云形玉器Ⅰ式→Ⅱ式→Ⅲ式→Ⅳ式→Ⅴ式的演化序列成立。

双勾型勾云形玉器 5 件，由两个对称的中央卷勾或对称镂孔、下侧的齿状凸起及四角卷勾组成。除一件为积石冢内采集外，其余皆墓葬出土，根据中央卷勾及相应瓦沟纹的特征可以分为五式。

Ⅰ式，上侧卷勾无明显外凸，以瓦沟纹和上侧三角形缺口显明其卷勾特征，中央卷勾部分主体为对称圆形和弯条形镂孔，镂孔外侧为螺旋形瓦沟纹。中央卷勾部分的瓦沟纹与下侧边缘瓦沟纹彼此相连但各自独立。中央卷勾部分位置较偏上，齿状部分较为突出，齿状凸起的中央部分与边缘部分区别明显。二者在器表分布较为均等，基本以两侧长条镂孔位置作为分界。N2Z1M27：2，上下卷勾之间柱状凸起连为一体，中部保持有条状镂孔，上端两中央卷勾之间有圆形镂孔，可能为使用孔。

Ⅱ式，中央卷勾部分由对称的圆形及弧线形镂孔组成，为器表的主体纹饰，下侧为齿状凸起，除中央齿状凸起外，位于两侧的相邻两组齿状凸起之间有瓦沟纹相连，两侧下部卷勾上的瓦沟纹与中央卷勾部分的瓦沟纹相接，两侧分别为两组较为规整的柱状凸起，凸起之间为镂空的狭缝，器表中央卷勾分布范围扩大，约占器表 2/3，齿状凸起略微缩小，齿状凸起的中央部分与其他部分仍有明显区分。N2Z1M22：2，器体中心点上侧有一圆形镂孔。

Ⅲ式，造型与Ⅱ式较为相近，两侧下部卷勾上的瓦沟纹与中央卷勾部分的瓦沟纹连为一体，中央卷勾与齿状凸起的分布比例与前式相近，齿状凸起的区分不明显。N16M15：3上侧卷勾仍清晰可见，中央近上缘部分有圆形镂孔一个。出土时已残成两段，经修复，修复孔位于断裂部分两侧。

Ⅳ式，整体特征与前式相近，但器形明显较小，中央卷勾部分进一步简化，可见圆形及弯条型凹槽，但并未穿透，仅边缘部分开口，上下卷勾两侧可见柱状凸起，凸起部分较短，下侧齿状凸起较长，不见中央与两侧对称分布的齿状凸起的区别，瓦沟纹走向与前式相近，器中部瓦沟纹的制作较为潦草，不若前几式规范。瓦沟纹走向不清晰，外侧齿状凸起与下侧卷勾的区分不明显。N2Z1C：7，器体较为轻薄，中心部分对称的双镂孔上侧部分刻弯条形凹槽，不再为明显镂孔，使用孔位于上侧中部。

Ⅴ式，N2Z1M9：2，整体造型更为简略，仅余下侧卷勾及齿状凸起，器表不见瓦沟纹，中部有对称圆孔，近上缘有一小圆形镂孔。以钻孔所代表的中央卷勾分布范围进一步扩张，齿状凸起更加短小，不同位置齿状凸起皆较为相似，彼此无区分，外侧齿状凸起与下侧左右两个卷勾合并，齿状凸起数量缩减为3个。

从Ⅰ式到Ⅴ式，中央卷勾逐渐简化，由明显的类似眼目的形状渐趋仅余圆形镂孔，齿状凸起特征渐有变化，两侧上下卷勾之间的柱状凸起由分离渐趋连为一体，从齿状凸起和中央卷勾的比例来看，齿状凸起逐渐缩小，中央卷勾逐渐扩张。器表瓦沟纹渐趋潦草简化，直至消失不见。（图1－13）

出土双勾型勾云形玉器的墓葬之间没有直接的层位关系，鉴于此类勾云形玉器在器形及纹饰上的连续性特征，结合单勾型勾云形玉器的变化特征，推测双勾型勾云形玉器也存在Ⅰ式→Ⅱ式→Ⅲ式→Ⅳ式→Ⅴ式的演化序列。

单勾型和双勾型勾云形玉器的差异主要在于中央卷勾的数量，但整体特征和造型要素基本一致，如器表瓦沟纹的走向及构成等，而器物在墓中的摆放方式等方面也表现出了明显的一致性，因此两型器物虽然存在形态上的差异，但其功能仍未发生明显的变化。从器形演变的特征上可以看出，整体造型特征较为一致。

图1-13　双勾型勾云形玉器中央卷勾与齿状凸起比例变化

注：1. Ⅰ式（N2Z1M27：2）；2. Ⅲ式（N2Z1M22：2）；3. Ⅳ式
（N16M15：3）。

2. 斜口筒形玉器

牛河梁遗址墓葬中出土斜口筒形玉器15件，造型相对简单，皆口部较大，底部较小，器体略微扁圆的形状。多数斜口筒形器平口端长径两侧皆可见到对钻孔2个，但也有部分斜口筒形器上不见此钻孔，钻孔的有无可能与器物的使用方式不同有关。根据斜口端的特征和钻孔的有无可以将斜口筒形器分为三式。（图1-14）

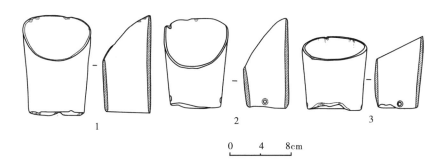

图1-14　牛河梁遗址出土斜口筒形玉器的形制演变

注：1. Ⅰ式（N2Z4M9：1）；2. Ⅱ式（N2Z1M15：1）；3. Ⅲ式（N2Z1M22：1）。

Ⅰ式，平口端无钻孔，斜口部分修整不规范，斜口平面略外凸。

Ⅱ式，平口端长径两侧对称钻孔，斜口部分分段修整，中部外凸。

Ⅲ式，延续前式特征，斜口部分修整更加规范。

无钻孔斜口筒形玉器4件，其中3件出土于N2Z4下层积石冢的墓葬中，仅1件见于N2Z4M15，且与带钻孔的另一件斜口筒形器共存。结合出土遗物的层位关系可以确定无钻孔的斜口筒形玉器的年代应略早于有钻孔的斜口筒形玉器，从Ⅰ式到Ⅲ式，斜口部分的修整逐渐规范，存在从分段打磨到整体打磨的变化。从筒形玉器斜口部分特征的变化来看，晚期的打磨更加整齐规范。

根据形制特征所做的是器物制作时间早晚的推定，而从墓葬的埋葬时间来看[1]，虽然整体仍与器物制作时间的早晚相似，但仍有较晚的墓葬出土造型相对较早的斜口筒形玉器的情况，这种不完全一致性也提示着牛河梁遗址的玉器可能并非专为随葬所制作，而为墓主生前使用、死后随葬的物品。

3. 其他器类

玉璧也是牛河梁遗址中较为常见的器类之一，可分为圆形、方形和介于二者之间的方圆形三种，此类器物的制作似乎并未使用管钻，部分器物的边缘可见直刃切割痕迹，近圆形者皆采用由方取圆制成。从制作工艺的角度来看，方形璧的年代似应相对较早，因为将璧的外壁打磨成圆形需要更长的时间，并花费更多的劳动，但在对出土器物的统计上并未发现二者在使用时间上有明确的早晚关系。

镯、环也是墓葬中较为常见的遗物，但造型方面没有发现明显的差异。

牛河梁遗址墓葬出土玉龙共3件，造型略有差异，但因数量较少，未进行进一步的区分。除较为常见的器类之外，牛河梁遗址中还可以见到造型奇异的器物，这类器物几乎未见相同造型出土，如N2Z1M23出土的龙凤玉佩以及N2Z1M26出土的玉双兽首饰等。因这类器物较为独特不具备典型意义，在此不再一一进行分析。（图1-15）

对器物共存关系的比较可以发现，在发现数量较多、器形变化较为明显的玉器中，斜口筒形玉器出现时间相对较早，而勾云形玉器出现的

---

① 见本书第二、三章。

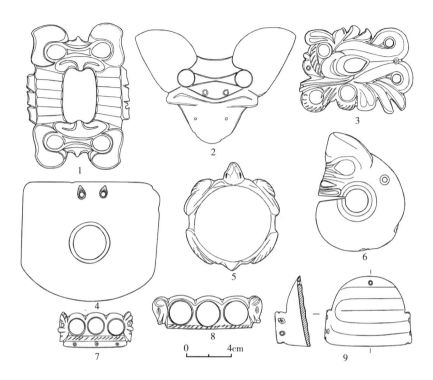

图1-15　牛河梁遗址出土其他造型玉器示例

注：1. 玉双兽首饰（N2Z1M26：2）；2. 玉兽面牌饰（N2Z1M21：14）；3. 龙凤玉佩（N2Z1M23：3）；4. 钺形玉璧（N2Z1M23：2）；5. 玉鳖（N5Z1M1：7）；6. 玉龙（N16M14：3）；7. 双人首玉梳背饰（N2Z1M17：1）；8. 双熊首三孔玉梳背饰（79M1：4）；9. 玉臂饰（N3M9：2）。

时间则相对较晚。斜口筒形玉器单独出现的时间相对较早，而与勾云形玉器共出者则相对较晚，据此可以将其使用时期分为两个阶段：早段见于N2Z4下层墓葬中，出土此类器物的墓葬外围采用A型筒形器，而勾云形玉器与斜口筒形玉器共存的墓葬外围则为B型筒形器。陶器中所见D型筒形器的流行时期由于遗存数量较少，尚无法确定这一时期是否存在玉器。

三　牛河梁遗址的分期

结合陶器、玉器造型特征变化及其共存关系的信息，可以将牛河梁遗址红山文化遗存进行如下分期。（表1-5）

表 1-5　牛河梁遗址出土遗物分期

分期		陶器					玉器	《牛河梁》
		折腹钵	筒形罐	折腹盘	筒形器	彩陶盖罐	玉器	地层
第一期		A、B、C	AI - Ⅲ、BI - Ⅱ、CI - Ⅱ	I				下层生活遗存(灰坑等)
二期	早段		CⅢ、DI - Ⅲ、EI - Ⅲ	Ⅱ	AI - Ⅲ	AI - Ⅱ、B		下层积石冢
	晚段				AⅣ - Ⅴ	AⅢ	斜口筒形玉器 I	
第三期				Ⅲ	D			上层积石冢
第四期					B、C	CI - Ⅱ	勾云形玉器,斜口筒形玉器 Ⅱ、Ⅲ	

第一期相当于《牛河梁》下层遗存阶段,此一时期所见以日用陶器为主,见钵、盘和筒形罐,不见筒形器、彩陶罐及玉器。

第二期相当于下层积石冢阶段,遗迹以墓葬为主,随葬品可见陶器和玉器两种,筒形器位于墓葬外围呈圆圈状分布,皆为 A 型筒形器。随葬品组合也出现了一定程度的变化,从单纯以陶器随葬逐渐出现了陶器与玉器共存,但玉器仅见斜口筒形器一种,且平口一侧不带有钻孔。根据随葬品组合的差异可以将第二期进一步分为早晚两段:早段仅使用陶器随葬;晚段随葬品中则出现了玉器。

第三期新出现了个体较小的 D 型筒形器,遗物主要见于 N2Z4B,未见同时期的墓葬遗存,确属这一时期的遗物数量也相对较少。

第四期筒形罐、盘、钵等器物基本不见,筒形器和彩陶盖罐虽仍然使用,但造型与前一时期有着明显的差异,彩陶盖罐器形更为圆鼓,纹饰更为简略;墓葬内随葬品则只见玉器一种,基本不见以陶器随葬的现象,在地层上相当于上层积石冢阶段,勾云形玉器和斜口筒形玉器造型的变化表明其似可继续进行细分。

与已有分期相比,整体变化趋向基本一致,都将下层生活遗存单独划分出来,与《牛河梁》的分期相比,将使用 D 型筒形器的第三期从上层积石冢阶段单独地划分出来,相当于方殿春等所划分的上层积石冢 1 段。根据随葬品组合的差异将第二期进一步划分为早晚两段,与方殿春等对叠石冢阶段的划分较为相似,但结果略有差异,本书划分标准以随葬品种类的变化为准，结合层位关系的变化，而方殿春等的划分则以层位关系为依据。

上文通过对出土遗物的类型学分析将牛河梁遗址出土遗物分为四期。在发现的遗物中，陶器是判定时代早晚最为有效的器物，玉器则因为材料较难获得且制作不易，可能得到所有者的精心保存或者作为可以遗传和转赠的财物而保留较长的时间，相对而言，在判定年代方面则存在一定的难度，但因其使用时间相对固定，仅在牛河梁遗址第四期时有较为普遍的发现，因此并不影响整体分期的结果。器物形态的变化与制作群体相关，对社会变化的反应更加敏感，因此，笔者以下的分析将以此处的分期作为基本的时间框架。

第二节　各遗迹地点的相对年代

前文通过对经过系统考古发掘的 4 个地点的材料的分析初步确定了牛河梁遗址的分期，其他地点由于发现材料有限，且无直接的层位关系可以利用，只能通过遗物特征的比较确定其相对年代。

一　已发掘地点分析

第二地点（N2）包括 6 个相对独立的积石冢，从发现遗物的特征来看，其建造和使用的时间可能存在差异。

N2Z1。有明确的冢界，积石冢内墓葬皆以玉器作为随葬品，陶器特别是筒形器主要出土于冢界和冢体堆积上，可见 B 型筒形器和扁钵式筒形器两种，B 型筒形器可见位于原位者，扁钵式筒形器则散见于冢体堆积上。筒形器表面多有黑彩，纹饰可见宽带纹、菱形纹、倒三角纹、大三角折线纹及简化双勾涡纹等几种，其中以宽带纹数量最多，非全彩，纹饰围绕器表约 2/3 周，使用宽带纹装饰的器物器表多可见确定施彩边界的划纹。发现的位于原位的筒形器多见 B 型的 Ⅰ、Ⅱ 式。从出土遗物特征上来看应属于本书分期的第四期。（图 1 - 16）

N2Z2。位于 Z1 东侧，出土陶器主要为筒形器。分别见于冢上堆积、积石冢封土和墓内填土中。冢上堆积的筒形器应为积石冢最晚期

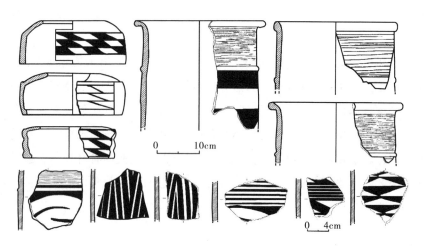

图 1 – 16　N2Z1 出土遗物

遗存，或者可能包括该积石冢废弃后堆积。筒形器器表多施黑彩，从器形来看应都属 B 型筒形器，纹饰可见对弧线三角纹、倒三角纹、垂鳞纹、大三角折线纹和简化双勾涡纹几种，施彩不满一周（图 1 – 17）。还可见塔形器和扁钵式筒形器，塔形器纹饰主要集中于下侧裙围部分，纹饰为简化双勾涡纹。

　　冢内封土出土陶器主要有筒形器和塔形器两种，筒形器则分属三种不同的类型：A 型筒形器，可见口、底两部分，未见完整器，其中有纹饰者为单勾涡纹；C 型筒形器，于凸棱处略向外折，未见刻划弦纹，凸棱上下施黑彩，主体纹饰为较粗的三角折线纹；D 型筒形器，平沿略向内收，壁近直，纹饰主要集中于口部以下，为两到三周的宽带纹或以弦纹区分的菱形纹。另外还可见筒形罐等，但皆较为残碎，无法对其时间进行准确判断。

　　墓葬填土内也发现了大量的陶器残片，N2Z2M2 填土中发现的皆为 B 型筒形器残片，多有黑彩，纹饰可见倒三角纹、大三角折线纹、菱形纹及简化双勾涡纹。

　　从出土遗物特别是筒形器的特征上来看，Z2 发现的遗物分别相当于牛河梁遗址使用过程的第二期、第三期和第四期，由于未见明确位于原位的筒形器，三种造型的器物皆见于 N2Z2，根据地层学原则推测 N2Z2 的

使用时间为第四期，B 型筒形器的特征显示其可能出现在第四期的最晚阶
段。

图 1 - 17　N2Z2 出土筒形器

N2Z3。位于 Z2 东侧，圆形，以红色安山岩石柱为边界的三重石环结
构，未发现墓葬，在内环石界桩以内发现了立于原位的筒形器底部，在中
环和外环界桩圈内也发现了散落的筒形器残片。

陶器见于冢体垫土及冢上堆积部分，垫土内发现的筒形器残片可见 A
型筒形器的口、底部残片，D 型筒形器及 B 型筒形器腹部残片。B 型筒形
器残片上多见黑彩，纹饰可见简化双勾涡纹，对三角弧线纹、倒三角纹、
大三角折线纹等，D 型筒形器上纹饰可见菱形纹和宽带纹两种。冢体堆积
可见 B 型筒形器口、底部残片，纹饰为半周宽带纹。（图 1 - 18）

虽然发掘报告未提供位于原位的筒形器的具体特征，修建积石冢之前
的垫土内可以见到第二、三、四期遗物，根据垫土内发现的 B 型筒形器
残片可知 N2Z3 的建造和使用时间都不早于第四期。

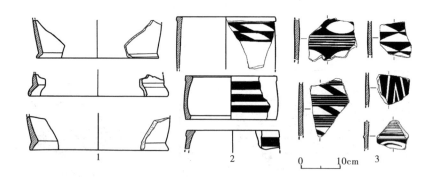

图 1-18 N2Z3 垫土层出土筒形器

注：1. A 型筒形器；2. D 型筒形器；3. B 型筒形器残片。

N2Z4。根据遗迹的层位关系可以分为下层遗存、下层积石冢、垫土层、上层积石冢等几组遗存。

N2Z4H1。属下层遗存，出土了筒形罐、钵等生活用陶器，从遗物特征上来看，约相当于本书分期的第一期。（图 1-19）

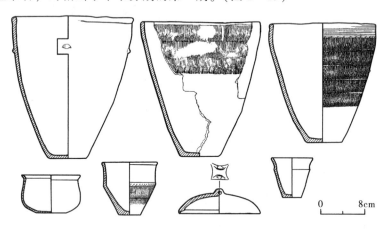

图 1-19 N2Z4H1 出土遗物

下层积石冢。10 座，冢为圆形，以筒形器确定冢的外侧边界，墓葬位于中央。出土遗物具有较为一致的特征，仅 3 座墓葬内发现了玉器，随葬物品以陶器为主，彩陶盖罐和筒形器是下层积石冢最为常见的遗物。彩陶盖罐的纹饰主题包括双勾涡纹和单勾涡纹两种，筒形器皆为 A 型，包括施黑彩和无纹饰两种，黑彩特征也较为一致，皆为单勾涡纹，相邻纹饰带反向分布，纹样带之间以弦纹分隔，部分冢体上可见塔形器，塔形器上纹饰为变形单勾涡纹。因其造型特征较为相似，应属于本书分期的第二期。（图 1 − 20）

0　　10cm

图 1 − 20　N2Z4 下层积石冢出土筒形器

上层积石冢包括三个主要的遗迹单位，分别为 N2Z4B1、N2Z4B2 和 N2Z4A。

N2Z4B1。位于区域内西侧，平面为圆形，可见冢界墙和冢阶墙，未见位于原位的筒形器。

N2Z4B2。位于东侧，北圆南方①，筒形器主要见于北侧圆形积石冢的外界墙与中阶墙之间，位于原位者皆为 D 型筒形器，器体较为矮小，纹饰主要集中在口沿部以下，为以弦纹为边界的两组短斜线纹，或 2 ~ 3 周宽带纹，纹样带绕器表一周。另可见扁钵式筒形器，纹饰为以弦纹为边界的菱形纹，从筒形器特征来看应属于本书分期的第三期。（图 1 − 21）

发掘报告显示两座积石冢的外侧石墙相交，二者可能略有早晚，但由于没有遗物进行进一步的比对，基于二者遗迹特征的相似性，推测 N2Z4B1 的使用时间也在牛河梁遗址第三期。

垫土层 N2Z4BD 位于下层积石冢与 N2Z4B 圆形积石冢之间，形成于

---

① 实际为两个不同时期的积石冢，南侧方形积石冢部分借用了北侧圆形积石冢的冢界墙，详见本书第二章。

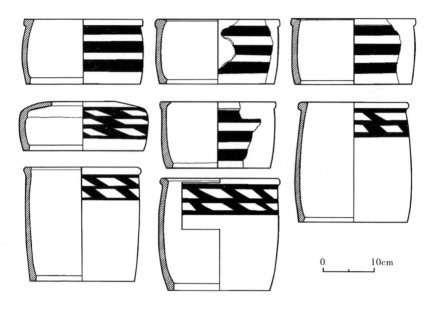

0   10cm

图 1-21　N2Z4B2 出土遗物

N2Z4B 建造前，其中出土了少量陶器，皆较为残碎，大体包括彩陶盖罐、筒形器、塔形器、器盖等几种，从口、底特征来看筒形器皆属 A 型，出土遗物应多属于第二期。垫土与其上的圆形积石冢的修建密切相关，其中发现的第二期遗物应是修整地面时混入的早期遗存，因此可以将其与其上的圆形积石冢划归同一时期。（图 1-22）

N2Z4A。叠压于 N2Z4B1 和 N2Z4B2 之上，平面为方形，在北侧冢墙处发现 11 件立于原位的筒形器，皆为 B 型，主体纹饰可见垂鳞纹、直三角纹、简化双勾纹、三角折线纹、倒三角纹等几种，三角折线纹和垂鳞纹通常与菱形纹或短斜线纹共存，后者多作为凸棱之下的辅助纹样带出现；另外还可见到塔形器及扁钵式筒形器。冢体堆积见 A 型筒形器残片，主体纹饰为双勾涡纹，不同纹样带之间以弦纹分隔。冢内墓葬发现的随葬品皆为玉器，未见以陶器随葬。

虽然发现了具有第二期特征的筒形器，但依据地层学原则可知，N2Z4A 年代应根据 B 型筒形器的时代加以确定，属于牛河梁遗址第四期，其主要使用时间可能略晚于 N2Z1。（图 1-23）

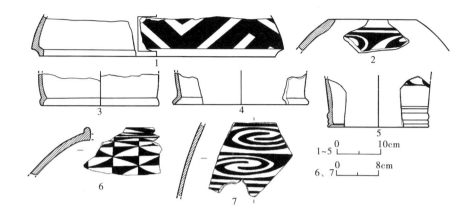

图 1-22 N2Z4BD 出土遗物

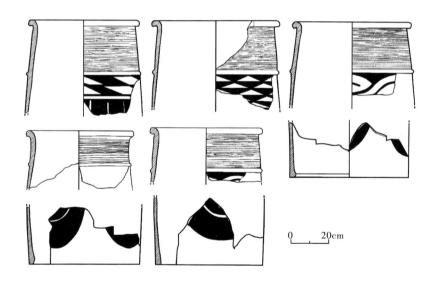

图 1-23 N2Z4A 出土筒形器

N2Z5。整体为长方形，中部有一横向石墙将冢体分为两部分，看似"日"字形，筒形器可在北侧和南侧界墙处发现，可见 B 型筒形器和扁钵式筒形器两种，B 型筒形器可见 I 式和Ⅲ式，主体纹饰为三角折线纹和双勾涡纹，约相当于本书分期的第四期，其沿用时间可能贯穿牛河梁遗址第四期。（图 1-24）

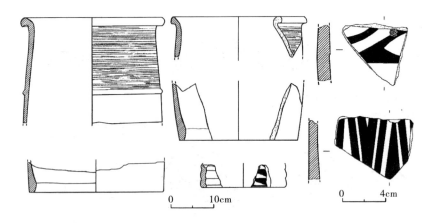

图 1 - 24 N2Z5 出土遗物

N2Z6。位于 N2Z3 北侧，被 101 公路所截断，整体可能为方形或长方形，现仅存一部分，出土遗物数量相对较少，可见 A、B、D 型筒形器、扁钵式筒形器和塔形器。纹饰可见垂鳞纹、简化双勾涡纹等，其流行时间为第二至第四期。陶片散见于积石冢内，未见位于原位的筒形器，最晚的 B 型筒形器只见Ⅲ式，由此可以推测 N2Z6 应属牛河梁遗址第四期，其使用时间应相当于第四期较晚阶段。（图 1 - 25）

第三地点（N3）。为圆形单冢，冢体受到较为严重的扰乱，出土陶器多见于冢上，未发现位于原位的器物。可辨器形以筒形器为主，还可见少量扁钵式筒形器、塔形器和钵、罐、盆等。筒形器可见 A 型和 B 型两种，以 B 型数量较多，纹饰可见垂鳞纹、宽带纹、粗三角折线纹。墓葬内出土遗物皆为玉器。

第三地点 A、B 型筒形器混杂出土，未见第二期遗迹，墓葬内出土遗物仅见玉器一种，推测其使用时间应为第四期。B 型筒形器可见Ⅰ、Ⅱ两式，推测其使用并未延续至第四期最晚阶段。（图 1 - 26）

第五地点（N5）。堆积可以分为三组：下层遗存、下层积石冢和上层积石冢。下层遗存主要为灰坑，其中出土了钵、筒形罐等日常生活用器，相当于本书分期的第一期。

下层积石冢。地层内发现的陶片以 A 型筒形器为主，同时期祭坑内发现了折腹钵、彩陶罐、筒形罐、钵及 A 型筒形器残片，未见 B 型等晚

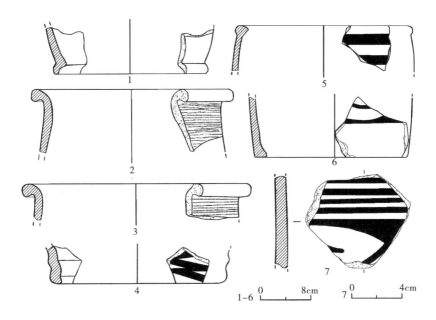

图 1 – 25　N2Z6 出土遗物

注：1 为 A 型筒形器，2、3 为 B 型筒形器，4 为扁钵式筒形器，5 为 D 型筒形器，6、7 为 B 型筒形器。

期筒形器，推测其年代应为牛河梁遗址第二期。（图 1 – 27）

　　上层积石冢。有积石冢 3 座，Z1、Z2 分别叠压在下层积石冢 Z1、Z2之上，Z3 位于两积石冢之间。Z1 圆形，冢体西南部保留有一段环壕，冢体有三圈石墙。冢内发现大型墓葬 1 座，N5Z1M1，墓中随葬玉器 7 件，不见陶器。填土内发现了少量陶器残片，可见钵、A 型筒形器及 B 型筒形器口腹残片。由此可知，M1 的建造时间不早于 B 型筒形器流行的第四期。冢上发现的陶器残片可见钵、塔形器、筒形器等几种，以筒形器数量最多，皆为 B 型筒形器，即 N5SCZ1 的主要使用时间应相当于本书分期的第四期，因其叠压于第二期的积石冢之上，其中发现的具有第二期及更早特征的陶器可能为后期扰入的。

　　N5SCZ2，冢体受损严重，根据残存冢界石墙的特征推测其应为方形或长方形积石冢，冢内发现墓葬 4 座，分别为 N5Z2M1、M2、M3、M9，除 N5Z2M1 未见随葬品，其余墓葬内随葬遗物皆为玉器，M2 扩口石匣内出土彩陶盖罐 1 件。冢体可见塔形器、筒形器残片，筒形器皆为 B 型筒

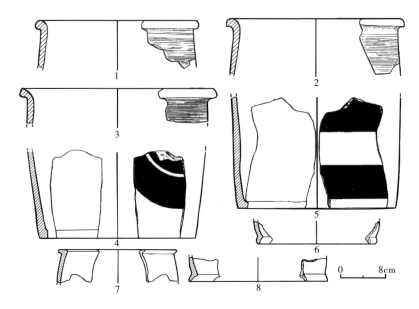

图 1 - 26 N3 出土筒形器

注：1~5 为 B 型筒形器，6~8 为 A 型筒形器。

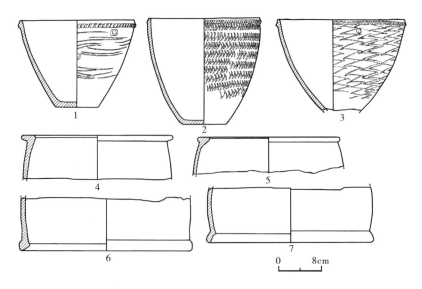

图 1 - 27 N5 下层积石冢出土遗物

注：1~3 为筒形罐，4~6 为 A 型筒形器。

形器。其使用年代应在本书分期的第四期。

N5SCZ3，近似长方形，冢的北半部中间位置发现二次葬人骨，无墓圹，未见随葬品。冢体发现遗物可见筒形罐、钵以及筒形器残片，筒形器可见 A 型及 B 型两种。其最后的使用时间应相当于本书分期的第四期。

从 B 型筒形器仅见 I 式的特征来看，第五地点上层积石冢遗存使用时间可能在第四期较早阶段。（图 1 - 28）

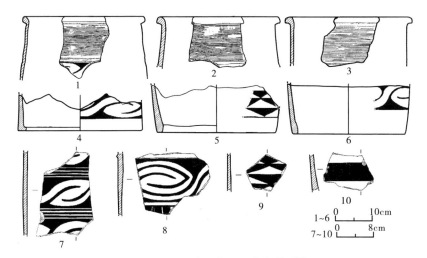

图 1 - 28　N5 上层积石冢出土筒形器

注：1～6 为 B 型筒形器口部残片，4～6 为 B 型筒形器底部残片，7～10 为 B 型筒形器彩陶纹饰。

第十六地点（N16）。为正式发掘地点中最西端的一个，发掘者将第十六地点红山文化遗存分为五个部分：第一部分为④层下竖穴土坑墓，包括 M2、M7、M8；第二部分包括④层，79③层，H97，79F1，为下层积石冢相关遗存；第三部分包括 M9、H98、H99 及其上部封土堆积，处于下层积石冢与上层积石冢之间；第四部分包括 M1、M10、M11 及其上部积石堆积，堆积中出土了陶筒形器，发掘者将其归类为"西侧墓葬遗存"，为上层积石冢所叠压；第五部分包括 M4、79M1 - 3、M12 - 15，为上层积石冢遗存。发掘者进一步提出各遗迹现象的时间可与第五地点的各时段相对应：地层堆积的第③层（第五部分）相当于上层积石冢阶段，第④层即第二至第四部分为下层积石冢阶段，④层下墓葬（第一部分）与第五地点下层遗存相当。

第一部分墓葬没有发现随葬品，无法判断其准确的时间，但因其被红山文化灰坑及下层积石冢所叠压，应是第十六地点最早的遗存。

第二部分地层中发现了大量的陶器残片，包括筒形罐、钵、罐等多种，其中具有明显时代特征的筒形器皆为 A 型，筒形器上纹饰只见单勾涡纹一种，在其中 79③层出土者皆为同向排列的单勾涡纹，纹样带之间无分隔线，N16T0807④：1 仅为残片，无法确定不同纹样带之间的排列方式是否相同，但相邻纹样带之间有弦纹分隔线，未发现晚期特征遗物，根据筒形器的特征可以判断其主要的使用时间应相当于本书分期的第二期。

第三部分灰坑内同时发现了筒形罐和 A 型、B 型筒形器残片，可知其最后使用时间应接近 B 型筒形器流行的第四期，这部分遗存的年代应相当于牛河梁遗址第四期。

第四部分西侧墓葬及相关遗存中，墓葬内出土遗物皆为玉器，封土内发现的筒形器残片皆为 B 型筒形器，纹饰可见细三角折线纹、简化双勾涡纹及宽带纹。根据随葬品和筒形器的特征可以确定其应属于本书分期的第四期。

第五部分为 Z1 及所属墓葬，冢上封土及积石层内发现了陶片，可见 B 型筒形器、扁钵式筒形器、塔形器等几种。B 型筒形器上纹饰可见双勾涡纹、简化双勾涡纹、细三角折线纹、粗三角折线纹、直三角纹、宽带纹、对弧线三角纹、倒三角纹，其中简化双勾涡纹与细三角折线纹的组合纹饰未饰满一周；扁钵式筒形器上的纹饰则主要为以弦纹分隔的斜宽带纹；墓葬仅以玉器随葬，未见有陶器共出，墓葬填土内可见 B 型筒形器残片。根据发现筒形器及随葬玉器的特征可以确定其属本书分期的第四期。西界墙出土 B 筒形器可见Ⅰ、Ⅲ两式，推测该积石冢可能在第四期延续使用。（图 1-29）

第三、四、五部分虽然在层位及分布位置上存在差异，但在出土遗物上无法对其进行更进一步的区分，因此暂时将其归为一期，这种层位关系可能在进一步讨论遗址的形成过程时使用。

对已发掘地点出土遗物的分析可以发现，N2Z4 较为完整地体现了红

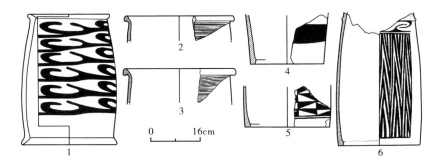

图 1 - 29 N16 出土筒形器示例

注：1 为 79T3③：5，2 ~ 6 为 N16Z1 西界墙出土。

山文化时期牛河梁遗址的开发和使用过程，由此我们可以以特征最为完整的 N2Z4 作为参照点，将几个已发掘地点的使用时间进行简单的对照。各地点发现的遗物以第四期最为常见，第五、第十六地点除了以 D 型短体筒形器为特征的第三期基本不见之外，其余三个时期都有使用。而部分遗迹单位如 N2Z1 虽然可见第二、第三期陶片，但仅见第四期遗迹，这也是我们在对调查地点进行年代判断时所需要注意的内容。

二　调查发现地点及其相对年代

除了经过正式发掘的地点，第三次文物普查及随后进行的考古调查均在不同地点发现了红山文化陶片，这种发现可以在一定程度上弥补正式发掘资料的不足，以下将通过对不同地点发现陶片的分析对其使用时间做初步判断。

辽宁省文物考古研究所联合中国人民大学 2014 年对牛河梁遗址区进行了系统性区域考古调查，调查时以 50 米 × 50 米的采集点为基本采集单位，由于采集点与遗迹单位并不直接对应，在分析之前根据 GPS 地点将其位置与三普调查结果予以校正，仍按照《牛河梁》对各地点的划分予以说明。

由于调查发现者皆为器物残片，仅能依据口底特征对其形制进行判断，在正式分析之前，需要对不同时期器物形制的特征进行进一步的细化，以获取准确的比较标准。

根据前文分析可知，本书所确定的分属三个时期的四种造型的筒形器存在一定程度的连续性：A 型筒形器与 D 型筒形器在口部特征上较为相似，相较而言，A 型筒形器口沿部较宽，D 型相对较窄，但未见二者之间存在绝对明显的区分。A 型筒形器腹部外弧明显，D 型筒形器则近直腹，结合腹部的特征可以进一步将 A 型与 D 型筒形器区分开来。而从底部特征来看，A 型筒形器与其他形制的筒形器差别明显。

B、C 型筒形器口部特征明显，根据口部的特征基本可以判定器物形制。此两型筒形器与 D 型筒形器在底部特征较为相似，底部修整皆可分为三种：起台，底边最下侧较器壁其他部分略厚；起棱，器壁最厚部分在底边略偏上位置，其上下部分都相对较薄，形成略微高起的凸棱；不起棱台，器壁修整较为规整，厚薄较为一致，没有明显的差异。相比较而言，由于 D 型筒形器器形较为矮小，器壁应相对较薄，但仅以陶片来看，区分仍存在困难。

对比可以发现，在缺乏完整器物的情况下，单纯依据口部和底部的某一种特征来判断筒形器的形制都可能出现一定程度的失误。可以依据底部特征判断 A 型筒形器，依据口部特征来判断 B、C 型筒形器，虽然无法通过口沿特征区分 A 型和 D 型筒形器，但结合腹部的特征及器壁的厚薄仍可大体判断无误，而通过底部特征判断器物属于 B 型或 C 型筒形器则存在困难。

虽然地表采集遗物具有一定的随机性，但从统计概率来看，如果某类特征的口部残片数量较多，则相应的底部的数量也应较多，由此可以通过对口底特征的综合统计来对其可能出现的器物形制及流行时间进行分析。

以下将以 2014 年的调查发现为主要分析对象，为保证统计的客观性，对口沿、底部残片分别进行统计。

根据口部特征可以分为 A、B、C 三种，分别对应 A 型、D 型筒形器口沿，B 型筒形器口沿和 C 型筒形器口沿。

根据底部特征可以分为两种，A 型底为 A 型筒形器底部，B 型底见于 D 型、B 型和 C 型筒形器，根据起台和起棱的情况还可进一步划分亚型：起台（Ba）、起棱（Bb）和不起棱台（Bc）。（表 1 - 6、图 1 - 30）

表 1 - 6　筒形器口底特征对照

筒形器形制	口沿	底部
A	A	A
D	A	B
B	B	B
C	C	B

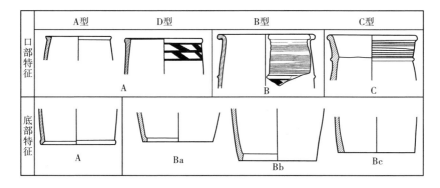

图 1 - 30　牛河梁遗址出土筒形器口底特征对比

第四地点（B059）。采集陶片全部为红山文化陶片，可辨器形皆属筒形器类，可见口、底两部分，以口沿片为主：B 型口沿片，泥质红陶，器表偶见较大沙粒，口部残，残存部分近直，上端为细弦纹，现保留约 15 道，其下起凸棱，凸棱上下两侧微下凹，近凸棱部分 3 组弦纹抹平，几乎不见，器表施深红色陶衣，内壁修整较为规范，可见修抹指纹痕迹；C 型筒形器口沿片残片，泥质红陶，仅保留近凸棱部分，上段为较粗凹弦纹约 3 组，其下起棱，棱线上下部分下凹，自棱线上下凹部分微向外弯折，内壁凸棱下有凹窝，应为制作遗留痕迹。

底部残片较少，仅见 1 件 Bc 型，泥质红陶，内壁修整较为规整，底边略厚，不起棱台。

综合口、底的特征可知，第四地点发现的筒形器多为 B、C 型，其流行时间为牛河梁遗址第四期。（图 1 - 31）

N39 东峰山遗址（C158）。位于山丘顶部，采集标本多属筒形器残片。（图 1 - 32）

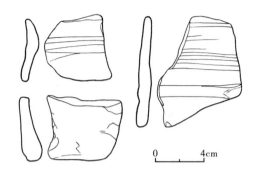

图 1 – 31 　第四地点采集遗物

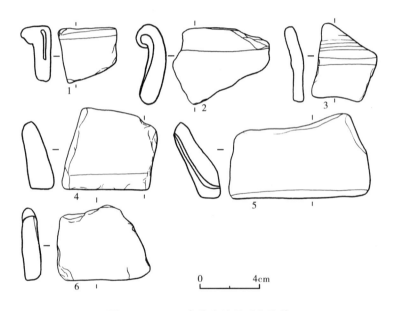

图 1 – 32 　N39 东峰山遗址采集陶片

　　A 型口沿片，泥质红陶，敛口，平沿，圆唇，口向内收，内壁微起棱，出沿较短，内壁口沿下内凹明显，腹部斜弧。沿上及器表施红色陶衣，绘黑彩。唇部及沿下施黑色条纹，较宽，其下残存宽斜纹 4 周，其间以较窄条纹分隔。

　　C 型口沿片，泥质红陶，偶见较大沙粒，颈腹部残片，上段为弦纹，中部起棱，棱线不甚均匀，器表残存红色陶衣，中部棱线处向内弯折。

B 型口沿片，泥质红陶，敞口、方圆唇卷折向外，内壁斜弧无平面，颈部残存较宽弦纹，器表原施红陶衣，多已脱落。剖面可见泥条相接及口沿外翻的痕迹。

筒形器底部残片可见 Bb 型 1 件，外壁斜直，近底部内收，底平，内壁斜弧，底沿修整近平，内壁近直，腹底相接处起凸棱，外凸不明显。

Bc 型，夹砂红褐陶，沙粒大小不一，内壁可见不规则小泥片，可能为内壁修整时抹泥遗留，外壁近直，底边略圆，近底部渐厚，过渡自然。

Ba 型，泥质红褐陶，较为致密，外壁斜直，底沿刮削近平，底内壁经修整近直，腹底相交处微起台。破裂处可见腹底泥条内外相叠痕迹。

由于筒形器特征的连续性，D 型筒形器口沿特征与 A 型筒形器较为相似，而采集到的筒形器底部残片虽然在具体特征上存在差异，但此种筒形器底部见于 D 型、B 型和 C 型筒形器上，由此可以推测，该地点发现的 A 型口沿残片应属 D 型筒形器，根据出土遗物的特征可以推测该地点的使用时间应不早于牛河梁遗址的第三期。

N32 南营子东梁积石冢。包括 C112 及周邻采集点 C091、C092、C093、C094、C095，以 C112 和 C093 采集点发现遗物最多，出土遗物较为单一，可辨器形者皆为筒形器残片，以口沿及底部居多。（图 1-33）

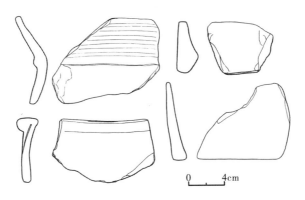

图 1-33 N32 南营子东梁积石冢采集陶片示例

A 型口沿片，皆为泥质红陶，烧制火候较低，敛口，平沿微向内收，方圆唇，内壁口下微内凹，口沿与腹部相接处可见两层泥条套接痕迹。器表及口沿上多施红陶衣。

C 型口沿片，泥质红陶，偶见大沙粒，烧制火候较低。敞口、圆唇，沿向外斜出，口下残存较宽弦纹 7 周，其下残，器表及沿内施红色陶衣。

筒形器底部残片可见 A 型和 B 型两种。

A 型底部残片 2 件，较为残碎，保留部分相对较小，底边外撇，尖圆唇，内壁近直。

B 型底部残片。Ba 型，夹砂红陶，沙粒均匀，器壁修整较为规整，底沿内侧较薄，泥条向内卷紧贴内壁。Bb 型，内壁近底部修出凸棱。Bc 型，泥质红陶，较致密，外壁微斜近直，底边近平，修整不规整，保留有多处刮削刀痕，内壁变化不明显，向底部渐厚，腹底相接处平缓无棱线，内壁保留有器物修整刮削痕迹。

综合比较采集陶片的口底特征可知，N32 可见 A 型和 C 型筒形器两种，未见其他地点较为常见的 B 型筒形器具有标志性的口沿。遗物显示其使用时间可能为牛河梁遗址的第二、第四期。

下台子遗址（D109）。2014 年调查新发现的遗址，发现大量陶片并细石器残件，陶片多较为残碎，可辨器形相对较少，不见在其他采集点中较常发现的筒形器片，可辨器形陶片 4 件，皆为钵类口沿，另有之字纹陶片一件。

叠唇钵口沿 2 件，泥质陶，直口尖圆唇，口外侧加厚其下与腹部形成明显棱线。

敛口钵口沿 2 件，敛口尖圆唇，斜弧腹，口红腹灰。

之字纹残片，夹砂灰黄陶，内壁偏黑色，器表保留刻划之字纹 1 组。

发现大量石核和石片，由于较为零碎无法进行拼合，调查没有发现筒形器残片，应与本书分期的第一期相当。

第六地点 C087。采集点位于牛河梁遗址第六地点保护区外侧，采集陶片相对较少，多较为残碎，采集陶片 6 件，皆为泥质陶，其中两件器表可见红色陶衣，可辨 B 型筒形器底部 1 件，较为厚重。推测其使用时间约相当于本书分期的第四期。

第八地点 C130。采集点位于牛河梁遗址第八地点（N8）保护范围内，采集陶片 29 件，多较为残碎，皆为红色陶，色泽深浅不一，较细小陶片可见泥质和夹砂两种，夹砂陶沙粒较为细小，7 件，泥质陶 20 件，可辨器形陶片 2 件。

筒形器 A 型口沿片 1 件，夹砂红陶，沙粒较细，敛口，平沿，外侧方圆，腹壁斜弧。A 型筒形器底部残片 1 件，夹砂红陶，沙粒较少，尖圆唇，微内收，外撇不明显，沿内微下凹。

C132 位于牛河梁遗址第八地点（N8）保护区外侧，采集红山文化陶片 11 件，其中泥质 8 件，3 件微有夹砂。多为不可辨器形的腹片。

筒形器 A 型口沿片 1 件，夹细砂红陶，器表可见较大沙粒，敛口平沿，内壁口下微内收，腹壁斜弧，沿面及器表施红色陶衣。

第八地点周围的调查中发现的陶片皆为筒形器，综合采集筒形器片的口底特征可知，可辨器形者皆为 A 型口沿残片，未发现器底，而 A 型口沿片可能出现于 A 型和 D 型筒形器上，但依据陶片所显示的腹部外弧的特征，其可能为 A 型筒形器，推测其使用的时间约相当于牛河梁遗址的第二期。

N33 白土沟山顶积石冢。地表可见直径约 15 米的圆形石堆，内侧为土丘，其外包有个体较小的石块，应为积石冢遗存。

采集陶片数量较多，可见夹砂和泥质两种，多较为残碎，不辨器形，有较大陶片上仍残留有红衣痕迹，但与胎结合较差，多已脱落。筒形器底残片 3 件，皆属于 A 型筒形器之类。未见其他特征的筒形器，推测 N33 为牛河梁遗址第二期遗存。

N36 刘家沟西梁积石冢。采集陶片 17 件，可见泥质和夹砂两种，可辨器形者为筒形器口底残片各一。

A 型口沿片，夹细砂灰黄陶，敛口圆弧不起棱，平沿，尖圆唇，沿下斜弧，腹壁斜弧，口沿下有刮削处理条纹。

A 型底部残片，夹砂红陶，裙边外撇不明显，内壁微下凹，外侧似为附加泥条部分已经脱落，腹壁微弧。

推测 N36 的年代相当于本书分期的第二期。

N29 窑沟东梁积石冢。地表可见位于山岗顶部的圆形土丘，直径约 18 米，高约 0.5 米，周围几乎不见石块，东部被道路破坏，采集陶片皆属红山文化遗物，多泥质或夹细砂，可见红衣及黑彩，但陶片多较为残碎，纹饰不详，发现圆唇口沿片 3 件，应为 B 型筒形器口部残片。

筒形器底部残片 3 件，可见起台、起棱和不起棱台三种，颈部弦纹陶片 1 件，彩陶片 2 件。

虽然未见较大可判定器形的陶片，但从采集的口底部残片来看，应都属于 B 型筒形器。推测其使用时间应相当于本书分期的第四期。

N28 城子山下遗址。采集陶片皆属于红山文化，多为泥质红陶，A 型口沿片 1 件，泥质灰黄陶，口沿及器表施红色陶衣，现多已脱落，敛口尖圆唇，斜平沿，腹部向外弧出。

发现可辨器形较少，仅见 A 型筒形器口沿残片，推测其使用时间相当于本书分期的第二或第三期。

N30 大杖子北梁积石冢。采集陶片 15 件，皆属红山文化，可见泥质和夹砂两种，部分器物所含沙粒较粗。标本两件。

A 型口沿片，夹砂红褐陶，敛口，口部微起棱，平沿，胎外侧抹泥一层，现多已脱落。

泥片剥落陶片 1 件，夹砂红陶，剥离处较为规整。

由于可辨器形陶片仅见筒形器 A 型口沿片一种，推测其年代应相当于本书分期的第二或第三期。

虽然调查发现可能存在一定的局限，但经过与已发掘区域的对照可以初步确定，采集遗物的特征基本可以反映各遗址点的主要使用时间，由此我们可以初步对区域内发现的各遗迹地点的使用时间加以判定（表1-7），不同遗址点的使用时间和沿用过程略有差异。

表 1-7　牛河梁遗址各单位出土遗物分期对照

	第一期	第二期	第三期	第四期
N1				√
N2Z1				√
N2Z2 *		√	√	√
N2Z3 *		√	√	√
N2Z4	√	√	√	√
N2Z5				√
N2Z6 *		√	√	√

续表

	第一期	第二期	第三期	第四期
N3 *		√		√
N5	√	√		√
N16		√		√
N4（B059）				√
N39（C158）			√	√
N32（C112）		√		√
D109	√			
N6（C087）				√
N8		√		
N36		√		
N33		√		
N29				√
N28 *		√	√	
N30 *		√	√	

注：＊系由于调查材料较少无法具体判定遗物时代；*虽然发现了多个时期的遗物，但仅见最晚期遗迹。

　　虽然由于多数地点并未进行发掘，信息的缺乏可能会对我们的结论产生一定的影响，但从现有的材料可以初步确定，调查发现的牛河梁遗址不同地点并非同时出现，而是经过了一定时间的使用才形成了今天我们所看到的规模。

　　由此我们可以初步确定各遗址点的使用时间以及不同时期人群的分布情况（图1-34）。由于调查材料的限制，暂时无法就牛河梁遗址区域内所有遗存的年代做出准确判断，从目前调查的发现来看，第一期和第三期遗存相对较少，而第二期和第四期遗存相对较多。从考古发掘的情况来看，第四期遗存的数量应明显多于第二期遗存，部分未发掘遗址点中可能仅发现了第二期遗存。虽然没有办法根据遗址点的数量对区域内人口的数量进行准确的判断，但从遗址点的数量来看，这两时期人口数量较大。

　　从不同时期遗存的分布情况来看，虽然有部分遗址点在不同时期沿用，但仍可见相当数量的仅在特定时期使用的遗址点。

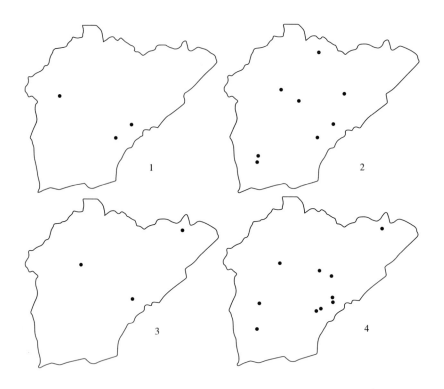

图 1 – 34　牛河梁遗址（2014 年度调查区域）各时期遗存分布示意

注：1. 第一期遗存；2. 第二期遗存；3. 第三期遗存；4. 第四期遗存。

对已发掘遗迹单位的分析可以发现，虽然多个遗迹单位内都发现了多个时期的遗物，如 N2Z2 分别发现了具有第二、三、四期特征的筒形器片，但仅发现了第四期遗迹，因而 N2Z2 的年代则确定在了牛河梁遗址的第四期。这也提示着如果发现陶片特征较为复杂，依据遗物的特征仅能对遗存的年代进行初步判断，要确定遗址的年代仍需依据遗迹特征进行进一步的分析。

第三节　牛河梁遗址年代的初步判断

根据目前获得的年代测定数据以及与邻近地区考古学文化比较的结果，学术界通常认为红山文化人群的活跃时间在距今 6500 ～ 5000 年的近1500 年的时间范围内，但就牛河梁遗址的相对年代和延续使用时间，不同学者却有着不同的看法。① 而此种状况的出现与红山文化的分期也并未获得统一的认识有关，由于考古学文化分期的标型器较少，特定遗址无法依据其中出土的遗物与分期标型器加以对比，从而确定遗址在红山文化中的相对年代。这在很大程度上受到相关材料较少的限制，筒形罐是红山文化较为典型的器物，但与东北地区其他时段的情况相似，同一考古学文化中的筒形罐特征较为相似，变化并不明显。目前经过系统发掘且有详细材料发表的遗址数量相对较少，且分布较为分散，用以进行分期研究的器物通常散见于不同的遗址之中，彼此间相对年代的确定仍缺乏地层学的支持，在此基础上所做的分期的尝试不可避免地存在明显的差异。目前对红山文化的分期更多地依赖于遗址中出现的可以与其他邻近地区进行比较的遗物，如出现在黄河流域的红顶钵、仰韶文化中发现的彩陶纹饰等等。而没有发现可以与其他遗址进行比较的遗物的遗址，对其年代进行相对准确的判断仍然存在问题。

　　牛河梁遗址的年代判定也面临相同的挑战，目前根据出土遗物的特征和遗迹之间的地层关系可以初步确定其遗存之间的相对年代，但在缺乏红山文化整体分期参照的情况下，确定牛河梁遗址在红山文化分期中的位置仍存在相当的难度。目前仅能依据牛河梁遗址中发现的遗物特征和遗迹的层位关系确定牛河梁遗址各类遗存的相对年代，但依据现有分期结果和分期标型器的对比却很难确定牛河梁遗址在红山文化时期的延续时间。从目前的分期成果来看，学界对牛河梁遗址年代判断的分歧主要出现在牛河梁遗址第一期遗存的年代，有学者认为这类以筒形罐、彩陶钵等遗物为主要特征的遗存的年代可以早至红山文化的早期阶段（以红山文化三期划分为例），多数学者认为这类遗存虽然在牛河梁遗址中年代相对较早，但仍应属于红山文化中期或更晚阶段。对牛河梁遗址第一期的年代判断差异明显，对牛河梁遗址中以筒形器和积石建筑为主要特征的遗存的年代的判断却大体一致，无论具体的分期方案如何，此类遗存多被归属于红山文化的较晚阶段。（表1-8）

---

① 参见本书"绪论"部分。

表 1 - 8　牛河梁遗址积石冢类遗存相对年代对照

二期	三期					四期	
高美璇等	张星德	杨虎	赵宾福	刘国祥	朱延平	陈国庆	索秀芬
<u>?</u> 红山后 类型	后冈一期	兴隆洼 F133	半坡、 后冈一期	早期	早段	老官台 - 半坡	一期	一期
					晚段	半坡		
	庙底沟	西水泉	庙底沟	中期	早段	庙底沟	二期	二期
					晚段			
<u>城子山</u> <u>类型</u>	半坡四期	<u>东山嘴</u>	半坡四期	<u>晚期</u>	<u>早段</u>	半坡四期	<u>三期</u>	三期
					晚段		<u>四期</u>	<u>四期</u> 早段
								晚段

注：①积石冢类遗存包括《牛河梁》的中、上层遗存；②标注双划线者为研究者所判断的牛河梁遗址积石冢类遗存的年代。

　　目前红山文化遗址的碳十四年代测定数据共计 12 个（表 1 - 9），其中牛河梁遗址测年数据 4 例，树轮校正年代集中在距今 5700 ~ 5000 年之间。从现有对积石冢的形成和使用过程的判断来看，N2Z1M8 的年代应早于其埋藏后形成的 N2Z1 的封土的年代，但测年结果则显示出相反的特征，这种差异可能受到测年误差的影响，也可能提示着积石冢的营建和使用过程可能与我们最初认识的有所差别。N2Z1 封土内出土木炭的测年数据也明显偏离与 N2Z1M8 特征相似的半拉山墓地的测年数据，排除此项偏离数据从整体上并未影响此前依据测年数据的结果所进行的判断。遗存特征相似、年代相近的东山嘴遗址和半拉山墓地的年代测定数据也在此区域范围内，虽然无法确定牛河梁遗址第一期遗存的年代，但可确知牛河梁遗址以积石冢为主要特征的遗存即《牛河梁》的中层和上层遗存的年代大体相当于红山文化较晚时期。

表 1 - 9　红山文化碳十四测年数据

标本来源	样本类别	实验室编号	测定年代		树轮校正年代
兴隆洼 ⅠF133③	木炭	ZK - 1394	5865 ± 90 （BC3915）	5700 ± 90 （BC3750）	4714 ~ 4463（BC）
兴隆洼 ⅠF142①	木炭	ZK - 2064	5735 ± 85 （BC3768）	5570 ± 85 （BC3620）	4501 ~ 4348（BC）

续表

标本来源	样本类别	实验室编号	测定年代		树轮校正年代
兴隆洼 ⅠF106②	木炭	ZK-3074	5425±53 （BC3475）	5271±53 （BC3321）	4230~3990（BC）
小东山 F8	木炭			5340±80 （BC3390）	
五道湾 M1	人骨	ZK-1180	4455±85 （BC2505）	4330±85 （BC2380）	3039~2894（BC）
兴隆沟 第二地点 F4①	木炭	ZK-3155	4786±44 （BC2836）	4651±43 （BC2701）	3520~3410（57.0%） 3390~3360（11.2%） （BC）
N2Z1 封土	木炭	ZK-1355	4995±110 （BC3045）	4850±110 （BC2900）	3799~3517（BC）
N1F1	木炭	ZK-1352	4975±85 （BC3025）	4830±85 （BC2880）	3371~3519（BC）
N1F1	木炭	ZK-1351	4970±85 （BC3020）	4830±80 （BC2880）	3700~3521（BC）
半拉山 M4	人骨			4510±30	5305~5045（BP）
东山嘴 F4②	木炭	BK82079	4975±70 （BC2945）	4760±70 （BC2180）	3640~3382（BC）
N2Z1M8	木炭	ZK-1354	4605±125 （BC2655）	4470±125 （BC2520）	3360~2920（BC）

　　对大凌河调查发现的部分可以判定属于筒形器的陶片进行的热释光年代测定结果集中在距今 5700~5000 年之间。[①] 由此可以初步确定本书重点讨论的牛河梁遗址中、上层遗存的年代当属红山文化晚期无误，即笔者对牛河梁遗址分期的第二至第四期应在此时间范围内。

小　结

　　本章通过对牛河梁遗址出土遗物的类型学分析，大体确定了牛河梁遗址遗存的相对年代。

---

　　① 　辽宁省文物考古研究所、匹兹堡大学比较考古学中心：《大凌河上游红山文化区域性社会组织》，匹兹堡，2014，第 23 页。

第一，根据遗物特征的变化，可以将牛河梁遗址分为四期，特定时期如第四期根据器物特征的变化仍可进行进一步的划分，器物分析所显示的人群的活动情况可能较现有分期更为复杂。

第一期遗存数量相对较少，仅在部分地点发现，遗物主要为细石器、筒形罐、钵等，钵口沿部分可见黑彩，多为平行线纹，遗迹则多为灰坑。

第二期遗存相对较为丰富，N2Z4 的发现显示，遗迹主要为以筒形器为外侧边界的墓葬，墓葬内随葬品多见陶器，玉器仅见斜口筒形玉器一种，墓葬外侧筒形器遗存则多为 A 型筒形器，筒形器多为素面，部分施红陶衣黑彩，纹饰可见单勾涡纹和双勾涡纹两种，这一时期遗存分布范围相对较广，为牛河梁遗址遗存最为丰富的时期之一。根据墓葬出土遗物组合的变化，第二期仍可进一步分为早晚两段，第二期晚段开始出现了以玉器随葬的情况，拉开了牛河梁遗址第四期仅以玉器随葬的序幕。

第三期遗存仍为积石遗迹，但未见明确的属于这一时期的墓葬，遗物以 D 型短体筒形器为特征，此类遗物虽然也在多个地点发现，但多为调查发现，较为明确的共存关系见于 N2Z4B2。

第四期遗存为积石冢及冢内墓葬，遗物可见陶器和玉器两种，陶器为 B 型筒形器，墓葬出土遗物仅见玉器，玉器的种类和数量都明显增加，从玉的特征和组合方面看，其仍可进行进一步划分。目前发现的第四期遗存数量最多。

根据目前所能获知的年代测定的结果可以确定，除牛河梁遗址第一期遗存暂时无法对其年代进行准确的判断之外，牛河梁遗址第二至第四期遗存的使用时间大体应在红山文化晚期。

第二，除少数遗迹单位如 N2Z4 延续使用时间较长外，区域考古调查的发现显示，部分遗迹地点遗物特征较为单纯，多数遗迹单位只在特定时期使用。以 N2Z2 为例，虽然在冢体堆积内发现了大量的早期遗物，但并未发现与遗物年代相对应的遗迹特征，因此只能依据最晚期遗物来判断遗迹的年代，而调查发现的含有多个时期遗存的地点也不排除仅有最晚期遗迹的可能，基于此，牛河梁遗址第二期遗存的数量可能较此处所了解的略少。

第三，从调查发现遗物来看，C 型筒形器并不只见于牛河梁遗址第一地点，在牛河梁遗址区其他地点也有发现，并可以发现其与 B 型筒形器共出，这表明两种造型的筒形器可能在功能上并没有明显差别。

　　第四，本章仅依据遗物特征对不同时期遗物的分布情况进行了初步的分析，从已发掘地点的情况来看，根据遗物特征无法准确判断遗址点的使用时间，由于后期的破坏及人群的活动可能将早期遗物带到晚期遗迹中，若要准确判断遗址点的使用时代及沿用特征，仍需进一步对遗迹的特征进行深入分析。

第二章

遗迹的形成和使用过程

　　由于目前经过正式发掘的积石冢地点较少，我们无法完整了解不同时期牛河梁遗址遗存分布的全貌，而只能通过对已发掘地点出土遗物的分析确立牛河梁遗址各时期遗存特征演变的标尺，并在此基础上大致确定各地点遗存使用的时间。

　　从上文的分析可知牛河梁遗址不同时期遗存特征的变化较为明显，第一期遗存多为生活遗迹，遗物多为钵、筒形罐、细石器等类器物，至目前为止发现的遗存数量也相对较少，调查并未发现与此相关的房址等居住遗迹。第二至第四期则以积石遗存为主，出土遗物也少见与第一期相同的器类。因为遗物所表现的渐变性特征和后期建筑可能造成的扰乱，在各遗迹单位内常常发现具有不同时期特征的陶器共存的现象，虽然可以据此初步了解遗迹单位的使用情况，确定其延续使用的最晚时间，但无法根据其中发现的较早的陶器来确定遗迹最早开始使用的年代。第一章对已发掘地点的初步分析可以发现，某些遗迹单位发现了不同时期遗物，却只见最晚期遗迹，要了解牛河梁遗址的使用过程以及不同遗迹之间的相互关系，仍需对遗迹的形成和使用过程进行深入分析。

　　墓葬是牛河梁遗址发现数量最多的遗存，也是考古学研究中探讨社会形态和社会组织结构的重要对象。牛河梁遗址中发现了大批墓葬，以其作为一个整体加以讨论仍然可以了解其社会形态和组织方式的基本情况。例如利用无法对发现材料进行更为细致划分的区域考古调查方法也可以初步确定红山文化社会组织的特征。[①] 若要对其社会形态及其形成过程有更为清晰的认识，则仍依赖于细致年代划分基础上的深入分析。分析显示，牛河梁遗址的大量墓葬皆属于牛河梁遗址第四期，而这些墓葬应是多年逐渐葬入的，其埋葬时间并不相同，如果可以对其埋葬过程有深入的了解，则可以进一步了解社会组织结构的演变过程。

基于上述原因，本章将在前文根据器物形态变化所获知的分期的基础上，对各类遗迹的形成和使用过程进行深入分析。根据类型学的原则，受同样或相近的社会思潮或规范的影响，同一时期的建筑也可能保存相似的特征，而这一特征则能为确定遗迹的始建时间及不同时期的特点提供线索。牛河梁遗址中经过发掘的几个地点提供了较为明确的遗存特征的资料，除了因为分布地点或所属群体的不同可能存在的差异之外，同时期的遗存应存在大致相似的特征。本章将通过对遗迹特征变化的分析，结合遗迹间的层位关系，确定各类遗迹的建筑时间，结合出土遗物的年代确定其延续使用的时间，并运用聚落分析方法对各类遗迹的功能加以探讨。

由于第一期遗存发现数量少且分布较为分散，难以进行更深入的探讨，本章的讨论将以发现数量相对较多且遗迹特征较为明确的第二至第四期的积石遗存为主。

第一节　积石冢的建造和使用过程

分析将以《牛河梁》所确定的基本遗迹单位[②]为基础，如 N2Z1 则包括砌石冢墙及范围内的墓葬，进而探讨不同遗迹单位的形成和使用过程，以期进一步了解其建造的风格和特征，并为共时性遗存的确定及其关系的讨论奠定基础。

一　第二地点（N2）

第二地点（N2）位于遗址区东侧，区域内发现 6 组遗迹，除 Z6 分布

---

① 辽宁省文物考古研究所、匹兹堡大学比较考古学中心：《大凌河上游流域红山文化区域性社会组织》，匹兹堡，2014。

② 本节所涉及的积石冢各部结构的名称皆采用《牛河梁》的定名。

在 Z3 北侧外，其余 5 组积石冢呈东西向排列，自西向东编号为 Z1 至 Z5，地上可见明显的积石。（图 2 - 1）

N2Z1 位于第二地点最西部，正南北向，南部和西部受到的破坏较为严重，冢体南墙和西墙基本不存，根据保存相对较好的北墙和东墙的残存情况可以大体确定 Z1 冢体为长方形，由冢台、冢界墙和冢内墓葬组成。（图 2 - 2）

冢台。长方形，为 Z1 内层的建筑，保存相对较好，根据保存最为完整的北侧冢台的特征可以确认：冢台由台壁和内台壁两重结构组成，砌筑台壁时不挖槽，直接砌于地表上，砌石采用灰白色石灰石石块，砌石向外侧部分修整平齐较为宽厚，内侧则较窄薄，砌石向上逐渐内收。台壁内侧的砌石为内台壁，砌石特征与台壁相同。

冢界墙。为冢体的外侧边界，与冢台石墙平行，也可分为内外两重结构，内界墙与冢台相邻，在冢台壁外侧垫纯净黄土，其上砌筑石灰石石板，现仅存一层，保存完好部分约与外侧的冢界墙同高，在北台壁与北内界墙之间的垫土上可见立于原位的筒形器，皆半面绘彩，有彩绘一侧朝外（朝向内界墙）。冢界墙位于内界墙外侧，砌石直接砌筑于地表上如图2 - 3、图 2 - 4 所示。东、北侧冢界墙与内界墙相距较近，未见南界墙，但根据东界墙向南延伸的情况可知，若存在南界墙，则南界墙位置应距南内界墙有一定的距离。在东界墙上也没有发现二次修筑的痕迹（彩图 1），即东界墙应为一次性修筑完成，并不存在随着墓葬埋葬位置向南扩张、冢界墙范围再度向南补充修建的迹象。

目前保存相对较好的北侧可见完整的内台壁 - 台壁 - 冢内界墙 - 冢界墙的结构，在南侧冢台的外侧，也发现一道石墙，石墙的内侧可见筒形器，此种特征与冢的东、北侧内界墙的特征较为相似，似应为南侧内界墙。在现存东墙中部偏南位置可以见到积石冢的南侧冢台壁，其与东侧冢台壁相接，由此可知北壁所见的几组围墙的结构即为 Z1 的完整结构。内台壁、台壁、冢内界墙三组皆位于冢体（此处冢体以外界墙圈定范围为准）北侧，而依据保存相对较好的东侧冢界墙所显示的范围，若存在冢界墙的南侧边界，则其位置应在距南侧冢内界墙较远位置。

筒形器位于由内向外第三周封闭石墙（冢内界墙）内侧，安放在纯净的黄色垫土之上。皆为 B 型筒形器，施半面彩，有彩一侧向外。

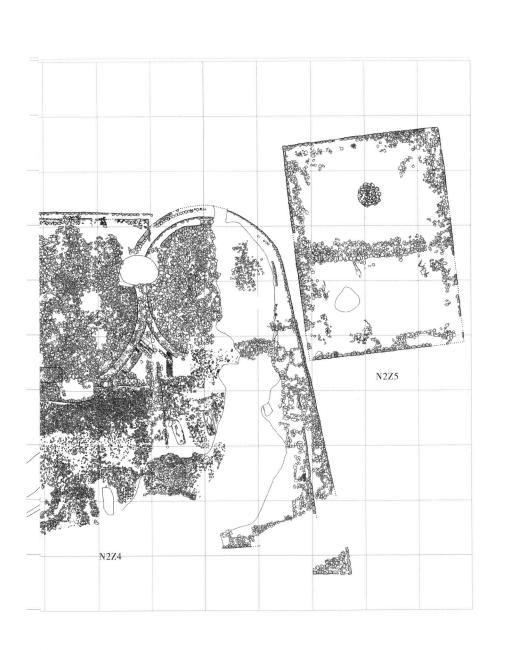

N2Z5

N2Z4

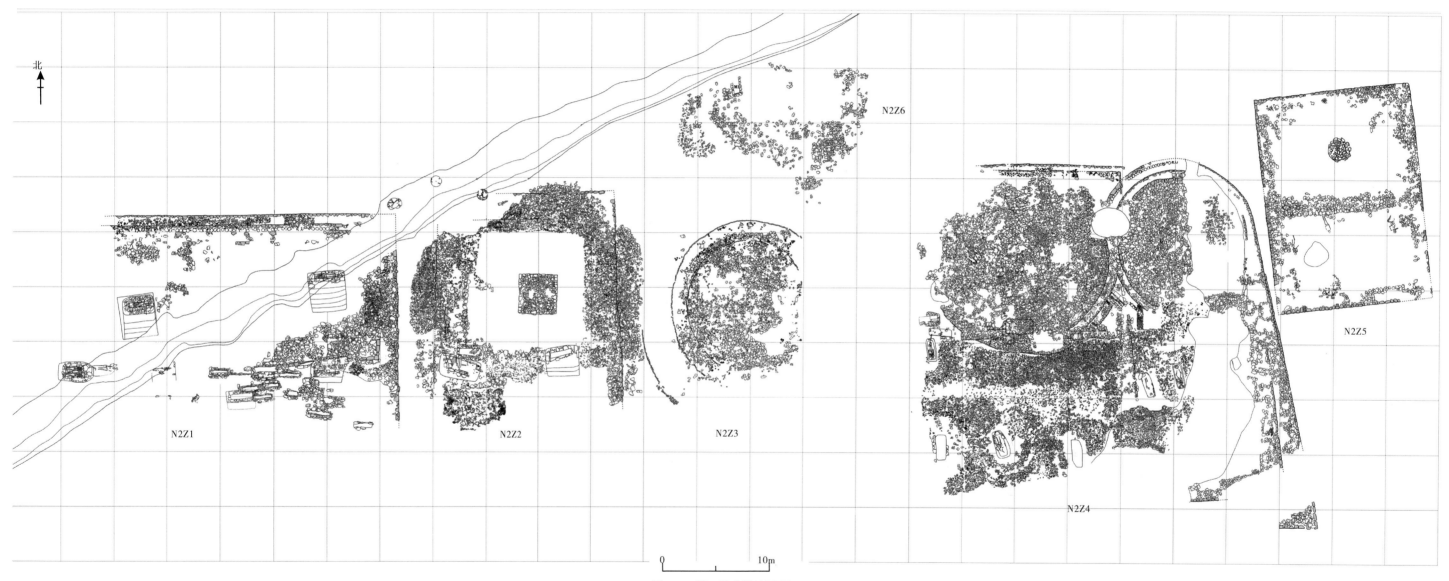

北

N2Z6

N2Z1　　　　N2Z2　　　　N2Z3

N2Z4　　　　N2Z5

0　　　　　10m

图 2-1　第二地点遗迹平面

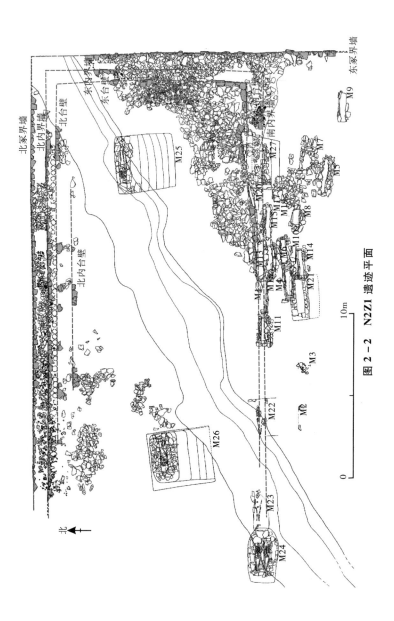

图 2-2　N2Z1 遗迹平面

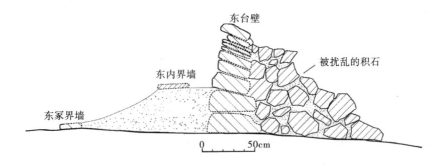

图2-3 N2Z1东侧冢界墙、台壁及垫土结构剖面

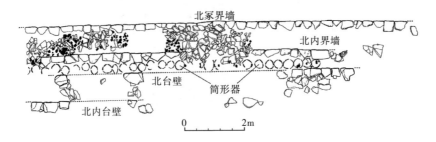

图2-4 N2Z1冢体结构平面（北侧）

墓葬。发现墓葬27座，排除其中时代不明的墓葬2座，可以确定属于这一时期的墓葬共25座。发掘者注意到墓葬可能存在埋葬时间的先后，并根据埋藏深度的差异将N2Z1的墓葬分为较早的打破生土的土阶或土圹砌石墓和较晚的仅挖浅圹、石棺等主体部分位于地表的墓葬。虽然从埋藏深度来看，似乎存在埋葬时间的早晚，即埋葬较浅的墓葬可能开口于积石冢封土层上。但发掘报告没有给我们提供更为准确的关于墓葬开口层位的信息，而积石冢墓葬埋葬时间的先后却不可以完全根据其埋藏位置的深浅来判断。

从建造墓葬所消耗的劳动量来估算，土阶或土圹砌石墓因其位置较深，在砌石的选择上也较为严格，需要经过更加复杂的加工过程，而无土圹或仅有浅圹的墓葬则包括了长度不足一人、仅容纳头骨的小型墓葬，砌石石棺的制作也较为简单。作为二次葬的墓葬，相对简单，耗费劳动量也少，也就是说，这种分类可能与墓葬规模关系更为密切，并不能完全准确地反映墓葬的建造时间。

　　墓葬作为社会活动的结果，在其建造和使用过程中会受到社会规范的影响，而在同一片墓地当中，同一时期的墓葬应具有较为一致的特征，在所有墓葬要素中，死者头向可能是受社会规范影响最为明显的要素，死者头向的差异可能与埋葬时间或所属群体的不同有关。以往的研究也表明，在同一墓地中，略有区分的多个并存的社会群体也可能采用不同的头向度①，但在其分布方面则可以发现较为规律的特征，通常头向相同的多个墓葬聚群分布。

　　初步统计可以发现，N2Z1 墓葬死者头向相对较为集中，除了人骨朽蚀严重无法确定其头向的墓葬之外，皆为东西向。根据墓葬中死者头向的不同可以分为两组：一组墓主人头向偏西，另一组墓主人头向偏东（图2－5）。仰身直肢葬死者头向较为明确，二次葬个体死者头部的摆放也较为规范，位置清晰明确，也可以依据头部所在位置确定其头向。这表明，头向度的差异并非随机的行为，而是对死者进行有意识处理的结果。对N2Z1 死者头向特征的分布位置的统计没有发现明显的规律（表2－1），除位于中心位置的两座西向墓葬外，积石冢南侧部分两种头向墓葬的分布没有明显规律。这表明在 N2Z1 的墓葬中，死者头向度的差异与社会小群体的区分无关，而可能与不同时期的社会习惯有关，即与埋葬时间的差异有关。

表 2－1　N2Z1 墓葬墓主头向统计

头向	墓葬编号	数量（座）
西	M7、M14、M15、M20、M21、M25、M26、M27 *	8
东	M1、M4、M5、M6、M8、M9、M10、M11、M13、M16、M17、M19、M22、M23、M24	15
不确定	M2 **、M3 **	2
时代不明	M12、M18	2

　　注：* M27 较为特殊，包括两个个体，其一仰身直肢葬，头向西，死者仅部分占据 M27 叠砌石棺部分，腿部则明显超出砌石范围，另一个体为二次葬，头向东，位于 M27 叠砌石棺向外扩展部分，此处暂且以仰身直肢葬个体为主体判定其朝向。

　　** 人骨腐蚀严重，无法确定头向。

①　郭明：《大南沟墓地社会结构初探》，《华夏考古》2011 年第 1 期。

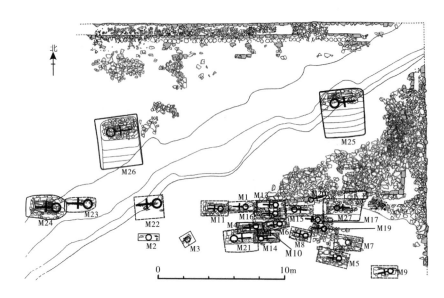

图 2 - 5　N2Z1 墓葬死者头向的空间分布

　　在东、西向两组墓葬之间存在一组叠压关系，M14 和 M4 叠压于 M21 之上。M14 和 M21 死者的头皆西向，而 M4 则头向东。依据这一地层关系，我们可以初步推测在两组墓葬之间可能存在早晚关系，东向墓葬略晚于西向墓葬。

　　在所有西向墓葬中，N2Z1M25、N2Z1M26 位于北侧内台壁 - 台壁 - 内界墙结构内侧，近东西对称分布，报告认为冢台是在墓葬建成之后或大体同时修建的，从墓葬所在位置来看，这种判断应大体无误，冢界墙的修建可能也大体在此时间前后。其余墓葬则位于冢台 - 台壁 - 内界墙结构的南侧，部分墓葬打破南侧的台壁或内界墙。《牛河梁》指出南侧冢内界墙起到了分隔冢台内墓葬和南侧墓葬的作用，但从遗迹平面图来看，部分墓葬借用了南侧冢台壁作为墓葬的北墙，南侧埋藏较深的 M27 也打破了南内界墙，即南侧墓葬要晚于北侧冢台相关建筑的使用时间。

　　根据墓葬特征的变化及其与积石冢冢体遗迹的叠压打破关系，可以将 N2Z1 墓葬的埋葬时间分为三段：位于中心位置的西向墓葬埋葬时间最早，其次为南侧的西向墓葬，南侧的东向墓葬埋葬时间最晚。（表 2 - 2）

表 2 - 2　N2Z1 各埋葬时段墓葬特征统计

分段	墓葬	头向(度)	埋葬方式	墓圹形制	墓底
一段	M25	257	仰直	深竖穴	石板
	M26	256	仰直	深竖穴	石板
二段	M21	256	仰直	深竖穴	基岩
	M27	255	仰直 & 二次	深竖穴	
	M15	250	仰直	浅墓圹	土底
	M14	260	仰直	浅墓圹	土底
	M20	252	仰直	浅墓圹	土底
	M7	W	二次	浅墓圹	
三段	M1	84	仰直	浅墓圹	土底
	M4	85	仰直	浅墓圹	土底
	M5	85	仰直	浅墓圹	土底
	M6	85	二次	浅墓圹	
	M8	80	二次	浅墓圹	土底
	M9	88	仰直	浅墓圹	土底
	M17	83	二次	浅墓圹	土底
	M19	78	二次	浅墓圹	土底
	M22	75	仰直	深竖穴	土底
	M23	82	仰直	深竖穴	基岩
	M24	84	仰直	深竖穴	基岩
	M10	85	二次	浅墓圹	土底
	M11	75	二次	浅墓圹	土底
	M13	70	二次	浅墓圹	土底
	M16	86	二次	浅墓圹	土底

从《牛河梁》的定名来看，Z1 分为冢台和冢界墙两部分，但从冢体的结构来看，内界墙与冢台部分的关系更为密切，其与冢台壁和内台壁共同组成了一个长方形的向上逐渐高起的建筑，三者应该属于同一建筑单位。砌筑冢台时不挖槽，石块直接从地面起建，在冢台外侧垫土，其上修筑内界墙。由此可知在积石冢的建造过程中先砌筑冢台，外侧垫土，再砌筑其外侧的内界墙。东侧界墙也直接在地面修建，从现有结构上则很难确定其与内界墙和冢台的早晚。从砌石的规格和砌筑风格上来看，冢台石墙与另外两组石墙相似，其修筑时间也应较为相近。

目前保存完好的冢外界墙位于主要遗迹的外围，和内部的各类遗迹没有叠压或打破关系，无法准确判断其建造和使用的时间。由于东侧保存相对完好的冢界墙上并没有发现再次向南延伸的现象，可以推测，东侧冢界墙应为一次性修建完成。

西侧砌石建筑皆不见，无法确定其具体位置。根据建筑整体的对称原则可以大体推测，西侧外界墙的位置与目前发现的最西侧墓葬 M24 较为接近，墓葬可能打破了外侧冢台及内界墙，也可能打破了西侧界墙或被西侧界墙所叠压。

N2Z1 所有遗迹皆位于外界墙内部，从各类遗迹的功能来看，外界墙似乎起到了确定积石冢及埋葬区域的范围的作用，而 M24 为 N2Z1 最晚时段葬入的墓葬，若其砌筑时间晚于积石冢内的东向墓葬，则外界墙成为孤立的遗迹现象，既无法起到圈定墓地范围的作用，也无可以确定的同时期遗迹。因此冢界墙年代与其他几组砌石建筑年代相近而早于积石冢南侧墓葬的可能性更大。

由此我们可以对 N2Z1 的建造和使用分为如下过程。（图 2-6）

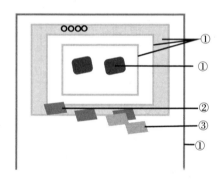

图 2-6　N2Z1 建造使用过程示意

注：①为中心墓葬及相关设施（冢墙、筒形器）；②为南侧西向墓葬；③为南侧东向墓葬。

①N2Z1M25、N2Z1M26 及其外侧砌筑内台壁、台壁、内界墙；冢台与内界墙之间的黄色垫土及垫土上筒形器；外界墙。

②南侧西向墓葬。

③南侧东向墓葬。

目前无法对积石冢中心位置的两座墓葬与积石冢几重砌石结构建筑的

早晚进行明确的区分，从东侧冢体结构来看，冢体的砌筑可能存在内台壁—台壁—内界墙—界墙的由内及外的修筑过程。

N2Z2 位于 Z1 东侧，整体近似正方形，南北残长 19.5 米、东西宽17.2 米，正南北向，结构包括墓葬和其外侧的方形冢台、冢外界墙和冢台与冢界墙之间的阶墙。（图 2-7）

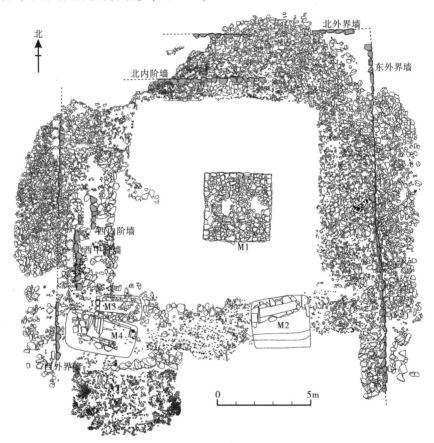

图 2-7　N2Z2 遗迹平面

图片来源：辽宁省文物考古研究所编著《牛河梁——红山文化遗址发掘报告（1983—2003 年度）》，文物出版社，2012。

冢台。正方形，直接砌筑在中心墓葬 N2Z2M1 的墓室上方，边长约3.3 米。下宽上窄，从地面基础向上逐层内收，为正南北方向（图2-8）。石料为石灰岩或花岗岩石块，砌石缝隙间填充小碎石块。冢台外侧封土、积石，并以外侧的阶墙和界墙作为封土的边界。

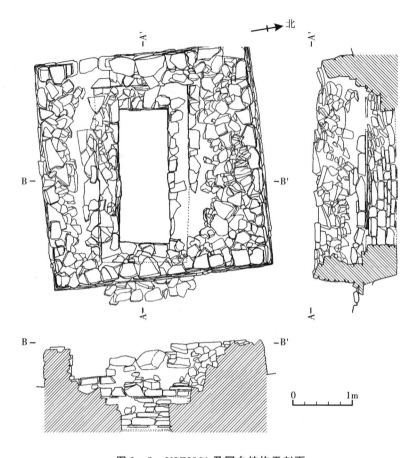

图 2 – 8　N2Z2M1 及冢台结构平剖面

　　阶墙位于冢台外侧封土层的外缘，分内外两组，皆不挖槽，于地表由石块砌筑而成。西侧发现了内、外两组阶墙，而北侧确定了内阶墙的位置，未见外阶墙。报告认为可能由于冢上积石的推压导致中阶墙移位而未能发现。根据 Z1 冢体建筑的对称特征可以推知，Z2 也应有两组阶墙。南侧虽然没有发现阶墙，但在南侧位置发现分布较为密集的碎石带，其中混杂有较大的与砌筑阶墙相同的石块，推测其位置可能为南侧阶墙。即由阶墙、冢台构成的冢体北侧整体近正方形。

　　界墙为积石冢最外围边界，也由大石块直接于地面上砌筑而成，东、西、北侧冢界墙保存相对完好，未发现南界墙，从东界墙残存位置可以推测，积石冢南侧边界应距南阶墙较远或未设南侧边界。

没有发现位于原位的筒形器，但在冢体的内阶墙和中阶墙之间的位置发现了大量的筒形器片，其中部分为彩陶片，推测筒形器的位置应在内阶墙与中阶墙之间。

墓葬。Z2 界墙范围内发现墓葬 4 座：M1 为长方形竖穴墓，因遭到较为严重的破坏，未见人骨，墓向 100 度，墓圹内侧以石板砌筑石棺，位于积石冢中心位置冢台以下。M1 封土内发现了 A、D、C 型筒形器残片，似以 A 型筒形器片数量最多。冢上部堆积内只发现了 B 型筒形器片，前文的分析表明 B、C 型筒形器大体同时，即 M1 的年代与冢上堆积年代可能相差不远。

其余 3 座墓位于 M1 南侧，M2 的墓穴凿入生土，南侧留台阶，以叠砌石板砌筑石棺，西南向（248 度）仰身直肢葬，随葬玉镯 1 件，墓葬填土内发现 B 型筒形器片。M3 和 M4 上部受到破坏，墓葬构筑方式与 M2 相同，未见随葬品，方向近东西向①（M3：85/265；M4：95/275），M4 似在墓室南侧也留有台阶，M4 打破 M3。

从建筑特征上来看，M1 与其上的冢台应是同一时期的相关建筑，首先建造墓葬的地下部分，冢台则可视为 M1 的地上部分。而冢台外侧以冢台为中心的阶墙也应视为与冢台相关的建筑，其功能与前述 Z1 的台壁与内界墙较为相似，在内外两组阶墙之间发现的大量筒形器碎片也表明二者之间的相似性。

3 座墓葬皆开口于积石冢南侧碎石带下，并为冢上封土所覆盖，其年代应早于积石冢整体建造完成的时间。由此可以推知 N2Z2 的建造和使用过程如下。

南侧墓葬应为该积石冢内较早的遗存，位于中心位置的 M1、冢台及冢阶墙的建造则相对较晚，这些建筑都是以 M1 为中心展开。

在 Z2 外侧的墓葬 M5 头向 150 度，开口于冢东界墙外垫土层上，年代应晚于积石冢的建造和使用。

无论阶墙还是墓葬的建造，都没有影响最外侧界墙的使用，而该范围内较早的墓葬也位于外界墙所圈定的范围之内。与 N2Z1 的情况较为相

---

① 《牛河梁》对墓葬的方向进行了说明，但由于墓葬中人骨保存较差，无法准确判断埋葬时的死者头向，其头向也可能相反。

似，对 N2Z2 外界墙年代的判定也存在相同的问题，从各遗迹单位的特征来看，最外侧的冢界墙似乎在更大范围内圈定了整个埋葬区域的范围，但从整体结构来看，似乎与位于中心位置的冢台及其外围的两组阶墙关系更为密切。N2Z2 的外界墙可能为区域内最早遗存，也可能为区域内最晚的遗存，对其年代的判断暂时存疑。

N2Z3 位于 N2Z2 东侧，在特征和结构上与其他几座积石冢略有差异。平面近正圆形，由立置的红色安山岩石柱作为界桩形成三层阶台，并于其上积石。界桩内圈直径 11 米、中圈直径 15.6 米、外圈直径 22 米。界桩的规格较为统一，内侧界桩最为短、细，而外侧界桩则较为粗长。（图2-9，彩图2）

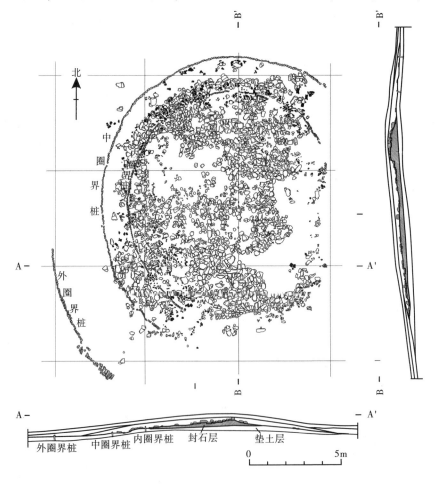

图 2 - 9　N2Z3 平剖面

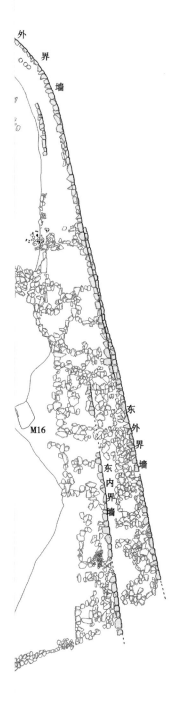

外界墙

东外界墙

东内界墙

M16

南外界墙

图 2-10　N2Z4 遗迹平面

南侧地势较低处由黄色垫土铺垫平整，三重界桩都埋于垫土之中，在冢体的垫土中发现了 A 型及 D 型、B 型筒形器片。位于原位的筒形器较少，为 B 型筒形器，仅见于内界桩内侧。出土遗物数量相对较少，除筒形器外，仅发现玉钻芯 2 个，未发现墓葬。从垫土内出土的 B 型筒形器看，N2Z3 的建造时间不早于牛河梁遗址第四期，与 N2 其他积石冢的建筑年代较为接近。

N2Z3 的结构在第二地点内较为特殊，《牛河梁》称之为"坛"，整体为圆形，且不见墓葬，在功能上可能与其他积石冢不同。

N2Z4 位于 N2Z3 东侧，是牛河梁遗址延续使用时间最长的遗迹之一，包括四组遗迹单位，分别为下层积石冢，位于 Z4 西部的 N2Z4B1，东侧的 N2Z4B2 和叠压于二者之上的 N2Z4A。下层积石冢和 N2Z4A 范围内皆有墓葬发现。（图 2 - 10）

N2Z4 下层积石冢（以下称 N2Z4X）由墓葬及环绕墓葬的、作为积石边界的一周筒形器组成。（图 2 - 11）

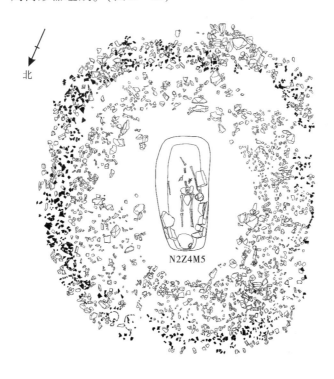

北

N2Z4M5

图 2 - 11　N2Z4X 墓葬结构

发现墓葬 10 座，皆位于 N2Z4 的南部，墓葬皆为竖穴土坑墓，口大底小，墓圹内壁贴立石板，多遗失。以土坑墓为中心，外侧有一周筒形器作为边界，墓上堆砌碎石，未见石构建筑。（图 2 - 12）

除部分墓葬内不见人骨无法准确判定墓主头向之外，根据死者头向的差异可以将墓葬分为两组：M4、M6 为西北向，而其余墓葬皆为东南向。（表 2 - 3）

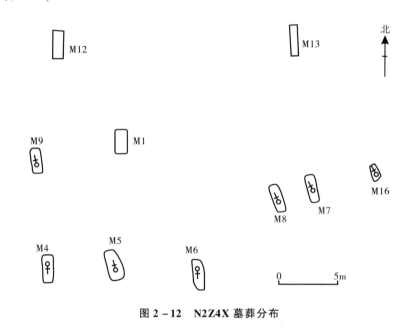

图 2 - 12　N2Z4X 墓葬分布

表 2 - 3　N2Z4X 墓葬墓主头向统计

头向	墓葬	数量
西北向	M4、M6	2
东南向	M5、M7、M8、M9、M16	5
不确定	M1、M12、M13	3

对墓葬要素中死者头向和随葬品种类的比较可以发现，按照两种特征分别进行统计的结果存在一定程度的交叉。西北向墓葬随葬品仅见陶器，而东南向墓葬中则可见分别以陶器和玉器随葬的墓葬，也可见到二者共出的墓葬。从墓葬出土遗物等其他特征来看，两种朝向的墓葬并不

存在随葬品种类和数量方面的差异。从墓葬的分布位置来看，M5 和 M6
相距较近，而与同其方向相同的 M7 则相距较远，因此，也不能找到不
同方向墓葬在分布位置方面的规律，也就是说这种墓葬在墓主人头向方
面的差异与可能存在的社会群体的区分无关，而可能反映的是埋葬时间
的不同。

对器物的类型学分析发现，随葬彩陶罐在造型和纹饰特征上存
在明显的连续性。死者头向的改变和随葬品种类的差异都表明同是
划归下层积石冢阶段的几座墓葬之间也应存在埋葬时间的先后。M5
外围的筒形器圈打破与其相邻的 M4、M6 外围的筒形器圈，可知东
南向的墓葬下葬时间略晚于西北向墓葬，由此可以将 N2Z4X 墓葬的
埋葬过程依据死者头向的变化分为早晚两个阶段（表 2 - 4）。部分
墓葬内不见人骨（M1、M12、M13），因无法准确判断其时间，在此
暂不统计。

下层积石冢阶段墓葬数量虽然不多，但也应是在一段时期内陆续形成
现有的埋葬规模，墓葬中出土器物形态及埋葬处理方式上都存在渐进的变
化。处理方式的变化表明当时的社会可能发生了一定程度的变化，而这种
变化受时间和观念的影响更为明显，随葬品组合的渐变性特征则提示着人
群的组成并没有发生变化。

表 2 - 4　N2Z4X 墓葬分期

分段	墓葬	头向（度）	随葬品种类	数量
早段	M4	345	0	0
	M6	334	陶	2
晚段	M5	155	陶	2
	M7	154	陶	2
	M8	150	陶、玉	3
	M9	155	玉	1
	M16	142	玉	1

对比依据埋葬特征及随葬品所做的划分可以发现，两种区分的变化并
不同步，相对而言，随葬品的变化较墓葬头向的变化略迟。这可能与墓葬
中出土的遗物的制作时间可能稍早于墓葬的建造时间有关。若真是如此，

则作为随葬品的彩陶盖罐以及斜口筒形玉器等可能并非专门为随葬而制作的器物，而是墓主人生前使用之物。

N2Z4B 叠压于下层积石冢之上，包括东西两座积石冢，在南部地势较低部分的积石结构之下有一层垫土，垫土内出土的陶器皆为 A 型筒形器残片，应为修建 N2Z4B 时修整地面而扰动进来的下层积石冢陶片，虽然陶器特征与下层积石冢阶段相同，但垫土层的年代应与 N2Z4B 相当。东西两侧的两个积石冢在中阶墙部分相交（图2 – 13）。虽然在两座积石冢相交部分的石墙基本遗失不见，但从其他部分仍可确认两座积石冢应都具有三重石砌围墙。

N2Z4B1 为 N2Z4B 遗迹的西侧部分，被 N2Z4A 叠压，受到较为严重的破坏，石材为石灰石石块。残存遗迹表明其冢体平面为圆形，有三道石墙，分别为最外层的冢界墙和中、内两层冢阶墙。直径分别为 19.2 米、17.4 米和 15.6 米，从外向内渐趋高起。

冢阶墙包括内、中两层阶墙，砌筑石块较为规整，向外一侧经过修整。

冢界墙由未经加工石块砌筑而成。

积石冢内未见同时期的墓葬，也未发现置于原位的筒形器。

N2Z4B2 位于 N2Z4B1 东侧，造型北圆南方，《牛河梁》将北侧圆形石墙与同其相接的南侧方形石墙统称为 N2Z4B2。从石墙残存的特征来看，虽然在方形积石冢使用期间也借用了北侧的圆形石墙，但二者并不属于同一时期的建筑。除北侧的圆形石墙外，在西南侧也发现了保存相对完好的两道圆形石墙。从石墙的位置来看，北侧的圆形石墙曾经为一个整体，面积与西侧的 N2Z4B1 较为相近，在此将其称为 N2Z4B2。向南延伸部分出现的直墙则是部分借用北侧石墙进一步砌筑的结果，南侧直墙及北侧圆形石墙延续使用期间另以 N2Z4BS 称之。

《牛河梁》所确定的 N2Z4B2 实际上包括延续使用的两个遗迹单位，分别为北侧的建造和使用时间较早的圆形冢体（N2Z4B2）和部分借用了北侧的圆形石墙并向南延伸的两道直墙所构成的方形冢体（N2Z4BS）。

N2Z4B2 石墙为圆形，在北侧发现了较为完整的三道石墙，南侧现存

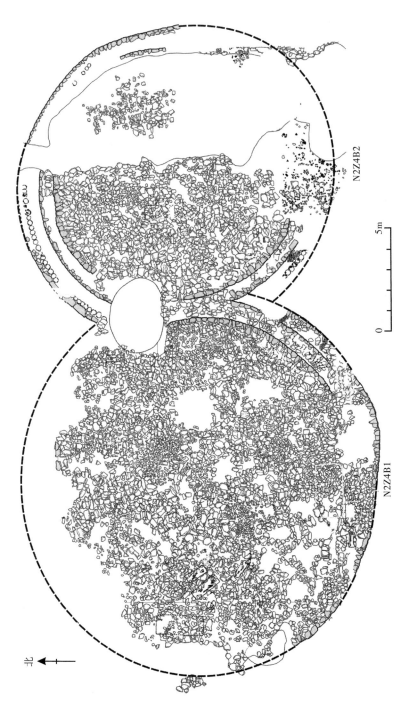

N2Z4B2

N2Z4B1

北

0　　　　　5m

图 2 - 13　**N2Z4B** 遗迹平面

石墙两道，分别为内阶墙和中阶墙，在南侧中阶墙外侧发现了保存在原位的筒形器，未见南侧外界墙。三道石墙的直径分别为 15.3 米、13.4 米和12 米，在砌筑材料上略有差异。

内阶墙，以块石砌筑。

中阶墙，黄沙岩石板砌筑。

外界墙，黄沙岩石片砌筑。

筒形器，位于外界墙与中阶墙之间，皆为 D 型筒形器，器形较小，彩陶纹饰集中于口部以下。未发现属于这一时期的其他遗存。

N2Z4BS，整体近梯形，北窄南宽，在 N2Z4B2 基础上改建而成，北侧借用 N2Z4B2 北侧的圆形外界墙，对石墙向南延伸部分进行修葺，使其成为向南延伸的直墙，可见内界墙、外界墙。（图 2 - 14）

外界墙自 N2Z4B2 外界墙中部向南延伸，改为直墙，砌墙石料较北侧圆形石墙规格小，且石质也不单一，在东侧冢界墙上可以见到圆形冢界墙逐渐向南延伸并形成直墙的过程。在东南角可以见到东外界墙与南外界墙相接形成的转角。

内界墙由 N2Z4B2 中阶墙向南延伸形成，向东南方向与南内界墙相接。

由于受到较为严重的破坏，仅东侧和南侧可见两组石墙，西侧仅见一段石墙，无法确定其属于内界墙或外界墙，从线图提供的信息来看，西侧石墙似应叠压在 N2Z4A 的东外墙之上，推测其建造时间应晚于 N2Z4A。

未见区域内属于这一时期的其他遗存。

N2Z4A 位于 N2Z4 北侧西部，正南北方向，叠压于 N2Z4B1 上，并部分叠压 N2Z4B2 的西北侧。积石冢平面近长方形，有三重围墙，现存三道北墙、一段东墙和两道南墙。北侧石墙命名为北外墙、北中墙和北内墙，残存东墙与北侧中墙相连，依据围墙的走向，南内墙与北内墙为一体，而南外墙则应与东、北侧中墙相连。围墙所用石头皆经过修整，大小较为接近，平整一侧向外。冢上积石为较大的不规则石块。现存陶筒形器多见于北中墙内侧，皆为 B 型筒形器。纹饰以垂鳞纹为主，可见菱形纹辅助纹样带。"南外墙"位置东南，残存一段石墙，从北部残存的北外墙位置来看，此处残存石墙应为东外墙，而其范围明显较南侧的内墙和外墙向南延伸，基于积石冢建造中的对称结构可知

图 2 - 14　N2Z4BS 遗迹平面

"南外墙"应并非 N2Z4A 的最南侧边界,而应为与东中墙相连的"南中墙",若存在南外界墙,则南外界墙位置应在向南距中界墙较远位置。

N2Z4A 西侧破坏较为严重,积石冢西南侧可见"南外墙"向西的转角,此位置可能为西侧中墙。从形制上看,仍为长方形积石冢,按照其他积石冢结构的对称原则,积石冢西外墙位置应距此位置不远。与已知的 N2Z1、N2Z2 略有不同的是:N2Z4A 不见位于中心位置的墓葬,积石冢可见两组封闭围墙和最外侧无南墙的外界墙,不似另外两座积石冢有三组封闭石墙。筒形器的位置较为相似,也位于最外层封闭石墙的内侧。(图 2 - 15)

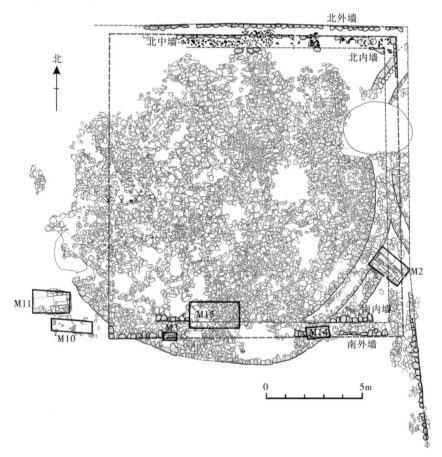

图 2 - 15 N2Z4A 遗迹平面

墓葬。未发现处于 Z4A 中心位置的墓葬。《牛河梁》指出属于这一时期的墓葬包括 M2、M3、M10、M11、M14、M15，其中 M2 为西北向，其余墓葬则偏东向或西向，而《牛河梁》所指出的偏东向的墓葬则皆为二次葬或无人骨墓葬，因而其所判断的头向可能并不准确，从墓葬的其他特征来看，其与能确定头向的 M15 并没有明显的差别，头向也可能完全相同。即从墓葬特征上来看，M2 与其他几座墓葬在头向度上略有差异。（表 2-5）

表 2-5　N2Z4A 墓葬特征统计

墓葬	头向(度)	埋葬方式
M2	305	仰直
M3	72/252	二次葬
M10	86/266	扰动
M11	76/256	无人骨
M14	72/252	无人骨
M15	261	仰直

从各遗迹单位的分布位置来看，这几座墓葬中 M10、M11 位于 Z4A 西侧中墙外侧，西外墙受到破坏，未能确定其具体位置。在积石冢西南部可见"南外墙"向北的转角，与其连接者应为西侧中层石墙。基于左右对称的原则，西侧外墙应距中墙位置不远，M10、M11 也可能位于 N2Z4A 积石冢的外侧。其余皆位于积石冢的南部，不同程度地与 Z4A 的围墙有叠压或打破关系。其中 M3 利用了积石冢的"南外墙"作为墓葬的北侧砌石，M14 打破"南外墙"，M15 打破南内墙。层位关系表明，这几座墓葬的年代皆在积石冢建成使用之后，甚至可以认为是积石冢废弃之后的遗存。M2 所在位置受到的破坏较为严重，Z4A 的东侧界墙在此处并不清晰，因此无法准确判定其与 Z4A 界墙之间的关系，但 M2 打破了下层 Z4B1 的外、中两道环墙。从 M2 位置上来看，若其未打破 Z4A，其位置也处于 Z4A 的边缘地带，也可能为积石冢东墙所叠压，即 M2 的年代可能早于 N2Z4A；而位于此处的 N2Z4A 的东墙残缺，则也存在 M2 打破 N2Z4A，而晚于 N2Z4A 的使用时间的可能。

M2 与 M15 所代表的偏西向墓葬可能在建造时间上略有差异。从墓葬的建筑特征来看，两组墓葬都采用外侧叠砌石板而内侧以竖置大石板贴砌的方式建造，建造方式的一致性表明二者在时间上可能相差并不是很多，可能也为 N2Z4A 废弃后建造的墓葬。虽然依据目前的材料仍无法确定 M2 与 N2Z4A 建造和使用时间的先后，但可以确定此 6 座墓葬皆不属于 N2Z4A 主体砌石建筑的同时期遗存，并未发现明确与 Z4A 同时或与其有关系的墓葬，即其界墙的性质应与 N2Z1 不同，前者可以圈定墓葬的范围，而后者则没有这等功能。积石冢的其他几组石墙的年代皆早于积石冢内墓葬，而外冢墙也未能圈定墓葬的埋葬区域，其年代应早于冢内墓葬，即外界墙为积石建筑群的组成部分，其特征与同地点发现的 N2Z1、N2Z2 基本一致，不同的是，在其范围内并没有发现与 Z4A 积石建筑相关的中心墓葬。

至此可初步推测 N2Z4A 的建造和使用顺序如下：N2Z4A 早于墓葬。从《牛河梁》提供的线图来看，东侧冢界墙应有向南延伸部分，其范围已经超过了现存南侧冢界墙的位置。

通过对 N2Z4 的分析可以发现，其由多个不同时期的遗迹组成，是第二地点延续使用时间最长的区域。根据上文对 N2Z4 主要遗迹单位的分析可以将 N2Z4 的使用过程概括如下：

$$N2Z4X（西北向墓—东南向墓）—N2Z4B—N2Z4A—N2Z4 其他墓葬$$
$$N2Z4BS$$

N2Z4BS 内也没有发现同时期的墓葬，层位关系表明 N2Z4A 内的墓葬晚于 N2Z4A，N2Z4BS 西侧冢界墙部分叠压 N2Z4A 的东侧冢界墙，这表明 N2Z4BS 的使用时间应晚于 N2Z4A，但暂时无证据可以确知 N2Z4A 墓葬与 N2Z4BS 的早晚关系。

N2Z4B1 东侧中墙与 N2Z4B2 西侧中墙相交，虽然没有明确的层位关系的证明，但二者形制基本相同，且各部分结构完好，二者可能也存在时间先后。

N2Z5 整体为长方形，174 度，外围有石墙一周，未见多重石墙的迹象，墙体为石块平砌，平面较为规整部分向外。冢体南北长 19.2 米、东西宽 14.6 米，在冢体中部距南墙 8.5 米处有东西向砌石带，将冢体分为南北两侧，东西两端分别与东、西侧石墙相接。冢体北侧部分中心部位有一石堆（图2－16）。石堆叠压在灰坑之上，由于未对灰坑进行解剖，尚不清楚石堆的出现是否与灰坑的功能有关。

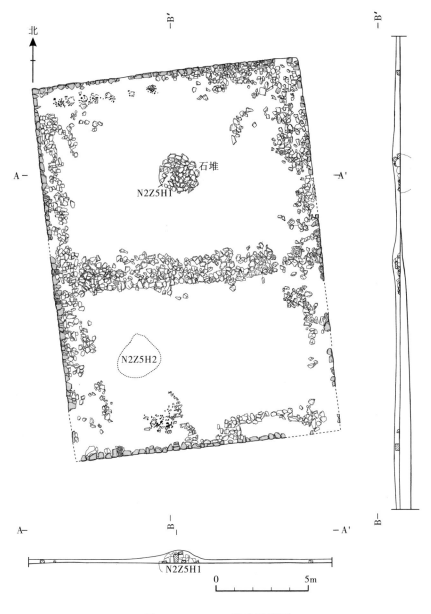

图 2－16　N2Z5 遗迹平剖面

冢体南侧近砌石带位置垫土下发现人骨三具，皆南向，无墓圹，无随葬品，其埋葬时间应早于积石冢使用的时间，为 Z5 修筑前遗存。

在北侧和南侧石墙内侧都发现了位于原位的筒形器，筒形器可见 B 型和扁钵式两种，B 型筒形器在底部的修整方式上有着较为明显的特征，皆为下侧修整痕迹明显却不起棱台者。在东、西墙内侧没有发现明确的筒形器存在的证据。

N2Z5 是第五地点规模最小的积石冢，并没有发现与其同时的其他遗存。墙内放置筒形器的特征与第二地点其他积石冢较为相似，但仅有一道石墙且无同时期墓葬则为该积石冢独特之处。

N2Z6 位于 N2Z3 北侧，冢体大部分被第二地点北侧的老 101 国道所破坏。残存积石范围内发现南北向长 1.1 米的石墙一道，石墙完整平面朝向西侧，应为积石冢西墙之一段。从残存石墙的特征可以推知 Z6 为一座方形或长方形积石冢，但整体结构已不完整。在石墙范围内发现被破坏墓葬一座，近南北向，大石块砌筑石棺，不见人骨和随葬品。积石冢内出土筒形器残片可见 A 型、D 型和 B 型三种，综合遗迹和遗物特征可以推测 Z6 应为第四期遗存，但由于破坏严重，具体结构不清。

第二地点的积石冢可见方形和圆形两种，方形积石冢中心墓葬和多重石墙的组合较为典型，从积石冢多重石墙的建筑时间来看，其与中心墓葬关系更为密切，N2Z1 中心位置墓葬年代最早，相应积石冢的围墙建筑年代也早于区域内其他墓葬，而 N2Z2 中心位置墓葬年代最晚，其外围的围墙的建筑年代也晚于区域内的其他墓葬。N2Z4A 不见中心墓葬，其多重石墙的建筑也未表现出与其他墓葬相关的特征。因此可以推测，我们通常所认为的包括多重围墙的积石冢建筑仅存在于墓地延续使用的某个时间段，且并不存在圈定或标示墓地范围的作用。

二　其他地点

经过发掘的其他地点发现积石冢数量相对较少，在此放在一处讨论。

1. 第三地点（N3）

位于第二地点南侧的山岗顶部，由于受到较为严重的破坏，没有发现明确的冢墙及冢界范围，发现了围沟、墓葬等几组遗迹。（图 2 - 17）

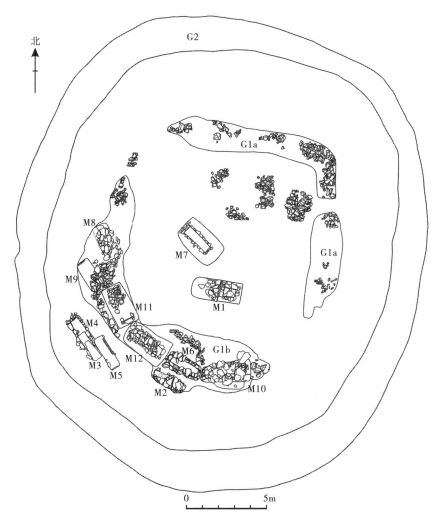

图 2 - 17 N3 遗迹平面

图片来源：辽宁省文物考古研究所编著《牛河梁——红山文化遗址发掘报告（1983—
2003 年度）》，文物出版社，2012，N3 图二。

围沟（G2）。近圆形封闭围沟，墓葬都在此围沟范围之内。围沟较
宽，沟内发现有石灰岩堆石，堆石紧靠外壁，向上向沟内壁方向呈坡状倾
斜，在沟内壁处没有发现堆石和积石痕迹，《牛河梁》推测沟内积石堆积
可能为积石冢砌石坍塌所致。

多个地点中发现的积石冢界墙直接砌筑于原始地表上，而在第十六地

点也发现了在砌筑界墙之前挖浅槽建造基础的现象①，但其挖槽的宽度和深度都小于第三地点发现的围沟。围沟内石块堆积内侧可见石灰岩大石块及晚期遗存，目前尚无法确定此围沟属红山文化时期。

黑土带堆积（G1）。在围沟内部发现了与围沟近平行分布的一段黑土带堆积。堆积可以分为折角和弧线两组，二者分别位于围沟中心点的东北和西南部分，没有完全闭合。东北部的折角黑土堆积范围内发现了未经修整的石块堆积。弧形黑土堆积位于积石冢的东南部，其范围内发现了墓葬7座，砌筑石棺的石块与东北侧折角黑土堆积内发现的较为相似。②

墓葬。第三地点发现墓葬12座，除M7位于相对中心位置外，其余墓葬则位于东南侧的折角黑土带及其南部。

第三地点发现的墓葬在墓葬形制、石棺砌筑方式上都较为相似，在死者头向度上略有差别，由于部分墓葬中并无人骨发现，因而在确定死者头向方面仍存在一定的困难。对保存有人骨的墓葬统计可以发现，头向大致集中在东南和西北两个区间内，西北向集中于315～360度范围内，东南向则相对集中于90～145度区间。无人骨墓葬的方向亦应在此范围内。由此可以对无人骨墓葬的头向度进行大致推测，并据此将墓葬分为两组：其中M1、M2、M6、M10为东南向，其余墓葬皆为西北向。

除M7位于黑土带"沟"所圈定的核心范围之外，其余墓葬多数位于东南侧的黑土带内。在东北部的折角黑土带内发现了未经修整的石灰岩石块，根据其存在垒砌的迹象，《牛河梁》推测其可能与第三地点的冢界墙有关。除此之外并未发现围墙的痕迹或信息。南侧的黑土带内未见明显的围墙砌石，若其性质与北侧黑土带相同，则这种差异可以用墓葬破坏了积石冢的围墙来解释，即灰土带内墓葬的年代应晚于积石冢的

---

① 辽宁省文物考古研究所编著《牛河梁——红山文化遗址发掘报告（1983—2003年度）》，文物出版社，2012，第387页。

② "墓上部为黑土覆盖"的表述显示墓葬的年代可能早于黑土堆积，而黑土带的范围明显大于其内出现的墓葬，因此也存在墓葬打破黑土堆积范围而年代略晚的可能。由于信息较为模糊，目前无法对其进行准确判定。参见辽宁省文物考古研究所编著《牛河梁——红山文化遗址发掘报告（1983—2003年度）》，文物出版社，2012，第229页。

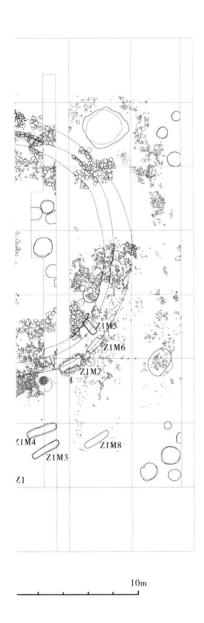

ZIM5

ZIM6

ZIM7

ZIM4 ZIM8

ZIM3

Z1

10m

图2-18 第五地点遗迹平面

围墙，M7 应为积石冢内最早遗存，南侧的墓葬则年代相对较晚，而与
M7 埋葬死者头向相同的墓葬年代可能相对较早，即西北向墓葬略早于
东南向墓葬。

表 2 – 6　N3 墓葬特征统计

墓葬	头向（度）	性别	埋葬方式	墓圹形制	石棺砌筑方法	随葬品种类	随葬品数量
M1	100/280	无人骨	/	土圹	石板叠砌	0	0
M2	115	F	仰直	土圹	立置	0	0
M6	110/290	无人骨	/	土圹	叠砌	0	0
M10	84/264	无人骨	/	土圹	叠砌	0	0
M3	325	F	仰直	土圹	立置（下）+叠砌（上）	3	4
M4	325	M	仰直	土圹	立置（下）+叠砌（上）	0	0
M5	330	双人骨	二次葬	土圹	立置	0	0
M7	315	M	仰直	土圹	叠砌	3	3
M8	335/155	无人骨	/	土圹	立置（下）+叠砌（上）	0	0
M9	330	M	仰直	土圹	立置	2	2
M11	334/154	无人骨	/	土圹	叠砌	0	0
M12	319/139	无人骨	/	土圹	叠砌	0	0

注：无框者为报告认定方向，加框者为无人骨墓可能的人骨头部朝向。

第三地点没有发现如第二地点那样的完整的积石建筑，也未见摆放于
原位的筒形器，虽然在围沟中发现了类似砌石的建筑，但因其残存堆砌石
块皆在围沟内，并未保留露出地表的部分，因此并不能确定其为积石冢的
界墙。而第二地点的分析可知在积石冢作为墓地使用的某些时段可能并没
有明确的围墙边界。从现存状况来看，第三地点"积石冢"的结构可能
与已知的第二地点有所差别。

2. 第五地点（N5）

积石冢遗存包括五个遗迹单位，分别为 N5ZCZ1、Z2，N5SCZ1、Z2、
Z3 及其所属墓葬，祭祀坑及灰坑等。从遗迹间的叠压关系来看，N5SCZ1
叠压 N5ZCZ1，N5SCZ2 叠压 N5ZCZ2，分别位于第五地点的东西两侧，
N5SCZ3 位于二者之间。（图 2 – 18）

N5ZCZ1 位于第五地点东部，由较小石块砌筑而成，由于破坏严重，

无法确定其形制及范围。积石冢内可见筒形器、陶钵等残片，筒形器片散见于积石冢的石块间，并未发现位于原位的筒形器。筒形器残片皆属于 A 型筒形器。

墓葬 3 座，开口于 ZCZ1 积石小石块之下，主要分布于冢体的东南部。多为长方形竖穴土坑墓，M5、M6 贴圹壁立扁平石块，M7 则由不规则石块叠砌石棺。

N5Z1M5 头向 137 度，仅保留头骨，未见随葬品，墓葬填土内可见 A 型筒形器残片。

N5Z1M6 头向 226 度，人骨保存较好，未见随葬品，墓葬填土内可见 A 型筒形器及彩陶钵残片。

N5Z1M7 头向 237 度，随葬玉镯 1 件。

从死者头向来看，M6、M7 较为接近，而与 M5 差别较为明显，而从墓内石棺的砌筑方式上来看，M5、M6 较为接近，而与 M7 差别较大。

积石石块的特征与 N2Z4 下层积石冢较为相近，但墓葬在死者头向等方面则差别明显。N2Z4 下层墓葬也存在死者头向的变化，且在晚段出现了以玉器随葬墓葬。对之前几座积石冢的分析显示，墓葬与积石冢的砌石围墙等建筑设施的出现时间并不完全一致，通过现有的材料，我们无法确定 N5ZCZ1 与划归 N5ZCZ1 的墓葬是否属于同一时期。从墓葬和随葬品的特征来看，N5ZCZ1 墓葬的年代可能略晚于 N2Z4 下层墓葬，而可能与第二地点上层方形积石冢内的墓葬年代较为接近。

祭祀坑及灰坑，包括祭祀坑 7 个及灰坑 1 个。祭祀坑内堆积可见碎石块、红烧土、白沙土等多层堆积，根据祭祀坑出土遗物的差异可以分为有遗物和无遗物两组，有遗物的 JK5 叠压无遗物的 JK8。祭祀坑出土遗物的差别可能与具体祭祀行为发生的时间有关。由于积石冢所受破坏较为严重，无法确定其与积石冢的具体关系，但二者年代应相差不远。

根据几组遗迹及出土遗物的特征可以初步判断，三组不同形制的遗存年代可能较为相近，但现有的材料无法判断墓葬及祭祀坑与冢上积石的先后关系，或者前二者可能为此积石冢的有机组成部分。

积石冢石块的特征与 N2Z4 下层较为相似，但其中发现的三座墓葬并未表现出与 N2Z4 下层相同的特征，三座墓葬位置相近，在其外围也没有发现以筒形器为边界的现象。随葬品种类也与 N2Z4 略有差异，出现的作为随葬品的玉器为玉镯。

N5ZCZ2，位于第五地点西部，积石石块与 Z1 相近，保存状况较差，无法确定其形制及分布范围。积石范围内发现墓葬 1 座，冢南侧有祭祀坑 2 个。

N5Z2M7，长方形竖穴土坑墓，内壁贴立石板，现多遗失，墓向 8 度，墓圹北端部分可见二层台。未见完整人骨及随葬品，仅在扰土中发现零星人骨。

祭祀坑，2 座，与 N5ZCZ1 发现的祭祀坑较为相似，其内也可以发现小石块、红烧土、白沙土的多层堆积，也可见有遗物和无遗物两种，出土遗物可见彩陶罐、陶钵等。

第五地点下层的两座积石冢在积石的特征方面较为一致，皆由较小石块堆筑而成，由于保存状况较差，没有发现明确的边界，也没有发现明确保存原位的筒形器。墓葬在砌筑方式上也较为一致，大体可以确定 N5ZC 积石冢及其相关遗存的年代与 N2Z4 下层相近。死者头向方面的差异表明这些墓葬也可能在下葬时间上存在差异。

上层积石冢包括积石冢 3 座。

N5SCZ1 是第五地点保存较为完好的遗迹单位，位于第五地点东侧，叠压于 N5ZCZ1 之上，包括冢体、墓葬、圆形石堆三组遗迹单位。

冢体圆形，包括内、中、外三重石墙结构，由于残存部分较少，无法确定其范围，《牛河梁》根据现存迹象初步确定内圈石墙直径 16.5 ～ 18.5 米；中圈石墙直径 18 ～ 20 米；外圈石墙直径 20 ～ 22 米。

三重冢墙皆由较大石块砌筑而成，发掘时仅部分位置保存有石墙残段，并未发现保存完整的石墙，三重石墙为同心结构，"内圈石墙叠压下层遗迹 N5Z1M5 的北壁[①]"，而从墓葬的特征来看 N5Z1M5 的年代可能并不早于第二地点方形积石冢内发掘出的墓葬[②]，如此则 N5SCZ1 的使用时间似也应大体在牛河梁遗址第四期前后。

---

① 辽宁省文物考古研究所编著《牛河梁——红山文化遗址发掘报告 (1983—2003 年度)》，文物出版社，2012，第 311 页。
② 详见本书第三章。

在冢体北部、南部的外圈石墙外侧有黄色纯净土，其上陶筒形器片分布较为集中，可能为堆放筒形器的位置，筒形器残损较为严重，无法确定其具体形制。冢上堆积内发现的筒形器多见 B 型。黄色垫土带与其上摆放的筒形器与三重冢墙为同心结构。

在冢体西南石墙外侧发现环壕一段，根据其弧度推测其直径约 42 米，残存环壕开口位置宽度 30~50 厘米，最宽处近 80 厘米，最深处 25 厘米，其内填充有小石块。环壕深度较浅，且仅存一段，尚不清楚其具体功能，从残存部分来看，其与三重圆形石墙为同心结构，可能为相关遗存。

N5Z1M1 为该冢区域范围内发现的唯一一座墓葬，由地上、地下两部分组成。《牛河梁》将其与积石冢 N5SCZ1 确定为同一时期遗存，N5Z1M1 为 N5SCZ1 的中心墓葬。地上部分为扁平大石块垒砌的圆形石墙，石墙的东侧保存相对较好；地下部分则为凿入基岩的长方形墓圹及其内板状石块叠砌的石棺，墓室位于圆形石墙的中心位置。出土玉器 7 件，造型较为复杂。墓葬填土内还发现了筒形器、钵等的残片，筒形器则可见 A 型和 B 型两种。出土玉器特征与牛河梁遗址第四期的玉器相似，对勾云形玉器造型特征变化的分析也显示墓葬内随葬的勾云形玉器的年代应略晚于 N2Z1M21 内出土的小型勾云形玉器。

N5Z1M1 位于 N5SCZ1 西部，发掘时发现了 M1 封土的圆形边墙，"西侧边墙可能与 Z1 的西侧内墙相切"[①]。由于 N5SCZ1 石墙部分受到较为严重的破坏，发掘时仅有 M1 东侧的边墙保存较好，M1 和 Z1 的西侧墙体基本不存，残存的地面特征也没有为 M1 与 Z1 的关系提供更为有力的线索。而从相对位置来看，Z1 内仅发现墓葬 1 座，而 M1 并未在 Z1 的中部，而是偏向西侧边缘，如果二者同时，则可能表明当时的人群准备在这一地点不仅埋葬一个人，即并非为 M1 墓主一人所预备的墓地。若 M1 的时间晚于 Z1 使用的时间，则也可能发生 M1 位于 Z1 位置的边缘的情况，后期使用该地点的人可能并不明确 Z1 的位置及各部分的关系，由此可见也存在

---

① 辽宁省文物考古研究所编著《牛河梁——红山文化遗址发掘报告（1983—2003 年度）》，文物出版社，2012，第 312 页。

M1 晚于 Z1 的可能。

　　根据 Z1 内墙及 M1 封丘边界墙之间的位置，若二者都接近正圆形，则二者之间的关系不应是相切，而是 M1 的西侧边界墙叠压或者是打破 Z1 的西侧墙，即 M1 应是在 Z1 废弃之后形成的新的遗迹现象，而 N5SCZ1 西侧冢墙砌石基本不见，也存在后期砌筑的石墙利用了早期砌筑石墙的材料的可能。若如此，则 N5Z1M1 的建筑时间应晚于 N5SCZ1 的修筑时间。当然也存在 N5Z1M1 建筑过程中部分借用了 N5SCZ1 的主体部分进一步加以利用的可能。（图 2-19，彩图 3）

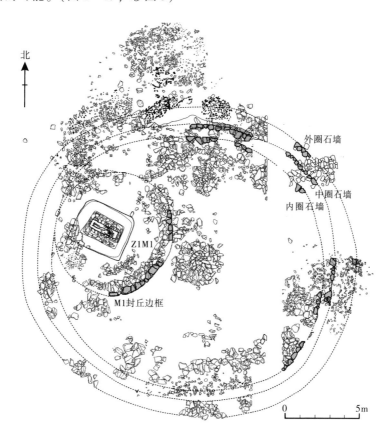

图 2-19　N5Z1M1 与 N5SCZ1 相对关系

　　圆形石堆在 M1 东侧 N5SCZ1 的中心位置，直径 3 米、高约 0.8 米，由不规则石块堆砌而成，石料的材质及特征不详。石堆的位置和堆砌方式与 N2Z5 内发现的较为相近。目前虽然无法对石堆的性质做出准确的判断，但其位置较"中心墓葬"更接近积石冢的中心位置，可能为与 Z1 同时期的重要建筑。而从其与 N5Z1M1 的位置关系来看，圆形石堆正对 M1 墓主头部位置，也不排除其可能为与 M1 有关的遗迹。

从石堆、墓葬、积石冢三组遗迹的关系来看，墓葬所在位置并非积石冢的中心位置，而是靠近积石冢的西侧边缘。《牛河梁》对冢界墙的复原表明二者略有相切，但由于二者皆未发现西侧石墙，所以我们无从了解二者的实际情况。而对其边界弧线复原的结果则表明二者也可能存在叠压或打破关系，即墓葬的外侧石墙可能打破积石冢的内侧冢界墙，且石墙材质较为接近，不排除存在后期利用前期石料而导致冢体石墙砌石遗失的可能。但二者可能并非实际共存，而是有先后关系的。M1 可能为 N5SCZ1 废弃后建造的墓葬，也有可能在 M1 建造之后局部利用了 N5SCZ1 原有的砌石，不应将二者简单视为同一时期遗存。

N5SCZ2 位于第五地点东侧，195 度。西、东、北侧石墙已被破坏殆尽，仅保存平行的两小段冢界石墙，从修整平面的朝向来看，应为 N5SCZ2 的东侧冢界墙，皆为直墙，由此可以推测该冢应为方形或长方形。积石破坏严重，冢南部积石堆积下发现墓葬 4 座（表 2-7）。除一座（M9）以陶筒形器盛放尸骨外，其余皆为土圹石棺墓，东西向，但在死者头向度方面存在差异：M1、M2 东向，M3、M9 西向。结合 N2Z1 发现的墓葬在死者头向度上的变化可以推测头向度的差异可能与下葬时间的早晚有关。（图 2-20）

表 2-7 N5SCZ 墓葬特征统计表

墓葬	头向	性别	埋葬方式	墓圹形制	石棺砌筑方法	随葬品种类	随葬品数量
Z1M1	119 度	M	仰直	深竖穴	石板叠砌	4	7
Z2M1	95 度	无人骨	仰直	浅穴	石板、块立置	0	0
Z2M2	98 度	?	仰直	深竖穴	立置（脚）+ 叠砌	2	3
Z2M3	279 度	?	仰直	深竖穴	石板叠砌	1	1
Z2M9	西					1	1

由于大部分冢墙皆受到较为严重的破坏，无法确定现存的两道冢墙即为积石冢结构的全部，积石范围内发现的墓葬规模都相对较小，没有发现规模明显超过其他墓葬的大型墓葬。由于积石冢受到了较为严重的破坏，

图 2-20　N5SCZ2 平面结构

无法对积石冢和墓葬的早晚关系进行准确判断。其基本形制可能与同样无中心大墓的 N2Z4A 较为相似。

　　N5SCZ3 位于 1、2 号冢之间，整体近长方形，东西墙平行，西墙略短，方向 148 度，采用白色石灰岩石块单层铺砌而成，在石墙附近未发现筒形器。积石冢之下西北部为一凹陷基岩坑，坑内填充石块。在积石冢之下铺垫一层棕红色垫土。积石冢内发现 A 型、B 型筒形器及陶钵等的残片，由此可知 N5SCZ3 为第四期遗存。冢体北部中心位置积石下的垫土上发现了 4 个二次葬人骨，未发现墓圹及随葬品，应为与 N5SCZ3 建筑时间相同或略早的遗存。头向西南，死者头向与相邻积石冢及第五地点内墓葬的死者头向不同。死者头向和墓葬特征的差异表明，N5SCZ3 的性质可能与其他有墓葬的积石冢不同。（图 2-21）

　　第五地点的使用过程与《牛河梁》所判定的大体相似，下层的灰坑为第五地点最早期遗存，而中层建造的积石冢的年代则相对较早，可能与

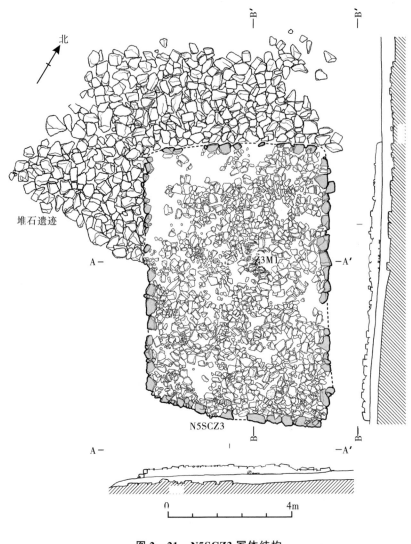

北

堆石遗迹

Z3M1

N5SCZ3

0   4m

图 2 - 21   N5SCZ3 冢体结构

N2Z4X 相当或略晚。其上叠压的上层积石冢则为该地点的较晚期遗存，
从积石冢的特征来看，第五地点上层积石冢包括圆形和方形两种，在该地
点没有发现可以判断两种积石冢早晚的层位关系，但这种形制的差异表明
二者可能存在时间或功能上的差异。而 N5SCZ1 与其内发现的墓葬外围的封
丘边框可能存在的叠压或打破关系则表明不应将二者视为同一时期的遗存。
从墓葬的头向等特征上来看，N5Z1M1 的死者头向与同样有玉器出土的

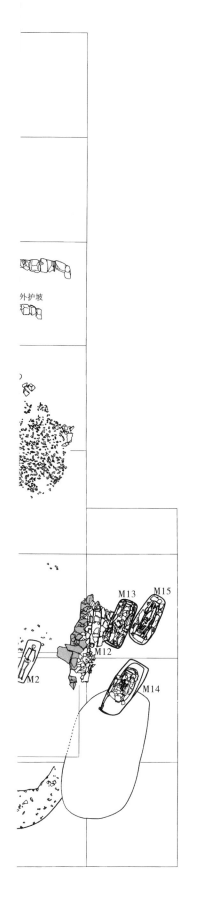

外护坡

M13 M15

M12

M2

M14

图 2–22　N16 遗迹平面

黑土带

Z1 东墙外护坡

M4

79M2

79M3

79M1   F1

M1

M7

M8   M13   M15

北   M11   H9   M12

M10   M2   M14

黄沙土带

0   5m

图 2-22 N16 遗迹平面

N5SCZ2 的其他墓葬较为接近，因而其可能与 Z2 的长方形积石冢的年代更为接近，由此我们可以初步将第五地点从早到晚的使用过程推测如下：

N5 下层灰坑→N5ZCZ 及墓葬→N5SCZ1→N5SC 其他积石冢和墓葬。

3. 第十六地点（N16）

《牛河梁》将第十六地点的遗存进行了分类，以下将在发掘者所做分类的基础上做出进一步的探讨。（图 2 - 22，表 2 - 8）

表 2 - 8　N16 墓葬特征统计

墓葬	头向	性别	埋葬方式	墓圹形制	石棺砌筑方法	随葬品种类	随葬品数量
M1	196 度	M	仰直	土圹	一侧立置石板	3	5
M11	东北 - 西南	M	仰直	深竖穴	遗失	1	2
M10	215 度	?	仰直	土圹	立置石块	2	2
M4	80 度	M	仰直	深竖穴	石板叠砌	6	8
79M1	西北 - 东南	?	仰直	竖穴	石板立置	2	4
79M3	331 度?	?	仰直?	竖穴	石板立置	0	0
79M2	280 度	?	仰直	深竖穴	石板叠砌	7	9
M12	近东西	?	仰直	浅穴	石块叠砌	0	0
M13	东南 - 西北	F	二次	浅穴	石板立置	1	2
M14	东南 - 西北	F	二次	起二层台	石板立置	6	8
M15	297 度	M	仰直	下挖二层台，其上垫土铺石板	石板叠砌 + 内壁立置	3	3

N16Z1　位于第十六地点较为中心的位置，冢体呈长方形，20 度或 200 度，由于受到夏家店下层遗存的破坏，保存下来的冢体结构并不完整，没有发现如第二地点的较为清晰的三层冢界石墙的结构。冢上积石石块相对较小，冢体结构包括以下几个部分。

冢界墙。总体保存状况较差，在基岩上向下挖浅槽[1]，其内单层砌石，石块较积石石块略大而规整，向外一侧经修整。不见北侧石墙，西墙

---

① 辽宁省文物考古研究所编著《牛河梁——红山文化遗址发掘报告（1983—2003 年度）》，文物出版社，2012，第 387 页。

和东墙皆保留南端部分，其余部分基本破坏无存。

西墙。仅保留南段砌石带，长约 16.34 米，现存石墙三段，石墙外侧见经修整的黄沙土带，根据黄沙土带的位置可以大体确定西墙的范围。

东墙。仅保存两块砌石，从砌石的走向上来看，可知其与西墙平行，在东墙砌石带外侧可见黑土沙石带，虽然东墙保存很差，但仍可据黑土沙石带的位置和走向大体推知东墙的位置及范围。在东墙外侧的黑土带外侧，残存另一组砌石，砌石走向与东墙砌石平行，可能为外侧石墙的残存部分。

南墙。仅保留一段，报告又称其为"南隔墙"，长约 4.6 米，与东、西墙垂直，但无法确定其与东西石墙是否属于同一建筑。在南墙外侧并未发现如东、西界墙外侧经人工修整的沙土带，可能此道石墙并非积石冢的南侧界墙。"Z1 南隔墙叠压在北区墓葬外围的封土和积石堆积之上"[1]，由于南隔墙与北侧墓葬相隔较远，无法确定报告所言封土与哪座墓葬密切相关，但据此可以推知南隔墙的建造时间可能略晚，即此道隔墙并非与东、西界墙相连的南侧界墙。

筒形器。没有发现明确位于原位的筒形器，但在西界墙外侧的黄沙土带、东界墙外的黑土碎石带上都发现了大量的筒形器残片，推测在冢界墙外这些经过特殊修整的地带，其上应放置有筒形器。据此可以大致确定冢界墙的范围。

界墙外护坡。仅在东侧界墙外侧较低洼处发现，护坡由培土和土内石墙混筑而成，发现石墙三道，与冢墙方向基本一致，在基岩上挖槽砌筑石墙，砌筑方法也与冢界墙相同。

M4 西墙。在西界墙内侧也发现了一道石墙，石灰岩砌石经过修整，平整一侧向外，距西界墙 3.7 米，《牛河梁》称之为"M4 西墙"，并提出其也有可能与 Z1 的内界墙有关[2]。在西墙附近的石块内也发现了筒形器片，但并未发现位于原位的筒形器。从西墙石块向南延伸的方向来看，此道石墙的范围至少可以延伸至与 79M2 平行位置，平面图（图 2 - 23，图 2 - 24）

---

① 辽宁省文物考古研究所编著《牛河梁——红山文化遗址发掘报告（1983—2003 年度）》，文物出版社，2012，第 386 页。

② 辽宁省文物考古研究所编著《牛河梁——红山文化遗址发掘报告（1983—2003 年度）》，文物出版社，2012，第 394 页。

上显示 M4 西墙最南侧的一块砌石可能为南墙的转角，若如此，则南墙在 79M2 之上通过，即 79M2 应打破了 M4 的南侧石墙。"M4 石墙"与冢界墙平行，表明二者风格较为相近，形成时间应相差不多。参照第二地点长方形或方形积石冢的特征，"M4 石墙"位于 M4 外围，与 N2Z2M2 的冢台特征较为一致，因而可以推测此道石墙只圈定了 M4 的范围，应为该积石冢最内侧石墙。

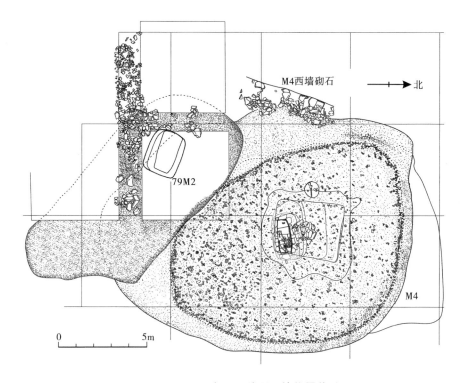

图 2 - 23　79M2 与 M4 外围石墙位置关系

由此我们可以对 N16Z1 的结构有初步的了解：虽然在该地点没有发现明确的四重冢界墙的结构，但至少应有三道石墙，分别为"M4 石墙""东墙"所代表的第二重石墙及"东墙"外侧石墙所代表的第三重石墙。在第二重石墙外侧摆放筒形器的特征与其他地点较为相似，但在 N16 没有发现如其他地点所见的位于最外侧的不封闭石墙。

墓葬。积石冢范围内发现墓葬 8 座，《牛河梁》根据其分布位置的不同，以南隔墙为界分为两组：北侧墓葬位于积石冢相对中心位置，而南侧墓葬则集中在南隔墙附近。南隔墙以南范围内位于中心位置的"M14 坐

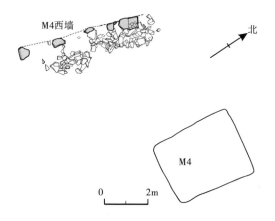

图 2 - 24　N16M4 石墙遗迹

落在南隔墙之上"[①]，M12 借用了南隔墙作为墓室北壁，虽然这种直接的叠压关系在线图上的表现并不明显，但可以看到 M12 利用南隔墙修筑的特征，这表明南侧墓葬的建造应晚于南隔墙。

《牛河梁》提供了处于积石冢中心位置的 M4 和 79M2 之间的叠压关系：M4 的封土封沙层被 79M2 的封土封沙层所叠压，79M2 打破 M4 封土封沙层，即地层关系显示 M4 的建造时间应早于 79M2，据此可以确定北侧墓葬在建造和使用时间上并不相同。

积石冢内墓葬的建造和使用应当采用了较为严格的规范，而死者头向方面的差异在其他地点中是特征较为明显的与时间有关的因素，在此推测在 N16 也应采用了相近的规范，头向相同的墓葬埋葬时间较为相近。据 79M2 与 M4 封土之间的叠压关系可以推测东向的 M4 可能为区域内最早的墓葬，而其他西向墓葬则年代相对较晚。

从 M4 外侧冢墙的位置来看，79M2 的修筑可能已经打破了内侧冢墙（M4 石墙）。此种埋葬特征与 N2Z1 所见较为相似，位于积石冢中央的墓葬仅有 1 座，而多数墓葬则集中在积石冢主体建筑的南侧，并部分打破了冢界墙。在积石冢的整体布局及使用过程上与其他地点都有较为相似的特征。

---

① 辽宁省文物考古研究所编著《牛河梁——红山文化遗址发掘报告（1983—2003 年度）》，文物出版社，2012，第 386 页。线图上并未提供二者明确的早晚关系，此叙述依据文字描述。

　　需要进一步说明的是，除了 M12 明确晚于南侧隔墙之外，在讨论南侧墓葬与南隔墙之间的早晚关系时并没有更多直接的叠压或打破关系可以作为判断的依据。在墓葬的处理方式上，M13 和 M14 表现出较为明显的特殊性，两座墓葬皆为二次葬，但墓葬的长度却与仰身直肢墓葬相同，存在局部利用原有可以进行仰身直肢葬的墓葬进行再处理的可能。M13 将尸骨置于墓穴中部，未对原有墓葬进行明显改变，而 M14 则在原有墓葬的基础上，在中心位置下挖形成新的墓穴，并在墓穴周围贴立石板。这种可能并非有意制作的二层台结构，更像是借用了原有墓葬的墓圹，并在其基础上进一步下挖并贴立石板的结果。

　　《牛河梁》依据南侧墓葬与南隔墙的关系指出南侧墓葬较南隔墙北侧的墓葬晚，但从死者头向来看，隔墙南北两侧墓葬的差别并不明显，二者的埋葬时间可能相隔并不久远。在积石冢的结构中没有发现与南隔墙相连的其他部分，因而也无法准确界定南隔墙的性质。第十六地点积石冢以 M4 为中心修建，在 M4 外围的石墙应为积石冢最内侧石墙，79M2 的修建和使用过程中可能部分地破坏了 M4 外围石墙，即 79M2 埋葬时可能已经部分地破坏了积石冢的主体结构，可以认为南隔墙南北两侧的墓葬时间皆晚于积石冢的时间，但二者的年代可能相差不远。

　　在积石堆积之下发现的竖穴土坑墓的年代相对较早，但由于没有随葬品，无法准确判断其建造和使用的时间。

　　地层中发现的 A 型筒形器表明在该地点可能存在相当于第二期即下层积石冢阶段的遗存，但没有发现明确属于第二期的遗迹。而在 Z1 范围内发现的其他墓葬则都属于年代相对较晚的上层积石冢阶段，即本书分期的第四期，西侧西北向墓葬年代最早，在其上修筑 Z1 冢墙，位于 Z1 核心位置的 M4 为 Z1 同时期的墓葬，而后葬入的西北向墓葬则在一定程度上破坏了 Z1 的主体建筑，并且逐渐向南扩张。即西侧墓葬的年代较早，其后为在其上兴建的 Z1，M4 为与 Z1 同时墓葬，Z1 内的其他墓葬可能年代都相对较晚，甚至可能为 Z1 功能废弃后而葬入的。

　　由此我们可以将十六地点的使用过程按从早到晚的顺序概括如下：

　　下层墓葬→西侧墓葬→Z1 及中心墓葬 M4 →79M2 等北侧墓葬
　　　　　　　　　　　　　　　　　　　→N16M14 等南侧墓葬

第二节 积石冢的特征及分布

积石冢是牛河梁遗址发现数量最多的红山文化遗迹,也是探讨红山文化墓葬特征和社会结构等问题的重点研究对象。从名称上来看,积石和墓葬应当是积石冢最为重要的特征,而发掘者曾对积石冢的概念做了严格的限定,将"以石垒墙、以石筑墓、以石封顶"[①] 的遗迹称为积石冢 (Z)。积石冢之间有较为明确的空间分界,可以据此将区域范围内的多个墓葬划归同一遗迹单位 (积石冢)。虽然此概念将墓葬、积石、石墙作为判断积石冢的必备要素,而在实际使用中却并未严格遵循上述定义,根据积石冢的概念涵盖范围的不同可以分为以下几种。

其一,以积石作为判断积石冢的主要特征,牛河梁遗址中发现的几乎所有的积石类遗迹皆可称为积石冢。[②] 这一定义对积石冢的限定较为宽泛,研究者更加关注不同时段积石遗迹特征的相似性,多着眼于其在建筑特征方面的连续性。

其二,除积石的特征之外,将墓葬作为判定积石冢的主要标准,将有墓葬和积石而没有石墙的遗迹称为积石冢,如 N2Z4 下层发现的没有石墙而有积石和墓葬的遗迹 (下层积石冢) 和第三地点的遗迹。将有砌石边界而无墓葬的积石遗迹,如 N2Z3、N2Z5、N5SCZ3 则另称为"坛"。但这种区分也并不严格,如同样有砌石边界和积石却不见墓葬的 N2Z4B 仍然以冢称之。[③] 将无墓葬的积石遗迹划出积石冢的范畴意味着研究者已经意识到积石遗存在功能上可能存在的差异,并开始按照其功能的不同予以区别。

其三,严格按照三要素加以定义,仅将同时具备墓葬、石墙和积石三种要素者称为积石冢,将只有积石而不见石墙的墓葬排除在外,如牛河梁

---

① 辽宁省文物考古研究所:《辽宁牛河梁红山文化"女神庙"与积石冢群发掘简报》,《文物》1986 年第 8 期。

② 王芬、栾丰实:《牛河梁红山文化积石冢的分期与年代》,《中原文物》2016 年第 4 期。

③ 辽宁省文物考古研究所编著《牛河梁——红山文化遗址发掘报告 (1983—2003 年度)》,文物出版社,2012。

遗址第十六地点虽然仍笼统地采用了积石冢的名称，却将遗迹单位进一步细分为"西侧墓葬"① 和上层积石冢②（N16Z1）两部分，将墓葬和石墙共存的遗迹称为积石冢，将石墙外侧的墓葬单独区分出来。将石墙作为进一步限定积石冢的标准，表明研究者意识到宽泛的积石冢的定义之下可能包含不同时期的遗迹，有对其加以细分的可能和必要。这类积石冢皆见于牛河梁遗址的上层积石冢阶段，同一积石冢范围内可见多座墓葬，这一现象被称为"一冢多墓"③，这一概念显示，虽然区域内发现的墓葬可能在埋葬时间上存在差异，但默认石墙（界墙）与埋葬区域的使用时间基本一致。

从概念的涵盖范围来看，第一种概念最为宽泛，包括区域内发现的所有积石遗迹，第二种概念以墓葬作为判定积石冢的主要标准，第三种概念最为严格，除了墓葬和积石之外，增加了石墙作为分类标准，仅三要素共存者称为积石冢。三种分类标准的同时存在显示积石冢的概念的指向并不明确，在使用时也没有严格的限定。

虽然对积石冢没有明确的概念，但从习惯的表述来看，积石是确定积石冢的最重要特征。从牛河梁遗址的发现来看，积石可以分为两种，分别是与单个墓葬有关的积石④和"冢上积石"，前者与墓葬的埋葬时间一致，而后者则与"积石冢"的最后使用时间相关。依据目前的材料也很难对此二者加以区分，因此积石的内容在此暂不讨论。

前文的分析显示存在如 N2Z1 边界围墙与最早的墓葬同时而早于区域内其他墓葬；N2Z4A 边界围墙早于区域内墓葬而不见同时期墓葬；N2Z2 边界围墙与最晚墓葬同时而晚于区域内的其他墓葬三种情况。

这表明，即便是最严格定义下的积石冢也是一个历时性的遗迹单位，

① 辽宁省文物考古研究所编著《牛河梁——红山文化遗址发掘报告（1983—2003 年度）》，文物出版社，2012，第 376 页。

② 辽宁省文物考古研究所编著《牛河梁——红山文化遗址发掘报告（1983—2003 年度）》，文物出版社，2012，第 386 页。

③ 苗伟：《红山文化积石冢与廖东半岛积石冢比较研究》，硕士学位论文，辽宁师范大学，2015。

④ 辽宁省文物考古研究所编著《牛河梁——红山文化遗址发掘报告（1983—2003 年度）》，文物出版社，2012 年，第 393 页。

石墙和多座墓葬的建造和延续使用时间也可能存在差异,仍可对其进行最小遗迹单元的划分。

以下的讨论将采用最为宽泛的概念,将通常所认为的积石冢都纳入讨论的范畴,以探讨其结构、功能的特征及其变化。

一　积石冢的基本结构和特征变化

积石冢根据砌石边界的有无可以分为两种,以砌石为边界的积石冢又可以根据其形状的不同进一步分为方形和圆形两种。由此我们可以将牛河梁遗址中发现的积石冢分为三类:以筒形器为边界的圆形积石冢、以砌石为边界的圆形积石冢和以砌石为边界的方形积石冢。(图 2 - 25)

以筒形器为边界的无砌石围墙的积石冢仅见 N2Z4X,筒形器的特征显示其年代相当于牛河梁遗址的第二期。采用砌石为边界的积石冢数量较多,结构也相对复杂。

圆形积石冢包括 N2Z3、N2Z4B1、N2Z4B2、N5SCZ1 四个遗迹单位,皆采用三重石围墙结构,这种较为相似的特征表明,其可能属于同一阶段的建筑风格。按照从内向外的顺序,N2Z3、N5SCZ1 则分别称为"内墙""中墙""外墙",而 N2Z4B 则分别称为"内阶墙""中阶墙""外界墙"。相同位置的围墙被冠以不同的名称,但没有发现其在结构、特征上存在差异,可统一采用"内墙""中墙""外墙"的表述。积石冢内都没有发现同时期的墓葬遗存。筒形器是积石结构的重要组成部分,目前发现的几座圆形积石冢多发现了筒形器,但各遗迹单位发现筒形器的位置略有不同。

N2Z4B2 筒形器位于中墙和外墙之间,皆为 D 型筒形器。

N5SCZ1 未见位于原位的筒形器,在外墙的外侧有明显的垫土痕迹,垫土上发现了大量的筒形器残片。从残存筒形器片出土的位置来看,筒形器似应全部安置在外墙,即第三道石墙的外侧,地表用黄土修整,筒形器残片显示其为 B 型筒形器。

N2Z3 筒形器则位于内墙(第一道石墙)内侧,皆为 B 型筒形器。

N2Z4B1 被 N2Z4A 所叠压,仅在局部可以发现三组石墙的特征,区域内没有发现位于原位的筒形器,如果存在筒形器,由于后期的破坏导

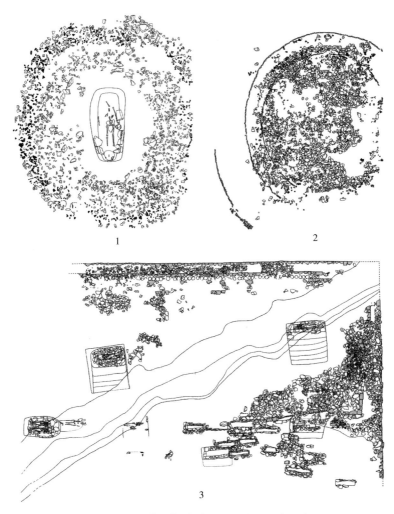

图 2 − 25　牛河梁遗址积石冢特征分类示意

注：1. 以筒形器为边界的圆形积石冢；2. 圆形砌石积石冢；3. 方形砌石积石冢。

致筒形器遗失原位，则其筒形器的位置可能在外墙的外侧。筒形器特征显示 N2Z3 和 N5SCZ1 的最后使用时间应在牛河梁遗址第四期，遗物的特征可以帮助我们认识遗存的最后使用时间，但无法据此判断其始建的年代。

根据筒形器在积石冢中位置的差异（表 2 − 9），可以将圆形积石冢分为筒形器位于外墙外侧（N5SCZ1、N2Z4B1），筒形器位于外墙内侧

（N2Z4B2）和筒形器位于内墙内侧（N2Z3）三组。综合积石冢总体特征的变化可以发现，筒形器位于最外侧的特征与年代更早的 N2Z4X 较为相似，即采用筒形器作为积石范围的边界。从特征的连续性上来看，筒形器位于内墙内侧的 N2Z3 的年代可能最晚。筒形器的位置显示四座圆形积石冢修建的先后顺序：N5SCZ1、N2Z4B1→N2Z4B2→N2Z3。

表 2 – 9　圆形砌石积石冢特征统计

编号	基本结构		
N2Z4B1	内墙	中墙	外墙
N5SCZ1	内墙	中墙	外墙○
N2Z4B2	内墙	中墙○	外墙
N2Z3	○内墙	中墙	外墙

注：○所示为筒形器所处位置。

除了筒形器位置的差异之外，圆形砌石积石冢的规格也存在类似的变化趋向（表 2 – 10）。从三重同心结构围墙的规格和间距变化来看，N2Z4B1 三道围墙之间的间距相等，N2Z4B2 和 N5SCZ1 中墙和外墙的间距略大于中墙与内墙的间距，而 N2Z3 间距差值明显增大。

筒形器位置与冢墙特征存在相对一致的变化趋向，类型学的原则显示圆形积石冢的建造可能存在 N2Z4B1 → N5SCZ1 → N2Z4B2 → N2Z3 的过程。

表 2 – 10　圆形砌石积石冢围墙特征统计

编号	围墙数	墓葬	内墙直径（米）	中墙直径（米）	外墙直径（米）	内 – 中墙间距（米）	中 – 外墙间距（米）
N2Z4B1	3	无	15.6	17.4	19.2	1.8	1.8
N5SCZ1	3	无	16.5 ~ 18.5	18 ~ 20	20 ~ 22	1.5	2
N2Z4B2	3	无	12	13.4	15.3	1.4	1.9
N2Z3	3	无	11	15.6	22	4.6	6.4

在 N2Z3 之下的垫土层内发现了 A、B 和 D 型筒形器（短体筒形器）的残片，这表明在 Z3 建造和使用的时期，B 型筒形器已经开始使用，即 N2Z3 建造时已经进入了牛河梁遗址第四期。

N2Z4B2 采用流行于牛河梁遗址第三期的 D 型筒形器，据此可以推测，积石冢形制特征较早的 N2Z4B1 的年代也应不晚于牛河梁遗址的第三期。N2Z4B2 与 N2Z3 早晚关系的确认可以作为上述圆形积石冢形制变化的辅助证据。

N5SCZ1 最后的使用时间已经进入了牛河梁遗址第四期，但其建造时间应不晚于第三期时使用的 N2Z4B2。

方形积石冢数量相对较多，形制较为相似，多为长方形，石墙的数量略有差异，可见单层冢墙、双层冢墙和多层冢墙等几种。围墙数量相同的积石冢之间仍可见不同的名称，如同样有 4 组石墙的方形积石冢，将 N2Z1 的四组石墙分别命名为"内冢台""冢台""内界墙""外界墙"，而 N2Z2 的四组石墙则分别称为"冢台""内阶墙""外阶墙""外界墙"。两座积石冢位于最外侧的"外界墙"都未发现南侧石墙，可能为一南侧不封闭的半封闭围墙。内侧皆为三组封闭围墙，筒形器皆位于第二、三组封闭围墙之间。中心墓葬位于三组封闭围墙构成的中心位置，结构较为相似，虽然不同位置封闭围墙的名称略有差异，但功能应较为相似。N2Z2"冢台"直接砌筑在中心墓葬之上，N2Z1 的"内冢台"和"冢台"与其外围的"内界墙"距离较近，未发现明显靠近中心墓葬的迹象。但依据总体结构特征可以推知其与 N2Z2 应基本相同，即皆由围绕中心墓葬修筑的"冢台"、其外两重封闭"内界墙"和半封闭的"外界墙"组成。

采用三组围墙的积石冢见 N2Z4A，虽然积石冢西侧受到严重破坏，但从残存遗迹可知内侧两组为封闭围墙，最外侧为无南墙的半封闭围墙，筒形器位于最外侧封闭石墙内侧。与四组围墙的积石冢相比，不见中心位置墓葬和最内侧封闭围墙。三组围墙分别为"内界墙""中界墙""外界墙"，外界墙与四组围墙积石冢的外界墙一致。

两组围墙者可见 N2Z4BS、N5SCZ2 和 N16Z1 三座积石冢，皆受到较为严重的破坏。N5SCZ2 仅见两小段围墙痕迹，无法确定其完整结构只有两组围墙，而 N16Z1 残存两组围墙分别位于中心墓葬外围及筒形器内侧，从筒形器的位置来看，也位于第二组封闭围墙的外侧。从现存的结构来看，与 N2Z2 有较为明显的相似性，即都有与中心墓葬密切相关的一组围墙、外围封闭围墙及筒形器。没有发现筒形器外侧围墙可能与发掘范围的限制有关，因此可以推测 N16Z1 的积石冢结构与 N2Z2 基本一致。

N2Z4BS 积石冢范围较大，但破坏较为严重，发现了两组封闭围墙，但未见中心墓葬和筒形器，也未见其他几座积石冢常见的半封闭围墙。

只有一组封闭围墙者见 N2Z5 和 N5SCZ3，积石冢面积较小，N2Z5 冢墙内侧摆放筒形器，N5SCZ3 则未见。

牛河梁遗址目前发现的积石冢虽然在冢墙的数量上存在差异，但分析可以发现除采用单层冢墙的两座积石冢较为特殊外，其余几座积石冢存在较为相似的特征。有中心墓葬的积石冢可见三组封闭围墙，而不见中心墓葬者则可见两组封闭围墙，筒形器皆位于最外层封闭围墙的内侧。由此可以大体推知最内侧围墙（冢台）与中心墓葬关系最为密切。

由此我们发现，方形积石冢虽然多重围墙的名称略有差异，但功能基本一致。从筒形器的位置来看，N2Z1 筒形器位于冢台与内界墙之间，N2Z2 筒形器则位于内阶墙和外阶墙之间，两座积石冢皆由北侧的三组封闭石墙及南侧不封闭的外侧石墙组成。虽然从石墙的名称来看，两座积石冢石墙的功能似乎存在差异，但从整体的结构来看，二者基本一致，内侧三组石墙为基本闭合的区域，而外侧石墙则向南延伸，未见明确的南墙。

对相同位置的石墙采用不同的命名在一定程度上影响了我们对不同积石冢形制的判断，为论述方便可以对其名称进行简单统一。

中心位置与积石冢中心墓葬关系最为密切者可参照 N2Z2 的命名称为"冢台"，而外侧的两组封闭围墙则分别为"内界墙""中界墙"，外侧不封闭围墙为"外界墙"。

在对积石冢各部名称进行重新划分（表 2 - 11）之后可以发现，除破坏较为严重、无法了解详细情形的 N2Z4BS、N5SCZ2 外，虽然不同积石冢仍存在围墙数量的差异，但结构较为相似，结构较为完整的积石冢多由中心大墓、冢台、内界墙、中界墙和外界墙组成，除外界墙外皆为封闭石墙，冢台、内界墙、中界墙皆为与中心大墓密切相关的建筑。除只有一组围墙的 N2Z5 外，筒形器的位置相对较为固定，皆位于内界墙和中界墙之间。

表 2 - 11　方形积石冢结构

编号	形状	墓葬	围墙名称(按位置从内到外)		
N2Z1	长方形	M25、M26	冢台	内界墙	○中界墙　　外界墙
N2Z2	长方形	M1	冢台	内界墙	○中界墙　　外界墙
N2Z4A	长方形			内界墙	○中界墙　　外界墙
N16Z1	长方形	M4	冢台	内界墙	○
N2Z5	长方形				○界墙
N5SCZ3	长方形				界墙

注：○代表筒形器。

N16Z1 筒形器位于第二层内界墙外侧的黄、黑色垫土带上，从线图上看，黑土带外围似也有石墙痕迹，但报告并未对此做具体说明，如果 N16Z1 的情况与其他积石冢相似，则外围仍可能有封闭和不封闭石墙各一组。

方形积石冢位于原位的筒形器皆属 B 型，其应属于牛河梁遗址的第四期。统计显示，第四期积石冢的特征较为规范，根据围墙数量的多少可以分为两组。

A 组多重围墙结构，最外侧围墙不封闭，筒形器皆位于最外侧封闭围墙的内侧。外界墙内侧封闭围墙的数量不等，有墓葬者为三重封闭围墙，无墓葬者则只见两重封闭围墙。冢台的有无受与其同时的中心墓葬有无的影响。

B 组只有单层封闭围墙，未见积石冢同时期墓葬，见于 N2Z5、N5SCZ3。其中 N2Z5 筒形器位于封闭围墙内侧，在积石冢之下的垫土上发现了二次葬人骨，没有发现明确的墓圹及石棺。N5SCZ3 也为规模较小的长方形积石冢，没有发现位于原位的筒形器，在积石的最下层也发现了无石棺和墓圹的二次葬人骨。

虽然存在特征的差异，但没有发现两组略有差异的方形积石冢存在早晚变化的证据，二者的差异主要在于 A 组积石冢服务于中心墓葬，而 B 组积石冢则可能不作为墓地使用。这种不见外界墙的小型积石冢可能与大型积石冢在功能上存在差异。

由此我们可以对不同积石冢单位的建造和使用时间进行初步概括：N2Z4X 积石冢年代最早，相当于牛河梁遗址的第二期；圆形积石冢中 N2Z4B1、N2Z4B2 年代较早，其建造和使用时间都集中于牛河梁遗址的第三期；N5SCZ1 应属于第三期时建造，第四期时延续使用的遗迹单位，圆形积石冢中 N2Z3 和所有的方形积石冢的建造和使用时间都在牛河梁遗址的第四期。（表 2 – 12）

表 2 – 12　积石冢建造 – 使用时间统计

分期	筒形器	圆形砌石	方形砌石
二期	N2Z4X		
三期		N5SCZ1 、N2Z4B1 、B2	
四期		N5SCZ1 N2Z3	N2Z1 、Z2 、Z4A 、Z4BS 、Z5 、Z6 N5SCZ2 、Z3 N16Z1

积石冢的形制特征与其建造时流行的风格有关，而出土遗物的特征则可以在一定程度上反映其延续使用时间，因此我们可以结合对遗迹及遗物特征的综合分析对各地点的使用情况进行进一步的分析。

根据 N2Z4 所发现的遗迹与器物特征的组合关系可以发现陶器特征与积石冢的特征有着相对一致的组合关系，即 A 型筒形器通常与第二期积石冢共出，而 D 型筒形器与第三期积石冢共出，B 型筒形器则多见于第四期积石冢。

前文我们根据出土遗物特征的差异对各遗迹单位的使用时间进行了初步的判断，而本章通过对遗迹特征的分析又对各类遗迹的建筑时间有了进一步的了解。通过对二者的综合分析，我们则可以大致获得遗迹从建筑使用到废弃的过程。在此我们将根据器物特征所做的分期与根据遗迹特征所确定的积石冢的始建年代进行简单的对比，并初步确定各积石冢的主要使用时间。（表 2 – 13）

表 2 – 13　积石冢及遗物特征对照

编号	第二期	第三期	第四期
N2Z4X	♥ ○		
N2Z4B1		○	
N2Z4B2		♥ ○	
N5SCZ1	♥	○	♥
N2Z1			♥ ○

编号	第二期	第三期	第四期
N2Z2	♥	♥	♥ ○
N2Z3	♥	♥	♥ ○
N2Z4A	♥		♥ ○
N2Z4B2S			○
N2Z5			♥ ○
N2Z6	♥	♥	♥ ○
N5SCZ2			♥ ○
N5SCZ3	♥		♥ ○
N16Z1			♥ ○

注：○根据积石冢特征所确定的建造时间；♥遗迹内出土遗物的时代特征。

比较显示，虽然存在前一时段的遗迹单位在稍晚仍然沿用的现象，但这种现象在牛河梁遗址并不常见，不同时期积石冢的特征变化明显。

第二期时以单个墓葬为中心，由筒形器来确定积石冢的边界。

第三期时筒形器虽然还是积石冢的重要组成部分，但作为边界的职能逐渐减弱，出现了以砌石为边界的圆形积石冢，积石冢内未见同时期的墓葬。

第四期更加规范，积石冢的形制和筒形器的位置都更加固定，作为中心墓葬附属建筑的积石冢多采用三重封闭围墙和一组外围南端不封闭围墙，筒形器放置在最外侧封闭围墙之内。除此之外，还出现了形制不同，功能上也可能存在区分的积石冢：沿用第三期形制特征的圆形积石冢和同样不作为墓地使用的方形单层石墙的积石冢。

第四期出现了圆形和方形不同形制的积石遗存，以方形积石冢为主，而方形积石冢也存在形制的不同，这种积石冢特征及相关遗存的差异表明其功能可能存在差异，排除破坏较为严重的积石冢，牛河梁遗址第四期的积石冢可以分为四类。

第一类，围绕中心墓葬建造的积石冢。此类积石冢以 N2Z1 和 N2Z2 为代表，积石冢中心位置为积石冢内规模最大的墓葬，由三重封闭石墙和外侧半封闭的外界墙组成，筒形器位于最外层封闭石墙的内侧。N16 虽然没有发现完全相同的冢墙结构，从筒形器的位置来看，其结构也应属于此类。从积石冢三重封闭冢墙的位置来看，N2Z1 封闭石墙近等距分布，而

N2Z2 和 N16 的第一重石墙和第二重石墙相距较远，仅围绕中心墓葬修筑。

第二类，无中心墓葬的积石冢。此类积石冢目前仅见 N2Z4A 一座，由两重封闭的石墙和半封闭的外界墙组成，筒形器也位于最外层封闭石墙的内侧。从积石冢的建造过程来看，在区域内发现的所有墓葬的年代皆晚于积石冢的使用年代。

这两类积石冢结构较为相近，其中 N2Z1 和 N2Z4A 皆发现了位于原位的筒形器，N2Z2 筒形器保存相对较差，在相应位置发现了彩陶筒形器的残片。从筒形器的口部特征来看 N2Z1、N2Z4A 发现的筒形器可见 B 型筒形器的Ⅰ、Ⅱ式，纹饰可见第三期时较多使用的平行宽带纹、菱形纹，并出现了新的纹饰如倒三角纹、直角三角纹及垂鳞纹；N2Z2 出土筒形器中可见 B 型的Ⅲ式，纹饰不见宽带纹和菱形纹。从筒形器特征上可知，三座积石冢建造和使用的时间也并不完全相同，其中 N2Z1 和 N2Z4A 建造时间较为接近。

从积石冢的结构来看，N2Z1 和 N2Z4A 多重石墙间距较为接近，而 N16 和 N2Z2 则表现为中心墓葬外围的冢台仅围绕中心墓葬修筑，而与其相邻内界墙相距较远。出土遗物及积石冢的特征皆表明，方形或长方形积石冢也存在建筑时间的差异。

围绕中心墓葬建造的积石冢和无中心墓葬的积石冢这两类方形积石冢虽然在具体结构上略有差异，但整体特征一致，皆包含两组封闭的冢界墙和一组半封闭的外冢界墙，其中存在时间较为相近的 N2Z1 和 N2Z4A 相似性更为明显，差别仅在于中心墓葬及墓葬外围冢台的有无。因为最内层冢台石墙与中心墓葬关系最为密切，而 N2Z4A 虽然未见冢台和中心墓葬，但其余结构与其他积石冢基本一致，这表明在积石冢结构中中心墓葬及其外围冢台可能为该积石冢主体结构中建造时间最晚的一组遗存。N2Z4A 积石冢的主体部分基本完成，但可能有特殊原因而未将中心墓葬葬入其内。

第三类，无墓葬的单层石墙积石冢。这类积石冢仅发现两座，分别为 N2Z5 和 N5SCZ3，冢下垫土层上都发现了无墓穴、无葬具、无随葬的人骨，从位置上来看，这些人骨与积石冢的修建和功能有关。N2Z5 发现人

骨 3 副，仰身直肢葬，死者头向皆近南向，分散于积石冢中部，N5SCZ3
为 4 个二次葬个体，死者头向西南。但二者也并不完全相同，N2Z5 在冢
界墙的内侧有筒形器，而后者不见。虽然两座积石冢内都发现了人骨，但
从层位关系来看，人骨与积石冢并不同时，即此类积石冢的功能也与埋葬
无关。二者特征较为相近，估计建筑时间也应较为相似，在 N2Z5 发现的
筒形器可见 B 型 Ⅲ 式，N5SCZ3 冢体堆积内也发现了 B Ⅲ 式筒形器残片，
推测其使用时间可能相对较晚。从 N2Z5 内发现的圆形堆石可以推测，两
座积石冢可能与某种祭祀或礼仪行为有关。

目前正式发掘的四个地点中，第三、第十六地点皆为单冢，在第二、
第五地点则发现了同时期多个积石冢共存。从遗迹的分布来看，作为
"祭坛"使用的方形积石冢见于多个积石冢并存的地点，建筑过程和结构
都基本相似，其在不同地点的出现可能与小范围社会团体，特别是共属同
一地点人群的活动有关。

第四类，无墓葬的圆形积石冢。第四期目前仅发现 N2Z3 一座圆形积
石冢，积石冢内不见墓葬，由于破坏较为严重，无法确知位于原位的筒形
器的特征，冢体出土的 B Ⅲ 式筒形器残片显示其应使用至牛河梁遗址废
弃，但暂且无法对其建筑的准确时间进行判断。

圆形积石冢位于第二地点相对核心位置。同一时期的 N2Z4A、
N2Z4BS 之间存在叠压关系，N2Z1 区域内发现了陆续埋入的多座墓葬，
部分墓葬打破了积石冢的范围，这表明这一区域得到了较为连续的使用。
但 N2Z3 似乎未受到改动或影响，这表明在第四期各遗迹单位延续使用的
时间里，N2Z3 的功能可能并未发生改变。

第二地点方、圆两种"坛"在区域共存，表明二者的职能仍存在差
异，圆形积石冢在同期其他地点并未发现，其作为"坛"的功能也可能
为周边群体所共用。

依据目前的材料无法对无墓葬的方形和圆形积石冢的延续使用时间进
行准确的判断，却可以依据方形积石冢与其区域内墓葬的早晚关系的分
析，大体确知其使用的时间，以界墙等砌石建筑所定义的积石冢只在其所
在的埋葬区域使用的部分时段内发挥功能。N2Z1 砌石围墙早于区域内大
部分墓葬，并且在南侧墓葬开始使用时就已经受到了破坏；N2Z2 的修筑

与位于中心位置的墓葬的时间一致，而晚于区域内的其他墓葬；N16Z1 的修筑只与 M4 有关，处于区域使用时期的中间。即积石冢建筑并非第四期持续使用的，其功能也只与中心墓葬关系密切。

虽然积石冢砌石围墙的修筑时间存在差异，但区域内墓葬的排列方式仍遵循大体相同的规范，无论积石冢修建时间的早晚，中心墓葬都位于整个埋葬区域的北侧。这也表明区域内人群的埋葬位置也是经过规划或受社会规范的制约的。

在第四期不仅出现了作为墓地使用的积石冢，还有不作为埋葬地使用的积石冢，此类积石冢可见圆形和方形两种。《牛河梁》认为其可能为功能特殊的"坛"，据其特殊结构和无墓葬的特征，笔者亦支持此种判断。

二 第四期不同功能单位关系的初步讨论

前文对经过发掘的牛河梁遗址各类遗存的使用年代和功能进行了初步的探讨，以下将结合调查和试掘的材料，通过对遗址区内其他遗存的特征及年代的分析，重点对第四期各类遗迹单位的功能及关系加以讨论。

第一地点位于第二地点北侧山梁，试掘发现四组建筑址和少量灰坑。N1J3 和 N1J4 出土遗物中发现了具有较为明显时代特征的 C 型筒形器。

N1H1、N1H2 出土遗物可见筒形罐、C 型筒形器、塔形器等多种，其中器形及纹饰特征较为明显者皆属第四期。

N1J1 出土遗物以各类造型泥塑为主，未见陶器。但出土墙面彩绘皆为几何纹造型，也可以将其划归第四期。

第一地点遗迹特征与目前发现的其他地点差别较为明显，未见墓葬，发现的建筑址如 N1J1、N1J3、N1J4 皆为半地穴式建筑，新的考古工作在 N1J2 的山台上发现了结构复杂的地上建筑的痕迹，出土陶器特征显示其使用时间也相当于本书分期的牛河梁遗址第四期。虽然对其进行功能判断为时尚早，但有别于其他地点的特征显示其在牛河梁遗址区属于较为特殊的功能建筑。

第十三地点为一独立的土石建筑，面积约 10000 平方米，核心部分为夯土分层筑成的正圆形土丘，夯层约 20 厘米，土丘直径 40 米，高约 7

米。土丘外包积石并砌石墙，石墙直径 60 米，石料为硅质石灰岩，砌法与砌石积石冢相同。南侧发现塔形器残片，红地黑彩，残存纹饰两组，上侧为线纹分隔的短斜线纹三组，下侧为相邻纹样带反向排列的尾端分叉的三角形。从纹饰风格上来看与第四期遗物较为相近。

第十三地点圆形土丘上还发现了大量的坩埚片，从层位上来看，坩埚片的出现晚于第十三地点的建造，可能是更晚时期人群对同一地点的再度利用的行为，坩埚片等可能并不是红山文化遗存。

由于遗迹特征的差异，无法通过对与已发掘地点遗迹特征的比较分析来确定未经完整发掘的第一地点、第十三地点的建筑年代。第十三地点砌石（彩图 5）特征与 N5Z1M1 封丘砌石和 N2Z2M1 冢台砌石（彩图 4）方式较为相近，采用大石块砌筑，错缝叠压。据此可以推测其建筑和使用时间大体应为本书分期的第四期。

由此可知目前所发现的建筑特征与积石冢不同的第一、第十三地点皆属于牛河梁遗址第四期。

第四、第六、第十地点虽未经过发掘，但调查仅发现第四期遗物，因而也可以判断其属于第四期遗存。第四、第六地点采集者皆为筒形器残片，其遗迹可能与大量发现筒形器的积石冢地点较为相似。结合已发掘地点的材料，可以对牛河梁遗址中最早确认的遗存的性质进行初步判断，即牛河梁遗址第四期多为作为墓地使用的积石冢，较为特殊的建筑见于第一地点、第十三地点。（图 2-26）

除作为墓地使用的积石冢外，没有发现不同功能建筑在多个区域内同时存在的现象，而从空间分布来看，第一、第十三地点这种较为特殊的建筑也并未表现出明显的与某个积石冢地点关系更为密切的迹象，这表明，如第一地点、第十三地点的这种较为特殊的建筑可能为第四期多个埋葬群体所共有。

小 结

积石冢是牛河梁遗址最为常见的遗迹现象，此概念之下所涵盖的是特征、功能不同、年代可以进一步加以区分的复杂遗迹单位，为避免新增更多的名词，笔者仍然采用约定俗成的积石冢作为大的遗迹单位的名称，但

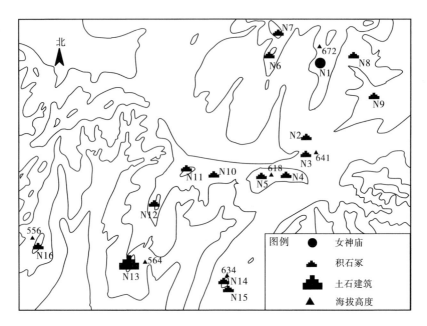

图 2 – 26　牛河梁遗址区各类遗存分布示意

在分析时需要进行最小遗迹单位的划分。以第四期较为复杂的积石冢为例，可以将其结构分为砌石围墙、墓葬和筒形器，由于积石的形成时间和范围较难界定，在此暂不考虑。

本章通过对牛河梁遗址各时期遗存形成和使用过程的分析，得出以下几个方面结论。

第一，牛河梁遗址第二期时开始出现积石结构建筑（"积石冢"），形制上可见连续性的变化。

第二期的积石冢，以墓葬为中心，以筒形器所确定的圆形边界作为积石范围的外缘。

第三期出现了砌筑规范的三重同心的圆形石墙，但在这一时期出现的具有较早特征的积石冢仍将筒形器置于积石堆积的外缘，而后筒形器位置逐渐向内。

第四期时仍有以砌石为边界的圆形积石冢使用，但新出现了以砌石为边界的方形积石冢，砌石围墙结构规范：采用多层砌石围墙者由 2～3 周封闭围墙和 1 周南端不封闭围墙组成，筒形器位置相对固定，多位于最外层封闭石墙的内侧；采用单层砌石围墙者筒形器位于封闭围墙内侧。前者区域范围内多有墓葬，墓葬与砌石围墙的早晚各异，规律也较为明显：最内侧封闭围墙——冢台的有无直接与中心墓葬相关，有中心墓葬者保留冢台，而无中心墓葬则不见冢台。

多层围墙的方形积石冢是包含不同时段遗存的历时性遗迹单元。砌石结构仅与遗迹单位内一座或一组墓葬同时，而并未在以积石冢所确认的遗迹单位沿用时间内持续使用。

第二，不同时期遗存的结构和功能存在差异，第二、第三期结构和功能都较为单一，第四期时出现了多种功能遗迹并存的现象。第二期积石遗存与单一墓葬有关，第三期圆形积石冢不见墓葬，第四期则出现了多种造型各异、功能不同的积石冢。

第四期以作为墓地使用的方形积石冢为主，也发现了不作为墓地使用的方形和圆形积石冢，从功能来看，未见墓葬的方形或圆形积石冢可能与祭祀等礼仪性行为有关，可能作为"祭坛"使用。方形和圆形祭坛不仅在形制、结构上存在差异，在具体使用方面也可能存在不同。方形坛规模较小，且仅在同时有多个积石冢的地点发现，可能与特定地点的多组人群的集体行为有关，而圆形祭坛不仅规模较大，且在建筑材料方面也较为特殊，其出现在规模最大的第二地点，但可能与牛河梁遗址多个地点人群的祭祀活动有关。

第三，第四期遗存的功能分化和功能一致遗存的标准化特征显示社会统一规范的形成与完善。作为墓地使用的积石冢的砌石结构的格局基本一致：多南向，以中轴线对称分布，其核心区域位于墓地其他墓葬的北侧。积石冢内埋葬的规格低于中心大墓的墓葬皆位于冢台部分的南侧，即砌石结构整体与中心大墓相关，其作用是圈定中心大墓的位置。N2Z1 中心位置的墓葬建筑年代较早，积石冢的砌石建筑也早于其范围内的多数墓葬；N2Z4A 虽未见砌石结构中心的墓葬，但其他墓葬也分布于积石冢的南侧；N2Z2 的砌石建筑晚于积石冢范围内的其他几座墓葬，但仍然基本保持了中心大墓及积石冢核心部分位于北侧的特征。

第四，第一章根据器物形态特征和共出关系的变化将牛河梁遗址遗存分为四期，对遗迹形成和使用过程的分析则进一步表明，牛河梁遗址第四期的遗存仍可细分。以积石冢为基本遗迹单位内的多个墓葬，在埋葬时间上仍有差异，传统概念中的积石冢是由多个时段墓葬组成的历时性遗迹单位。

对遗迹单元的进一步细分可以在有限的材料范围内获取更丰富的用于分析比较的信息。

第三章

社会分化的特征与演变

　　社会分化是指当社会结构系统不断分解为新的社会要素时，各种社会关系分割重组最终形成新的结构的过程，表现为：①社会异质性增加，即群体的类别增多；②社会不平等程度的变化，即社会个体或群体间差距的拉大。现代社会学所研究的社会分化不仅包括领域的分化和区域的分化，也包括阶层分化、组织分化等。考古学研究只能通过物质遗存上所见的变化和差异推知社会分化的状况，依据对连续的不同时段社会分化状况的分析则可以发现社会分化的形成和发展的过程。由于我们是通过古人遗留的物质遗存来探讨社会分化的形成与发展，所能探讨的内容更多地依赖于物质材料所能提供的信息，并非所有的社会分化的特征都可以通过物质遗存上遗留的信息获取。

　　从考古学研究的角度，社会分化包括社会的纵向分化（垂直分化）和横向分化（水平分化）两个方面。社会的纵向分化表明个体或群体之间在财富和资源的占有与分配方面的差异，墓葬的范围和边界清晰，出土遗物所属关系明确，是社会纵向分化特征最好的物质载体。研究表明墓葬所反映的对死者的处理方式和重视程度与死者生前社会财富或地位的高低成正比。[1] 随葬品数量和种类的差异以及墓葬在建筑方式上所反映的劳动消耗的多少都表明不同墓葬的墓主或与其密切相关的人群在财富占有和所处阶层的差异，而这种差异在一定程度上反映出其社会分化，特别是与财

---

① Lewis R. Binford, "Mortuary Practices: Their Study and Their Potential," *Memoirs of the Society for American Archaeology* 25 (1971): 6, 29.

富或地位相关的阶层或等级分化的程度。当这种纵向的财富和地位的分化出现相对稳定的模式及变化，则可以认为出现了相对稳定的制度化的阶层划分。因此可以通过对与墓主有关的墓葬的规模、随葬品种类和数量方面的特征和差异的比较，分析社会在财富、权力分配方面的规范和成员之间的关系。

社会的横向分化是一种与财富或等级无关的社会内部的区分方式，其中包括年龄、性别以及社会群体（或称人群共同体）的分化，其中社会群体的分化及不同群体的组织方式是探讨社会构成的重要内容，同时存在的群体间特征的差异及彼此区分程度的不同是探讨社会群体之间的关系及组织方式的重要切入点。有研究表明关系较近的群体不仅在居住位置上较为接近，且在埋葬时也将选取较为接近的位置，而位于不同区域或位置的群体之间则可能存在一定程度的区分。①

墓葬的分布位置以及出土遗物等特征所反映的是社会的横向分化，即人群之间的群体分化或者特定的分工。墓葬中随葬品的种类的变化则在一定程度上提示着人群偏好的差异，也可以为我们讨论人群之间的关系提供线索。由于缺乏相应的人骨鉴定的结果，判断通过埋葬位置所确定的同一社会群体属于血缘群体还是地缘群体存在相当的困难，仅能依据其他信息对此进行初步的推测。

为清晰了解社会分化的形成和变化过程，本章从纵向分化和横向分化两个方面加以探讨，社会纵向分化可以表现为个体或群体在随葬品种类、数量方面的差异以及墓葬规模、埋葬处理方式及葬仪方面的差异，而在考古学环境中，葬仪无法通过物质遗存来表现，因此社会的纵向分化将重点关注随葬品的特征及墓葬规模的差异；横向分化除了关注同一人群内部性别、年龄的差异之外，还以探讨人群之间的关系为主。分析以考古学所发现的区分较为明显的积石冢为基本遗迹单位，在分析遗迹单位内部分化的基础上进一步探讨不同遗迹单位的关系。

由于牛河梁遗址的使用过程相对复杂，延续时间较长，无法直接对其

---

① John M. O'Shea, *Mortuary Variability: An Archaeological Investigation* (Academic Press, 1984), pp. 83, 86.

社会分化的形成和演变情况进行简要的概括。前文根据出土陶器及其组合的特征将牛河梁遗址分为四期，对遗迹特征的分析也得到了同样的结果，各时期遗存特征较为单一，除了第一期可以见到部分日常生活遗存之外，第二至第四期皆为与积石冢相关的遗存。从各时期遗存的分布来看，具有典型特征的第二期遗存主要见于第二地点，而第三期时仅发现了积石结构的建筑，并没有发现与其同时期的墓葬。遗存数量过少会在一定程度上影响我们分析的准确性，本书选择第二期和第四期的材料加以探讨，而经过系统发掘的数量最多的第四期遗存将是本章分析的重点。

第一节　第二期的社会分化

第二期遗存见于第二、第五地点，N5ZC 积石冢保存状况相对较差，无法确知其原初状态，仅 N2Z4 下层墓葬（以下简称 N2Z4X 墓葬）保存相对完好。

N2Z4X 墓葬 10 座，北侧墓葬被 N2Z4B 和 N2Z4A 叠压。墓葬形制基本一致，中心位置为长方形土坑墓，部分墓葬中可见墓壁贴立石板，多数墓葬石板遗失，在墓葬外围为筒形器围成的圆形边界，其范围内覆盖小石块。外围筒形器多受到破坏，部分墓葬保存相对完好。以墓葬、外围的筒形器圈及其上的积石共同构成一个埋葬单元。根据死者头向的差异可以分为头向西北①和头向西南两种，前文分析可知，头向西北者埋葬时间略早。以下的分析将在此时间框架之下展开。

一　各特征要素分析

1. 埋葬方式的分布与特征

牛河梁遗址墓葬的埋葬方式可见仰身直肢葬、二次葬和无人骨葬三种，N2Z4X 可以见其中两组：一组墓葬中无人骨或仅保留有部分人骨，另一组人骨各部分基本保存完好。从墓葬数量及分布位置来看，无人骨

---

① 在此需要说明的是，报告标注 M12 头向为 176 度，但与其他东南向墓葬差别较为明显，而墓葬中没有人骨发现，因而其当初所埋葬的死者头向也可能为 356 度，此方向则与其他西北向墓葬较为一致，因此将其划入西北向墓葬中。

墓葬并非由于墓葬受到破坏而偶然形成的，有些墓葬中随葬品仍保存完好，可能与牛河梁遗址特殊的埋葬习俗有关。发掘者认为这可能与迁葬有关，并将此类无人骨墓葬称为"迁出葬"，而将二次葬的墓葬称为"迁入葬"。虽然 N2Z4X 区域内没有发现二次葬，考虑到在第四期的墓葬中出现了相当数量的二次葬，二次葬的存在提示着除了牛河梁遗址之外，可能还存在另外的埋葬地点，因此笔者也认同在牛河梁遗址可能存在迁葬的风俗。

无人骨墓葬 4 座，基本分布在埋葬区的边缘，M4、M6 位于埋葬区的南侧，而 M12、M13 则位于埋葬区的北侧，有人骨墓葬基本在此区域范围内。（图 3 – 1）

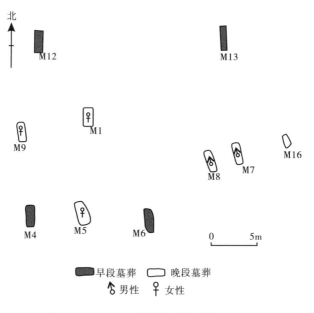

图 3 – 1　N2Z4 下层墓葬特征分布

统计可以发现虽然部分墓葬不见人骨，但人骨保存较好可以确定性别个体数量相对较为均衡，因此可以认为埋葬方式与墓主性别无关。从埋葬时间来看，无人骨墓葬的埋葬时间相对较早，墓葬出土遗物仅见陶器一种，而仰身直肢葬的墓葬的年代相对较晚，随葬品中除陶器外，还可见玉器。（表 3 – 1）

表 3 - 1　N2Z4X 墓葬特征统计

分期	墓葬编号	性别	随葬品种类	随葬品数量	头向	葬式	备注
早段	M4	M	/	0	345 度	迁出	保留肋骨
	M12	?	/	0	176/356 度	迁出	无人骨
	M13	?	/	0	353 度	迁出	无人骨
	M6	F?	陶	2	334 度	迁出	保留肋骨
晚段	M5	F	陶	2	155 度	仰直	
	M8	M	陶 + 玉	3	150 度	仰直	
	M7	M	陶	2	154 度	仰直	另有 2 个头骨
	M16	?	玉	1	142 度	仰直	被水沟破坏
	M9	F	玉	1	155 度	仰直	
	M1	F	/	0	南	仰直	

死者头向区间及随葬品种类的变化都表明，无人骨墓葬的年代相对较早，皆为第二期早段墓葬，而第二期晚段墓葬中则少见此种埋葬方式，因此可以推测埋葬方式的变化是 N2Z4X 不同时段墓葬的主要特征，而与墓主性别等要素无关。

2. 性别与墓葬的空间分布

由于第二期早段仅有 4 座墓葬，且墓葬中多无人骨，无法准确判定墓主性别；晚期墓葬 6 座，其中女性墓 3 座，分别为 M5、M9、M1，皆位于埋葬区西侧，男性墓 2 座，分别为 M7、M8，位于墓地东侧，M16 保存人骨较少，位于墓地东侧边缘，报告未对其性别予以确定。若 M16 也为男性，则可以初步确定在 N2Z4X 第二期晚段的墓葬不同性别的墓主在埋葬位置上存在区分。

3. 性别与随葬品种类、数量

随葬品可见玉器和陶器两种，陶器可见彩陶盖罐、彩陶罐与盖钵、陶罐与钵的组合，玉器则仅见斜口筒形玉器一种。前文的分析表明，随葬品种类的差异与埋葬时间有关，玉器作为随葬品出现时间相对较晚。对第二期晚段墓主性别与随葬品特征的统计，没有发现不同性别墓与特定的随葬品种类、数量相关的证据，在随葬品的放置方式上，也没有发现明确的与性别相关的因素。

4. 随葬品数量与墓葬规模

虽然也发现了无随葬品墓葬，但数量相对较少，其中包含部分无人骨墓葬，可能与迁葬同时移走随葬品的行为有关，而保留人骨的墓葬仅有一座不见随葬品。除了下葬时间相对较晚的墓葬中出现了以玉器——斜口筒形玉器随葬之外，基本都采用陶器随葬，随葬品数量不多，较为固定的为彩陶罐及盖的组合，埋葬方式也都相同。

墓葬皆为竖穴土坑墓，在墓壁内侧贴立石板，墓葬位于积石结构的中央，筒形器作为标注墓葬范围的最外侧边界，其范围也应视为与墓葬行为相关，由于墓葬外围的筒形器多受到破坏，无法对其范围进行准确的统计。没有发现墓葬规模存在明显的差异，由于墓葬数量较少，无法进行更进一步的统计，在此可以初步推测在这一时期似乎没有明显的在随葬品种类和数量方面的差异。

除发现遗迹较多的 N2Z4X 外，第十六地点虽然发现了大量这一时期的陶片，但并没有发现确属这一时期的遗迹。第五地点中被划归 ZCZ1 的三座墓葬在特征上与第二地点牛河梁遗址第四期墓葬基本一致，而唯一与第二期墓葬特征相似者见第五地点 ZCZ2M7，墓葬南北向，出土零星人骨，不见随葬品，也未见如第二地点 Z4 下层所见的筒形器圈（图 3 – 2）。由于遗迹受到了较为严重的破坏，很难确定这种与第二地点 Z4 下层墓葬的差异是否可以准确反映当时真实存在的区分。

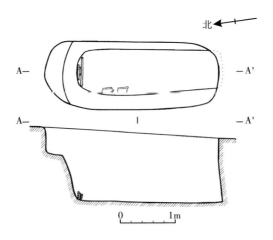

图 3 – 2　第二期第五地点墓葬示意

二　社会分化及特征

由于同一群体受到相同社会规范的制约，在风俗习惯上也会趋于一致，而两地点发现的这种墓葬埋葬方式差别虽并不明显，但在空间分布上存在明显的区分，可以推测第二期分别埋葬在 N2 和 N5 的个体可能属于不同的社会群体，牛河梁遗址可能存在两个以上的社会群体。不同社会群体有各自独立的埋葬地点并且遵从各自的社会习俗。

概言之，第二期发现的两个埋葬地点，在埋葬特征上差别明显，推测应分别属于各具社会规范的两个人群；由于墓葬数量相对较少，无法了解这一时期的全貌，但目前的发现显示埋葬于两个地点的墓葬在随葬品数量或者墓葬规模方面并无差异，也未发现在随葬品种类方面的明显差异。由此可以初步推测，两人群之间不存在财富或资源占有方面的差异，即彼此的关系相对独立；在第二期晚段 N2Z4X 发现的两性墓主在埋葬位置上各自相对集中，表明当时可能存在基于性别的区分，但在随葬品的种类和数量上并没有发现相应的特征，这种区分可能并未形成明确的制度化的规范，人群内部也未出现财富或等级的分化。

第二节　第四期的人群内部分化

民族学和人类学分析的结果显示，同一人群或人群中亲缘关系较近或联系较为密切的群体在埋葬时的位置也相对较近，埋葬位置的空间分布在一定程度上代表实际生活中人群的空间区分。[1] 在考古学的分析中，我们也将聚群分布的墓葬作为社会的基本埋葬单元，属于同一埋葬单元个体之间的联系较不同埋葬单元之间更为紧密。

在有进一步的 DNA 的分析结果之前，判断其群体为血缘群体或地缘群体存在一定的风险，在此我们暂时选用较为模糊的社会群体的概念，用来代表社会中出现的具有统一规范，遵循相同原则的社会组织的基本单

---

[1]　John M. O'Shea, *Mortuary Variability*: *An Archaeological Investigation*（Academic Press，1984）.

元，而不采用更为明确表述其亲缘关系的家族、宗族的概念，或者反映地缘关系的社会政治单元的概念。分析以遗迹所表明的社会单元如 N2Z1[①]为基本分析单位，分析内容包括个体间占有财富或地位的差异，成员间在年龄、性别方面的差异及小群体的划分。

一　N2Z1

共发现墓葬 27 座，除 2 座墓葬无法确定其准确年代外，其余 25 座墓葬皆属这一时期。根据死者头向的变化、墓葬之间的叠压关系以及墓葬与积石冢围墙之间的叠压打破关系可知，位于中心位置的墓葬为区域内最早遗存，积石冢南侧墓葬年代稍晚，并由此将 N2Z1 内墓葬分为三个主要的埋葬时段：位于中心位置的墓葬最早，其次为积石冢南侧西向墓葬，最晚者为积石冢南侧的东向墓葬。[②]（图 3－3）

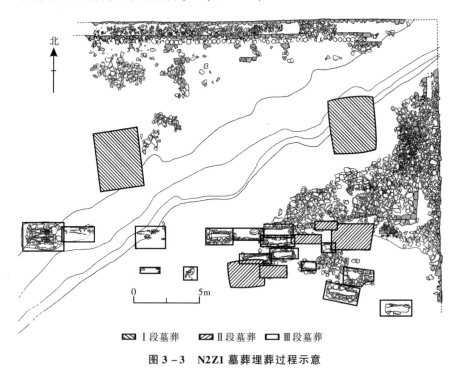

☒ I 段墓葬　☒ II 段墓葬　☐ III 段墓葬

图 3－3　N2Z1 墓葬埋葬过程示意

① 第二章对遗迹单位的细分显示，积石冢是一个包含多个不同时段遗迹的单元，基于学界的普遍认识，此处仍然选取这种编号，用以标示讨论的空间范畴。
② 具体分析详见本书第二章。此处死者头向确认依据《牛河梁》提供的数据。

1. 社会纵向分化的出现及其变化

纵向分化显示个体间在财富、等级、地位方面的差异，反映纵向分化的考古学信息包括墓葬的规模、随葬品数量、种类等几个方面。

（1）墓葬规模

墓葬规模是衡量纵向分化的重要指标之一，主要表现在墓葬建造和相关的仪式行为中所消耗的劳动量的差异。由于仪式行为在考古材料中较难发现，因此对墓葬规模的分析主要从墓葬特征入手，相关要素包括墓圹的大小、深度，石棺的有无和砌筑方式等内容。

由于后期的扰动和破坏，牛河梁遗址埋藏较浅的墓葬的墓圹范围基本难以确定，因而在确定墓圹大小方面存在难度，而埋藏深度仍然是反映墓葬建造时能量消耗的重要内容。即使受到破坏，假设受到破坏的程度基本相似，现存埋藏深度的差异亦可大体反映其在建造时所挖墓圹深度的不同，因此，此处关于墓葬规模的分析主要通过对墓圹深度和石棺砌筑方式的不同来加以统计。

根据墓圹深度的差异可以将牛河梁遗址墓葬分为两组：一组为深穴墓，墓穴凿入基岩，现存墓底至墓圹开口地面的深度多在1米以上；另一组为浅穴墓，墓圹仅略低于地表或基本无法确定，石棺大部分的立石在地表以上，这种浅墓穴可能是埋葬行为发生时仅对地面进行简单清理并砌筑石棺的结果。报告并未对浅圹及无圹墓葬进行区分，而将二者划归无圹墓。但从墓葬石板的保留情况来看，石棺采用立置石板砌筑，无法确定其直接从地面砌石或者是仅挖浅槽，因而将其统一划归浅穴墓。

根据石棺的砌筑方式也可以分为两组：其一为长条形石板叠砌石棺，其二为长条形石板立砌的石棺。部分墓葬还可见到两种砌筑方法同时使用的情况，两侧长边部分为石板叠砌，头或脚端则使用立置大石板，从总体来看，也应属于石板叠砌石棺之列。

统计发现，两种墓葬特征存在相对稳定的组合关系：石板叠砌石棺的墓葬墓穴多深入基岩，而由立置石板构成石棺的墓葬墓穴则相对较浅。也存在采用叠砌石板砌筑石棺的墓葬埋藏相对较浅的案例，统计显示这类墓葬皆为二次葬（表3-2，图3-4）。根据墓圹与石棺砌筑方式的组合可以推测，受到严重破坏无法确认石棺砌筑方式的N2Z2M22也应为石板叠砌石棺。

表 3 - 2   N2Z1 墓葬特征统计

时段	墓葬	埋葬方式	墓圹	石棺砌筑方式	台阶	长度(米)	宽度(米)	深度(米)
I	M25	仰直	深竖穴	石板叠砌	6 组	3.15	3.5	2.7
I	M26	仰直	深竖穴	石板叠砌	5 组	3.4	3.9	1.9
II	M21	仰直	深竖穴	石板叠砌			2.66	1.2
II	M27	仰直 & 二次	深竖穴	石板叠砌	2 组	3.3	1.86	1
II	M7	二次葬	浅穴	石块叠砌				
II	M14	仰直	浅穴	石板立置				0.13
II	M15	仰直	浅穴	石板立置				
II	M20	仰直	浅穴	石板立置			1.92	0.28
III	M22	仰直	深竖穴	不详				1.2
III	M23	仰直	深竖穴	石板叠砌				1.9
III	M24	仰直	深竖穴	石板叠砌		3.1	1.95	2.14
III	M16	二次	浅穴	石板叠砌		1.42	0.34	0.35
III	M5	二次	浅穴	不规则石块叠砌				
III	M8	二次	浅穴	立置与叠砌混合		0.99	0.36	
III	M10	二次	浅穴	立置与叠砌混合				
III	M11	二次	浅穴	立置与叠砌混合				
III	M1	仰直	浅穴	石板立置				
III	M13	二次	浅穴	石板立置				
III	M4	仰直	浅穴	石板立置				
III	M9	仰直	浅穴	石板立置		1.86	0.56	0.18
III	M17	二次	浅穴	石板立置		0.5	0.25	
III	M6	二次	浅穴	石板立置				
III	M19	二次	浅穴	石板立置		0.95	0.55	0.45

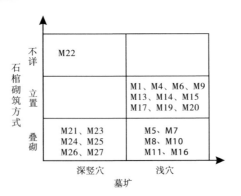

图 3 - 4   N2Z1 墓葬规模要素对比

由此我们可以根据墓葬规模的大小将 N2Z1 的墓葬①分为三组（表 3 - 3，图 3 - 5）：A 组为深穴石板叠砌石棺墓；B 组为浅穴石板叠砌石棺墓；C 组为浅穴立置石板墓。Ⅰ 段仅见 A 组墓葬，Ⅱ 段、Ⅲ 段三组墓葬皆有发现。

表 3 - 3　N2Z1 墓葬规模分组

埋葬时序	分组	墓葬数量
Ⅰ	A 组	2
Ⅱ	A 组	2
	B 组	1
	C 组	3
Ⅲ	A 组	3
	B 组	5
	C 组	7
	不确定	2

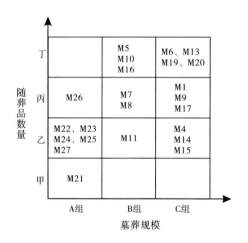

图 3 - 5　N2Z1 墓葬特征对比

从埋葬处理的复杂程度来看，A 组墓葬消耗能量最高，B、C 两组相差不大，都可见墓室面积较小的二次葬墓葬，在面积较为相似的情况下，石棺砌筑方式的差异也在一定程度上反映二者规模的差异，石板叠砌石棺的墓葬消耗的社会资源可能略高。从墓葬规模的变化上来看，N2Z1 埋葬的

① Z1M2、Z1M3 受到破坏较为严重，无法对其形态进行判断，各项统计暂不将其列入其内。

墓葬从最早只有规模较大的墓葬，逐渐出现了规模较小的墓葬增加的现象。

（2）随葬品的数量和种类

随葬品的数量是最显著的表明墓主财富占有状况的要素，N2Z1 不同墓葬出土的随葬品数量存在较为明显的差异，随葬品最多者随葬玉器 20 件，而有些墓葬则无随葬品。根据不同埋葬时段随葬品数量的差异也可以对墓葬进行分类。

首先根据随葬品的有无进行区分；对有随葬品的墓葬，则可以墓均随葬品数量为标准进行更进一步的划分；而将随葬品数量明显较大地偏离平均值的墓葬予以单独划分。由此，可以将 N2Z1 墓葬分为甲、乙、丙、丁四组（表 3 - 4，图 3 - 5）。甲组墓葬随葬品数量明显大于依据随葬品数量所获得的众数和平均值，乙组墓葬的随葬品数量大于墓均随葬品数量，丙组墓葬虽有随葬品，但少于墓均随葬品数量，丁组墓葬无随葬品。统计可以发现不同时段墓葬随葬品的情况略有差异。

表 3 - 4　N2Z1 墓葬分组统计（依随葬品数量）

	Ⅰ 段		Ⅱ 段		Ⅲ 段	
	墓葬编号	随葬品数	墓葬编号	随葬品数	墓葬编号	随葬品数
甲组	/		M21	20	/	
乙组	M25	7	M27、M14、M15	10	M22、M23、M24、M4、M11	16
丙组	M26	4	M7	4	M9、M8、M1、M17	5
丁组	/		M20	0	M5、M6、M10、M13、M16、M19	0

Ⅰ 段不见随葬品数量明显偏高的墓葬，两座墓根据随葬品数量的差异分别为乙组墓葬 M26（随葬品 7 件）和丙组墓葬 M25（随葬品 4 件）。不见随葬品数量明显偏高的甲组墓葬和无随葬品的丁组墓葬。

Ⅱ段甲组墓葬为 M21，随葬品数量 20 件，相当于Ⅱ段随葬品总量的一半以上；乙组墓葬数量相对较多，包括 M27、M14、M15，随葬品数量与有随葬品墓葬的人均随葬品数量相当或略高；丙组墓葬数量相对较少，仅见 M7，墓中埋葬 3 个个体，随葬品归属明确，仅一位墓主随葬品数量为两件，平均而言，其人均随葬品数量则略低于乙组；丁组无随葬品墓葬仅一座，为 M20。

Ⅲ段墓葬随葬品数量相对较为接近，不见随葬品数量明显偏高的甲组墓葬，乙组墓葬 5 座，包括 M22、M23、M24、M4、M11，随葬品数量皆超过同期平均值 2.4，丙组墓葬为其余有随葬品墓，丁组为Ⅲ段无随葬品墓。

除随葬品的数量外，随葬品的种类也是衡量墓主身份、地位的重要因素，不同的器类在原料的大小、制作的难易程度上存在差异，这也应是考虑不同墓葬之间可能存在的层级差异的重要内容。

牛河梁遗址中数量最多的随葬品为玉镯、玉环等，也有造型相对较大的勾云形玉器、斜口筒形玉器以及造型特异的其他玉器。

根据不同种类随葬品出现频率的差异可以将随葬品种类进行如下划分：a 类玉器造型独特，多只有一件，如龙凤玉佩、玉人、玉凤，只在特定墓葬中发现；b 类玉器器形较大，造型及纹饰也较为复杂，数量相对较多，在多个墓葬中发现，出现频率相对较高，如勾云形玉器、斜口筒形玉器；c 类玉器造型相对简单，数量多，在墓地也较为常见，如玉镯、玉环、玉璧等。对墓葬出土随葬品种类的初步统计可以发现，凡有随葬品的墓葬中多可以发现玉镯、玉环、玉璧等 c 类随葬品，有些墓葬中还可见多件此类器物；b 类器物在墓葬中多单件出现，偶见多件共存。

根据各类玉器的出现频率及组合的差异，可以将墓葬分为四组：①可见三类随葬品同时存在；②可见两类随葬品；③仅可见一类随葬品；④无随葬品。通过比较可以发现，Ⅰ段①②组墓葬各一座，不见③④组墓葬；Ⅱ段四组墓葬皆有发现，以②组墓葬数量最多；Ⅲ段不见①组墓葬，与前一时段相比，无随葬品的④组墓葬数量有所增加。（表 3-5）

表 3-5　N2Z1 墓葬分组统计（依随葬品种类）

时段	分组	墓葬编号	随葬品种类	墓葬数量
Ⅰ	①	M26	a + b + c	1
	②	M25	b + c	1
Ⅱ	①	M20	a + b + c	1
	②	M27、M14、M15	b + c	3
	③	M7	c	1
	④	M20	/	1
Ⅲ	①		a + b + c	0
	②	M22、M23、M24、M11、M4、M9	b + c/a + c/a + b	6
	③	M8、M1、M17	c/a	3
	④	M5、M6、M10、M13、M16、M19	/	6

对三个时段的简要对比可以发现，Ⅰ、Ⅱ段多可见同时具有三类随葬品的墓葬，Ⅲ段未再发现三类随葬品同时存在的墓葬，无随葬品墓葬数量则有所增加。

对随葬品种类和数量的综合统计可以发现，总体而言，出土玉器种类较多的墓葬，在随葬品数量方面也较多。根据随葬品种类与数量所进行的划分的结果较为相似，大体存在依据随葬品数量所划分的甲、乙、丙、丁组与依据随葬品种类所划分的①至④组的一一对应关系，不同时段的情况略有差异。（表3-6）

表3-6　N2Z1随葬品特征综合统计

时段	墓葬	随葬品数量	分组	随葬品种类	分组
Ⅰ	M25	7	乙	b + c	②
	M26	4	丙	a + b + c	①
Ⅱ	M21	20	甲	a + b + c	①
	M27	2	乙	b + c	②
	M14	3		b + c	
	M15	5		b + c	
	M7	4	丙	c	③
	M20	0	丁	0	④
Ⅲ	M22	3	乙	b + c	②
	M23	4		a + c	
	M24	3		b + c	
	M11	3		b + c	
	M4	3		a + b	
	M9	2	丙	b + c	③
	M17	1		a	
	M8	1		c	
	M1	2		c	
	M16	0	丁	0	④
	M13	0		0	
	M5	0		0	
	M10	0		0	
	M6	0		0	
	M19	0		0	

Ⅰ段依据两种标准所进行的划分结果明显相反，随葬品数量较多的M25只见b、c两类玉器，未见a类玉器，而随葬品数量相对较少的M26则出土了包括a类玉器在内的三类玉器。

Ⅱ段两种分类结果基本一致，随葬品种类较多的墓葬随葬品数量也相对较大。

Ⅲ段从整体来看，两种分类结果较为一致，仅 M9 在两种分类标准之下所属位置略有差异，随葬品可见小型双勾型勾云形玉器和石钺两种，根据随葬品的分类应属于②组，但随葬品数量则少于有随葬品墓葬的墓均随葬品数量，应划归丙组。

如果说特殊随葬品的出现表明所有者在社会地位方面的特殊性，而随葬品数量的多少则可以看作是墓主人在财富占有方面的能力。二者的不同组合方式则暗示着与埋葬有关的社会规范的不同状态：在完善的等级社会，财富与地位标记的指向基本一致，地位较高者同时也占有较多的社会资源和财富，而在等级社会的形成时期，则可能出现二者并不一致或指向相反的情况。

在Ⅰ段时并未形成随葬品种类与数量对应一致的规则，特殊类物品的缺乏可以通过其他类别物品在数量上的增加来弥补，即可能在Ⅰ段时并未形成关于随葬品使用的固定规则。而自第Ⅱ段开始，随葬品种类和数量的变化表现出基本一致的特征，随葬品使用的规则已相对较为完善，财富占有能力与社会地位出现了一致的趋势，社会地位较高者可以占有较多的社会资源和财富，反之亦然。Ⅲ段两种特征的划分基本一致，但不见随葬品数量明显偏高者，M9 虽然随葬有 b 类随葬品——勾云形玉器，但器形明显较小，与其他同类造型器物相比，可能仅具有象征意义，即虽然拥有某类特殊的物品，但整体财富占有量相对较少，其所拥有的较为特殊的随葬品可能更具有划分层级的象征意义，随葬品数量的减少则表明其财富地位的降低，该墓葬的墓主的社会地位有所下降。

虽然在具体墓葬中可以发现随葬品数量与种类并不完全吻合的情况，但从整体来看，随葬品种类较多的墓葬随葬品数量也相对较多，除Ⅰ段外，未见随葬品种类较少的墓葬在随葬品数量上明显偏多的现象。在反映财富和地位方面，较为特殊及造型相对较大的器物可能具有更为明显的标志性意义，即随葬品种类是进行纵向分类所要首先考虑的因素。

因此笔者依据随葬品种类和数量的变化将 N2Z1 的墓葬划分为四组，划分标准基本与依据随葬品种类的划分大体一致，并沿用依据随葬品数量的分类名称，分组方案在涉及具体墓葬时略有差异：Ⅰ段两种分类结果明显相反，无法进行具体的区分，统一将其划归甲组墓葬，Ⅱ段四组的墓葬皆有发现，Ⅲ段不见甲组墓葬，M9 包括 b、c 类随葬品，随葬品数量略少，但仍与采用 c 类随葬品中数量较多者相当，依据随葬品的分类将其划归乙组。（表3-7）

（3）随葬品特征与墓葬规模

墓葬规模、随葬品种类和数量都是判断社会纵向分化的指标，对比分别依据随葬品特征和墓葬规模划分的结果可以发现，这两种分类并不完全一致：Ⅱ段随葬品数量和种类相对较多的 M14、M15 在墓葬规模上则相对较小；Ⅲ段的 M4 和 M9 也是如此。（表3-8）

表 3-7　N2Z1 随葬品特征综合分组

时段	分组	墓葬编号	随葬品种类	墓葬数量
Ⅰ	甲	M26、M25	a+b+c/b+c	2
Ⅱ	甲	M21	a+b+c	1
	乙	M27、M14、M15	b+c	3
	丙	M7	c	2
	丁	M20	0	1
Ⅲ	乙	M22、M23、M24、M11、M4、M9	b+c/a+c/a+b	6
	丙	M8、M1、M17	c/a	3
	丁	M5、M6、M10、M13、M16、M19	0	6

表 3-8　随葬品特征与墓葬规模分类对比

时段	随葬品特征	墓葬编号	墓葬规模
Ⅰ	甲	M25、M26	A
Ⅱ	甲	M21	A
	乙	M27	
		M14、M15	C
	丙	M7	C
	丁	M20	
Ⅲ	乙	M22、M23、M24	A
		M11	B
		M4、M9	C
	丙	M8、M17	B
		M1	不详
	丁	M10、M16	B
		M6、M13、M19	C
		M5	不详

虽然依据随葬品和墓葬规模所进行的分类存在一定程度的交叉，但规模较大的 A 组墓葬与随葬品规格较高的甲组墓葬的组合较为一致，而规模较小的 B、C 组墓葬的随葬品数量、种类则普遍少于 A 组墓葬，无随葬品墓葬也皆出自 B、C 组墓葬中。

依据随葬品特征和墓葬规模的变化可以对 N2Z1 的墓葬进行初步的纵向分化程度的区分，除甲组随葬品与 A 组墓葬有一定程度的重合外，没有发现两组分类结果完全吻合的现象。虽然墓葬之间存在着随葬品数量和墓葬规模方面的差异，但二者并未形成完全同步的变化，即这种纵向的区分并没有成为完全固定的模式。

综合随葬品特征及墓葬规模的变化，可以按照二者所耗费能量的差异将 N2Z1 墓葬分为三个层级：Ⅰ级墓葬为甲组随葬品与 A 组墓葬的固定组合，Ⅲ级墓葬为无随葬品的丁组墓葬，其余墓葬规模和随葬品的组合并不固定的墓葬划归Ⅱ级。根据墓葬规模和随葬品特征组合方式的差异可以将Ⅱ级墓葬进一步划分为：ⅡA 级包括以墓葬规模划分的 A 组中含有乙组随葬品的墓葬、ⅡB 级包括墓葬规模属 B 或 C 组含有乙组随葬品墓葬和ⅡC 级包括墓葬规模属 B 或 C 组与丙组随葬品的组合。（表 3 – 9）。

表 3 – 9　N2Z1 墓葬纵向分层统计

时段	层级	墓葬编号	墓葬数量
Ⅰ	Ⅰ	M25、M26	2
Ⅱ	Ⅰ	M21	1
	ⅡA	M27	1
	ⅡB	M14、M15	2
	ⅡC	M7	1
	Ⅲ	M20	1
Ⅲ	ⅡA	M22、M23、M24	3
	ⅡB	M11、M4、M9	3
	ⅡC	M8、M17、M1	3
	Ⅲ	M5、M6、M10、M16、M13、M19	6

从Ⅱ级墓葬在随葬品特征、墓葬规模的差异来看，在Ⅱ、Ⅲ段皆可以发现随葬品特征与墓葬特征并不完全吻合的现象，总体而言，规模较大的

墓葬在随葬品种类和数量上也相对较多。也存在一些随葬品特征表明其级别较高,而在墓葬特征上并未显出明显的墓葬规模较大的特征,这表明虽然在牛河梁遗址中已经出现了纵向分化,但处于不同层级的个体可能存在向级别较高或级别较低位置流动的可能。从不同级别墓葬所占比例(表3-10)的变化来看,在N2Z1开始使用的最早阶段,只有级别较高的墓葬,而随着埋葬墓葬的增多,高级别墓葬所占比例逐渐减少,而级别较低的墓葬所占比例则有所增加,即社会分化的程度有所增加,但仍为处于上升阶段的社会,虽然出现了社会分层的特征,但各层级之间的限制并不严格。

表3-10 各层级墓葬比例变化

时段	I级		II级		III级	
	墓葬数	比例(%)	墓葬数	比例(%)	墓葬数	比例(%)
I	2	100				
II	1	16.7	4	66.7	1	16.7
III			9	60	6	40

同一时期墓葬在墓葬规模和随葬品方面大致相同的变化表明,N2Z1所代表的人群已经存在一定程度的社会纵向分化,占有财富较多或者社会地位较高的个体可以得到特殊的待遇。

(4)不同层级个体的空间分布

从前文的分析可以发现,N2Z1同时期埋葬的墓葬存在着墓葬规模和随葬品特征的差异,埋葬时间最早的M25和M26位于埋葬区中心位置,是N2Z1规模最大、级别最高的墓葬。在判断其墓葬规模的时候,除了与其直接相关的墓圹等要素之外,与其相关的建筑也应在考虑范围之内,从两座墓葬的位置来看,积石冢的围墙等也应视为其附属建筑。而对自第II段开始的不同规模等级的墓葬的分布位置的统计并没有发现明显的规律。除了最早阶段的墓葬,没有发现规模等级略有差异的墓葬在空间分布上有明确的区分。

(5)墓葬等级与墓主性别

牛河梁遗址提供了对死者性别鉴定的结果,从总体来看,N2Z1性别比例较为均衡，在不同的埋葬时段也是如此。对不同性别墓葬在等级方面的比较没有发现明显的规律。（表3－11）。

　　Ⅰ段两性[①]个体都有发现，皆属于第Ⅰ层级墓葬；Ⅱ段Ⅰ级墓葬墓主为男性，而Ⅱ级墓葬墓主的性别比例较为均衡，女性数量略多；Ⅲ段不见Ⅰ级墓葬，Ⅱ级和Ⅲ级墓葬两性个体比例较为均衡。

表 3 – 11　N2Z1 各层级墓葬墓主性别统计

时段	分层	墓葬	女性	男性	不详
Ⅰ	Ⅰ	M25	1		
		M26		1	
Ⅱ	Ⅰ	M21		1	
	ⅡA	M27	2		
	ⅡB	M14	1		
		M15	1		
	ⅡC	M7		3	
	Ⅲ	M20			1
Ⅲ	ⅡA	M22			1
		M23		1？	
		M24	1	1	
	ⅡB	M11		1	
		M4		1	
		M9		1	
	ⅡC	M17			1
		M8	1		
		M1	1		
	Ⅲ	M16			1
		M13	1		
		M5		1	
		M10	1		
		M6		1	
		M19			1
总计			10	12	5

---

　　①　性别鉴定结果有二，《牛河梁》采信了两座墓葬男女各一的结论。

级别较高的墓葬墓主多为男性，虽然 N2Z1 不同性别个体之间没有在财富或地位上存在差别，但在群体内部似仍以男性在资源获取和财富占有方面更有优势。

分析表明，N2Z1 所代表的人群中已经出现了纵向分化，随着墓葬特征所显示的埋葬规范的固定化，这种纵向分化已经出现了一定程度的层级分化的特征，但个体在不同层级间仍存在流动的可能。对不同层级个体的性别及空间分布的分析也没有发现财富或地位与性别有关的迹象，多层级个体同时埋葬于同一区域内，虽然出现了社会成员之间在财富地位方面的差异，但财富地位的归属并未呈现固定的模式。

2. 横向分化及其特征

横向分化的分析将进一步探讨与年龄、性别有关的区分，人群内部是否存在小群体的分化，以及分化了的小群体之间的关系。上文的分析表明，虽然 N2Z1 已经出现了个体的层级分化，但不同层级个体并未出现明显的空间区分，因此接下来的分析将重点探讨墓葬特征的空间分布及其与墓主的年龄、性别之间的关系。

（1）随葬品种类与墓主性别

前文笔者将随葬品分为三类：a 类为特异造型的器物，发现数量相对较少，多仅见一件，未发现相同造型器物，如龙凤玉佩、玉兽面牌饰、玉双兽首饰等；b 类为相对较为常见的勾云形玉器、斜口筒形玉器等；c 类为玉镯、玉璧、玉环等常见器类。对不同性别墓葬在随葬品种类方面的统计虽然没有发现不同性别墓葬在随葬勾云形玉器、斜口筒形玉器等较为常见器物方面存在明确的规律，但遗址中发现四座皆以上述 3 类玉器随葬的墓葬，其墓主皆为男性。

这种对于特异器物的获取可能受到个体喜好等因素的影响，但遗址中发现的随葬此种较为特异造型器物的墓主在随葬品数量及墓葬规模方面都相对较大，因而可以认为这类个体可能在获取社会资源或者社会地位方面具有较为明显的优势。虽然无法从其中发现不同性别墓主在随葬品种类方面的差异，但可据此推测，区域内权力和地位相对较高的男性可能起到明显的主导作用。

简要的统计可以发现，N2Z1 出土的形体较大的勾云形玉器见于女性墓中，但并未发现两性个体在以此类物品随葬时有明显的差异，斜口筒形玉器的使用也未受到性别的限制。有研究者曾提出随葬镯的数量具有标示墓主性别的意义，随葬双镯者为女性，而随葬单镯者则为男性。除了玉镯之外，也有相同造型的器物被称为"环"，两类器物的形制、尺寸并没有明显差异，总体而言，佩戴于手部者称为"镯"，而远离手部位置摆放者则称为"环"，但命名标准也并不完全统一，如 N2Z1M27 出土于墓主左手腕，但报告仍称之为"环"。若将佩戴方式作为区分镯或者环的标准，则二次葬和由于水侵或泥土淤积导致器物移位的墓葬会因无法确定其佩戴方式而影响对其名称的确定和统计。排除此类无法确定的墓葬，对其余随葬镯类器物的统计显示如下趋势：随葬双镯者为女性而随葬单镯者则多为男性。从墓葬的埋葬时间来看，镯的数量与墓主性别的关系在Ⅰ段较为明显：男性墓使用单镯，而女性墓随葬双镯。此种规律虽然大体在不同时段延续，但在Ⅱ、Ⅲ段皆可见打破此规律的墓葬，如Ⅱ段 M27 女性墓主随葬单镯，Ⅲ段 M24① 女性墓主也随葬单镯。这种不完全符合通行规律的现象表明，不同性别个体之间虽然可能存在随葬品种类或数量方面的差异，但这种区分并不明显。

在 N2Z1 中并没有发现不同性别个体在随葬品种类方面的明显差异，但可见不同性别个体在同类器物的使用方面存在差异的迹象。墓葬内勾云形玉器②、斜口筒形玉器、玉璧等几类器物摆放位置③也略有不同，若这类大型玉器的使用与个体的职业或职能有关，不同的摆放位置则可能表明其在礼仪行为中所承担的责任和功能的差异。由于统计样本数量较少，这种同类随葬品在性别不同的墓葬中处理方式的差异在 N2Z1 的表现并不明显。

以往的研究中多从随葬品种类的差异入手探讨社会中存在的性别方面

---

① 也有体质人类学的分析者将两个墓主的性别皆定为男性，参见赵欣《辽西地区先秦时期居民的体质人类学与分子考古学研究》，博士学位论文，吉林大学，2009；此处按照《牛河梁》报告采取了两墓主男女各一的结论。

② 郭明：《试析红山文化勾云形玉器》，《考古与文物》2008 年第 5 期。

③ 由于单个遗迹单位此类统计样本较少，无法形成明确的规律，在此仅略略提及，将在下文详述。

的分工①，随葬品种类的相似性表明，N2Z1 的人群并未形成固定的不同性别个体的随葬规范，也不存在不同性别个体在承担社会责任和职能方面的明显差异。

（2）性别的空间分布

对不同性别墓葬空间分布的统计没有发现较为固定的规律，不同性别的墓葬在积石冢内较为随机地分布。而当我们根据其埋葬时间的差异进行重新分析时则可以发现，两性个体在埋葬位置上存在一定程度的区分。

Ⅰ段女性墓②位于西侧，而Ⅱ、Ⅲ段女性墓则位于东侧，即虽然不同埋葬时段不同性别墓葬所在位置略有差异，但似乎存在同性墓葬相对集中分布的现象。第二期墓葬（N2Z4X）也表现出了类似的倾向，这表明在牛河梁遗址可能存在基于两性在埋葬位置上的区分。（图 3 - 6）

对 N2Z1 墓葬特征及其分布的分析表明，N2Z1 的人群应属于同一群体，不同个体在社会群体中占有和获取财富的能力已经出现了差异，这种差异可能在一定程度上影响了其在社会中的地位，即社会中已经出现了一定程度的纵向分化。这种随葬品种类与数量的相关变化在Ⅱ段表现明显，这一时期随葬品种类中较高级别的玉器仅见于随葬品较多的墓葬中。男性在获取财富和资源方面的优势较为明显，可能男性仍为这一群体中的主导力量，没有发现两性个体在随葬品种类方面的明显差异，这表明，虽然在埋葬位置上似乎存在较为明确的基于性别的区分，但可能并未出现明确的基于性别的分工。

二 第三地点（N3）

仅见一个积石冢，未见明显的冢界墙，区域范围内发现墓葬 12 座。石棺的砌筑方法基本相同：下层立置石板或石块，其上叠砌 2 ~ 3 层石板或石块。报告没有提供关于墓圹深度的信息，但从提供的线图来看，第三地点的墓葬开口层位基本一致，墓穴开凿至地面以下，没有发现如 N2Z1那种于地面挖浅槽砌筑石棺、石板多出露于地面以上的现象。

---

① 陈淑卿：《大南沟墓地分析——基于 ACESS 的数据发掘》，载《东方考古》，科学出版社，2012。

② 也有检测结果指出此座墓葬的墓主为男性。

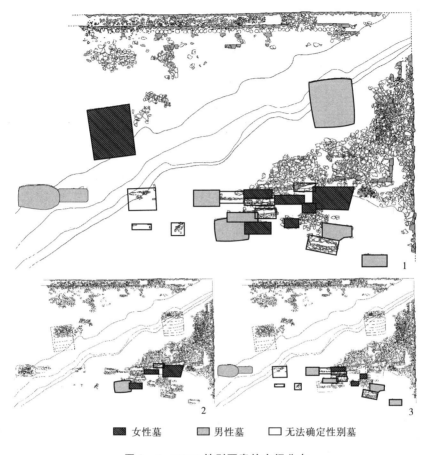

女性墓　　男性墓　　无法确定性别墓

图 3 - 6　N2Z1 性别要素的空间分布

注：1. 性别要素的整体分布；2. Ⅱ段性别要素的分布；3. Ⅲ段性别要素的分布。

其中位于中心位置的 M7 墓穴较深，在石棺位置以上起二层台（图 3 - 7）。前文的分析显示第三地点的墓葬也存在埋葬时间的差异：位于中心位置的 M7 及其同向（西北向）墓葬的年代相对较早，而偏东向墓葬的年代则相对较晚。从不同埋葬阶段墓葬的位置来看，第三地点的使用似乎存在自西向东发展的迹象，积石冢内墓葬皆位于中心墓葬南侧。

对墓葬特征的统计可以发现，第三地点发现了多座无人骨墓葬，墓葬中也不见随葬品，墓穴长度与仰身直肢葬的墓葬相同，无人骨可能与死者埋葬后又迁出的行为有关。有 6 座墓保存有较为完整的人骨，其中 M5 内可见两个二次葬人骨。（表 3 - 12）

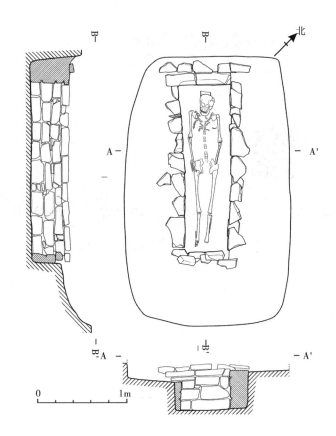

图 3 – 7 N3M7 墓葬平剖面

从随葬品的种类和数量来看，有随葬品的墓葬可能级别相对较高，但由于大部分墓葬都受到了迁葬等行为的破坏，随葬品可能由于迁葬等原因被移走，因此无法对其随葬品的特征进行进一步的判断，在此，仅对有人骨墓葬进行初步讨论。

墓穴的深度和石棺的砌筑方式都是与墓葬规模相关的因素，在未受迁葬行为破坏的几座墓葬中，唯有 M7 墓葬起二层台，且墓穴较深。从石棺的砌筑方式上来看，M7 为多层石块叠砌，而其余墓葬则采用下层立置石块或石板，仅最上层采用石板叠砌。因此从墓葬规模上可以将这6 座墓葬初步区分为两组（表 3 – 13）：A 组仅见 M7，深墓穴，石块叠砌石棺；B 组墓穴未见起二层台，立置石板砌筑石棺的主体，部分墓葬上层叠砌1 ~2 层石板。

表 3 - 12 N3 墓葬特征统计

埋葬时序	墓葬编号	头向(度)	性别	埋葬方式	墓穴	墓底	石棺砌筑方法	随葬品种类	随葬品数量
早段	M3	325	F	仰直	土圹	土底	立置石板上 + 叠砌	c	4
	M7	315	M	仰直	土圹	土底	石块平铺	b + c	3
	M9	330	M	仰直	土圹	土底	残存立板	a + c	2
	M4	325	M	仰直	土圹	土底	立置石板上 + 叠砌	0	0
	M5	150&330	?	二次	土圹	土底	立置石板/块	0	0
	M8	155/335	无人骨		土圹	土底	立置石板上 + 叠砌	0	0
	M11	154/334	无人骨		土圹	土底	石板叠砌	0	0
	M12	139/319	无人骨		土圹	土底	石板叠砌	0	0
晚段	M2	115	F	仰直	土圹	土底	石板/块立置	0	0
	M6	110/290	无人骨		土圹	土底	叠砌 + 立置(东)	0	0
	M10	84/264	无人骨		土圹	土底	石板叠砌	0	0

表 3 - 13 N3 墓葬规模分类统计

埋葬时序	分组	墓葬编号	石棺砌筑方法
早段	A	M7	石块平铺
	B	M3	立置石板上 + 叠砌
		M9	残存立板
		M4	立置石板上 + 叠砌
		M5	立置石板/块
晚段	B	M2	石板/块立置

　　N3 有随葬品墓葬仅见 3 座，随葬品种类的划分仍采用前文对 N2Z1 分析时的分类，对随葬品种类和数量的分析却没有发现如 N2Z1 那般的规律。在现有的几座墓葬中没有发现随葬品种类与数量正相关的规律，随葬品较多的 M3 只见璧、环而未见其他随葬品。按照 N2Z1 划分层级的标准，可以对 N3 的墓葬加以划分。（表 3 - 14）

　　与其他地点相比，第三地点的特色较为突出：不见其他地点多座积石冢并存的现象，仅见一座积石冢。出现了大量的无人骨墓葬。在石棺的砌筑方面也表现出与其他地点不同的特征，虽然也多见石板立置和平铺叠砌两种不同的方法，但组合方式略有不同。在第三地点则主要见下层为石板或石块立置，在上层再增加一到两层平铺石板。全部采用石板平铺叠砌的墓葬规模相对较大，而下侧立石，上侧平铺石板的做法则是对其的高度模仿。没有发现第三地点较高层级墓葬（Ⅰ、Ⅱ级墓葬）之间在随葬品种类和数量上的明显差异，社会并未出现明显的纵向分比。

表 3 - 14　N3 墓葬分级统计

埋葬时序	层级	墓葬规模	墓葬编号	随葬品种类	随葬品数量
早段	Ⅰ	A	M7	b + c	3
	Ⅱ	B	M9	a + c	2
			M3	c	4
	Ⅲ		M4		0
			M5		0
晚段	Ⅲ	B	M2		0

三　第五地点（N5）

发现第四期墓葬 6 座[①]（表 3 - 15），分别位于三个积石冢内，死者头向集中在偏东和偏西两个方向，石棺的砌筑方式较为相似。与 N2Z1 一样，死者头向的差异可能与其下葬的时间有关。Z1 仅见一座墓葬，为偏东向，Z2 两种头向的墓葬都有发现，Z3 二次葬人骨从头部的摆放位置来看也应为西向。由于三座积石冢内发现的墓葬头向的区间较为接近，因此可以推测第五地点墓葬死者头向的变化应较为一致。墓葬间未见叠压或打破关系，出土玉器也没有明显的时代特征，无法了解不同墓葬埋葬时间的早晚，加之墓葬数量较少，将其视作同一时期，而暂不进行具体区分。

墓葬的埋藏深度以及随葬品种类和数量的差异较为明显，其中 Z1M1 可见圆形封丘，墓穴较深，出土遗物数量也相对较多，应为第五地点这一

---

① 此处仅以可准确判断时代的墓葬为准，即《牛河梁》所划入上层积石冢范畴的墓葬。

时期规模最大的墓葬。由此可以将第五地点墓葬分为三个层级（表3－16）：随葬品数量最多、规模最大的 N5Z1M1 为第 Ⅰ 级墓葬，有随葬品墓葬为第 Ⅱ 级，无随葬品墓葬为第 Ⅲ 级。

表 3 – 15　N5SCZ 墓葬特征统计

墓葬	头向	性别	埋葬方式	墓葬深度（米）	石棺砌筑方法	随葬品种类	随葬品数量
Z1M1	119度	M	仰直	2.25	立置（短）+ 叠砌（长）	a + b + c	7
Z2M2	98度	?	仰直	1	立置（脚）+ 叠砌（长）	c	3
Z2M3	279度	M	仰直	0.65	平铺	c	1
Z2M1	95度/275度	无人骨	仰直		立置（短）+ 叠砌（长）	0	0
Z2M9	西		陶棺			a	1
Z3M1	西		二次			0	0

该地点发现的墓葬在随葬品种类和数量方面的差异表明，使用该地点作为埋葬区域的社会群体也已经出现了社会纵向分化，相邻层级之间差别较为明显。

表 3 – 16　N5 墓葬层级统计

层级	墓葬	随葬品种类	随葬品数量
Ⅰ	Z1M1	a + b + c	7
Ⅱ	Z2M2	c	3
	Z2M3	c	1
	Z2M9	a	1
Ⅲ	Z2M1	0	0
	Z3M1	0	0

四　第十六地点（N16）

共发现红山文化墓葬 11 座（图 3 - 8）。根据埋葬过程的差异可以划分为 3 个主要的埋葬时期，其中 Ⅱ 段仅见一座墓葬，Ⅲ 段墓葬数量最多（表 3 - 17），以下将以此前所确定的埋葬时间的变化作为时间框架加以讨论。

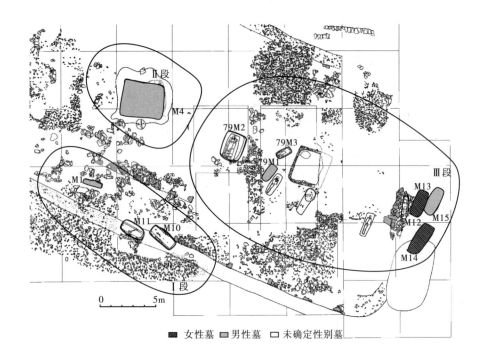

图 3－8　N16 第四期墓葬分布

表 3－17　N16 墓葬埋葬时间统计

时段	墓葬编号
I	M1、M10、M11
II	M4
III	79M1、79M2、79M3、M12、M13、M14、M15

1. 纵向分化

前文分析表明，与纵向分化相关的要素包括墓葬规模和随葬品特征两方面，二者的变化趋势基本相同，此处的分析仍旧沿用前文对 N2Z1 的分析中曾经使用过的分类标准，由于墓葬数量较少，对相近分析的内容不再赘述。

I 段墓葬 3 座，为《牛河梁》的"西侧墓葬"。皆为仰身直肢葬，虽然墓葬都受到了一定程度的破坏，仍可从墓葬深度上对其规模进行判断，3 座墓葬中仅有 M10 为深穴墓。3 座墓葬中都可见璧、环等常见器物，M10 中可见斜口筒形玉器。虽然 M10 随葬玉器总数较少，但结合墓穴深度和随葬品种类、数量的特征可以初步推知 M10 的级别可能相对较高。据此可以将这一时期墓葬分为两个层级，Ⅰ级墓葬仅见 M10，另两座为Ⅱ级墓葬，不见无随葬品墓葬。从随葬品数量上来看，Ⅱ级的墓葬中见有随葬品数量更多的墓葬，随葬品种类与数量的不完全一致可能与并未形成规范的财富与地位相关的社会规则有关。这表明在此时段，该地点获取社会资源的能力可能与墓主的财富占有情况并不完全相关。M11 无人骨发现，遗物位置已被扰动，不排除迁葬时随葬品被带走的可能，随葬品数量可能无法准确反映其所处的社会层级。比较表明，依据墓葬规模、随葬品种类与数量的分类并不完全吻合，可能并未出现明显的财富、地位方面的区分。（表 3 – 18）

表 3 – 18　N16 Ⅰ 段墓葬特征统计

墓葬	头向	性别	埋葬方式	深度	石棺砌筑方法	随葬品种类	随葬品数量
M1	196 度	M	仰直	/	东壁立石	c	5
M11	西南 – 东北	无人骨		/	东南北壁立石	c	2
M10	215 度	?	仰直	1.4 米	东西立石	b + c	2

　　Ⅱ段墓葬仅有 1 座，为位于积石冢中心位置的 M4，死者头向东。墓穴深度 4.68 米，以平铺石板砌筑石棺，随葬品 8 件，含有 a、b、c 三类，其中玉人、玉凤为牛河梁遗址第一次发现。虽然第十六地点未发现与此墓葬同时的其他墓葬，但从随葬品种类及墓葬规模看，与其他地点发现的Ⅰ级墓葬较为吻合，墓葬外侧残存的石墙表明，M4 为第十六地点的中心墓葬。第二章的分析也显示积石冢的砌石围墙建筑皆与 M4 有关，在Ⅲ段墓葬葬入时砌石围墙的功能基本结束。

　　Ⅲ段墓葬 7 座，是第十六地点发现墓葬数量最多的一个时段，死者头向基本一致，根据人骨保存较好的墓葬中死者头部朝向可以初步确定这一阶段的墓葬皆为西北向，墓葬埋藏多较浅。（表 3 – 19）

表 3 - 19　N16Ⅲ段墓葬特征统计

墓葬	头向	性别	埋葬方式	墓穴深度	石棺砌筑方法	随葬品种类	随葬品数量
79M2	280 度	?	仰直	1.2 米	平铺叠砌	b + c	9
79M1	310 度	M	仰直	/	立置石板	a	4
79M3	331 度	无人骨		0.6 米	立置石板	0	0
M14	西南 - 东北	F	二次	约 1 米	外侧石块内立石板	a + b + c	8
M15	297 度	M	仰直	0.24 米	外叠砌内立置	b + c	3
M13	西南 - 东北	F	二次	0.44 米	立置石板	b	2
M12	西南 - 东北	无人骨		0.3 米	叠（长）+ 立（短）	0	0

　　根据墓穴深度及石棺砌筑方式的差异，可以将这一时期的墓葬分为三组：A 组为深墓穴，叠砌石板砌筑石棺，包括墓葬 2 座；B 组墓穴相对较浅，使用石板叠砌石棺，墓葬 1 座；C 组墓穴相对较浅，使用立置石板砌筑石棺，墓葬 4 座。（表 3 - 20）

表 3 - 20　N16Ⅲ段墓葬规模分类

分组	墓葬	墓穴深度	石棺砌筑方法	随葬品种类	随葬品数量
A	M14	约 1 米	外侧石块内立石板	a + b + c	8
	79M2	1.2 米	平铺叠砌	b + c	9
B	M15	0.24 米	外叠砌内立置	b + c	3
C	M13	0.44 米	立置石板	b	2
	79M1	/	立置石板	a	4
	M12	0.3 米	叠（长）+ 立（短）	0	0
	79M3	0.6 米	立置石板	0	0

　　根据随葬品种类和数量的差异可以将墓葬分为四组：①组墓葬随葬三类随葬品，随葬品数量较多；②组墓葬随葬有两类随葬品，随葬品数量也相对较多；③组墓葬有一类随葬品；④组为无随葬品墓葬。（表 3 - 21）

表 3 - 21　N16Ⅲ段随葬品特征分类

分组	墓葬	墓穴深度	石棺砌筑方法	随葬品种类	随葬品数量
①	M14	约 1 米	外侧石块内立石板	a + b + c	8
②	79M2	1.2 米	平铺叠砌	b + c	9
	M15	0.24 米	外叠砌内立置	b + c	3

续表

分组	墓葬	墓穴深度	石棺砌筑方法	随葬品种类	随葬品数量
③	M13	0.44 米	立置石板	b	2
	79M1	/	立置石板	a	4
④	M12	0.3 米	叠(长)＋立(短)	0	0
	79M3	0.6 米	立置石板	0	0

　　墓葬规模和随葬品数量、种类的统计结果显示二者的变化并不完全一致，M14 随葬品种类最全，数量较见两类随葬品的 79M2 略少，但已表现出较为明显的层级特征。

　　Ⅰ级墓为①组随葬品与 A 组墓葬的组合，Ⅲ级为无随葬品的 C 组墓葬，Ⅱ级墓为除Ⅰ级墓外的有随葬品的墓葬。根据墓葬规模和随葬品特征组合方式的差异可参照 N2Z1 的层级划分标准对Ⅱ级墓葬进行进一步的划分：ⅡA 级为以墓葬规模划分的 A 组中含有②组随葬品的墓葬，ⅡB 级为 B 组含有②组随葬品墓葬，Ⅲ级为 C 组与③组随葬品的组合的墓葬，可获得如下结果。（表 3－22）

　　Ⅰ级墓葬采用较深的墓穴和三类随葬品，包括 M14。墓葬凿入基岩较深，石棺由石板平铺，内侧立置大石板，可见 3 类随葬品，随葬品数量超平均值以上。

　　Ⅱ级为有随葬品墓葬，包括 79M2、79M1、M15、M13，墓穴较浅，多采用立置石板砌筑石棺，可见 1～2 类随葬品，随葬品数量相对较少。其中 79M2 较为接近Ⅰ级特征，可以对应为 N2Z1 的ⅡA 级，墓穴凿入基岩较深，石板叠砌石棺，随葬品数量多。M15 虽然墓葬规模和随葬品种类与 79M2 相同，但随葬品数量较少，依据随葬品种类和墓葬规模的特征也应划归ⅡB 级；79M1、M13 采用立置石板砌筑石棺，只见一类随葬品，随葬品数量相对较少，可以对应为 N2Z1 的ⅡC 级。

　　Ⅲ级墓葬包括 79M3、M12，墓穴较浅，立置石板砌筑石棺，不见随葬品。M12 采用长边叠砌、短边立置石板的砌筑方式，其长边位置借用了积石冢南侧的石墙，因而虽然 M12 在墓葬特征上显示为有叠砌石棺，但其墓葬规模仍相对较小。由于Ⅲ级墓葬中皆不见人骨，对其随葬品数量的统计可能并不准确。

表 3 – 22　N16 III 段墓葬层级统计

层级	墓葬	规模分组	随葬品种类	随葬品数量
I	M14	A	a + b + c	8
II A	79M2		b + c	9
II B	M15	B	b + c	3
II C	79M1	C	a	4
	M13		b	2
III	M12		0	0
	79M3		0	0

分析可以发现，N16 三个埋葬时段不同级别墓葬数量相对平衡，而处于最低级别无随葬品的墓葬不见人骨，无随葬品也可能与迁葬等行为有关。以 II 级墓葬数量最多，虽然 II 级墓葬在随葬品种类和数量方面的差别仍较为明显，整体来看，较高级别的墓葬随葬品的种类和数量也相对较多。即第十六地点也出现了较为明显的纵向分化，不同层级之间的差别明显。而下一层级墓葬在随葬品数量上高于上一层级的现象则表明社会流动性仍然较强，不同层级个体之间存在转化的可能。

2. 横向分化

横向分化仍主要关注墓葬在空间上的区分，以探讨是否存在小群体的分化，以及性别、年龄等特征与其他相关要素的变化情况。

从墓葬的空间分布来看，III 段墓葬可以分为南北两区，二者之间有较宽的空白区域：北区墓葬较为靠近积石冢的中心位置，包括墓葬 3 座，石棺的砌筑方式主要见石板叠砌石棺和石板立置石棺两种；南区墓葬主要集中在"南隔墙"南侧，石棺的砌筑可见采用外侧叠砌石块或石板、内侧贴立石板，叠砌石板和立置石板三种。两组墓葬在空间分布位置和石棺砌筑方式上的差异显示彼此间可能存在某种程度的区分。

没有发现不同性别个体在空间分布方面的规律，III 段时出现的两个以空白地带自然分隔的埋葬区域在埋葬个体性别方面没有明显差异，两区域间在随葬品种类和数量方面也无明显区别。分析也没有发现特定埋葬区域内墓葬集中的现象，虽然 III 段的 I 级墓葬出现在南区，但在前文划分出的三个层级中，南北两区墓葬皆有发现，由此可知，第十六地点这一时段南北两区的区分与埋葬个体级别无关，而可能表明随着人口的增加，社会中出现了小群体的分化。

第十六地点三个主要埋葬时段的社会分化情况略有不同，Ⅰ段3座墓葬在墓葬规模和随葬品种类、数量方面的差异皆不明显；Ⅱ段墓葬仅见M4一座，是整个积石冢的核心，也是区域内规模最大的墓葬；Ⅲ段墓葬数量最多，出现了较为明显的社会纵向分化的特征。从Ⅰ段至Ⅲ段，社会分化的程度有所增加，但由于分析样本数量较少，可能无法准确反映当时社会分化的情况。除了社会纵向分化之外，Ⅲ段随着人口的增加还出现了社会小群体的分化，两个小群体在石棺的砌筑方式和空间分布位置上都有明显的差别。

从整体来看，M4位于积石冢的中心，在墓葬规模和随葬品数量上都明显超过其他墓葬，可以视作第十六地点人群的核心。

第三节　第四期的社会群体关系

牛河梁遗址第四期发现了多个积石冢地点，也有多个积石冢共存于同一地点的现象，在同一埋葬区域内可见墓葬间的叠压打破关系，而即便是在同一地点共存的多个积石冢，彼此边界也非常清晰。前文据此将积石冢作为考古学所见的关系最为密切的人群单位对人群内部的社会分化情况进行了初步的分析。对墓葬规模和随葬品种类、数量的差异的分析表明各遗迹单位在第四期时都出现了较为明显的基于财富或地位差异的纵向分化。每个遗迹单位内都可以发现墓葬规模较大、随葬品种类和数量明显高于整体平均值的墓葬和规模相对较小、无随葬品的墓葬。即在各遗迹单位内都出现了一定程度的纵向分化，主要表现为不同个体在财富、地位等方面的差异，基于财富占有不同的纵向分化是牛河梁遗址第四期出现的较为普遍的现象。而对社会单元内部横向分化的分析没有发现明显的基于年龄或性别方面的差异，仅在部分地点如N16的较晚阶段，发现了小群体分化的特征。

各单位内部遗迹特征较为一致，从墓葬的砌筑方式上来看，各地点规模较大的墓葬都以石块或石板叠砌石棺，但不同地点间也存在一定程度的差异：第三地点的石棺采用下层立石上侧平铺石板的砌筑方式，而第五地点则采用长边两侧石板叠砌，两端立置大石板砌筑石棺；N2Z4A 墓葬则多采用外侧石板平铺叠砌，内侧再立置大石板的石棺砌筑方式。虽然墓葬的埋葬时间并不相同，但同一地点石棺砌筑方式较为一致。第二期已经发现了多个社会群体并存的现象，第四期各遗迹单位的相对独立分布也提示着占据不同地点的人群之间可能存在差异。以下的分析将着重探讨以积石冢为单位的人群之间的关系，第四期在各个人群中普遍出现的纵向分化是否已经影响了群体之间的关系，每个遗迹单位所代表的社会群体是不是相对独立的社会组织或者彼此之间是否已经出现了等级差异。

对各地点墓葬的具体分析表明，规模不同的墓葬在埋葬时间上略有差异，即每个埋葬单位都是逐渐形成的。同一埋葬单位内规模最大的墓葬只有一两座，而多数墓葬规模相对较小，虽然积石冢多可以发现中心大墓，但中心大墓的规模也存在差异。这些现象皆提示着牛河梁遗址的纵向分化可能并不局限于同一埋葬单位内部，不同遗迹单元之间可能也存在纵向分化。

由于存在较多数量的无人骨墓葬，牛河梁遗址可辨性别个体数量相对较少，对不同地点可辨性别个体数量的简要统计可以发现，各遗迹单位内性别比例相对均衡，没有发现某类性别个体集中埋葬的现象。（表 3－23）

表 3－23　可辨性别个体数量统计

	N2Z1	N3	N16
男性	13	3	3
女性	10	2	2
不明	5	6	6
合计	28	11	11

虽然在同一埋葬单位内可以发现少量墓葬间的叠压打破关系，但墓葬整体排列较为规整，在头向变化方面也较为一致。这些特征表明，同一遗迹单位（积石冢）内个体的关系较为密切，其埋葬行为及位置是社会群体内部规划的结果。同时内部纵向分化的存在表明，各遗迹单位的人群由不同层级个体组成。因此可以认为第四期的牛河梁遗址社会内存在多个略

有区分的社会群体，使用同一地点的个体属于相同社会群体。在此基础上，可以对社会群体之间的关系进行进一步的讨论。

一　墓葬的共时性分析

探讨社会群体之间的关系，确定其共时性至关重要。前文的分析表明，死者头向是埋葬时有意识处理的结果。埋葬时间不同的个体在头向度上略有差异，而对几个主要地点死者头向变化的比较可以发现，不同遗迹单位不仅在墓主头向上存在差异，在墓地使用过程中死者头向的变化趋向也并不一致。

N2Z1 西向墓较早而东向墓较晚；N3 西北向墓葬较早，西南向墓葬较晚；N16 死者头向则存在由西南向→东向→西向的变化。这种死者头向及变化趋向上的差异可能与其分别属于不同的社会群体有关，也可能与埋葬时间的不同有关。

由于不同遗迹单位发现的墓主头向度并不完全相同，变化趋向也不相同，依据现有分析无法确定墓葬的相对年代，我们也无法对不同遗迹单位进行有效的横向比较分析，即我们无法据此确定不同地点埋葬方式变化的时间完全一致。而对于社会分化的分析仍需要在确定的时间框架内进行比较才有意义，现有认识也在一定程度上成为我们比较不同地点人群在相互关系及社会分化变化特征的阻碍。

因此我们有必要对第四期的墓葬进行整体的分析，进而在已知死者头向变化的基础上进一步了解其共有的划分时段意义的特征，从而获得可以判断牛河梁遗址墓葬相对年代的特征。（见附表一）

牛河梁遗址发现的墓葬特征较为相似，皆为石质结构，石棺四壁用石板或石块砌成，除砌筑方式的差异外，还存在着石质盖板或盖石与底板或底层铺石的组合方式的差异。① 统计发现了石质盖板和底板的三种组合方式。（表 3 - 24）

---

① 徐昭峰等曾据相近分类原则将牛河梁遗址石棺墓分为四型：有石板底有盖板；无底板有盖板；有石板底无盖板和不完整石棺墓四种，除第四种外，与笔者此处的分类较为相似。（徐昭峰、李浩然：《红山文化积石冢与辽东半岛积石冢关系辨析》，载赤峰学院红山文化研究院编《第八届红山文化高峰论坛文集》，辽宁大学出版社，2014，第 194～195 页）

表 3 - 24 墓葬特征分组统计

分组	盖板	底板
A	无	有
B	有	无
C	有	有

A 组有石质底板而无盖板，部分地点在盖板位置发现了草木灰的痕迹，可能采用有机材质的材料作为盖板，但不见石质盖板。

B 组有盖板而无底板，盖板为大石板或石块，而底部则为开凿出的基岩或生土，未进一步铺设底板。

C 组有盖板和底板，盖和底皆为有意铺设的石板或石块。

这三种特征在各地点的出现情况略有差异：N2Z1、N2Z2 三组墓葬都有发现；N16 可见 B 组和 C 组墓葬；N3 仅见 B 组墓葬；N5 和 N2Z4A 可见 B 组、C 组墓葬。三种墓葬特征在区域内普遍存在，应不是特定区域或人群的埋葬特征。由于统计没有发现其他的组合特征，可以认为此三种为牛河梁遗址常见的石棺修筑方式，并可在此基础上对由于受到严重破坏而保留信息不全的墓葬的特征做初步判断：保留底板而不确定盖板有无的墓葬可能属 A 组或 C 组，而确定无底板的墓葬则属于 B 组。

对此种特征与同墓葬等级相关的石棺砌筑方式和随葬品数量特征的比较没有发现二者存在相关性，即石质盖板、底板的有无与死者的地位或所处的社会层级无关，而更可能与特定时段的埋葬习俗有关。

将墓葬特征与前文分析确定的墓葬埋葬过程的结果进行对比可以发现，A 组墓葬见于 N2Z1 的 Ⅰ 段和 Ⅱ 段，第十六地点未见；B 组墓葬见于 N2Z1 的 Ⅱ 段，第十六地点的 Ⅰ 段；C 组墓葬则见于 N2Z1 的 Ⅱ 段，第十六地点的 Ⅱ、Ⅲ 段。结合根据死者头向所确定的墓葬的埋葬过程的先后，可知三种墓葬特征存在流行时间的差异，即 A 组早于 B 组早于 C 组墓葬。（表 3 - 25）

这种不同的墓葬特征在牛河梁遗址较为普遍地出现，并非与特殊单位或特殊地点人群有关的要素，而是具有时代特征的因素。

表 3 - 25 墓葬特征早晚关系统计

分组	N2Z1（死者头向）	N16（死者头向）
A	Ⅰ段（西）	
B	Ⅱ段（西） Ⅲ段（东）	Ⅰ段（西）
C	Ⅲ段（东）	Ⅱ段（东） Ⅲ段（西）

将都反映墓葬年代早晚的墓葬特征与死者头向的对比统计可以发现，二者存在一定程度的重合：A组墓葬皆为西向，B、C组则都可以发现东、西两种朝向的墓葬。

综合墓葬特征和死者头向组合方式的变化，可以将牛河梁遗址第四期墓葬分为5段。

1段（A组西向）墓葬铺设底板而无石质盖板。

2段（B组西向）墓葬以基岩或生土为底，不另外铺设底板，有石质盖板或盖石，墓主头向并不完全一致，多偏西。

3段（B组东向）墓葬特征与2段相同，死者头向偏东。

4段（C组东向）墓葬可见石板或石块的底板和盖板，死者头向东。

5段（C组西向）墓葬特征与4段相同，死者头向西。

在此基础上可对牛河梁遗址目前发现墓葬的所属时段进行初步判断。（表 3 -26）

表 3 - 26 第四期墓葬埋葬时间统计

时段	墓葬分组	死者头向	N2Z1	N2Z2	N2Z4A	N3	N5	N16
1	A	西	2	1				
2	B		6			5		3
3		东	9	1		1	2	
4	C		1				1	1
5		西			1			7
无法确认			7	2	4	6	2	
合计			25	4	6	12	5	11

　　统计结果显示，虽然依据上述两种特征可以对牛河梁遗址大部分墓葬的年代进行判断，但仍有相当数量的墓葬年代无法确认。上层积石冢阶段墓葬以东西向为主，但不同埋葬区域内死者头向度区间仍存在差异，在时段划分的基础上对死者头向度区间的进一步统计（图3-9）将对判断这一类墓葬的年代提供参考。统计显示第2段死者头向度变化区间较大，至第4、5段则不同埋葬单位死者头向度基本一致。综合考虑两种特征的组合方式可以对此前无法准确判断年代的牛河梁遗址墓葬的埋葬时间进行进一步的确认。（表3-27）

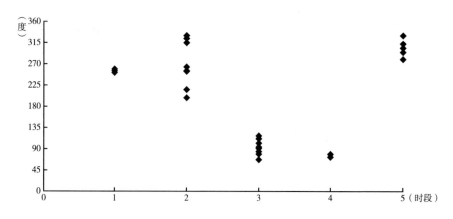

图3-9　各时段墓葬墓主头向度区间示意

表3-27　墓葬年代特征统计

埋葬单位	编号	头向度	头向分段	墓葬特征	特征分段	时段
N2Z1	M10	85/265	1/2/3	B	2/3	3
	M11	75/255	1/2/3	B	2/3	2
	M13	70/250	1/2/3	B	2/3	2
	M16	86/266	1/2/4	A/C	1/4/5	4
	M2	破坏		?		
	M22	75	3/4	B	2/3	3
	M3	>90/270	5	A/C	1/4/5	5
N2Z2	N2Z2M1	100/280	3/5	C	4/5	5
	N2Z2M3	85/265	1/2/4	A/C	1/4/5	1

续表

埋葬单位	编号	头向度	头向分段	墓葬特征	特征分段	时段
N2Z4A	N2Z4AM10	86/ 266	1/2/4	B	2/3	2
	N2Z4AM11	76/ 256	1/2/4	A/C	1/4/5	1/4
	N2Z4AM14	72/ 252	1/2/4	C	4/5	4
	N2Z4AM3	72/ 252	1/2/4	A/C	1/4/5	1/4
N3	N3M10	84/ 264		B	2/3	3
	N3M11	154/ 334		B	2/3	2
	N3M12	139/ 319		B	2/3	2
	N3M4	325	2	B	2/3	2
	N3M5	330	2	B	2/3	2
	N3M6	110/290		B	2/3	3
	N3M8	335/155		B	2/3	2
N5	N5Z2M1	95/275	1/2/5	C	4/5	5
	N5Z2M9					

注：此处统计的墓葬为二次葬或无人骨墓，头骨位置不清晰、死者头向较难确定，头向度栏，无框者为《牛河梁》公布的方向，加框者为另一种可能的死者头向。（下同）

N2Z1 未能确认具体埋葬时段的墓葬 7 座，M10 与 M11 情况较为相近，皆无底板，因受到破坏未发现盖板，推测其应属 B 组墓葬，死者头向无法准确判定，可能属 2 段或 3 段；M10 建造时利用了 M4 和 M6 的部分墙体，年代应晚于此两座墓葬，M4 和 M6 皆相当于第四期 3 段，由此可以确定 M10 也应属于第四期 3 段。M11 根据死者下颌骨的位置可以大体确定其头向西，年代应相当于 2 段。

M13 确属 B 组墓葬，见于第四期的 2 段或 3 段，从死者头骨摆放位置可确定其属 2 段。

M16 可见石板铺底，无法确定盖板有无，此类特征见于 1/4/5 段，死者头向度可能为 86 或 266，根据头向度区间可以排除属 5 段墓葬的可能，但无法确知其属于 1 段或是 4 段。砌筑石棺时利用了 M13（3 段）和 M15（2 段）的外壁，其年代应不早于这两座墓葬，由此可推测其属第四期 4 段。

M22 死者头向度为 75，墓圹凿入基岩，无底板，根据牛河梁遗址墓葬的普遍特征可以推测其为 B 组墓葬，结合死者头向特征，可大致确定其属 3 段。

M3 保存有底板，盖板有无不详，为 A 或 C 组墓葬，可能属于 1/4/5 段，墓葬东西向，大于 90～270 度的东西轴线，据此可以推测其属 5 段。

N2Z2 内发现墓葬 4 座，根据头向度和墓葬特征可以确定 M2 属 1 段，M4 属 3 段。暂无法确认年代墓葬两座。

M3 底部石板遭到破坏，未见盖板，不确定盖板有无，可能为 A 或 C 组墓葬，年代则可能为 1/4/5 段，墓葬被 3 段墓葬 M4 打破，由此可确认 M3 应属本书分期的 1 段。无人骨，头向可能为 85 度/265 度，其头向度区间也与 N2Z2 的 1 段墓葬一致；M1 虽然遭到严重破坏，仍可见薄石板铺成的底板和盖板，该墓葬特征属于 4 或 5 段。墓葬中不见人骨，死者头向为 100 度或 280 度，根据第 4、5 段死者头向的特征，可确认 M1 应划归 5 段。

N2Z4A 墓葬 6 座，通过与各时段特征的比较可以确认 M15（B 组，261 度）、M2（C 组，305 度）分别属 2 段和 5 段。

M14 底板和盖板俱全，为 C 组墓葬，主要见于第 4/5 段，无人骨，墓向 72 度/252 度，根据死者头向度区间特征可确认其为 4 段墓葬。

M3 石板铺底，未见盖板，可能为 A/C 组墓葬，所属时段可能为 1/4/5 段。女性二次葬，死者头向不确定，72 度/252 度，此头向区间可见于 1 段和 4 段，暂无法具体判断其时代。

M10 底无石板，应为 B 组墓葬，结合头向区间，其应为 2 段墓葬。

M11 盖板情况不详，可见以石板铺底，可能为 A 或 C 组墓葬。无人骨，墓向 76 度/256 度，可能属 1 或 4 段。

第五地点上层积石冢阶段墓葬 5 座，除 Z2M9 采用筒形器作为埋葬器具之外，可见 B、C 组墓葬。根据墓葬特征可确定，Z1M1 和 Z2M2 相当于本书分期的第 3 段；Z2M3 相当于本书分期的第 5 段；Z2M1 为 C 组墓葬，死者头向可能为 95 度/275 度，根据第 4、5 段死者头向度区间可确定其属 5 段。

N3 的 12 座墓葬皆属 B 组，其可能的年代都在第 2、3 段。可准确判断所属时段墓葬 6 座，统计其头向区间分别在 3 段东向偏南，2 段集中在 315～360 度范围内。据此可以将无法准确判断死者头向的墓葬进行重新划分（表 3-28），将 M8、M11、M12 划归 2 段。

表 3 - 28　N3 墓葬特征统计

墓葬	时段	头向度	性别	墓葬特征
M3	2	325	F	B
M4		325	M	?
M5		330	双人骨	?
M7		315	M	?
M8		335 /155	无人骨	B
M9		330	M	B
M11		334 /154	无人骨	B
M12		319 /139	无人骨	B
M2	3	115	F	B
M6		110	无人骨	B
M10		84	无人骨	B

注：无框者《牛河梁》公布的方向，加框者为无人骨墓可能的人骨朝向。

至此除少量墓葬现存特征并不明确之外，我们可以大体确定牛河梁遗址上层积石冢阶段墓葬的相对年代。（表 3 - 29）

表 3 - 29　各时段墓葬数量统计

时段	N2Z1	N2Z2	N2Z4A	N3	N5	N16	合计
1	2	2					4
2	8		2	7		3	20
3	11	1		3	2		17
4	2		1			1	4
5	1	1	1		2	7	12

二　群体关系与变化

在对牛河梁遗址墓葬埋葬时间进行重新划定之后可以发现，通过墓葬特征和死者头向变化所进行的分段与各遗迹单位墓葬的埋葬时段划分的趋向基本一致，不同遗迹单位虽然同属第四期，但其延续使用情况略有差异。而将第四期作为一个整体进行分析虽然可以得知不同遗迹单位之间关系的概貌，却不得不面对存在的累计误差和非同时段比较而产生的偏差。以下将通过对不同时段各遗迹单位的特征的比较分析，探讨第四期牛河梁遗址共存的多个社会群体之间的关系及变化。下文将重点探讨以积石冢为基本埋葬单位的人群之间埋葬规范和以随葬品种类、数量为特征的财富占有程度之间的差异,并在此基础上探讨这些并存的社会群体之间的关系是各自独立或存在支配、依附关系。

前文的分析可以发现,从整体来看,牛河梁遗址的死者头向存在着从西向东而后再转向西的变化,不同地点虽然在死者头向的具体数值方面存在差异,但这种变化趋向较为一致,不同时段的相似程度略有差异。(表3 - 30)

表3 - 30　牛河梁遗址第四期死者头向度区间统计

分段	墓葬	N2Z1	N2Z2	N2Z4A	N3	N5	N16
1	A	<270	<270				
2	B	<270		<270	>270		<270
3		<270	>90		84~115	>90	
4	C	<90		<90		<90	<90
5		>270	>270	>270		>270	>270

总体来看,第二地点的3座积石冢在墓主头向及变化过程上都较为一致,而与第三、第十六地点略有差异。2段这种差异表现较为明显,虽然从整体来看,墓葬皆为偏西向,但在具体范围上第二地点墓葬接近正西,第三地点偏向西北,而第十六地点偏向西南。这种差异在4段以后基本不见,不同地点墓葬之间墓主头向所在区间基本一致。

墓主头向度是社会埋葬规则的重要内容,同一地点内的遗存相似性较为显著,在第四期开始阶段,不同地点之间差别较为明显,随着时间的推移,牛河梁遗址的墓葬特征逐渐一致,即统一的社会规范逐渐被埋葬于不同地点的人群所接受。

对死者头向度的分析表明,相同地点埋葬人群之间关系更为密切,不同地点埋葬个体之间略有差异,但这种差异随着时间的推移逐渐减少,虽然死者头向度逐渐接近,但小区域内的相似性仍更为明显,由此推测死者头向度的差异可能与所属社会群体的差异有关。

随葬品在一定程度上可以反映死者及其亲属对于社会财富的占有和支

配能力，而不同人群占有随葬品的数量和比例也表明其在社会中所处的地位。

对各遗迹单位随葬品数量的比较（表3-31，图3-10）可以发现，在3段之前，N2Z1所占有随葬品的数量明显高于同时段的其他单位，第4、5段则以16地点墓葬出土遗物数量最多。随葬品数量和比例在各遗迹单位的变化表明，可能存在不同社会群体在资源、财富获取能力方面的差异。

表3-31 第四期随葬品数量综合统计

分段	N2Z1			N2Z2			N2Z4A			N3			N5			N16		
	总额	墓葬	墓均	总额	墓葬	墓均	总额	墓葬	墓均	总额	墓葬	墓均	总额	墓葬	墓均	总额	墓葬	墓均
1	11	2	5.5	1	2	0.5												
2	37	8	4.6				5	2	2.5	9	7	1.3				9	3	3
3	19	11	1.7	0	1	0				0	3	0	10	2	5			
4	1	2	0.5				2	1	2							8	1	8
5	0	1	0	0	1	0	5	1	5				1	2	0.5	26	7	3.7

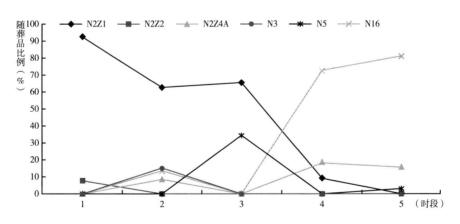

图3-10 各遗迹单位随葬品总量比例变化折线

随葬品总量的变化表现的是特定时期特定群体的总体财富情况，而综合墓葬数量的统计结果则可以发现，各区域墓葬数量差别明显，随葬品总量的差异受墓葬数量的影响较为明显。墓均随葬品数量则在一定程度上可以提供一个相对平均的变化区间。

对各地点不同时段墓均随葬品数量的统计（图 3 - 11）可以发现，不同遗迹单位的变化趋向略有不同：N2Z1 从第 1 段时墓均随葬品数量最高而后呈现逐渐下降的趋势，N5 和 N16 都显示为先增加而后下降的过程。各时段整体平均值较为稳定，除第 3 段时略低之外，没有发生明显的变化，这显示社会的整体财富水平并未发生明显的增加或减少。除第 5 段显示出明显的不同地点两极分化的趋势之外，其余时段仅有一个地点的数值明显高于平均值，而其他单位则都在平均值之下。高于平均值的数据分别为 1～2 段的 N2Z1，3 段的 N5，4 段的 N16，5 段的 N2Z4A 和 N16。

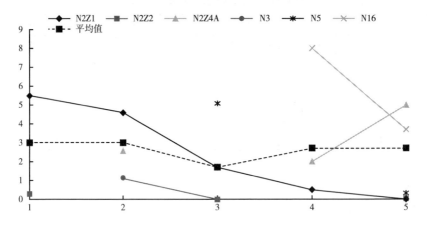

图 3 - 11　各遗迹单位墓均随葬品数量变化

墓均随葬品数量的变化趋向与随葬品总量的变化较为相似，比较结果的差异主要出现在 3 段和 5 段：从随葬品总量上来看，3 段仍以 N2Z1 数量最高，但在墓均随葬品数量方面，则 N5 的数量略高，而这一时段随葬品数量最高的墓葬也出现在第五地点。5 段随葬品总量的比较中 N16 最高，而在墓均随葬品数量的统计中除了 N16 之外，N2Z4A 的数值不仅明显高于整体平均值，也高于 N16 的墓均随葬品数量。由于 N2Z4A 墓葬数量少，其平均值数量只能由单一数值来决定，其结果可能会偏离从多组数据中获取的平均值。但这也在一定程度上表明，N16 与 N2Z4A 在社会平均财富水平方面并无明显的差距。

个体随葬品数量与墓均随葬品数量差值的增大表明社会纵向分化的程度有所增加。而对各时段的最高平均值和随葬品最高值与整体平均值的对

比（表3－32）可以发现，各地点墓均随葬品数量最高值的出现受同遗迹
单元内随葬品总量最高值的影响明显，墓均随葬品数量的最高值多出现
在同时段随葬品总量最高的墓葬所在的遗迹单元，而排除各时段随葬品
数量明显偏高的个体之后，各遗迹单位在墓均随葬品数量的差距明显缩
小，墓均随葬品数量最高值的分布也相应发生了变化（图3－12）。这种
变化表明，虽然在牛河梁遗址中已经出现了以财富占有数量为特征的纵
向分化，但这种分化主要表现为较高层级个体的出现，并未形成群体间
的纵向分化。以遗迹单位为代表的各群体之间在社会平均财富水平方面
相差不多。

表 3－32　随葬品数量分类统计

时段	均值	最高均值（单位）	总量最高值（单位）
1	3	5.5（N2Z1）	7（N2Z1）
2	2.8	4.6（N2Z1）	20（N2Z1）
3	1.7	5（N5）	7（N5）
4	2.8	8（N16）	8（N16）
5	2.7	5（N2Z4A）	9（N16）

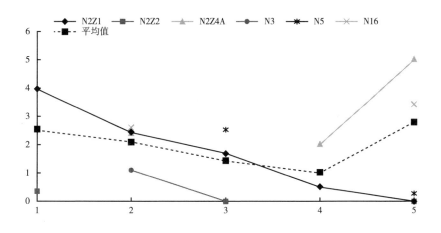

图 3－12　去除最大值后墓均随葬品数量变化

通过上文分析可以将牛河梁遗址的人群之间的关系做如下初步总结。
①以积石冢范围划分的遗迹单位所代表的是牛河梁遗址社会划分的基

本单位，其在第四期持续存在，同一社会群体内部的特征一致性明显，积石冢为代表的人群单位各自相互独立；社会整体的同质性有所增加，不同社会群体之间的变化趋向较为接近，表明社会规范基本已经为牛河梁遗址存在的多个社会群体所接受。

②同一地点的多个积石冢之间的相似性明显大于不同地点的积石冢之间，这表明埋葬于同一地点的人群之间关系更为密切，可将其视为以积石冢为单位的人群之上的社会组织。

③第四期时牛河梁遗址的社会的纵向分化更加明显，已是社会中普遍出现的现象，但尚未发现不同群体之间存在等级或财富占有方面的明显差异。社会财富水平无明显变化，各时段随葬品数量最高的墓葬对于各人群整体财富占有数量的影响明显，表明社会中可能已经出现了超越社会平均水平的权威个体，而这种权威个体在各时段的分别出现则表明这种权威的影响范围不止限于特定人群，而可能是牛河梁遗址社会的权威人士。

第四节　社会分化的加剧与社会凝聚力的增强

前文重点对牛河梁遗址第二期、第四期的遗存进行了分析，比较显示不同时期社会分化的情况略有差异。第二期以横向的群体差异为主，未见明显的纵向层级分化。第四期社会分化明显加剧，社会中不仅出现了纵向的层级分化，横向的社会群体分化也较前期更加复杂。同时墓葬特征的相似性却较前一时期更为明显，社会整体的一致性也有所增强。

一　社会分化的加剧

第四期各地点不仅出现了纵向层级的区分，还出现了多个社会群体，甚至在同一单位内也发现了小群体区分的倾向，这些都表明社会分化程度的增加。

1. 社会分层

社会分层是社会纵向分化的规范化表现，即社会的纵向分化出现了明显的制度化特征，通过一定的标准可以对社会群体及其成员在社会体系中的地位予以区分。

　　墓葬规模与随葬品种类、数量的规律性变化表明，牛河梁遗址第四期已经出现了相对明显的社会纵向分化。这种纵向分化逐渐表现出规范化的特征，且在多个遗迹单位出现，应是当时社会的普遍特征。

　　根据墓葬规模和随葬品特征的差异，各遗迹单位大体都可以划分为三个层级，但不同遗迹单位划分的标准略有差异（表 3 - 33），在进行综合分析之前，需要对牛河梁遗址整体的墓葬层级划分标准加以统一。

表 3 - 33　各遗迹单位墓葬分级对照

分级标准（墓葬规模 & 随葬品种类）	N2Z1	N3	N5	N16
A&a + b + c	I		I	I
A&b + c/B&a + b + c	II A	I		II A
B/C&b + c	II B	II A		
B/C&c/a	II C	II B	II	II C
B/C&0	III	III	III	III

　　根据墓葬规模的差异牛河梁遗址的墓葬大体可以分为三类，而据随葬品种类的特征也可以将墓葬分为三类，二者形成五组组合关系，前文的分析主要依据此两种特征的组合方式的不同将墓葬划归不同的层级。而除这两种特征之外，标示墓域范围的界墙及相关的筒形器的制作和使用也是与墓葬规模相关的重要内容。

　　前文（第二章）的分析可知，积石冢的多重围墙及筒形器等设施都仅与特定墓葬有关，晚于中心墓葬者打破界墙，而早于中心墓葬者被界墙所叠压。目前发现的有界墙等外围设施的墓葬有 1 段的 N2Z1M25、M26，3 段的 N5Z1M1，4 段的 N16M4，5 段的 N2Z2M1。

　　在将附属设施纳入考虑范围之后，可以对牛河梁遗址墓葬的层级进行重新划分：首先依据附属设施的有无将有附属设施的墓葬划归 I 级，再依据随葬品的有无，将无随葬品墓葬划归 III 级，其余墓葬皆为 II 级。II 级墓葬还可根据墓葬规模与随葬品特征的组合关系的差异进行进一步的划分。

　　第 1 段墓葬较少，4 座墓分别见于 N2Z1 和 N2Z2，墓葬特征较为相

似，都采用南侧多阶梯状的深墓穴，随葬品数量相差明显。N2Z2M2 出土
遗物仅见玉环一件，根据前文所确定的各层级墓葬的划分标准，该墓葬与
其他遗迹单位的墓葬略有差异。墓葬的建筑规格较高，但随葬遗物数量较
少，基本可以确定为属于Ⅱ级墓葬。M3 墓葬的砌筑方式与其他墓葬相同，
未见随葬品可能与其受到较为严重的扰动有关，因此暂将其也划归Ⅱ级。
第 1 段未见Ⅲ级墓葬可能受到考古发现情况的限制，也可能与纵向分化的
程度较低有关。附属设施的有无与随葬品数量的高低显出相同的趋向
（表 3 - 34）。N2Z1 的两座墓葬位于砌石遗迹的中心，应为这一时段规模
最大的墓葬。

表 3 - 34　第四期 1 段墓葬级别统计

墓葬层级	分级标准（墓葬规模 & 随葬品种类 & 附属设施）	N2Z1	N2Z2	总计
Ⅰ	A&a + b + c& ●	M25、M26		2
Ⅱ	A&c		M2	1
	A&0		M3	1
合计		2	2	4

注：●代表有附属设施墓葬，下同。

　　第 2 段墓葬数量较多，在 N2Z1、N2Z4A、N3 和 N16 皆有发现
（表 3 - 35）。N2Z4A 和 N16 这一时期发现墓葬的数量较少，无法进行进
一步讨论。N3M7 为第三地点规模最高的墓葬，位于 N3 的相对中心位置，
但其规模较 N2Z1M21 略有逊色。从墓葬规模来看，N2Z1M21 为这一时段
等级最高的墓葬，但不见有外围设施的中心墓葬，即Ⅰ级墓葬缺失。

表 3 - 35　第四期 2 段墓葬级别统计

墓葬层级	分级标准	N2Z1	N2Z4A	N3	N16	总计
Ⅰ	A&a + b + c& ●					
ⅡA	A&a + b + c	M21				1
ⅡB	A&b + c/B&a + b + c	M27、M11		M7		3
ⅡC	B/C&b + c	M14、M15	M15	M9	M10	5
ⅡD	B/C&c/a	M7		M3	M1、M11	4
Ⅲ	B/C&0	M20、M13	M10	4		7
合计		8	2	7	3	20

第 3 段墓葬（表 3 - 36）见于 N2Z1、N2Z2、N3 和 N5，N5Z1M1 是这一时段规模最大的墓葬，双侧起二层台，规整石板叠砌石棺，有三类随葬品。虽然未见与前一阶段相似的四重或三重方形砌石围墙，但在墓葬外围设置了一周圆形石墙，并且可能利用了第三期时修建的圆形三重围墙的积石冢，因此可以认为其符合前述 I 级墓葬的特征。未见与 I 级墓葬砌筑方式和随葬品种类相近的墓葬，这一时段其他墓葬随葬品数量明显较少。N2Z2M4 属 A 类墓葬，未见随葬品，残存骨骼上可见玉璧类器物的附着痕[①]，因其受到的破坏较为严重，原应有随葬品，因而将其划归 II 级。

表 3 - 36 第四期 3 段墓葬级别统计

墓葬层级	N2Z1	N2Z2	N3	N5	总计
I				Z1M1	1
II B	M22、M23、M24				3
II C	M4、M9				2
II D	M8、M17	M4		Z2M2	4
III	M5、M6、M10、M19		M2、M6、M10		7
合计	11	1	3	2	17

第 4 段墓葬在 N2Z1、N2Z4A 和 N16 发现，数量较少。N16M4 是这一时段级别最高的墓葬，N16 的砌石围墙与此墓葬同时，为功能相关建筑。M4 随葬品总量明显高于同时段其他墓葬。（表 3 - 37）

表 3 - 37 第四期 4 段墓葬级别统计

墓葬层级	N2Z1	N2Z4A	N16	总计
I			M4	1
II D	M1	M14		2
III	M16			1
合计	2	1	1	4

① 辽宁省文物考古研究所编著《牛河梁——红山文化遗址发掘报告（1983—2003 年度）》，文物出版社，2012，第 121 页。

第 5 段墓葬主要见于 N16，其他单位墓葬数量较少。79M2 的位置接近积石冢的核心部分，墓葬南侧起两级台阶，随葬品可见 b、c 两类；N16M14，二次葬，随葬品可见 a、b、c 三类，墓圹最长部分与仰身直肢墓葬较为相近，在此范围中部继续下挖并砌石棺，在风格上与起二层台的墓葬较为相近，但从其制作方法上来看，并不排除利用早期墓葬重新改造的可能，因此其墓葬规模可能小于其他起二层台的墓葬。这两座墓葬的级别应相当于ⅡB 级。

N2Z2M1 墓葬被盗扰严重，未见随葬品，无法依据随葬品的特征对其加以分析。地面砌筑二层台，外围完整的多重砌石围墙叠压在 4 段的 M3 之上，由此可知，N2Z2 的多重冢墙与 N2Z2M1 年代相同。墓葬附属设施的存在显示其应为这一时段规模最大的墓葬。（表 3 – 38）

表 3 – 38　第四期 5 段墓葬级别统计

墓葬层级	N2Z1	N2Z2	N2Z4A	N5	N16	总计
Ⅰ		M1				1
ⅡB			N2Z4M2		79M2、M14	3
ⅡC					M15	1
ⅡD				Z2M3	M13、79M1	3
Ⅲ	M3			Z2M1	M12、79M3	4
合计	1	1	1	2	7	12

Ⅰ级墓葬有界墙等附属建筑设施，墓葬规模较大，随葬品种类较多。

Ⅱ级墓葬包括其余有随葬品的墓葬，其中深墓穴、石板叠砌石棺墓并含有三类随葬品墓葬为ⅡA，浅墓穴、石板立置或叠砌石棺墓与三类随葬品组合的墓葬以及深墓穴、石板叠砌石棺墓与两类随葬品的组合为ⅡB，浅墓穴、立置石板石棺墓与两类随葬品的组合为ⅡC，浅墓穴、石板立置或叠砌石棺墓与一类随葬品组合为ⅡD。

Ⅲ级墓葬无随葬品。

5 座Ⅰ级墓葬分别属于第四期的不同时段，1 段墓葬 2 座，见于 N2Z1，3 段见于第五地点，4 段见于第十六地点，5 段见于 N2Z2，目前尚未能确认属于 2 段的Ⅰ级墓葬（表 3 – 39）。Ⅰ级墓葬位置的变化与根据随葬品数量的差异所了解到的社会群体占有财富数量的程度相吻合。这些人可能是社会中占有较多财富和资源使用权的个体，在社会生活中处于相对主导的地位。这与前文所发现的多个群体统一在相同的社会规范和权威下的特征吻合。

表 3 - 39　第四期 I 级墓葬分布统计

时段	N2Z1	N2Z2	N5	N16
1	M25、M26			
3			Z1M1	
4				M4
5		M1		

目前可以确定 I 级墓葬 5 座，II 级墓葬 33 座，III 级墓葬 19 座，I 级墓葬和 III 级墓葬都相对较少，而以 II 级墓葬数量最多，即社会中位于最高层级和最低层级的人口数量都相对较少 。虽然不同时段的统计结果略有差异，但 II 级墓葬数量都可占同时段墓葬数量的一半以上，也没有发现最低层级墓葬数量明显增加的现象。这种以中间人群为主体的社会符合现代社会研究中橄榄型社会①的特征。对现代社会分层状况的研究表明，此种社会构成属于较为公平、稳定的社会，不同层级个体之间的流动性②相对较强。（表 3 - 40）

个体数量最多的中间层级也可进行进一步的细分，其中既包括在随葬品特征或墓葬规模方面皆与 I 级个体较为相近的 II A/B 级的个体，或在随葬品组合上相同，或墓葬规格相似，为同层级个体中级别相对较高者；也包括在墓葬规模和随葬品特征皆与 III 级相近的 II D 级，虽然墓葬中有随葬品，但只见 c 类较为常见的随葬品，且随葬品数量较少。

---

① 根据社会主体人群的财富、地位特征，即大多数人口所处的位置的差异，社会形态可以分为橄榄型社会和金字塔型社会两种，前者社会的主体处于中间阶层，而后者的社会主体部分人口处于最下阶层。

② 社会流动指个人或社会对象从一个位置到另一个位置的转变，可分为水平流动（不同群体之间的变化）和垂直流动（不同层级之间的转变）两方面，在此处所涉及的为垂直流动。（〔美〕戴维·格伦斯基编《社会分层》，王俊等译，华夏出版社，2006，第264页）

表 3 - 40　各层级墓葬数量统计

时段	I		II		III	
	数量	比例(%)	数量	比例(%)	数量	比例(%)
1	2	50	2	50		
2			13	65	7	35
3	1	5.89	9	52.94	7	42.18
4	1	25	2	50	1	25
5	1	8.33	7	58.33	4	33.30
合计	5	8.77	33	57.89	19	34.33

按墓葬层级的划分标准，ⅡA级墓葬仅见 N2Z1M21 一座，并不具有普遍性，在此以 N2Z1M27、N2Z1M15 和 N2Z1M9 为例对牛河梁遗址社会中层级间的流动性做详细说明。

N2Z1M27 属于本书墓葬社会层级划分的ⅡB级，深穴墓，规整石板平铺叠砌成石棺，随葬品可见勾云形玉器和玉环两件。从墓葬规模和随葬品种类来看，应属较高层级，而在随葬品数量上不仅低于Ⅰ级墓葬，也低于同处Ⅱ级的其他墓葬；同一时段被划归ⅡC级墓葬的 N2Z1M15，随葬品种类与 M27 相似，虽然墓葬规模相对较小，但随葬品数量明显高于 M27。这表明在Ⅱ级墓葬中并没有明确的关于层级差异的标准，社会级别稍低的个体可以通过个人的努力或其他方式获得上升的空间。

N2Z1M9 为ⅡC级墓葬，随葬品中可见勾云形玉器和石钺各一件，而此件勾云形玉器与其他墓葬出土的同类遗物相比，明显偏小，且制作相对简单。所有者虽然拥有这一层级的物品，但其体量和精致程度已经明显低于同级别其他墓葬，显示其为从所属社会层级向下流动的例证。

Ⅱ级群体内的差异和可区分的特征表明，处于Ⅱ级的个体还存在向上一层级或下一层级转换的可能。社会的流动性仍相对较强，个体可以通过自身努力实现社会地位的晋升，也可能由于某些原因而从中间阶层流动至下一阶层。这种社会流动的存在表明，牛河梁遗址红山文化社会虽然出现了纵向分化，但并未出现阶层固化的现象，处于主体的中间阶层仍存在上升的空间，社会相对平等。社会中出现了级别较高的处于领导地位的个体，但这种社会地位并不是经过继承来获得，而是按照个体的能力和对社会的贡献来获取。

遗址点数量和墓葬数量的增加表明人口规模和社会群体数量的增长，最高层级个体埋葬位置的变化表明，领导者可能产生于不同的社会群体，并未形成权力或地位世袭的制度，社会地位和权力的获取与个人的能力有关。

2. 群体分化

牛河梁遗址经过正式发掘的四个地点加上多次调查发现的地点共计44 个地点，除 N1、N13 可能较为特殊之外，其他地点遗存特征较为相似，应皆以目前所认为的"积石冢"为主。通过对发掘地点的分析可以对具有相似特征的其他地点有初步的了解，从而形成对牛河梁遗址所代表的社会的初步认识。考古学根据墓葬的集中分布程度判断个体之间关系的亲密程度，一般而言，处于同一墓地的个体关系较不同墓地的个体之间的关系更为密切，据此我们可以初步判断同一墓地的多个个体属于同一个社会群体，不同墓地则代表不同的社会群体。同一墓地的墓葬仍可据此标准进行进一步的划分，若墓葬间出现了明显的空间区分，则可认为社会中出现了小群体分化，各自相对集中分布的小群体代表社会中新出现的再分群体。

除第一期遗存数量较少，无法具体分析外，从第二期开始便已经出现了多个地点（群体）共存的局面，从第二期到第四期，不仅以埋葬地点相区分的社会群体的数量明显增加，还出现了社会群体内部的小群体分化。

第二期仅在经过发掘的第二、第五地点发现了这一时期的积石冢和墓葬，同一地点墓葬规范和特征相对一致，而不同地点之间的墓葬特征则存在一定程度的差异。从空间分布来看，不同地点间隔相对较远，即便如第二、第五地点埋葬地点较为相近，但保持各自的埋葬传统，在生活中的联系可能相对较少。这一时期不同地点之间的联系较为松散，多个社会群体共同开发并使用这一区域。

第四期社会复杂化程度明显增加，不仅人口和社会群体数量增加，小群体分化更为明显，一个地点只有一个埋葬区的规律被打破，部分地点出现了多个埋葬群体，如第二地点和第五地点这一时期都出现了多个相对独立的埋葬单元。

对死者头向等墓葬特征的比较可以发现，不同地点的死者头向等特征略有差异，对第二地点三个埋葬区的分析可以发现，与其他地点相比，第二地点的三个埋葬区的墓葬之间在埋葬方式、死者头向方面皆表现出较为明显的一致性，这种同地点内部的一致性和与其他地点的相对差异的同时存在表明，埋葬于同一地点的人群之间关系更为密切。

前文根据墓葬特征的变化将第四期进一步分为5段，第二地点的三个埋葬区曾经共存。而对积石冢主体建筑（砌石围墙）形成时间的统计显示，第二地点三座积石冢的建筑时间并不完全一致。N2Z1界墙的形成时间最早，属第四期1段，N2Z4A的时间虽无法准确判定，但应不晚于其范围内出现的最早墓葬，时间约在第四期2段之前，N2Z2积石冢的砌石围墙建成于第四期5段。即以积石冢的界墙作为埋葬边界的划分并不是在第二地点使用过程中长期存在的特征，也就是说，虽然第二地点存在三个相对集中的埋葬区域，但彼此间以空白区域加以区分，并未设定明确可见的边界。界墙等建筑皆与中心墓葬直接相关，同一区域内其他的墓葬并不严格以积石冢围墙为边界，因此可以判断第二地点并存的多个埋葬集中区域属于同一个墓地。

这种同一墓地出现多个集中埋葬区域的现象在不同地区的新石器时代遗址中都有发现，同一墓地的人群属于同一社会群体，而其内部的区分则可视为由于人口增加而出现的社会小群体分化。

除了第二地点出现的多个埋葬区域，第四期5段十六地点也出现了埋葬区域的划分：两组墓葬分别以79M2和N16M14为中心各自相对集中分布，两组墓葬之间保留明显的空白区域。相同地点的有区别分布是有意识处理的结果，表明当时已经出现了群体内部小群体区分。

虽然第二地点和第十六地点再分群体的规模存在差异，但二者的区分较为相似：虽然第二地点看似存在多个积石冢的边界，而十六地点只见一个积石冢，但若排除中心墓葬存在的时期，同一地点不同位置分布的多个墓葬并非以明确的地表建筑为边界，仍是以空间上的区分为主。因此可以认为十六地点第四期5段出现的小群体分化与第二地点第四期1段就已经出现的小群体分化性质相同。第四期人口规模较大的第二地点首先出现了小群体的分化，而随着人口的增加，第十六地点的人群也出现了小群体分化。

分析显示，虽然这一时期有些地点出现了多个埋葬区，但前文以埋葬地点为单位划分社会群体的方式仍然适用，同一地点出现的多个埋葬区可能是社会群体内部的小群体划分，即第四期的社会单元进一步细化，同一地点不同埋葬区域所代表的进一步细化的小的社会群体成为基本的社会单元。随着人口的增加，社会进一步分裂出多个社会单元。

第二期到第四期，虽然社会群体的数量增加，但社会群体的关系更为密切，社会一致性也有所增加。

第二期以埋葬地点划分的社会群体之间差异较为明显，第二地点和第五地点发现了这一时期的墓葬，两地点不仅在死者头向上不同，在墓葬相关设施，如墓上积石及积石边界的处理方面以及墓葬的空间分布情况也有差异：第二地点墓葬分布相对分散，每个墓葬外围皆有以墓葬为中心的筒形器圈，作为划分墓域范围的边界，而第五地点这一时期的墓葬较少，未能明确外侧是否有筒形器。

第十六地点没有发现这一时期的墓葬，但发现了在第二地点通常出现在墓葬外围的筒形器，筒形器上彩陶纹饰虽皆为单勾涡纹，但在纹饰特征和布局方面都存在差异：第十六地点的单勾涡纹尾端不分叉，纹样带同向排列，彼此间以留白为区分；第二地点的单勾涡纹尾端分叉，纹样带反向排列，以单线纹为纹样带间的分界线。

在第四期较早阶段各地点的墓葬仍然表现出了一定程度的差异，如死者头向虽然都以东西向为主，但第二地点近正东西方向，而第三地点则偏向东北向和西南向。在石棺的砌筑上也略有不同，第三地点以下侧的立置石板和上侧的平铺石板叠砌构成石棺，N2Z4A 在叠砌平铺石板内侧再立置大石板构筑石棺。随着时间的推移，墓葬特征的一致性逐渐增强。不同遗迹单位的墓葬在头向、石棺盖板、底板特征上的变化基本一致，甚至可以根据墓葬特征的变化初步确定不同埋葬地点的墓葬的相对年代。同时出现了相同的随葬品的使用规范，随葬品使用的性别区分、摆放位置和方式都遵循相同的规则。墓地的布局基本相同，大型墓葬位于埋葬区域的北侧，而中小型墓葬相对集中分布在埋葬区南侧。这些一致性表明，虽然不同埋葬地点的人群之间存在一定程度的区分，但不同地点的人群受相同社会规则的约束。

牛河梁遗址第四期的社会分化程度明显增强，不仅出现了制度化的社会分层，也出现了多群体的划分。而社会分层仍然显示为社会中个体之间的关系，小群体内部出现了层级的划分，但没有发现群体之间存在管理或控制的关系。多个相对独立的社会群体共同组成了牛河梁遗址的社会。

二 统一社会规范的形成

"礼制"或礼仪行为是与社会分层相伴而生的统一的社会规范，用以维持各阶层人群的社会关系，包括从穿戴配饰、祭祀规格到丧葬仪式等多方面的严格规定。"礼制"在史前考古中只能从丧葬仪式的结果，包括墓葬的规格、随葬品的种类以及特定器物的使用方式等方面窥见一二。

从遗存数量相对较多的第二期和第四期的比较来看，两时期都可以发现至少两个社会群体，但社会群体之间的相似程度存在明显的不同。第二期时第二地点和第五地点所见的埋葬方式和死者头向存在明显的差异；而第四期时则无论是死者头向还是墓葬的建筑方式等都表现出明显的一致性。这表明，前后两个阶段社会群体之间的关系存在一定程度的变化，前一阶段社会群体之间联系较弱，而后一阶段社会群体间的联系则逐渐加强。这种特征还表现在社会分层特征的规范方面，第四期不同社会群体分层的标准基本一致，在墓葬规模和随葬品特征方面出现了较为一致的变化。个体的层级差异可以通过墓葬的规模，随葬品种类和数量的差异加以区分，显示出统一社会规范的存在，而这种统一的社会规范还表现在特定器物使用方式的规范化方面。

前文将牛河梁遗址的墓葬分为三个主要的层级，除Ⅲ级不见随葬品外，其余两个层级都可以发现随葬品特征的变化。除了较为常见的玉镯、玉环、玉璧等类器物之外，牛河梁遗址中还可见相当数量的造型独特的器物，如玉人、玉凤、玉双兽首饰、龙凤玉佩等，目前这类器物在红山文化区内皆只见一例，且只见于牛河梁遗址中规模较大的Ⅰ、Ⅱ级墓葬中。从第四期2段开始，随葬品种类和墓葬规模开始出现了一致性的变化，这种一致性的变化表明此时段该地已经出现了较为明显的规范。不同层级的个体在墓葬规模、随葬品种类和数量方面都存在相对严格的规定，这种规定在随葬品种类方面更为严格。如果说随葬品的数量代表墓主获取财富的能力,那么随葬品的种类及埋葬方式则代表墓主死后社会对其的认可程度,因此随葬品使用的规范化特征也是统一社会规范出现的重要标志。前文的分析表明,牛河梁遗址除了常见的玉镯、玉环等类物品外,一些造型相对特殊但在多个墓葬内发现的器物也表现出了规范化的使用特征。

1. 斜口筒形玉器

其造型变化虽然并不明显,但综合对墓葬建筑方式和随葬品特征的分析可知,随葬斜口筒形玉器的墓葬规格都相对较高。

牛河梁遗址墓葬出土斜口筒形玉器共计18件,除 N16M10 受到扰动,器物在墓葬中的实际使用位置不甚清晰外,其他墓葬中随葬的斜口筒形玉器的摆放位置较为相似,应是根据一定的社会规范有意放置的。以下将通过对斜口筒形玉器的出土情况的比较(表3–41),探讨其放置方式的差异所反映的墓主在身份、特征方面的差异。

表 3–41 牛河梁遗址斜口筒形玉器出土特征及相关要素统计

时代	等级		性别	墓葬编号	出土状态	出土位置	斜口朝向	通长(cm)
第二期			M	N2Z4M8	长面向上	右腹	头	16
			F	N2Z4M9	长面向上	右胸	头右上	12.7
			?	N2Z4M16	长面向上	头左侧	头右上	9.3
第四期	1段	I	F	N2Z1M25;3	长面向上横置	头下	右/南	13.3
		I	F	N2Z1M25;6	短面向上竖置	右腹	足/东	11.1
	2段	II A	M	N2Z1M21	长面向上横置	头上	左/北	10.6
		II B	M	N3M7	长面向上横置	头下	右/西南	13.1
		II C	F	N2Z1M15;2	长面向上横置	头上	右/南	11.6
		II C	F	N2Z4AM15;2	短面向上横置	头上	右/南	11.1
		II C	F	N2Z4AM15;4	短面向上竖置	右胸	足/东	9.96
		II C	?	N16M10	非正常位置			5.6
	3段	II C	M	N2Z1M4	长面向上横置	头下	右/北	18.6
		II B	?	N2Z1M22	长面向上横置	头下	右/北	9.1
	4段	I	M	N16M4	短面向上竖置	右胸	头	13.7
	5段	II B	F	N16M14	短面向上竖置	二次葬	头/西	14.2
		II B	?	79N16M2	短面向上竖置	右胸	足/东	14
		II B	F	N2Z4AM2	短面向上竖置	右胸	足/东	17.2

牛河梁遗址第二期时便出现了以斜口筒形玉器随葬，与第四期出现的斜口筒形玉器造型完全相同，但平口侧未见长径两端的穿孔，可能在使用方式上仍与第四期出现者存在一定程度的差异。虽然在使用方式上可能存在差异，但从器物特征的延续性上来看，第四期时较为流行的斜口筒形玉器应是第二期时出现器物的进一步发展和延续，在功能上似乎也应存在相对的延续性。因此此处也将第二期出现的斜口筒形玉器一并分析。

根据斜口筒形玉器器形的大小可以分为大型、中型和小型三种①，出土位置主要集中在头部和胸腹部，根据摆放方式的不同可以分为长面向上和短面向上两种，根据斜口的朝向仍可做进一步的划分。

第二期发现的3件器物随葬位置各不相同，分别出现于头部和胸腹部，摆放方式较为一致，皆为长面向上放置，斜口朝向头侧；出土器物大、中、小型各一，摆放位置越靠近头部，器形越小。

第四期斜口筒形玉器的摆放位置与第二期也较为相似，位于头部和胸腹部者各占一半，没有发现器形大小与摆放位置的固定关系。而在相同埋葬时段或在同一墓葬内共出时，则可以发现摆放于头部的器物器形相对较大，而摆放于胸腹部者则相对较小。摆放位置与方式的组合相对固定。

位于头部位置的斜口筒形玉器通常长边在上横置，斜口部分朝向墓主身体的右侧；胸腹部位置的斜口筒形玉器皆摆放于身体右侧，短边向上竖置，可见斜口部分朝向头部和朝向足部两种摆放方式。第四期3段以前斜口筒形玉器多放置于墓主头部位置，暂时尚未发现位于胸腹部位置的斜口筒形玉器单独存在，皆与摆放在头部位置的共出于同一墓葬。而自4段开始，则基本不见斜口筒形玉器摆放于头部位置的现象，而多置于胸腹位置。这表明第四期斜口筒形玉器的使用方式可能存在变化。

位于胸腹部的斜口筒形玉器在斜口的朝向方面存在两种倾向，目前的统计显示采用斜口朝向足部的处置方式的墓主多为女性，但并不能确定两种处置方式与墓主性别之间存在明确的联系，因为目前发现的斜口筒形玉

① 黄建秋：《牛河梁遗址出土红山文化斜口筒形器》，载《红山文化学术讨论会文集》，辽宁人民出版社，2013，第245页。

器斜口朝向头部的两性墓葬皆有发现，4段的N16M4墓主为男性，而5段的N16M14的墓主则为女性。

对墓主性别、墓葬所属群体的比较没有发现两种斜口筒形玉器的放置方式存在差异，因此可以初步认为这种斜口筒形玉器在墓葬中的使用方式是牛河梁遗址中较为通行的规范，其流行范围并不局限于某一个群体或地域。

与目前所归纳的摆放位置和规律不同的特征主要出现在第四期的2段。N2Z1M21出土者位于墓主头顶上方位置，斜口朝向墓主身体左侧，与目前发现较多的斜口朝向右侧相反，也与1段和同时期位于头部的筒形器摆放方式略有差异；N2Z4M15摆放于头部位置的斜口筒形玉器虽然斜口的朝向与通常所见的特征相似，但摆放时以短边在上，而其他器物则采用长边在上的摆放方式。第四期3段以后几乎不见较为特异的特征，这表明这种规范化特征的确定可能自第四期1段开始出现，暂时无法确定在较早阶段这种微小的差异出现的原因，没有发现采取不同处置方式的墓主在年龄、性别等方面的特殊之处，因此可以推测在开始阶段规范化的程度相对较弱，至3段开始基本确定。

5段时出土于同位置的斜口筒形玉器在具体的处理方式上出现了斜口朝向头部和足部两种不同的处置，没有发现不同的处置方式与墓主性别相关的证据。从空间分布上来看，斜口朝向足部者见于79N16M2，而朝向头部的则见于N16M14，两座墓葬同属第十六地点，前者更靠近N16的中心位置，而后者则位于N16相对偏南部位置，在墓葬规模分级标准下属于同一级别的墓葬。前文根据墓葬的空间分布位置曾推测，同一地点墓葬的各自相对集中分布可能代表着社会群体内部的小群体分化，而这种并存的不同处置方式可能是群体特征的符号化表现。

第二期时虽然也出现了以斜口筒形玉器随葬，但器物的位置及放置方式并不完全相同。至第四期时，虽然也时有例外，但从整体来看，斜口筒形玉器的位置和摆放方式相对一致，显示出更为规范和固定的倾向。

2. 玉璧

虽然牛河梁遗址出土玉器可见成熟的管钻技术，但玉璧的制作并未采用此技术①，而多由方取圆，多件器物边缘残存有直刃切割痕迹。根据磨圆程度的差异呈现圆角方形、方圆形及近圆形等多种形态。肉上可见使用孔有无的区分，使用孔皆位于玉璧上缘，有单孔和双孔两种，没有发现玉璧造型与钻孔数量有明显的关联。N2Z1M15 出土玉璧圆角方形，上缘可见 3 个使用孔，3 个钻孔的使用时间略有差异，单孔较早而双孔较晚。一侧边缘有三角形缺口，双孔的制作可能是缺口出现以后，为维持器物悬挂时整体平衡的特征而重新制作的，器物的造型应与使用孔的数量无关，对其他器物造型和钻孔数量的统计也没有发现明显的规律。

墓葬出土玉璧共计 23 件（表 3 - 42），见于 10 座墓中，可见以成组玉璧随葬和以单件玉璧随葬两种形式，除二次葬无法确定玉璧与墓主身体位置关系外，单独出现在墓葬中玉璧的摆放体现出较为明显的与性别相关的规律：玉璧摆放于男性墓主身体右侧，而在女性墓中则摆放于身体左侧，没有发现使用孔的数量与墓主性别或使用位置相关的证据。

表 3 - 42　玉璧出土位置及相关要素统计

编号	形状	使用孔	位置	性别	时段
N2Z1M15:2	方圆	双孔	腰左	F	
N2Z1M21:4	圆	单孔	头左		
N2Z1M21:5	圆	单孔	头右		
N2Z1M21:9	方圆	单孔/双孔	颈右		
N2Z1M21:12	残	残	左臂内		
N2Z1M21:13	圆	单孔	右臂内	M	
N2Z1M21:16	方圆	单孔	右手下		
N2Z1M21:17	方圆	双孔	左手下		
N2Z1M21:18	方圆	双孔	左股骨外侧		2 段
N2Z1M21:19	方圆	单孔	左小腿下		
N2Z1M21:20	方圆	双孔	双小腿下		
N16M11:1	方圆	单孔	散落	?	
N2Z1M11:2	方	双孔	腰右	M	
N3M3:1	方圆	单孔	头左	F	
N2Z1M7:2	圆	无	二次葬	M	
N2Z1M7:5	圆	单孔	二次葬	M	
N2Z1M7:3	圆	双孔	二次葬	M	

---

① 详见本书第四章。

续表

编号	形状	使用孔	位置	性别	时段
N2Z1M23:2	方圆	双孔	右胸	M	
N5Z1M1:1	圆	双孔	头右	M	3 段
N5Z1M1:2	方圆	双孔	头左		
N16M14:2	圆	无	二次葬	F	
79N16M2:5	方	双孔	左胸	?	5 段
79N16M2:6	方圆	单孔	右腰		

　　成组随葬的玉璧在使用位置上有位于头部和胸腹部两种，目前位于头部位置的玉璧见于 N2Z1M21 和 N5Z1M1，前者头部下侧的两个玉璧皆钻单孔，而后者皆钻双孔，两墓主皆为男性，使用位置、墓主性别、玉璧的特征皆无明显规律。

　　有学者[1]根据其位置指出位于头骨下两侧的玉璧应为耳饰，指明墓主的身份可能为巫。牛河梁遗址仅有两座墓葬发现了位于头部以下的玉璧，两座墓葬中出土的玉璧皆较大且厚重，无法真正作为耳饰使用。

　　从墓葬规模来看，随葬成组玉璧以及有玉璧置于墓主头下的墓葬规模相对较大。但无论玉璧在墓葬中成组或单独出现，其使用规范较为明显，随葬多件玉璧的墓葬，墓主多为男性，而单件随葬的玉璧出现的位置则受墓主性别的影响，男性墓主玉璧在身体右侧，女性墓主玉璧则放置在身体左侧。

　　3. 勾云形玉器

　　勾云形玉器也是牛河梁遗址中发现数量较多的玉器种类之一，目前出土位置明确者共计 9 件，其中器形明显较小的两件分别见于 N2Z1M21 和 N2Z1M9，在功能上可能与其他同类器物存在差别。而其他几件器物的使用则相对规范。（表 3 - 43）

---

　　① 华玉冰：《说玦》，载许倬云、张忠培主编《中国考古学的世纪回顾与前瞻》，科学出版社，2000，第 327、336 页。

表 3 – 43　勾云形玉器出土位置及相关要素统计

时段	出土地点	形制	性别	位置	摆放方式	
2 段	N2Z1M21	A	M	左肩	反面在上	斜置
	N2Z1M27	B	F	左肩上	反面在上	竖置
	N2Z1M14	A	F	左胸	反面在上	竖置
3 段	N5Z1M1	A	M	右胸	反面在上	竖置
	N2Z1M22	B	?	右胸	?	竖置
	N2Z1M24	A	M	腹	正面在上	横置
	M2Z1M9	B	M	腹部	?	近横
5 段	79N16M2	A	?	肩?	正面在上	斜置
	N16M15	B	M	右腹	正面在上	竖置

此类器物多见反面向上竖置于身体上或体侧，对其使用位置与墓主性别的比较没有发现明显的规律。但对不同时段勾云形玉器摆放特征的统计可以发现，同一时段特征较为一致：2 段勾云形玉器的位置多位于肩部以上，死者身体的左侧，而自 3 段开始则以位于胸腹部位置为主，多偏向于墓主身体的右侧位置。摆放方式上也存在从反面向上向正面位置向上的变化。而在 3 段之前，单勾型和双勾型勾云形玉器在使用上并无差别。第四期 5 段勾云形玉器的处理方式的差别较为明显，在位置和摆放方式上完全不同，这种不同恰与勾云形玉器造型的差异一致：79N16M2 出土的单勾型勾云形玉器斜置，而 N16M15 出土的双勾型勾云形玉器竖置。这两种玉器造型及使用方式的区分与第四期 5 段墓葬的空间分布状况一致，两座墓葬所属的墓葬群组之间存在一段较为明显的区分空间。这种在随葬品处理方式上的区分还见于前文所分析的斜口筒形玉器。

4. 玉镯

牛河梁遗址镯环类器物较多，二者造型、尺寸都较为相似，前文根据出土位置的不同对其名称进行了进一步的统一，将佩戴于死者手部者称为镯，而将远离手部而在其他位置者称为环，二次葬中随葬品置于尸骨上方，无法确定其是否为佩戴之用，暂且将其作为环，不加统计。对 N2Z1 墓葬出土镯的统计发现，似乎存在男性墓主随葬单镯而女性墓主随葬双镯的规律，以下将通过进一步的统计讨论在牛河梁遗址中玉镯的使用是否也存在规范化特征。（表 3 – 44）

表 3-44　玉镯出土位置及相关要素统计

时段	出土地点	墓主性别	位置	数量
1 段	N2Z1M25	F	L&R	2
	N2Z1M26	M	R	1
	N2Z2M2	M	R	1
2 段	N2Z1M14	F	L&R	2
	N2Z1M15	F	L&R	2
	N2Z4M15	F	L&R	2
	N3M3	F	L&R	2
	N2Z1M27	F	L	1
	N2Z1M21	M	R	1
	N3M7	M	R	1
	N3M9	M	R	1
	N16M1	M	R	2
3 段	N2Z1M22	?	R	1
	N2Z1M23	M?	R	1
	N2Z1M24	M/F	R	2
	N5Z1M1	M	R	1
4 段	N16M4	M	R	1
5 段	N16M15	M	R	1
	N2Z4AM2	F	L&R	2

　　统计结果显示随葬双镯左右手各一者墓主皆为女性，而随葬单镯者以男性墓主为主。单镯的使用也显示出与墓主性别相关的特征：女性墓主单镯佩于左手，而男性墓主的单镯佩于右手。需要特别加以说明的是，N2Z1M24 随葬双镯，两墓主各一，皆佩戴于右手，基于上述规律，两墓主应皆为男性。该墓葬墓主性别鉴定结果存在差异，发掘报告正文①提及北侧墓主为女性而南侧墓主为男性，DNA 检测的结果则显示两墓主皆为男性②，据检测结果的可信程度可确认上述玉镯随葬方式与墓主性别相

① 辽宁省文物考古研究所编著《牛河梁——红山文化遗址发掘报告（1983—2013 年度）》，文物出版社，2012，第 108 页。
② 潘其风、原海兵、朱泓：《牛河梁遗址红山文化积石冢砌石冢墓出土人骨研究》，载辽宁省文物考古研究所编著《牛河梁——红山文化遗址报告（1983—2003 年度）》，文物出版社，2012，第 502 页；赵欣：《辽西地区先秦时期居民的体质人类学与分子考古学研究》，博士学位论文，吉林大学，2009，第 43 页。

关的规律成立，即可以认为镯的使用具有标示个体性别的作用，男性墓主随葬玉镯皆佩戴于右手，女性墓主多有双镯，若女性墓主随葬单镯则戴于左手。

对上述四类牛河梁遗址中常见器物的分析可以发现，牛河梁遗址随葬玉器的使用已经出现了相对固定的规范，同一器物的使用方式基本相同，规范的流行范围并不局限于特定埋葬地点所代表的群体范围内，乃是社会整体接受的统一规范，因此可以认为牛河梁遗址是一个相对规范的联合体，虽然由多个人群组成，但遵循相同的社会规范。

与层级划分关系密切的 b 类随葬品（包括斜口筒形玉器和勾云形玉器）在使用特征方面表现出较为明显的固定化倾向。可以标志社会层级的器物在使用方面存在相对固定的规范，社会规范与分层特征的共同出现在一定程度上表明社会分层并不是偶然的现象，而可能是社会规范的反映。较为普遍出现的 c 类随葬品（玉璧、玉镯）则表现出明显的与性别相关的倾向，其使用方式可以在一定程度上区分墓主的性别。牛河梁遗址中虽然存在对性别的有意识区分，但无法确定两性个体在承担职能方面存在明显差异，即性别不是影响个体社会地位的关键性因素。

第四期 5 段同时出现在第十六地点的斜口筒形玉器与勾云形玉器在使用方式上相同的区分特征表明，这一时段可能已经出现对群体区分的有意识强调。

三　社会凝聚力的增强

从第二期到第四期，社会的组织和协调能力较前一时期明显增强，社会管理的约束力明显增强。虽然在遗迹的特征上存在差异，但出土遗物特征较为连续，而对于在不同时期延续使用的 N2Z4，可以发现建筑之间延续利用的特征，如 N2Z4BS 就是利用 N2Z4B2 的外、中墙略做改动建成的。这表明，在牛河梁遗址生活的人群并未发生明显变动。牛河梁遗址的社会变化是逐渐发生的，它是由社会内部的力量推动形成的。

1. 统一的领导权威

牛河梁遗址第四期出现了较为规范的社会纵向分化的特征，处于不同社会层级的个体在随葬品种类、数量以及石棺的修筑方式与随葬品的使用方式上都表现出了规范化的特征，而这种社会分层的规范在最高等级个体的处理上的表现最为明显。最高等级个体有着相对严格的判定标准，除了随葬品和墓葬修筑的特征之外，附属设施的有无是判定是不是最高等级个体的重要条件。

在第四期 2 段修筑的 N2Z4A 发现了完整的与 N2Z1 相似的高等级墓葬的附属建筑，却并未发现相应规格的墓葬，区域内稍晚时段的墓葬也并未占据 N2Z4A 砌石围墙的核心位置。第四期 2 段的 N2Z1M21 是牛河梁遗址的墓葬中随葬品数量最多的墓葬，甚至超过了 2 段发现的其他所有墓葬随葬品数量的总和，随葬品种类的组合也与最高等级墓葬一致，但与其他同时段墓葬埋葬位置相近，也未见与其随葬品特征相对应的附属建筑。N2Z4A 不见中心墓葬，N2Z1M21 不见墓葬的附属建筑，二者标示最高等级墓葬要素的缺乏意味着 2 段最高等级个体的暂时缺失。

除第四期 2 段未见最高等级墓葬之外，其余 4 个时段都发现了一座或一组级别最高的墓葬，分别为 1 段的 N2Z1M25、M26，3 段的 N5Z1M1，4 段的 N16M4 和 5 段的 N2Z2M1。与同时段其他墓葬相比，这些墓葬规模较大、随葬品种类和数量较多，而且在其外侧具有标示其范围的多重石砌围墙及摆放在最外侧封闭围墙之内的筒形器，这些区别于其他墓葬的设施表明其在牛河梁社会中的重要地位。与砌石围墙一样，筒形器也仅与位于中心位置的同时段墓葬有关，这意味着出现在同一积石冢的大量筒形器是在短时期内制作完成的，筒形器制作特征的多样性显示有多个社会群体参与了筒形器的制作。拥有此类遗物的个体则应当是可以调动社会劳动力的核心人物，其所能调动的社会资源应远超过其所属的社会群体。

如果说随葬品数量的增加与个人的能力密切相关，而需要调动大量社会资源完成的墓葬附属设施的修建和筒形器的制作，则意味着社会对个人权威的认可和强调，这种对资源分配和使用的能力也强化了高等级个体的社会地位。其在各时段的独一性则意味着这类高等级个体分别代表了各个时段的"唯一"权威。

不同时段的"权威"个体分别出现在以积石冢为基本划分单元的人群中，社会权力中心的转移并未表现出明显的规律，即权力的转移应并不是通过继承或由权力所有者直接决定的方式来实现的。比较也没有发现与最高权力所有者处于同一社会群体的其他个体在随葬品种类、数量方面高于同时段的其他个体，即未显示出与社会权力关系密切的个体存在优于其他个体的特殊权力。出现在牛河梁遗址的社会权力既无法继承，也没有表现出明显的可以为相对亲近个体谋利益的特征，这可能与所有者在社会中所承担的职能有关，这种权力尚未具有明显的强制性，而可能更多地与个人的威望相适应。围绕最高权力个体的埋葬所发生的各类社会行为表明，虽然社会中尚未出现强制性的社会权力，但领袖在组织社会公共活动、营建社会公共设施方面具有重要的作用。

第四期虽然各群体仍相对独立，保持自己相对独立的居住和埋葬空间，但社会管理程度明显增强，出现了可以调动社会各方面力量、组织重要社会活动的管理权威。领袖在财富和地位上的优势已经影响到整个区域，是社会中唯一的领导权威。

2. 公共设施与活动

社会公共设施以及围绕公共设施的修建和使用的相关活动也是社会凝聚力的重要表现。

第四期除作为埋葬单元的积石冢外，还出现了第一地点的建筑群、十三地点的金字塔式建筑以及 N2Z3 的圆形"坛"，这三类遗存皆与埋葬行为不直接相关。

第一地点遗存包括出土泥质雕像的 N1J1（女神庙）、出土大量筒形器的 N1J3、有石块砌筑边界的品字形山台（N1J2）和出土石器、泥质红陶与夹砂灰陶片的 N1J4，出土筒形器的特征显示这四组建筑的使用时间都相当于牛河梁遗址第四期，性质和功能存在差异，可能为同一组功能互相补充的建筑。

同类遗存目前尚未在其他地点发现，经过正式发掘的四个地点中，其与第二地点的直线距离最近。未经过发掘的第六、七、八地点与其直线距离也较为接近，调查在第六地点发现了第四期遗存。从空间距离来看，第二地点并不具有拥有或独占使用第一地点遗存的绝对优势，可以认为第一地点为多个地点人群所共有，其建筑应属于牛河梁区域范围内的公共建筑。（图 3—13）

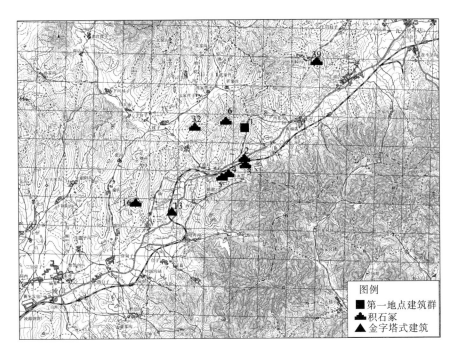

图3-13　牛河梁遗址第四期各类遗存分布示意

　　第十三地点为土石建筑，主体部分为由夯土筑成的正圆形土丘，砌石所采用的材料为与砌筑积石冢相同的硅质石灰岩，整体高出地面约7米。其他地点的石墙多残存一至两层，且面积也明显小于第十三地点的积石建筑。出土遗物较少，可见塔形器、双小口器等，塔形器仅见器中部，无法对其年代进行准确判断；双小口器器形在其他地点不见，从彩陶纹饰来看，主体纹饰为三角纹和短斜线的组合纹饰，从彩陶纹饰特征的变化来看（此部分内容详见本书第四章），相邻纹样带错位反向排列，以几何纹饰为基本纹饰单元是牛河梁遗址第四期较为典型的纹饰特征，因此可以初步推知第十三地点的主体建筑应为第四期遗存。目前此种大型的建筑仅在第十三地点发现，在其他地点尚未发现同类遗存，从空间位置上来看，虽然此地点与第十六地点较为接近，但其也并非属于特定地点人群所特有的遗迹，而应为社会全体共有的公共设施之一。虽然目前尚无法对第一地点和第十三地点遗迹的性质和功能做准确的解读，但二者形制和出土遗物特征的差异显示应属于不同功能建筑，特殊遗迹单位的唯一性表明，它们应是区域内群体共享的设施。

第二地点无墓葬的圆形"积石冢"N2Z3，不见于其他地点，虽然目前无法确定 N2Z3 开始使用的准确时间，但从其下层垫土中可见的 B 型筒形器残片来看，N2Z3 修筑时已经进入了第四期。而 N2Z3 的形制和构成与同时期其他遗迹有着明显的不同，应是遗址中部分功能性行为发生的场所。因其位于第二地点的中心位置，显示其可能与第二地点的积石冢关系更为密切，但在其他地点并没有发现类似的遗存，因而也不排除其可能是牛河梁遗址全体社会成员共同使用的公共设施。

对各地点墓葬的分析表明，第四期牛河梁遗址各社会群体在墓葬的处理方式、死者头向的变化方面逐渐一致，因此可以推测在当时社会中出现了较为统一的社会规范。而由多个群体所共有的公共设施的出现也表明，社会中出现了可以协调多个社会群体的个体或群体，可以组织多个社会群体的力量进行特殊设施的建筑和维护。牛河梁遗址的多个社会群体不再以小群体为单位各自为政，而是统一在一个"领导体制"之下，社会中已经出现了较为强有力的组织形式。

公共设施及与其相关的社会活动的作用可以通过对再分群体特征的比较窥见一斑。同样存在小群体分化的第二地点和第十六地点群体区分的特点略有差别。第二地点的几个小群体除了墓葬的空间分布范围不同外，多个小群体在墓葬和随葬品的处理方面基本相同，而第十六地点的两个再分群体在随葬品如勾云形玉器和斜口筒形器的使用方式方面却出现了整体一致基础上的细微差异。

第二地点除了相对独立的埋葬区外，还有一个相对特殊的积石建筑 N2Z5，虽然 N2Z5 积石下发现了人骨，但分析显示，人骨的埋葬的时间早于积石建筑的使用时间，即 N2Z5 并不是作为墓地使用的。其功能与第二地点发现的其他几组墓地不同，而从空间位置来看，其独立于任何一个埋葬区域，且为第二地点唯一的存在，其可能为同一地点的人群所共有，而非单独隶属于特定的以埋葬区域划分的小群体。同样的长方形积石建筑还见于有两个埋葬区共存的第五地点，N5SCZ3 的基本形制和早于积石建筑的人骨等特征皆与 N2Z5 相同。这种不作为墓地使用的特殊建筑可能与特殊的社会行为有关，同类遗迹出现在多个地点，表明其使用范畴可能限定于同地点的人群。这类遗迹在只有单一社会群体的地点并没有发现，表明此种设施及与此相关的活动可能具有协调社会群体关系的作用。而在较晚出现小群体分化的第十六地点并未发现同类的活动区域，墓葬特征相应差异的出现可能意味着共同的礼仪活动应当具有促进和强化社会统一的意义。

一致的墓葬特征、规范化的随葬品使用方式表明社会同质性的增加，而同时独一社会权威以及社会公共设施的出现表明，在牛河梁遗址中已经出现了相对规范的管理体系，管理者在组织和协调多个社会群体完成公共设施的建造、维护并组织与之相关的社会活动方面起着重要的作用。公共设施与社会活动对于增强社会的统一具有重要的意义。

虽然社会分化程度增加，但社会更加一致和统一，社会各组成部分之间联系更加密切，统一的社会管理初见端倪。

虽然同一地点的多个社会群体之间关系更为密切且存在用以协调多个群体之间关系的功能或者礼仪区域，但并未发现存在高于小群体的社会管理组织的迹象，即虽然同一地点的多个社会群体之间的关系更为密切，但其皆作为独立的社会单元存在于牛河梁遗址第四期社会中。

小　结

本章通过对牛河梁遗址墓葬特征的分析，探讨牛河梁遗址社会分化的形成及社会组织方式的变化，结论如下。

第一，社会纵向分化出现，并渐趋出现制度化的特征，分层社会逐渐形成。第二、三期遗存数量较少，墓葬间未显示出墓葬规模或随葬品数量方面的差异。至牛河梁遗址第四期，纵向分化成为普遍的社会现象，并出现了阶层化的特征。处于同一阶层的个体在随葬品种类、墓葬的建造方面采用相对规范一致的特征，而这种规范性在特定随葬品的使用方面表现得尤为明显。牛河梁遗址第四期已经出现了一定的"制度"，用以约束各阶层个体的行为。除了与层级有关的社会规范之外，也出现了随葬品的特定使用规范。重点分析的斜口筒形玉器、勾云形玉器等与墓主社会地位有关的器物在墓葬中有着较为固定的使用方式。

第二，高等级个体与社会公共礼仪建筑几乎同时出现，表明社会公共礼仪行为在维护和巩固社会群体的团结、提升个体在社会中的地位和影响具有重要的意义。最高等级个体不仅拥有最高等级的随葬品种类和墓葬的砌筑方式,更是可以调动大量的人力物力来完成与墓葬相关的砌石围墙的修筑和筒形器的制作,显示其社会影响远超过其所属的社会群体。第四期不同时段中地位较为超越的"首领"出自区域内的多个社会群体,社会权力中心在不同人群之间流转显示最高的社会地位并非通过继承或世袭方式获得,而可能与个体在社会中的威望和职能有关。男性个体在社会中的作用更为明显,虽然在其他阶层中没有发现明显的性别差异,但 I 层级个体则表现出明显的男性独占的特征。

第三,社会对性别的区分在第二期已有所表现,同时段同性别个体相对集中出现,而至第四期,社会中性别分化的表现并不明显,未再发现根据墓主性别集中埋葬的现象。对性别的区分体现在随葬品的特征上,虽然两性个体在随葬品种类上没有明显的区分,但墓葬中较为常见的器物如玉璧、玉镯在墓葬中的使用方式则表现出一定的与性别有关的特征。

第四,社会群体分化是牛河梁遗址横向社会分化的重要特征之一,各时期都有多个社会群体并存,不同时段社会群体关系的变化明显。第二期社会群体间的差异明显,相近区域内发现的墓葬特征的差异表明彼此相对独立。第四期社会规模和人口数量明显增加,人口规模较大的社会群体(如第二地点)出现了小群体分化(出现了多个以积石冢为单位的人群),分化后的多个小群体选择的埋葬区分布在相近位置,并在区域内设置相应的礼仪活动区作为维护群体团结和统一的方式。第四期 5 段的小群体分化则显示出明显的彼此区分的特征,除了各自相对集中埋葬之外,在随葬品的使用方面也采用了不同的规则。

虽然社会群体的数量增加,但第四期群体的一致性更为明显,对第四期各时段死者头向特征的变化情况的分析,可以发现这种一致性逐渐增强的证据。统一的社会管理和各类公共礼仪行为可能是维持并促进社会团结的重要途径。

第四章
社会分工的形成与发展

上一章对社会横向分化的讨论重点关注了以埋葬空间相区分的社会群体及群体关系。而除了与年龄、性别、空间等有关的内容之外，近年来，社会分工作为社会分化的横向维度①受到了学界的关注。

对规模较小的前现代社会的研究表明，随着社会容量的扩大和人口密度的恒定增加，有限区域内的多个群体通常会采取竞争或者迁移的方式来获取更大的生存空间，从而导致群体的分裂。而社会分工的出现意味着社会异质性的增加，相互协作而非竞争的关系促进了整体的社会团结，各社会单元之间相互联系的节点的增加是社会结构复杂化的重要表现。② 因此，社会分工③是社会复杂化研究的重要内容。前文的分析显示，牛河梁遗址范围内遗址点的数量和规模逐渐增加，至第四期时达到顶峰，遗址点和墓葬数量的增加显示人口数量的增加。这表明牛河梁遗址第四期，社会容量和人口密度显著增加，与此相适应的是多个社会单元的出现。上一章的分析显示这一阶段牛河梁遗址中出现了由分布位置所显示的亲密关系略有差异的多个群体，这些群体在埋葬方式、随葬品数量以及由此所显示的社会纵向分层的特征皆较为相似。没有发现社会群体之间存在明显的等级或规模的差异，即同时出现的多个社会群体之间相对较为平等。而同时

---

① 杨建华：《论社会分化的三个维度》，《浙江学刊》2010 年第 1 期。
② 〔法〕涂尔干：《社会分工论》，渠东译，读书·生活·新知三联书店，2013，第 213～238 页。
③ 社会分工可以分为广义和狭义两个方面，广义的社会分工是指保持社会结构完整并形成系统的前提下的任何社会分化，包括政治、经济等各方面的分工，是现代社会的常见特征。狭义的社会分工则专指经济领域的分工，包括畜牧业与农业的分工，农业与手工业的分离以及专门从事商品交换的商人的出现等。

存在的群体在社会中的地位和关系，则可以通过对社会分工的分析窥见一斑。对史前考古学研究而言，由于研究资料的限制，对于社会分工的研究主要集中在经济领域，特别是手工业生产专业化的研究。

随着研究的深入，判断手工业生产专业化及其发展程度的标准逐渐明晰，研究方法逐渐完善。对此论述最多的考斯丁指出可以通过对生产系统的各构成要素包括生产者、原料、生产技术、生产组织、产品、分配关系及消费者等的分析，从中获取判断生产专业化进程的视角和方法。① 由于材料的局限，其中涉及的许多方面的讨论②面临着考古资料不足的困难。文德安则通过具体的研究指出存在附属式和独立式两种专业化生产的模式，并对两种模式下生产的特征进行了概括。③ 研究者逐渐认识到手工业生产的专业化程度与生产方式和社会复杂化的程度相关，专业化的程度越高，社会分工就越明显，横向的社会结构也越复杂。④

基于社会分工对于探讨文明起源和社会复杂化进程的重要性⑤，国内的研究者通常将手工业专业化分工的研究作为文明起源和社会复杂化研究的一部分，将手工业生产专业化的发展作为史前文化进入文明的标志之一。⑥ 根据区域聚落功能和聚落内生产空间结构的差异对手工业生产专业化分工的研究成果最为丰富，分析显示，长江中游地区已经出现了可以供应区域内需要的石器生产加工的聚落群。⑦ 而对生产性遗址和消费性遗址⑧的界定，更是为对产品的生产、分配等与社会组织方式有关的研究提供了重要的线索。随着研究视野的不断扩展，进入复杂社会之前手工业生

---

① Cathy L. Costin and Rita P. Wright, eds., *Craft and Social Identity* (American Anthropological Association, ARLINGTON, VA 1998).

② Cathy L. Costin and Rita P. Wright, eds., *Craft and Social Identity* (American Anthropological Association, ARLINGTON, VA 1998).

③ 文德安：《工艺生产与中国古代社会的复杂化进程》，陈淳等译，《南方文物》2007 年第1 期。

④ 崔天兴：《考古学视角的史前社会分工与分层》，《重庆社会科学》2016 年第 2 期。

⑤ 苏秉琦：《中国文明起源新探》，生活·读书·新知三联书店，1999，第 118 页。

⑥ 严文明：《中国文明起源的探索》，《中原文物》1996 年第 1 期。

⑦ 张弛：《长江中下游史前聚落研究》，文物出版社，2003，第 125 页。

⑧ 黄可佳：《八里岗遗址史前石器研究——兼论南阳盆地史前时期工业》，硕士学位论文，北京大学考古文博学院，2007；丁亮：《豫西南地区史前出土石器研究》，硕士学位论文，郑州大学历史学院，2015。

产专业化的程度也进入了研究的范畴。对兴隆洼文化房址中石制品的分布情况的分析发现，在兴隆洼文化中已经出现了石制品生产的专业化，即初级的生产专业化在分层社会形成之前就已经出现。① 现有的研究多根据物质产品的生产空间分布及其专业化程度和形式来判断社会横向结构的复杂化或生产的组织方式，对不同类型的器物的生产方式的差别有所论及，但对同一类型器物在不同生产程序上的分工却较少涉及。

手工业生产专业化的判断标准包括以下几种：生产者的专业化，意味着生产者全职从事生产，并以此作为获取生存所需的手段；生产过程的标准化，通过对生产过程的控制让生产者与特定产品或产品的生产过程产生直接的联系；产品的标准化，是前两种规范化的结果，体现在同类产品在规格、特征方面的相对规范。如果有足够的材料作为研究对象，似乎可以根据堆积的情况对生产者是否全职从事生产工作加以判断。在各类材料都并不完备的牛河梁遗址，只能从产品的特征入手了解生产者和生产过程，通过对器物制作技术的分析进一步了解不同生产单位甚至生产者的特征②、生产的组织方式③，从而对手工业生产分工的方式和程度有更为明晰的认识。

第一节　玉器生产的专业化

不断的考古发现将一个创造了精美绝伦的玉器并且出现了"礼制"雏形的社会④呈现出来，动物形玉器、勾云形玉器、斜口筒形玉器、玉璧、玉镯等是目前发现的红山文化玉器中数量较多者，也是红山文化玉器中得到学界关注的几个主要的器类。从玉料的选择来看，除了硬度较高的

① 李新伟：《地理信息系统支持的兴隆洼文化手工业生产专业化研究》，《考古》2008 年第 6 期。
② M. Hegon, "Technology Style and Social Practices：Archaeological Approaches," in M. T. Stark, ed., *The Archaeology of Social Boundaries* (Washington：Smithsonia Institution Press, 1998).
③ 文德安：《工艺生产与中国古代社会的复杂化进程》，陈淳等译，《南方文物》2017 年第 1 期。
④ 郭明：《试析红山文化的勾云形玉器》，《考古与文物》2008 年第 5 期。

透闪石玉之外，硬度相对较低的蛇纹石玉也得到了大量的使用。从玉料的颜色来看，绿色、淡青色、白色都有发现，这表明牛河梁遗址的人群在玉料的选择上并无明确的标准。无论选择何种颜色和质料，玉器的制作都极尽考究：从选料、切割成型、钻孔、打磨都进行了精心的设计，并务求实现对玉料的充分利用。① 对玉料的充分利用显示玉应为红山文化中相对珍稀的材料，而玉器在墓葬中相对规律的使用则表现出其在社会生活中有着相当重要的作用。牛河梁遗址出土玉器矿石来源虽未确定，但可确定其并非产自牛河梁遗址，现今发现距离最近的玉矿应当位于鞍山岫岩。② 如此远距离获得的材料应属本地的稀缺资源，玉器对于红山文化的重要意义可见一斑。

关于红山文化玉器的制作工艺，已有学者专文论述③，本书对于制作特征的分析则主要着眼于器物形态、纹饰等可肉眼观察到的信息，根据器物的特征和不同的制作习惯在器表遗留痕迹的差异来探讨牛河梁遗址玉器生产的专业化特征及玉器的生产组织方式。

一　标准化特征的出现

器物的标准化生产是手工业生产专业化的特征之一，标准化程度与生产过程的规范化程度成正比，器物特征的多样性则反映了参与生产的个人或群体的数量和差异程度。④ 较小的个体差异说明器物的生产存在相对统一的规范，而明显的个性化特征则表明，生产者对于个性化特征的强调。

标准化的特征可以从产品的标准化、生产过程的标准化、生产工艺的标准化特征三方面加以分析。镯、环类及璧、斜口筒形玉器、勾云形玉器等是牛河梁遗址较为常见的玉器造型，发现数量相对较多，也容易从中发现与制作有关的规律性的特征。

① 邓聪、刘国祥：《红山文化东拐棒沟 C 形玉龙的工艺试析》，《中国文物报》2011 年 1 月
21 日，2011 年 2 月 18 日，第 7 版。
② 栾秉璈：《兴隆洼文化和红山文化玉料来源问题》，《赤峰学院学报》2008 年第 1 期。
③ 邓聪：《牛河梁遗址出土玉器技术初探》，载辽宁省文物考古研究所编著《牛河梁——
红山文化遗址发掘报告（1983—2003 年度）》，文物出版社，2012，第 525～540 页。
④ 〔美〕普卢登丝·莱斯：《陶器生产专业化演变——一个尝试性模型》，郭璐莎、陈力
子、陈淳译，《南方文物》2014 年第 1 期。

1. 产品的标准化，表现为产品在形制、规格等方面的一致性

牛河梁遗址同类器物在造型、纹饰方面都存在明显的一致性，甚至出现了少量在尺寸方面都基本一致的器物。

镯、环类器物是牛河梁遗址发现数量最多的玉器，虽具体规格略有差异，但造型特征基本一致：内壁微斜，外缘打磨成刃状，横截面为弧边的锐角三角形。

玉璧的造型较不规范，可分为圆角方形和近圆形两种，内外缘皆磨成刃状。

斜口筒形玉器横截面近似椭圆形，斜口部分圆弧，斜口与平口端都打磨出刃状。

勾云形玉器可见单勾型和双勾型两种，同种造型中特征要素的构成和纹饰特征皆遵循相同的规范：其他地点发现了有多个齿状凸起的双勾型勾云形玉器，但牛河梁遗址所发现的无论是造型完整、纹饰复杂的，还是纹饰简化明显的，皆为 5 个齿状凸起。单勾型勾云形玉器可见中央卷勾左卷和右卷两种造型，牛河梁遗址仅见中央卷勾左卷一种。除造型特征的一致性外，还发现了两组造型、尺寸都相似的勾云形玉器，一组见于第十六地点，其中一件出土于 79M2，另一件为同地点采集；另一组器物分别出土于 N2Z1M14 和阜新胡头沟遗址。[①]

2. 加工工艺的选择

管钻是牛河梁遗址较为成熟的玉器制作工艺，对器物的充分磨光除去了大量可以证明管钻工艺存在的直接证据，而 N2Z3 发现的 2 个管钻的玉芯（彩图9），N2Z1M1 出土的玉镯上保留的清晰的管钻痕迹（彩图7）表明，管钻是牛河梁遗址玉器制作的重要方法，造型规整的镯、环类器物应是管钻生产的重要产品。

牛河梁遗址发现了两种近圆形的器物：其一是镯、环类器物，内壁、外缘都成正圆形；其二为璧，有些璧的内壁、外缘也已基本接近圆形。但二者所采用的加工方法却明显不同。

---

① 方殿春、刘葆华：《辽宁阜新县胡头沟红山文化遗址玉器墓的发现》，《文物》1984 年第
　6 期。

　　管钻多见于镯、环类器物的制作上。虽然其他的镯、环类器物内壁都打磨修整得非常光滑，但从其内、外壁较为规整的情形来推测，应当是由管钻完成。

　　玉璧是牛河梁遗址出土数量仅次于镯、环类的玉器，可见圆角方形和方圆形两种，未见正圆形璧，造型不甚规则的外壁也表明玉璧的制作可能采用的是由方取圆的方式，而未使用管钻。璧中部的孔虽不规整，但都接近圆形，边缘处可见啄制疤痕，应也不是通过管钻制作。外缘的不规则形状可能是影响制作者摒弃管钻方法的重要原因，而中心的圆形孔的制作也未采用管钻则可能与制作者对生产工艺的有意识选择有关。

　　管钻产生的废料较为规整，可用作生产其他产品的重要原料，牛河梁遗址出土的经过修整的钻芯也证明了这种再利用的过程的存在，玉璧中央钻孔所采用的制作工艺并不会产生成型的可以进一步加以利用的边角料，从资源的充分利用角度来看，其所采用的生产工艺并不符合对原料的充分利用原则。从生产效率来看，管钻开孔应当更为简便快捷，这种不顾效率的方式则反映着制作者，或者是制作规范对于器物形态的严格要求。

　　由此可以推测玉器制作的规范性不仅体现在器物形态上，对加工方法和制作工具的选择也有相对严格的限制。

　　3. 加工过程的规范化

　　一般认为牛河梁遗址的玉料来源于辽宁省的岫岩，但在牛河梁遗址出土的玉器中也有原料是来自西伯利亚或吉黑地区的。以 N2Z1M21 出土玉器为例，研究者①认为其中包括了来源于两个地点的玉料：颜色较深的绿色玉为传统认为的岫玉，而颜色较浅色泽偏青白者则与贝加尔湖－吉黑地区的玉料较为接近，后者以玉璧为主，内外壁皆为不规则圆形。而被认为原料为岫玉的 N5Z1M1 的两件玉璧的特征与此相同。

　　玉璧制作方法的选择并未受到玉料来源的影响，多样的玉料来源表明人群对原料的来源可能没有绝对的控制能力，而制作方法的一致则显示玉器的制作加工过程可能受到了相对严格的管理和制约。

---

①　邓聪：《牛河梁遗址玉器技术初探》，载辽宁省文物考古研究所编著《牛河梁——红山文化遗址发掘报告（1983—2003 年度）》，文物出版社，2012，第 527 页。

二 复杂器物的制作分工——以勾云形玉器为例

玉器的制作包括开料、成型、施纹、钻孔、磨光等多个程序，红山文化玉器后期磨光的工作较为充分，器表遗留的制作特征并不明显，其中器物成型、施纹和钻孔三个方面的特征较为清晰。勾云形玉器是牛河梁遗址出现频率较高且造型相对复杂的器物之一，以下以勾云形玉器为例对牛河梁遗址玉器制作的分工进行简要分析。

目前虽在某些遗址发现了可能与制玉作坊有关的遗迹，但因为未有正式材料公布，加之目前发现的多为制作完成的器物，少见加工半成品，对于玉器的制作过程仍不清楚。牛河梁遗址采集到的一件无使用孔的勾云形玉器为我们了解玉器的制作过程提供了参考：此件玉器与79M2出土者在器形、纹饰甚至尺寸方面几乎完全相同，发现时右上边缘卷勾残失，无使用孔（图4-1）。此件器物上未见使用孔，可能因为在器物制作成型之后发生了右上卷勾的残损，因而未对其进一步加工。此件器物的器形和纹饰基本制作完成，由此可以推测，成型—施纹—钻孔是勾云形玉器制作过程中前后相继的基本工序。

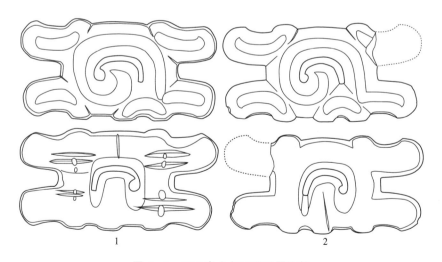

图4-1 N16出土勾云形玉器比较

注：1. 79M2出土；2.79N16采集。

1. 成型

按照勾云形玉器中央卷勾数量的差异将其分为单勾型和双勾型①，二者在造型的构成要素方面存在较为明显的相似性：器物整体都呈长方形，皆由中央卷勾或镂孔构成的主体部分、四角卷勾和下侧圆凸或齿状凸起三部分组成，四角卷勾基本以中央卷勾为中心左右对称。二者在中央部分卷勾和下侧凸起的形态和数量上存在差异。（图4-2）

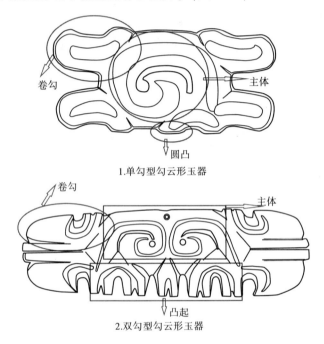

1.单勾型勾云形玉器

2.双勾型勾云形玉器

图4-2　勾云形玉器特征分解

而从器物特征来看，单勾型勾云形玉器中央卷勾部分左右对称组合后即可在造型上构成双勾型勾云形玉器，包括中央部分对称的卷勾或镂孔，下侧凸起的数量也与双勾型勾云形玉器相符，齿状凸起的特征与瓦沟纹加深的圆形凸起相似。由单勾型勾云形玉器按此特征构成的双勾型勾云形玉器的造型在构图比例上也与目前所发现的双勾型勾云形玉器一致。（表4-1，图4-3）

————————

① 详见本书第一章。

表 4 – 1　双勾型勾云形玉器数据比较

编号	长（cm）	宽（cm）	长宽比	厚（cm）
组合器物	9.7	3.4	2.9	/
N2Z1M27	28.6	9.5	3.0	0.6
N2Z1M9	6.2	2.4	2.6	0.4
N2Z1M22	14.2	4.6	3.0	0.45
N16M15	16.4	5.65	2.9	0.55

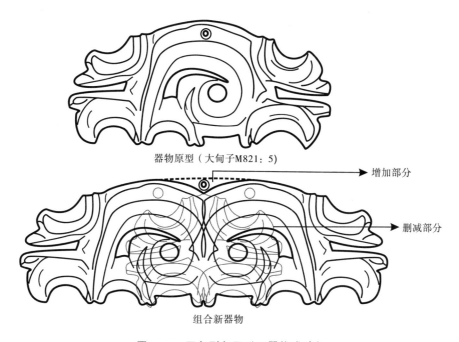

器物原型（大甸子M821：5）

增加部分

删减部分

组合新器物

图 4 – 3　双勾型勾云形玉器构成猜想

　　两种造型的勾云形玉器在墓葬中的使用并无明显差异，都可见反面向上、竖置的使用方式。受原料形态、制作水平等多方面因素的影响，手工制作的器物不可能在形制上完全一致，而造型特征及使用方式的一致性表明其属于同一类物品，受相同的器物造型理念的制约。

　　两类器物造型的差异除中央卷勾的特征外，在器表纹饰布局方面也有不同：单勾型勾云形玉器一直以中央卷勾作为器表的主要部分，下侧凸起所占比例较小，而双勾型勾云形玉器的齿状凸起与中央卷勾在器表所占比例基本相同。虽然形制演变过程中发现了中央卷勾比例逐渐增加的趋势，与单勾型勾云形玉器相比，双勾型勾云形玉器齿状凸起特征相对较为突出。对器物造型特征演变的分析可知两种造型的勾云形玉器在牛河梁遗址第四期长期共存。二者在使用和空间分布上（表4－2）无明显的区分，由此可以推测我们所发现的勾云形玉器造型上的差异受使用者的影响相对较小，而与制作者关系更为密切。

表4－2　勾云形玉器空间分布统计

时序	单勾	双勾
2 段	N2Z1M21、N2Z1M14	N2Z1M27
3 段	N5Z1M1、N2Z1M24	N2Z1M22
5 段	79M2	N16M15

器物在第四期并存，并有各自相对独立的形制变化过程，这意味着制作者之间存在明确的区分，即两种造型各异的勾云形玉器有各自独立的传承和演变过程，可能分别为两个制作群体的产品。

2. 施纹

勾云形玉器器表纹饰简单，除镂孔之外，沿整体造型走向打磨瓦沟纹，通过器表的高低及弧度的变化，形成基本的纹饰特征。瓦沟纹特征的差异主要表现为右下卷勾部分的瓦沟纹走向的不同。除了N2Z1M21和N2Z1M9两座墓葬出土者造型较为简略，器表未经进一步打磨处理，特征不明显外，其余的勾云形玉器可以根据其器表瓦沟纹走向的差异分为两类。（图4－4）

A类纹饰中央卷勾与右下卷勾部分的瓦沟纹连为一体，而右侧两个圆凸之间则由相应的瓦沟纹相连。

B类纹饰中央卷勾与右下卷勾部分的瓦沟纹各自独立。

对纹饰的使用时间的统计可以发现，两类纹饰器物在一段时期内共存，A类纹饰自第四期3段延续使用至第四期5段，而B类纹饰则出现在第四期2~3段，B类纹饰在牛河梁遗址的最后使用时间早于A类纹饰。

图 4 – 4　勾云形玉器纹饰特征分类示意

注：1、2 为 A 类纹饰，3、4 为 B 类纹饰。

除了目前在牛河梁遗址出土的几件勾云形玉器之外，大甸子墓地出土了一件单勾型勾云形玉器，从器物的形制特征来看更接近于牛河梁遗址发现的勾云形玉器的最晚期造型，但其纹饰应属于本书所讨论的勾云形玉器的 B 类纹饰。根据器物形态变化所确定的器物制作时间的早晚关系也显示两类纹饰应曾经共存，是红山文化中长期并存的两种纹饰特征。

两种瓦沟纹的特征与勾云形玉器的两种造型（单勾型和双勾型）的区分没有明显的关系，未发现器型和纹饰特征存在固定的组合。（表4 – 3）

表 4 – 3　勾云形玉器造型 – 纹饰特征对比

时段	单勾型	双勾型	不明确
2	B（N2Z1M14）	B（M2Z1M27）	1（N2Z1M21）
3	B（N5Z1M1） A（N2Z1M24）	A（N2Z1M22）	1（N2Z1M9）
5	A（79M2）	A（N16M15）	

统计（表4 – 4）显示器物的纹饰特征与使用者（墓主）的性别并无明显相关，而按照前文对墓葬年代划分的结果所进行的进一步的比较则可

以发现，2 段皆采用 B 类纹饰，墓主皆为女性；3 ~ 5 段多见 A 类纹饰，随葬勾云形玉器的墓主皆为男性，未见纹饰使用过程中的性别差异，可能使用者对于器物的纹饰特征的确定并无明显的影响。

在经过系统发掘的四个地点中，仅第三地点未发现勾云形玉器，其中第五地点 1 件，第二地点 5 件（其中采集 1 件），第十六地点 3 件，加上墓葬出土的两件残角，应至少有四个个体。

表 4 - 4　勾云形玉器纹饰特征与墓主性别统计

时段	墓葬编号（型式分类）	A 组	B 组
2	N2Z1M14（A Ⅱ）		F
	N2Z1M27（B Ⅰ）		F
3	N5Z1M1（A Ⅲ）		M
	N2Z1M22（B Ⅲ）	M	
	N2Z1M24（A Ⅳ）	M	
5	N16M15（B Ⅳ）	M	
	79M2（A Ⅴ）	M	

注：墓主性别除据人骨和 DNA 检测结果确定之外，N2Z1M22 和 79M2 据前文随葬玉镯的性别规范确定。

对两类纹饰分布地点的统计（表 4 - 5）则可以发现，第五地点仅见 B 类纹饰的器物、第十六地点仅见 A 类纹饰的器物，第二地点则两类纹饰的器物皆可发现。不同人群在器物的使用过程中没有特别关注纹饰特征方面的细微差异。

表 4 - 5　勾云形玉器纹饰特征的空间分布统计

纹饰 ＼ 地点	N2	N5	N16
A	2	0	3
B	2	1	0

对两种纹饰特征分布位置及其与墓主性别的统计都没有发现明显的规律，勾云形玉器器表纹饰特征与墓主的性别及其所在的群体无关。这表明

使用者对于特定的纹饰特征并没有明确的要求，纹饰的差异应与制作者的习惯有关。

对其他地区或晚期墓葬中发现的造型未发生明显变形的器物的粗略统计（表4-6）可以发现相当数量的采用B类纹饰的器物，即红山文化区内可能广泛存在两种纹饰制作的传统。虽然牛河梁遗址存在两类纹饰流行早晚的变化，但红山文化勾云形玉器的两种纹饰制作传统应在较长时段内共存。器型和纹饰的不固定组合表明，器物成型和纹饰制作可能分别由不同的制作群体完成，且基本未见两个制作工序的制作群体之间的固定组合关系。

表4-6　其他地点出土勾云形玉器器型与纹饰特征对比

出土地点	器型	纹饰	资料来源
胡头沟 M1	单勾型	A	《文物》1984 年第 6 期
辽宁省文物店藏	单勾型	A	《辽海文物学刊》1994 年第 2 期
那斯台	单勾型	A	《考古》1987 年第 6 期
大甸子墓地 M821	单勾型	B	《大甸子——夏家店下层文化遗址与墓地发掘报告》，科学出版，1998
大甸子墓地 M373	单勾型	不确定	《大甸子——夏家店下层文化遗址与墓地发掘报告》，科学出版，1998
阜新采集	双勾型	不确定	《红山文化玉器鉴赏》，文物出版社，2010，第 113 页
巴林右旗博物馆藏	双勾型	B	《中国玉文化论丛三编上》，紫禁城出版社，2005
通辽塔拉村征集	双勾型	B	《中国文物报》1998 年 8 月 23 日第 4 版
朝阳博物馆藏	双勾型	B	《红山文化玉器鉴赏》，文物出版社，2010，第 142 页
凤翔上郭店春秋墓	双勾型	B	《中国出土玉器全集·14·陕西》，科学出版社，2005，图版 26
琉璃河墓地 M1029	双勾型	不确定	《考古》1984 年第 5 期

3. 钻孔

勾云形玉器上的使用孔可见对钻孔和牛鼻形隧孔两种，前者为穿透性钻孔，而后者钻孔仅出现在无纹饰一侧。对两种形式的钻孔与器型、纹饰特征的比较（表4-7）可以发现：双勾型勾云形玉器皆采用对钻孔，单勾型勾云形玉器则可见对钻孔和牛鼻形隧孔两种。

表 4 - 7　钻孔与器型、纹饰特征对比

时段	墓葬编号(型式分类)	纹饰特征	
		A 组	B 组
2	N2Z1M14(AⅡ)		对钻
	N2Z1M27(BⅠ)		对钻
3	N5Z1M1(AⅢ)		隧孔
	N2Z1M22(BⅢ)	对钻	
	N2Z1M24(AⅣ)	对钻	
5	N16M15(BⅣ)	对钻	
	79M2(AⅤ)	隧孔	

　　单勾型与双勾型勾云形玉器在纹饰的表现形式上并不相同,双勾型勾云形玉器虽然也可以根据纹饰的清晰程度进行正背面的划分,但背面保存了与正面基本相同的纹饰造型,二者区分并不明显;而单勾型勾云形玉器除中央卷勾的镂孔较为清晰之外,背面并未打磨瓦沟纹,正、背面区分明显。单勾型勾云形玉器的使用孔的设置都用以保证有效展示纹饰相对清晰的正面形象,位于背面的隧孔可以确定器物的基本展示位置,对钻孔也表现出明显的具有方向性的特征。两种钻孔在单勾型勾云形玉器上的使用并无明确的规律,钻孔是在保证基本使用功能基础上的相对随机的选择。两种钻孔只有钻孔方向的差别,相对而言,隧孔的制作可能对制作者对钻孔方向的掌控方面的要求略高,而在实际的方法上并无明显区分。

　　分析没有发现使用者对于勾云形玉器的器型、纹饰和使用孔的制作的方式的影响,在勾云形玉器的器型和纹饰方面都可以发现两种在各时段并存的特征,即每个工序上都存在两个主要的制作者。而其所代表的制作特征在不同时段的延续存在则表明这些特征的制作者属于相对独立传承的制作群体。

　　相邻工序的制作特征的差异表明,在玉器的制作过程中,并非一个制作群体独立完成器物的全部制作过程,而是由多个群体配合完成,不仅在同一制作过程内存在不同的制作者,不同阶段的制作者之间可能并没有直接、固定的联系。在玉器的制作中已经出现了专业化的分工,不仅体现在存在多组可以完成器物加工的集团,更是出现了基于生产工序不同而有的"流水线"式的生产模式。这种器物生产的分工模式显示可能已经出现了较为复杂的器物生产管理的组织模式。

三　玉器的修复与再利用①

勾云形玉器的制作过程中存在多个制作者之间的分工和合作，这种分工不仅体现在同一制作过程可能有多个制作者参与，更表现在同一件器物存在由多个制作者合作完成的倾向，即并非同一个制作者或制作群体独立完成器物的制作。而这种多个个体之间不固定的合作关系表明可能存在规范化的生产管理程序，社会中已经出现了对玉器生产制作过程的控制和管理。

同墓葬出土玉器制作特征的多样性显示，使用者（墓主）可能并非器物的制作者，对器物的制作也并未施加具体的影响。墓葬出土的多件器物由不同的制作群体完成，甚至可能来源于不同的制作地。牛河梁遗址出土了一定数量的残损再修复的器物，相较而言，器物修复者应与使用人群关系更为密切，对这类器物的分析或许可以为了解牛河梁遗址制玉工匠的信息提供线索。牛河梁遗址中发现了多件带有修复和再加工痕迹的器物。（图 4 – 5）

勾云形玉器。具有修复和再利用痕迹的器物及残件 6 件，分属于 5 件勾云形玉器个体，其中器形较为完整、可修复的有 3 件。

N2Z1M14：1 单勾型勾云形玉器②，器身断为两段，断裂面经简单修整，上侧钻孔处断裂，在断裂面两侧钻孔修复，两修复孔之间可见浅磨槽；下侧断面可见两次修复痕迹，较早的修复孔是利用勾云形玉器中央部分的条形镂孔的侧壁钻成的隧孔③，其中一侧隧孔残损，与其对应的另一修复隧孔保存完好；较晚的修复孔为对钻孔，在相邻修复孔之间有浅凹槽。从钻孔方式的变化可知，较早的修复孔更加重视器表纹饰的完整性，而采用了较为隐蔽的钻孔方式，较晚的钻孔则更加注重修复的牢固性，而采用修复孔之间的浅磨槽来隐藏和固定修复线。

N16M15：3 双勾型勾云形玉器，器身断为两段，断面两侧各有两组

---

① 此处部分内容曾以《红山文化时期玉器的使用与修复》为题发表，参见北京艺术博物馆编《时空穿越》，北京美术摄影出版社，2012。在此对已发表内容略做概括，并有所增补。

② 关于此件器物的修复方式曾撰文探讨，在此不再赘述。（郭明：《管窥勾云形玉器》，载杨伯达、郭大顺、雷广臻主编《古玉今韵——朝阳牛河梁红山文化国际论坛文集》，中国文史出版社，2008，第 136～143 页）

③ 此种钻孔方式还见于 N2Z1M21 勾云形玉器上侧的使用孔。

图 4 - 5 牛河梁遗址经修复及再加工器物示例

注：1~3 为勾云形玉器（N16M15：3，N2Z1M24：3，N2Z1M14：1）；4~6 为玉勾角（N16M13：1-1，N16M13：1-2，N16Z1①：55）；7 为玉鸟（79N16M2：9）；8 为玉坠饰（N2Z1M26：4）；9~10 为玉镯（N3M3：3，N3M3：4）；11 为玉联璧（N16M1：3）；12 为玉璧（N2Z1M21：9）；13 为玉玦（N16M15：1）。

钻孔，钻孔位置在器表瓦沟纹上，对应钻孔之间可见打磨凹槽，凹槽与器表瓦沟纹重合部分相对较深，断裂面经打磨，断面紧密结合后，两侧凹槽无法准确对应，由此可以确定在对该器物进行修复的过程中，修复孔之间的凹槽应早于对器身破裂部分的重新打磨。

N2Z1M24：3 单勾型勾云形玉器，器身断为三段，断裂部分经过重新修整，打磨较为光滑，断面两侧各有一组钻孔，皆采用双面对钻而成，为描述方便将修复孔分为 A、B、C 三组（彩图 11），A、C 两组钻孔以正面钻为主，B 组钻孔则以背面钻为主。

A 组：钻孔皆位于器表中央瓦沟纹饰的沟槽内，孔径略大于瓦沟纹底部宽度，而与上部宽度较为相近，A2 与断面边缘之间的瓦沟纹内可见直线型较深凹槽一段，钻孔 A1 紧靠断面边缘，从器表痕迹上可以发现，断裂处修整平面打破了钻孔 A1。由此可以初步确定 A 组钻孔和钻孔间凹槽的制作时间应早于 A 组断裂面的修整。

B 组：钻孔 B2 位于瓦沟纹凹槽内，钻孔 B1 位于瓦沟纹的外侧边缘，相邻钻孔之间的断裂部分经过简单的打磨处理，保留断裂部分凸凹不平的形状。在此组钻孔之间也可以发现略低于器表瓦沟纹的直线型凹槽，断裂面两侧凹槽深度基本相近，皆边缘宽而近钻孔处较窄。在对器物进行紧密结合或者按照器表瓦沟纹的走向对器物进行拼合时则可以发现，此组凹槽的位置无法准确对应。此组钻孔应是先从背面钻孔，近器表时再由正面钻透。因此可以推测，B 组应是先确定钻孔位置而后制作两钻孔之间的连接凹槽。

C 组：钻孔基本位于瓦沟纹饰内，钻孔 C1 与断裂面之间有一道加深的直线凹槽，钻孔 C2 与断裂面之间则可见两道加深的直线凹槽，从凹槽的形状上来看，皆为边缘较为宽、深，而近钻孔部分则较为浅、窄，中部相邻位置凹槽深度不同，这表明两个钻孔之间的凹槽并非一次性完成，而可能是在断裂面两侧分别制作的，C2 孔侧的两次磨槽可能与修复后连接位置的变化有关。对断裂面的修整也较为规整，虽然断裂面仍凹凸不平，但打磨较为光滑。

A 组和 C 组较为相似，钻孔皆位于器表瓦沟纹内，以正面作为钻孔的主要方向，破裂面的修整打磨较为精致，相邻钻孔之间的连接凹槽也基本可以对应。与笔者之前对 N2Z1M14 出土勾云形玉器的分析所了解的牛河梁遗址人群对于修复方式的考量较为相似，最大限度地考虑了修复后的美观和器形的完整。B 组修复孔在器物修复后凹槽无法对应且对断裂面的加工较为粗糙，虽然仍然保持了在钻孔之间打磨凹槽的特征，但此凹槽似乎完全失去了隐藏或固定修复线的作用。

此件勾云形玉器可能经过了两次修复，B 组的修复较为粗糙，修复方式也与其他两组略有差异，修复的时间可能相对较晚。这种修复特征的变化表明此件器物的两次修复可能由不同人员来完成的。

从三件勾云形玉器的修复痕迹来看，N16M15 与 N2Z1M24 出土者修复方式基本一致，而 N2Z1M14 出土者则与前两者略有不同，可见先后两种修复过程，较早的修复痕迹更多采用了利用侧面的隧孔，钻孔较小，修复痕迹不明显，而稍晚时候的修复方式及相邻修复孔之间打磨的浅凹槽与其他两件的修复方式较为相似。这也提示着 N2Z1M14 出土的勾云形玉器实际使用和修复行为发生的时间可能略早于其他两件器物。

除可修复完整的器物之外，牛河梁遗址还发现了 3 件无法修复完整的勾云形玉器残件。

N16M13 出土双勾型勾云形玉器边角 2 个，质地和尺寸皆较为相似，似应属于同一个体，分别是双勾型勾云形玉器的左下和右下卷勾，并保留下侧的柱状凸起。从两卷勾的形状来看，此件勾云形玉器较小。断裂面略经打磨，形成光滑平面，在靠近断裂面的瓦沟纹中央钻孔，断裂处的修整基本保持了器物原貌。残存钻孔可能为修复过程的残留，而后作为坠饰的系挂孔使用。也存在器表残留钻孔是器物断裂残损后作为坠饰使用时增加的使用孔的可能。

N16Z1①：55 玉勾角一件，为勾云形玉器残角，断裂面打磨得较为平整，上端有钻孔可能也为器物修复孔，亦可作为坠饰使用。其形体较 N16M13 出土玉勾角更小，应属于另外一个个体。

玉镯。发现有明确修复痕迹的玉镯 2 件，皆见于 N3M3。

N3M3：3 出土时位于墓主右手腕处，残为三截，断面两侧有成对圆形对钻孔，相邻钻孔之间有浅磨槽相连。此件器形不甚规整，肉厚薄不均。其中一残段的断裂面处可见半圆形缺口，应为圆形穿孔的一部分，但在另外两个残段上都未找到对应的另外一个半圆形缺口，断面两侧未经磨光，不能完整接合。牛河梁遗址出土的玉镯上不乏使用孔的例子，因此可以推测这个半圆形的缺口可能为使用过程中增加的钻孔的遗留。

N3M3：4 颜色较浅，略呈青白色，出土时残为两段，分别位于墓主左手臂两侧，随葬时应戴于左手。断裂面不规整，未经磨光，表面可见钻孔 6 个和一个未穿透的钻孔凹坑。其中一个钻孔位于断裂处。断裂面上已经残破的对钻孔应与器物的功能和使用方式有关。在断裂面两侧成对的钻孔则是器物断裂后的修复孔，修复孔之间可见较浅的磨槽。

玉璧。有修复或改动痕迹的玉璧 3 件。

N2Z1M21 玉璧，上侧钻孔 3 个。目前所发现的玉璧多数有 1 个或者 2 个钻孔，3 个钻孔只见此一件，从残存痕迹来看，三个钻孔的使用频率并不完全一致，相比较而言，外侧的两个钻孔的使用时间相对较长。结合在器体边缘出现的三角形残损，推测此件器物上端的三个系孔中延续使用时间较长的两个系孔可能与器物残损后的使用有关。

N2Z4M15 玉璧，上侧边缘有残钻孔痕 2 个，紧靠外缘，穿孔破损，在破损穿孔下侧另有对钻孔 2 个，应为上侧钻孔破损后另外增加的钻孔，与器物的使用功能相关。破损钻孔边缘磨光。

N16M1 玉联璧，器身可见三个钻孔，最上侧钻孔不甚规整，与其他两个钻孔差别较为明显。与上、中钻孔之间对应部分的外缘未见用以区分联璧边缘的三角形缺口，而中、下两个中央钻孔之间则可以发现相应的三角形凹缺。

牛河梁遗址出土了多件双联璧，三联璧则仅见此一件，对双联璧特征的分析可以为我们了解三联璧的制作及造型特征提供线索。牛河梁遗址出土位置明确的双联璧共 3 件，一件为 N16M1 出土，另两件见于 N2Z1M21。比较可以发现，虽然双联璧在尺寸和造型上略有差异，但都存在较为一致的特征：整体近似长方形或梯形，有两个大小较为相当的钻孔，器身外侧两钻孔之间略向内凹，作为上下两组钻孔的分界点。联璧的特征不仅通过器身钻孔来体现，在器体边缘部分也进行了相应的修整。玉璧外缘部分的区分显示 N16M1 三联璧的特征与双联璧较为一致。

胡头沟遗址发现的一件三联璧也表现出明显的中部钻孔与外侧边缘相对应的特征，即器身在几个中心钻孔之间的部分进行打磨修整，可见明显的不同部分的分界线，以每一钻孔为中心皆可见较为完整的玉璧特征。而牛河梁遗址出土的这件三联璧，器身虽有三个钻孔，但玉璧外缘特征则与双联璧相同，三个钻孔中位于主体部分的中、下两个较大的钻孔相对较为规整，而上侧钻孔制作较为粗糙。因此可以推测此件三联璧上侧的钻孔应是在使用过程中增加的，而非制作时就已经出现，至于临时将双联璧改制成三联璧的原因尚不可知。（彩图 6）

其他多为坠饰。

79M2 玉鸟，器形较小，背面可见 3 个钻孔痕，形成两个穿系孔，其中一个残，另一个保存完好。两次钻孔皆采用牛鼻形隧孔，第二个穿系孔借用了第一次穿系孔遗留的较为完整的部分再加工而成。

N2Z1M26：4 玉坠饰，造型较不规整，一面打磨较为平整，另一面则有不规整凹坑，在一端有对钻孔一个，从残件造型上来看，似应是勾云形玉器等大型玉器的残件，经简单打磨后作为坠饰使用。

玉器作为一种相对稀缺的资源，其原料的获取方式除了直接获得矿物原料之外，对残损玉器或玉器制作残余部分的加工和改制，也可以作为获取原料的重要途径。上述器物的特征和器表残留痕迹表明这些器物在残损之后都经过了不同程度的再加工，对原器进行修复或者改变形态及功能进行再利用，根据其利用方式的差异分类如下。

第一，改制，即对已经无法恢复原有使用功能的残损器物进行再加工，其造型及功能与原器皆存在明显差别。

N2Z3 玉钻芯表面还部分保留着双面管钻所形成的对接台面，但钻芯边缘已经过打磨，本应存在于钻芯外侧的双面管钻的钻孔痕迹都已打磨光滑，对接台面也经磨光（彩图 9）。经过打磨后其应该并不再是作为器物加工废料的钻芯，由于造型并没有发生明显的变化，对其功能尚无法做出准确的判定。钻芯作为某次玉器加工的残余，并未为红山先民所丢弃，而是进行了再次的加工。

除了大型器物之外，牛河梁遗址还出土了多种形制较小的玉管、玉珠、玉纽等器物，虽然暂时还没有发现此类小型器物是由玉钻芯或其他废料制成的线索，但从残存玉钻芯的尺寸来看，这种大型器物加工的废弃部分应该足够成为制作其他小型玉器的材料。

N16 西侧墓葬①：11 玉饰、N16M13 双勾型勾云形玉器边角、N16Z1①：55 玉勾角，从造型上可以确定其原应为勾云形玉器的一部分，保留部分不仅基本形态特征清晰，器表纹饰也基本完整。在器物损毁之后，残存部分虽然保存了勾云形玉器造型的部分特征，但其功能及使用方式已经与勾云形玉器完全不同，而是作为坠饰使用。

N2Z1M26：4 玉坠饰、N2Z1M21 玉坠饰，从器物的形态上来看，平面一侧较为规整，打磨平滑，似经过了较为精细的加工，而相对侧则凸凹不平，虽然也经过了打磨，但打磨精细程度与原器物表面有着较为明显的差别。

残损无法修复的器物以及器物加工的边角料并未作为废品随意丢弃，而是经过对这类器物的再加工和打磨修整，使其以完全不同的形态和功能继续使用。当器物发生明显的残损无法继续保持原有状态或维持原有功能时，通过对器物的改制，改变器物的性状和功能，最大限度地实现资源的再利用，减少了对资源的浪费。

第二，修复，作为随葬品出现在墓葬中并且曾经在现实生活中使用过的玉器，在其使用过程中，因为意外或者其他原因可能造成器物一定程度的损毁。根据损坏程度的不同，可以相应采取简单修整和原器修复等方式最大限度维持其原有的外观和功能。

①修整。对损毁情况较轻，不影响器物外观和整体性能的器物，可以采用简单修整的办法来加以处理，这种处理方式多见于对器物残损边缘的修整及与使用功能相关的钻孔的改动。

N5Z1M1 出土勾云形玉器四个外侧卷勾上都有相对集中的破损痕迹，破损痕迹靠近器物的边缘。在该器物的边缘可以看到明显的二次修整的痕迹。由此可初步探知，对于此种边缘的小破损，通常可以通过对边缘部分的再次打磨来维护器物的外观。（彩图 10）

这种不影响器物外观和功能的修整还见于玉鸟等小型器物上。隧孔是红山文化时期一度相当流行的钻孔方式，隧孔是由两侧的斜向钻孔制作而成的，孔壁较为细薄，在制作和使用的过程中可能出现隧孔损毁的情况。在器物的使用过程中，会在隧孔断裂之后利用其中一侧的钻孔制作另一隧孔，因隧孔隐藏在背后，继续利用时并不对其做更多的修饰或打磨。

79M2 玉鸟，背后可见 2 个隧孔，其中纵向隧孔残损，边缘横向隧孔保存相对完好，由于第一次隧孔残损，便在边缘另钻隧孔，在使用过程中借用了原有隧孔的一侧钻孔。

N2Z4M15 玉璧在第一次的钻孔残毁之后，在其下方略远离边缘的部位另行钻孔，未对残毁部分做进一步的加工。

②原器接合修复。上述较为简单的修整局限于器物外观没有发生明显改变的情况，若器物残断损坏严重，为恢复器物的外观和使用功能，则需要对残断器物进行接合修复。在缺少黏合剂的情况下，在断裂器物上钻孔并用有机物将其接合修复为一个整体是较为有效的修复方法。根据修复痕迹的明显与否，可以将目前所发现的红山文化玉器接合修复的方法分为以下两种。

其一，隐性修复。修复孔和修复线的位置都相对隐蔽，不会破坏修复后器物的外观。

　　N2Z1M14 出土的勾云形玉器，经过了两次修复，第一次修复采用了痕迹较不明显的单面隧孔，隧孔的制作借用了勾云形玉器中央弯条形镂孔处形成的侧壁，由侧壁及背侧的斜向钻孔制成隧孔，用以修复器物。以此方法修复器物，则修复孔和修复线都隐藏在器物无纹饰的背面，在器表不容易发现修复的痕迹，可以最大限度地保护正面所有的纹饰特征并维持器物的功能。

　　同墓葬出土的玉镯上残留的痕迹也为我们提供了这种隐性修复的线索：N2Z1M14 出土玉镯（彩图 8）一处断裂，无须修复仍可以保持器物的基本外观，未见修复孔，在镯的内侧有一处垂直于断裂面的浅磨槽，此磨槽的特征与前述作为确定修复孔位置的凹槽极为相近。若此件玉镯发生断裂，则可以通过磨槽确定钻孔的位置，利用镯的内壁和破裂面制作隧孔，不但可以有效修复器物，修复线亦可以埋于镯的内壁，不影响器物的外观。

　　其二，显性修复。隐性修复虽然可以在恢复器物的使用功能时最大限度地维护器物的外观，但也存在一定的问题：隧孔通常是由两个不穿透的斜向单面钻孔制成，受制作方法的限制，孔径较小，孔壁通常较薄，修复线的着力点会集中于隧孔较薄的孔壁上，并不适于修复较重的大型器物。牛河梁遗址第二地点 M14 出土勾云形玉器的第二次修复也将这种可能显示出来，分别位于断裂面两侧的两个修复隧孔，其中一个残损，虽另外一个仍保存完好，但在第一次修复孔被破坏之后，并未对保存完好的隧孔进行再次利用，而采用了更为直接的从破裂面两侧对钻孔进行修复的方式。两种修复方式各有利弊，前一种可以有效维护器物的外观，而后者修复效果则相对稳固和持久。牛河梁遗址发现的残断玉器的修复更多地采用了后一种方式，可能修复过程中更多地考虑了修复后的稳定性，采用了以修复孔之间的深凹槽作为确定钻孔位置并隐藏修复线的方法。

　　牛河梁遗址的很多器物都采用了此种修复方式，此种修复的特征包括断裂处两侧的钻孔，孔间凹槽及对断裂面的修整。牛河梁遗址第三地点 M3 出土的两件玉镯，在断裂处两侧皆有成对分布钻孔，对应钻孔之间可见打磨凹槽，钻孔和打磨凹槽都在玉镯的斜面上。

　　N2Z1M24 出土的勾云形玉器可见 3 组 6 个钻孔，断裂面两侧有成对圆形钻孔，对应钻孔之间有浅凹槽，浅凹槽仅在器物有纹饰一面出现，无纹饰一面未做处理。修复孔多从正面钻，仅 B 组钻孔从背面钻成，在正面仍制作了钻孔间的凹槽。从钻孔方向上来看，此钻孔部分的凹槽应不具备确定钻孔位置的作用，凹槽在钻孔间的位置似乎也无法起到隐藏或固定修复线的作用，可能属于较晚的修复特征，只保留了修复意图的表象，而未成为实际有益的功能。

根据修复痕迹保留较为明显的 N2Z1M24、N16M15 勾云形玉器上残留的修复痕迹，可以大致了解修复过程：先确定修复孔位置，再钻孔，之后在两钻孔之间打磨深凹槽，以隐藏修复线，最后对断裂面进行打磨修整。这种修整的过程和顺序会对最后修复的效果产生影响，可能出现诸如钻孔间凹槽无法准确对应的问题。

从几件修复器物上可以发现，此种最常采用的修复方法在技术上相对简单，但修复痕迹较为明显，并且可能在一定程度上破坏器物的纹饰和外观，而在修复孔之间磨出的凹槽，不仅可以确定钻孔的位置，对于维护器物的外观也有一定的作用。

对比两种修复方法可以发现，二者都可以实现器物的接合，将残断器物重新修复，并可以基本保证其使用功能。相比较而言，隐性修复方法可以更有效地隐藏修复痕迹并保持器物的外观，但对器物断裂面的形态等有着较高的要求，并且受所需要修复的器物大小及重量的限制。隧孔相对较细，对修复材料的韧性和强度要求较高，用于修复大型器物时稳定性相对较差。从器物的特征来看，出土于 N2Z1M24 的勾云形玉器厚度在 0.6 厘米左右，完全符合第一种修复方法所需制作隧孔的一般厚度，但由于器体相对厚重，较细的隧孔无法起到很好的加固作用。而用显性修复方法制作的钻孔，孔径相对较大，对于固定大型器物更为有效。

虽然后一种方法在一定程度上影响了器表纹饰的完整性，但从目前发现的采用第一种方法修器物的案例相对较少的情况来看，后一种方法应是得到广泛采用的较为有效的修复方法。

红山文化时期对于残损玉器的修复采用了整体复原的方式，着重于器物的使用功能，兼顾纹饰及外观，在二者不能兼顾的情况下，则更为关注器物使用功能的发挥。这种修复方式和理念的一致性显示牛河梁遗址进行修复工作的玉工应是受到了较为一致的器物修复规则的约束，在牛河梁遗址区域范围内也存在专业的制玉工匠，至少可以完成对残损玉器的修复和再加工。

四　玉器制作的专业化分工

牛河梁遗址玉器可见来源不同的多种玉料，但在玉器的制作加工特点上并无明显差异，来自贝加尔－吉黑地区的玉料的加工地点也与其他玉器基本相同，即牛河梁遗址的人群虽然未能有效控制原料的产地，但对生产过程和产品的再分配过程影响明显。

大量经过修复和再利用的器物的存在显示牛河梁遗址应当存在专业的治玉工匠，他们是否也可以独立完成牛河梁遗址发现的大量玉器的制作？对产品制作和修复过程中都发现的钻孔方式的比较可以为此问题的回答提供线索。

牛河梁遗址中常见的片状器物，如玉凤、单勾型勾云形玉器、龙凤玉佩等，这类器物通常正面纹饰清晰明显，而背面的处理较为简单，在设计使用孔时需要考虑到器物的展示方向问题，隐藏在背面的隧孔应是最为理想的选择。从单面纹饰扁平类器物使用孔特征统计（表4-8）可以发现，这类器物通常采用隐藏在背面的隧孔作为使用孔，使用对钻孔的仅见两例。无论是对钻孔还是隧孔，制作工具皆为实心钻，在工艺方法上基本没有差别。相对而言，对钻孔对钻头位置的要求相对宽松，钻孔基本与器表垂直或略有角度，而隧孔则要求钻头与钻孔平面的角度相对固定。从操作层面看，隧孔的制作难度可能相对较高。隧孔的广泛使用表明，这种相对复杂的制作技术可能已经成为制作者较为熟练掌握的技术。

表4-8　单面纹饰扁平类器物使用孔特征统计

时段	钻孔方式	器物名称	出土单位	墓葬层级
1	隧孔	双鸮首玉饰	N2Z1M26	I
2	半隧孔	勾云形玉器	N2Z1M21	II
	对钻	勾云形玉器	N2Z1M14	II
3	隧孔	玉凤首	N2Z1 采集	
		勾云形玉器	N5Z1M1	I
		龙凤玉佩	N2Z1M23	II
	对钻	勾云形玉器	N2Z1M24	II
4	隧孔	玉凤	N16M4	I
5	隧孔	勾云形玉器	79M2	II

　　残损玉器修复时的钻孔虽也可见隧孔和对钻孔两种，但隧孔只见一例，器物上残存痕迹显示这种修复的方式也并不成功，此后出现的各类器物在修复时都采用了对钻孔。对钻孔的制作才是牛河梁遗址的工匠们更为熟练的制作技术。对钻孔工艺掌握程度的差异显示，牛河梁遗址的工匠可能并不能独立完成牛河梁遗址出土的玉器的制作，牛河梁遗址的器物可能并非于本地加工完成，而在其他地点完成对器物的加工和制作。牛河梁遗址存在的玉工集团，可以从事器物的修整、修复及再加工，并可根据需要对器物进行简单的局部加工。

　　牛河梁遗址中虽然出土了大量的玉器，但并未发现加工废料的堆积或加工遗迹，遗址中发现的残损器物或钻芯等"废弃"物皆经过再加工。虽然我们没有发现利用钻芯再加工而成的器物，但从这种加工打磨的特征可知应已预备对其进行进一步的使用，玉芯并不是作为加工过程的废料来对待的。因此基本可以排除其作为制作废弃物的可能，而与其他器物的收藏和使用功能相近。这些特征显示牛河梁遗址可能是玉器的主要消费地而非生产地。

　　目前尚未见红山文化制玉作坊的材料发表，但有材料表明在董家营子遗址①的居住址附近发现了制玉作坊，这表明玉器的制作地点可能在居住址附近。

　　对造型较为复杂的勾云形玉器的分析可知，在勾云形玉器的制作过程中存在不同制作工序上的分工，从现有特征上来看，至少分别存在两组器形的制作者与纹饰的加工制作者，不同工序上的生产者之间并无直接的联系或对应关系，即器形与纹饰分别是由不同的个体或群体制作完成的。而这种不固定的组合方式也表明，同一器物的制作过程中也有不同的分工，器形与纹饰的非规律组合显示，可能有多个个体或群体参与了此类器物的制作。在生产过程中承担职能不同的多个个体或群体在空间上的距离并不远，至少应在同一地区或属于同一个器物制作单位。器物特征明显的延续性表明其制作规范一致，制作人群的主体并未发生明显的变化，同类器物的制作地点应基本相同。

　　不同的器物采用不同的制作方法，如玉璧的制作不采用管钻，镯、环类器物则为管钻工艺下的产物。器物类型与工艺特征的相对固定组合表明，

---

　　①　刘晋祥：《燕山南北长城地带史前聚落形态的初步研究》，《文物》1997 年第 8 期。

两类器物的制作者和制作传统存在明显差异。这两种不同的玉器制作传统长期并存、互不借鉴，除可能与制作者对于工艺的偏好和传统的坚持有关，也可能与两类器物的制作地点相距较远有关，即两类器物的生产地点可能并不相同。半拉山墓地①发现了少量作为随葬品使用的玉器加工的半成品，目前发现者为采用管钻的镯、环类器物的半成品和钻芯，而未见其他，这可以为上述"不同的器物可能在不同地点制作完成"的观点提供证据。

这一时期，玉器的制作不仅出现了基于器类和加工工艺区别而进行的分工，在复杂器物的制作中更是出现了基于制作工序不同而进行的分工。多个群体或个体参与到玉器的制作过程中，共同完成所需玉器的制作，这种分工方式的出现意味着不同工序之间协调和管理者的存在。

牛河梁遗址虽然出现了可以完成器物修复和简单再加工的工匠，但社群对于玉器生产的管理不是通过直接参与玉器的制作，而是通过对制作和产品再分配过程的管控来实现的。

牛河梁遗址不是玉器的主要加工制作地点，不同类玉器的生产地点也可能并不相同，牛河梁遗址发现的多种类型的玉器的生产地点可能分布在周边其他区域，这也表明牛河梁所代表的人群控制的地域范围可能要远超过我们目前所知的牛河梁遗址区域范围。

第二节　陶器生产的专业化

陶器是牛河梁遗址中发现数量最多的器类，特征较为明显的器物有筒形罐、筒形器、塔形器、彩陶盖罐等几种。从出土数量较多的筒形器和筒形罐的特征来看，二者在使用和制作方式上都存在差异：筒形罐着重于承装物品的使用功能，修整重点为内壁，而筒形器则注重外形及纹饰，修整重点为外壁。由于使用需要而对内壁做出的修整，导致筒形罐上遗留下来的与制作有关的痕迹相对较少，且纹饰特征变化较不明显，此处的分析暂时将筒形罐排除在外。

---

① 辽宁省文物考古研究所、朝阳市龙城区博物馆：《辽宁朝阳市半拉山红山文化墓地的发掘》，《考古》2017 年第 2 期。

　　器表遗留的信息可以为我们探讨器物和纹饰的制作特征提供线索，因此我们可以通过对陶器的造型、纹饰特征及其组合方式的变化的分析，讨论在陶器制作过程中可能存在的制作者或群体的变化及其分工。第一章将牛河梁遗址分为四期，其中第二、第四期出土陶器数量相对较多，因此以下的分析也将以这两个时期为重点展开。

　　陶器的制作过程可以粗略划分为制坯成型、施纹和烧成三个阶段，由于此处分析所选取的器类皆为红陶器，对烧造环境的要求基本相同，且在牛河梁遗址中尚未发现陶窑，此处的分析首先从器形和纹饰的特征入手。若二者有着较为固定的组合关系，则意味着这种不同工序上的分工为同一制作群体的内部分工或相邻工序的制作者关系密切，不需进行进一步区分，若没有固定的组合关系，则可能是在社会中存在较为普遍的社会分工。

一　第二期：专业化分工的初步形成

　　第二期的陶器以筒形器数量最多，器形、纹饰较为复杂者还包括彩陶盖罐和塔形器两种。筒形器只见 A 型一种，口底特征较为相似，底径略大于口径，造型特征基本相同。红陶胎，外施红色陶衣，少量器物器表绘黑彩；彩陶盖罐与塔形器数量相对较少，但皆为彩陶器。

　　笔者在第一章中曾详细分析了各类造型器物的形制演变过程：彩陶盖罐包括三型，其中发现器物较多的 A 型在外形特征上存在较为连续的变化，筒形器和塔形器也存在各自独立的形制演变过程。这种特征的连续渐变表明器物的制作存在较为稳定的传承。

　　这一时期彩陶纹饰可见双勾涡纹和单勾涡纹两种（图 4-6），双勾涡纹仅见复杂双勾涡纹一种，而单勾涡纹则可根据具体造型的差异分为两型。（图 4-7）

　　A 型单勾涡纹，卷勾圆弧，近似两端弯折未闭合的椭圆形，尾端向外延长，没有明显分叉，多个涡纹首尾相连构成一个纹样带，相邻纹样带之间留有空白部分作为分界。见于 A 型筒形器和彩陶罐上。

　　根据尾端延长部分的有无分为二式：Ⅰ式见于牛河梁遗址第十六地点79T3③层的 A 型筒形器上；Ⅱ式见 N5JK1：1 彩陶罐最下侧纹饰，勾纹相连，后端的延长部分基本消失不见，前者作为器表纹样带的主要纹饰母

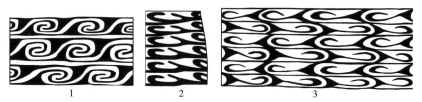

图 4 - 6 牛河梁遗址第二期彩陶纹样分类示意

注：1 为双勾涡纹，2、3 为单勾涡纹。

图 4 - 7 单勾涡纹分类示意

题，后者则作为辅助纹饰与双勾涡纹同时出现。

B 型前端弯钩，后端分叉明显，仍为构成器表纹样带的基本单元。主要见于牛河梁遗址第二、第十六地点，根据纹饰特征的变化可以分为三式。（图 4 - 8）

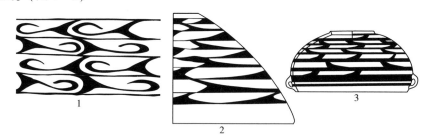

图 4 - 8 B 型单勾涡纹造型演变示意

注：1. I 式（N2Z4M4：W2）；2. II 式（N2Z4M4：W57）；3. III 式（N2Z4M7：2）。

I 式保持前端卷勾后端分叉的基本特征，纹饰仅出现在筒形器上，数量相对较多，N2Z4 下层积石冢外围冢界出土的 A 型筒形器上皆见此种纹饰。见 N2Z4M4：W2（冢界）、N2Z4M6：W1（冢上堆积）。

II 式前端卷勾部分变直并渐趋与分隔线重合，但仍保留了尾端分叉的特征，纹饰出现在塔形器上，见 N2Z4M4：W57（冢上堆积）、N2Z4M9：W10（冢上堆积）。

Ⅲ式卷勾前端与分隔线完全重合，尾端下侧的分叉也与分隔线重合，形成近似上窄下宽的斜宽带，见 N2Z4M7：2 彩陶罐。

单勾涡纹的造型渐趋简化，从最初的卷勾和分叉的尾部共存到两者都逐渐消失，渐趋接近弧线宽带纹，纹饰从规整清晰逐渐简化，相邻纹样带反向排列。虽有单线纹作为纹样带之间的分界，但区分并不明显。此类纹饰的主要流行时间为第二期，未在其他时期内发现此种纹饰。除基本的纹饰主题特征的渐变之外，构图方式也存在较为一致的特征：相邻纹样带反向排列，以单线纹作为相邻纹样带的边界。

从纹饰的布局来看，单勾涡纹的绘制较为规律，即使在相邻纹样带的长度有明显差异的塔形器上，纹样带之间纹饰单元的数量也基本相同（图4-9），而双勾涡纹的绘制则似乎没有明显的限制，绘制在彩陶盖罐上的双勾涡纹不仅纹样带之间纹饰单元的数量不同，甚至可以发现对纹饰的改动和局部简化（图4-10）。根据纹饰绘制风格的差异可以初步推测两种纹饰可能是由不同个体或者人群来完成的，两种造型略有差异的单勾涡纹可能存在出现时间的早晚。而从纹饰变化的连续性上来看，也基本可以根据纹饰特征的差异将纹饰的制作者进行区分，即纹饰特征的演变也相对独立。

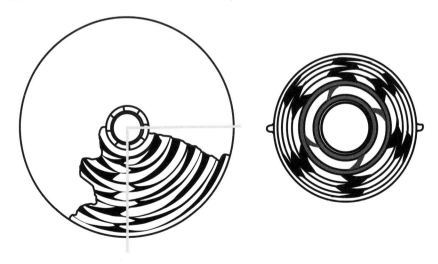

图4-9　单勾涡纹纹饰布局示意

图 4 – 10 双勾涡纹布局及纹饰的简化

　　第二期陶器的器形和纹饰都可以发现连续性变化的特征，根据类型学原则，这种连续性是器物制作者或制作群体之间制作工艺传承过程中出现的渐变性特征。因此可以初步认为两种特征的制作者存在各自的传统，即可以初步认定此两种特征的制作者分别属于两个人群，在第二期的不同时段并未发生明显的变化。

　　据器形与纹饰的组合（图4-11），A型单勾涡纹见于N16地层出土的筒形器上，也曾作为辅助纹饰出现在彩陶罐上。B型单勾涡纹在三类器物上皆有发现，双勾涡纹则见于彩陶罐和筒形器上，塔形器上仅见B型单勾涡纹。就目前的发现来看，三种造型的器物与三种纹饰特征之间没有固定的组合关系，两组特征之间都存在两种以上的共存关系。

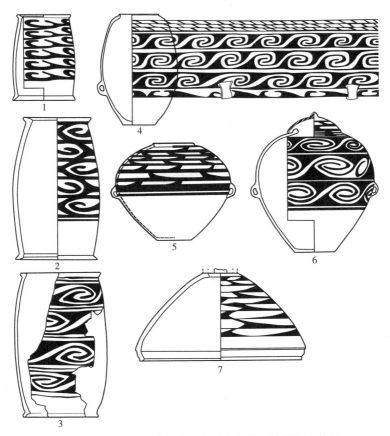

图4-11　牛河梁遗址第二期器物造型与纹饰组合关系

注：1为A型单勾涡纹，2、5、7为B型单勾涡纹，3、4、6为双勾涡纹。

此三类器物都见于 N2Z4X 墓葬及相关遗迹中，彩陶盖罐为墓葬内随葬品，筒形器出土于墓葬外围封石边界，塔形器多见于积石范围的相对中心位置，其共存关系相对明显。前文根据墓葬和出土遗物特征将第二期 N2Z4X 墓葬分为早晚两段，在此种划分之下，N2Z4X 出土的三类器物与纹饰关系的统计结果（表 4 - 9）显示器形与纹饰存在相对固定的组合趋向。

第二期早段器物与纹饰的组合较为清晰：彩陶罐上仅见双勾涡纹，而筒形器和塔形器上则只见单勾涡纹；至第二期晚段时 B 类单勾涡纹开始出现在彩陶罐上，器形与纹饰的明确区分有所减弱。

表 4 - 9 N2Z4X 出土陶器器形与纹饰特征关系统计

时段	出土位置	彩陶罐	筒形器	塔形器
早段	N2Z4XM4	/	单勾涡纹（B）	
	N2Z4XM6	双勾涡纹	单勾涡纹（B）	/
晚段	N2Z4XM5	双勾涡纹	无彩	/
	N2Z4XM7	单勾涡纹（B）	/	/
	N2Z4XM9	/	/	单勾涡纹（B）

第二期出土遗物以陶器为主，选择作为分析样本的彩陶罐、筒形器、塔形器皆为与埋葬行为有关的遗物。对数量最多的筒形器的分析可以发现，筒形器虽然在口、底特征上存在差异，但这种差异与制作时间的不同有关，没有发现明显的与制作者或制作群体有关的信息，因此，笔者推测这一时期筒形器的制作者之间并没有明显的区分。其他两类器物在器形上也存在明显的连续性特征，仅纹饰变化较为明显，器形的制作可能由同一个体或具有传承关系的人群完成的。

器形和纹饰的制作者之间的关系在不同时段发生了一些变化（图 4 - 12）。在第二期早段时，不同制作工序之间联系密切，器物的制作可能由同一个或同一群人完成。虽然也可能存在不同制作工序之间的分工，但这种分工限于器物制作群体的内部，陶器制作的分工主要依据器物特征和功能的差异，即可能不同的器物由不同的个体或人群来完成，因而采用了不同的纹饰特征。前文分析中已经发现彩陶盖罐的器形、纹饰特征的变化与墓葬所显示的埋葬习俗的变化存在差异，此种差异可以从器物特征与埋葬特征的不一致变化中发现。相比而言，器物的变化更为缓慢，由此可以推测彩陶盖罐为死者生前使用之物，死后用于随葬，因而其特征较墓葬特征更早。此类器物虽可能通过其他方式获得，但也可能为死者自己生前制作的器物。从使用时间来看，筒形器、塔形器等与对死者的埋葬行为有关，因而其应是专门为埋葬而制作的器物，其制作的时间与埋葬的时间相近，是其他人为死者制作的物品。由此也可以说明两类器物的制作者存在差异。而从单一器物制作过程来看，早段时器物制作的两个工序存在固定的组合，其变化过程相对较为连续，工序之间可能存在的差异应为制作过程中的群体内部分工，陶器制作出现了基于器类不同的初步分工。

　　第二期晚段同一器物制作过程的连续性特征有所减弱，分别从事器形和纹饰制作的两个阶段皆有多个个体或群体参与，但两种工序之间缺乏明确的对应关系，彼此的组合较为随机。不同器物成型之后统一进行施纹的过程，因此，器形与纹饰的组合显示出较前一时段更为复杂的特征，不同制作工序所显示的以技术特征为分工标准的倾向更为明显。这表明前一阶段出现的陶器制作的专业化分工出现了进一步细化的趋向，从以器类为标准的分工开始向技术专业化的方向转变，为第四期时大规模的陶器制作分工的出现奠定了基础。

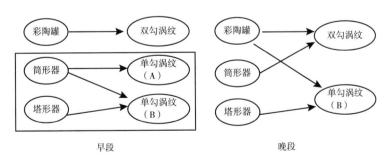

图 4-12　牛河梁遗址第二期陶器制作分工的特征及变化

二　第四期：专业化分工的发展与完善

　　第四期出土遗物仍然可见塔形器、彩陶盖罐、筒形器等多种，其中以筒形器数量最多，变化最为复杂。第二期晚段已经出现了较为明显的按照器物制作工序分工的倾向，因此，此处的分析将重点选取筒形器作为分析的对象，进一步探讨根据技术手段要求不同而形成的手工业制作分工的发展和完善，分析仍从器物成型和纹饰制作两个方面展开。

第四期出现的筒形器整体特征较为一致：近直腹，向底部略加宽，口沿下多为细密弦纹，弦纹下皆有一道凸棱，凸棱下较为平整规范，其上多施黑彩。内壁未经仔细修整，保留了大量的刮抹痕迹。外壁的特征受社会整体关于器物造型规范的影响，筒形器之间的差别较小，由于内壁更多保存了制作者的特征，差异较为明显。基于筒形器外壁和内壁特征的差异，可以将筒形器的制作过程进一步分为成型和修整两方面，将基本形制的确定和内壁的修整处理分开讨论。

筒形器根据颈部特征的差异可划分为 B、C 两型，B 型直颈，C 型颈部微外折。经过发掘的材料显示第一地点有 C 型筒形器，而不见 B 型筒形器，而其他地点的积石冢中多见 B 型筒形器，不见或少见 C 型器物，正式发掘区域中两种不同型式的筒形器共存的现象较少。但 2014 年的调查在多个地点内同时发现了两种造型的筒形器残片，这两种器物在功能和使用区域上可能并没有明显的区分，口部特征的差异可能与制作者的习惯和偏好有关。

B 型筒形器在器物的口部处理方面也存在差异，可以发现口部内侧的处理有规整的按压平面和整体圆弧两种特征，由此可以进一步分为 Ba 和 Bb 两个亚型①。对牛河梁遗址中发现的两种 B 型筒形器分布地点的统计没有发现明显的规律，N2Z1 可以同时发现两个亚型的筒形器，即这两种特征的器物在使用方面并没有明显的差异，而可能仅与制作者的习惯有关。根据前文类型学分析的结果可知，在器形演变的过程中，这两种制作特征一直延续，这表明这两种口部的制作传统曾在牛河梁遗址长期并存。两种略有差异的筒形器在不同时期共存表明在当地可能存在两个制作 B 型筒形器的群体，二者在器物的制作过程中遵循同样的要求，但在小范围内保存并延续了自身的特色。（图 4 - 13）

---

① 具体分析详见本书第一章。

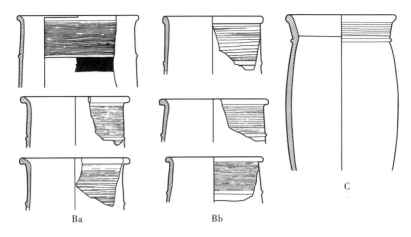

图 4 - 13　筒形器口部特征分类

C 型筒形器的整体变化规律与 B 型筒形器基本相同。根据筒形器口部特征的差异推测，在牛河梁遗址可能存在 3 组制作筒形器的人群，其中制作 B 型筒形器的 2 个群体关系更为密切。

筒形器器壁较厚，器壁中部相对口、底部分薄，内壁可见刮抹修整痕迹，由此可知刮掉多余泥料的内壁修整是筒形器制作的重要工序。修整的特征在筒形器底部表现较为明显，《牛河梁》将筒形器底部的特征分为起台、起棱和不起棱台三种（图 4 - 14）。三种底部特征的差异主要出现在内壁，可能与修整的方式和顺序不同有关。起台者内壁从口部向底部进行修整，近底部时停止，形成底沿；起棱者虽然也是从口部向底部修整，但在近底部时，从底侧修整刮抹，二者交叉处形成凸棱；不起棱台者则从口部一直修整至底部。没有发现三种底部修整特征不同的筒形器存在制作时间早晚的差异。底部的修整并不影响外形的特征，与使用者的要求无关，而是制作者不同制作习惯的产物，因此可以相应推测三种一直延续的底部修整方式是三种不同的修整习惯的反映，其差别代表制作者或制作群体的差异。

对口部特征与底部特征的比较没有发现二者有固定的组合规律。如果每个群体保持相对一致的制作习惯的假设成立，则可以认为筒形器的制作过程并非由单一人群完成，器物成型和内壁修整可能由两组人群完成。牛河梁遗址中已经存在了筒形器制作过程中不同工序的专业分工，在同一工

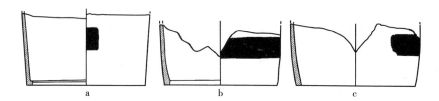

图 4-14　第四期筒形器底部修整特征分类

注：a. 起台；b. 起棱；c. 不起棱台。

作环节中也有多个社会群体共同参与（图 4-15）。同一器物不同工序上的制作者之间并不存在直接的联系，器物制作过程中存在统一的分配与管理，同一工序上的生产者作为一个整体与下一工序的生产者相对应，而不是每个群体独立面对下一制作工序的制作者或群体。

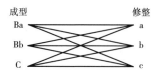

图 4-15　第四期筒形器成型—修整过程关系

　　第四期的彩陶纹饰仍为红地黑彩，多施于筒形器口、腹部等较为明显的位置。陶胎颜色深浅不一，表面多施深红色陶衣并经打磨，其上绘黑彩，两种颜色相间构成不同的纹饰效果。器表的红色陶衣色泽略有变化，但基本保持红色系，其上的黑彩特征则各有不同。与前一时期相比，彩陶纹饰的主题更加丰富，除了沿用第二、第三期曾经出现的双勾、单勾涡纹，菱形纹，平行宽带纹等外，还出现了垂鳞纹、倒三角纹、菱形纹、直角三角纹、大三角折线纹、对弧线三角纹、短斜线纹等多种。《牛河梁》将这些纹饰归纳为勾连花卉纹（包括单勾和双勾两种）、垂鳞纹、几何纹（包括倒三角纹、菱形纹、直角三角纹和折线三角纹等几种）和其他（包括对弧线三角纹、短斜线纹、宽带纹）四类。（图 4-16）

　　纹饰的构成可以分为几个不同的层次，纹饰的差异是通过不同层次特征的差异累积实现的。基本纹饰单元是构成纹饰的最基础单位，一个或几个基本纹饰单元的固定排列组合构成纹饰母题，纹饰母题的

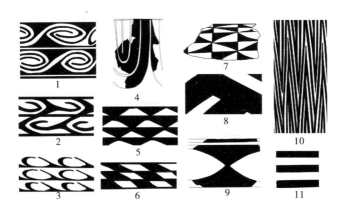

图 4 - 16　牛河梁遗址彩陶纹饰分类示意

注：1 为双勾涡纹，2、3 为单勾涡纹，4 为垂鳞纹，5 为倒三角纹，6 为菱形纹，7 为直角三角纹，8 为几何纹，9 为对弧线三角纹，10 为斜三角折线纹，11 为平行宽带纹。

规律性排列构成纹样带，纹样带按照一定的原则排列构成完整的器表纹饰。

以图 4 - 17 为例，器表纹饰由三种纹饰构成：弦纹及平行宽带纹、双勾涡纹、单勾涡纹，其中双勾涡纹因其在器表的位置及占用空间可以确定是该器物上的主体纹饰，双勾涡纹构成的纹样带为主体纹样带，上侧的弦纹带及下侧的单勾涡纹带则为辅助纹样带。涡纹为基本纹饰母题，基本纹饰的二方连续分布构成涡纹纹样带，构成涡纹的两个相对卷勾为基本纹饰单元。用以区分上下纹样带的一组或多组弦纹为分隔纹样带，同一纹样带构成要素相同。

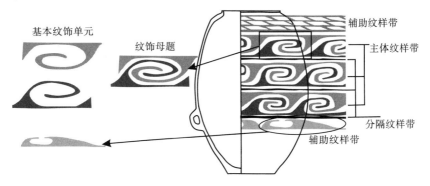

图 4 - 17　彩陶纹饰各部名称示例

彩陶纹饰的变化将从以下几个方面来讨论。

①基本纹饰单元，在不添加新因素的情况下基本纹饰单元的变化将带来纹饰的改变。

②纹饰布局。

③器形与纹饰的组合。

虽然各类纹饰的命名依据并不相同，但许多名称约定俗成，为多数学者所接受，在此笔者仍采用《牛河梁》的命名，对其基本的纹饰构成单元予以分解，说明纹样带的构成方式。

勾连涡纹①是牛河梁最常见的纹饰母题，包括单勾涡纹和双勾涡纹两种，自第二期开始流行。

第四期仅见双勾涡纹，可以分解为两个由三角及弯钩构成的基本纹饰单元，纹饰单元横轴对称交错排列构成纹饰母题。双勾涡纹造型可分为两种（图4-18）：一种有两个较为明显的弯折（A型），另一种则相对简单，仅可见一个折角或没有明显的弯折（B型）。两种基本的纹饰单元构成两个差异不大的涡纹造型，两种涡纹的设计及构成基本相同。A型在第二期就已经出现，而B型主要见于第四期，因此，二者形态的差异应与时间的早晚有关，后者可视为前者的简化形式，第四期时A型双勾涡纹仅见于辅助纹样带，而B型双勾涡纹通常作为主体纹饰出现。

A型双勾涡纹　　　　　　B型双勾涡纹

图4-18　双勾涡纹分类示意

对弧线三角纹是以弧线三角纹为基本纹饰单元，横轴对称同位排列构成。牛河梁遗址发现对弧线三角纹陶片3件，分别见于N16、N2Z2和N2Z3垫土层，皆为B型筒形器上纹饰。未发现纹饰特征有明显变化。

---

① 郭明：《牛河梁遗址勾连涡纹纹样的演变》，载辽宁省文物考古研究所编《红山文化学术讨论会论文集》，辽宁人民出版社，2013，第364~373页。

倒三角纹是构成器表纹饰的基本纹饰单元，此类纹饰见于 N16、N2Z1、N2Z2M2 填土、N2Z3 垫土层、N2Z4A、N3、N5SCZ1，多见于 B型、C 型筒形器上，相邻纹样带错位排列，不同地点发现的纹饰特征相同，未发现存在纹饰特征的变化。

直角三角纹是基本纹饰单元，以其中一个锐角端点为中心连续 4 次旋转 90°，即可获得"风车"形象的纹饰母题，此纹饰母题为四个直角三角形中心对称排列而成（图 4 - 19）。纹饰见于 N16、N1J3、N2Z4A，为 B、C 型筒形器上纹饰。同一纹饰母题横向分布构成纹样带。

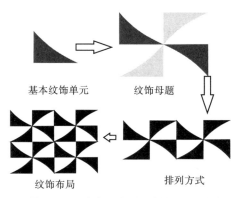

基本纹饰单元　　纹饰母题

纹饰布局　　排列方式

图 4 - 19　直角三角纹纹饰构成示意

垂鳞纹是以弧线宽带纹为基本纹饰单元的纹饰母题。此类纹饰见于 N2Z2、N2Z4A、N3、N2Z6、N16，皆为 B 型筒形器纹饰。

菱形纹是基本纹饰单元，相邻纹样带错位排列，主要见于 D 型筒形器和 B 型筒形器上侧的辅助纹样带上。

对各类纹饰流行时间的统计（表 4 - 10）可以发现，第四期除了延续使用前期流行的双勾涡纹、菱形纹和宽带纹外，还出现了大量的新纹饰，新的纹饰以几何纹为主。

表 4 - 10　各类彩陶纹饰流行时间统计

分期	双勾涡纹	单勾涡纹	对弧线三角纹	倒三角纹	直角三角纹	垂鳞纹	菱形纹
二期	○	○					
三期							○
四期	○		○	○	○	○	○

器表纹饰由多组纹样带构成，每组纹样带由纹饰母题以二方连续构图方式环绕器表构成。牛河梁遗址的彩陶纹饰可以分为由同一纹样带构成的纹饰和由辅助纹样带与主体纹样带共同构成的纹饰两种。同一纹样带基本采用相同的纹饰母题，第四期的筒形器上多见上侧辅助纹样带与下侧主体纹样带的组合。

筒形器上主体纹样带皆位于辅助纹样带以下，常见纹饰有双勾涡纹（简化）、倒三角纹、对弧线三角纹、直角三角纹、垂鳞纹等几种。相邻纹样带的排列方式，大体可分为相邻纹样带同位同向、同位反向、错位同向三种（表4-11，图4-20）。排列方式的差异可能与人们的审美有关，也可能与制作者所习惯的构图方式有关。

表4-11　基本纹饰单元与纹样带排列方式组合

	双勾涡纹	菱形纹	倒三角纹	对弧线三角纹	直三角纹	单勾涡纹
同位同向	○			○	○	○
同位反向						○
错位同向	○	○	○			

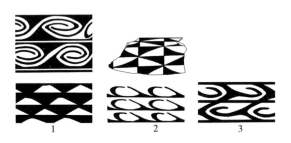

图4-20　牛河梁遗址彩陶纹样带排列方式示意

注：1. 错位同向；2. 同位同向；3. 同位反向。

主体纹样带之间多有分隔纹样带，如菱形纹之间以单线纹分隔，对弧线三角纹以多道线纹作为分隔纹样带，倒三角纹、直角三角纹的相邻纹样带之间虽未见明显的分隔线，但从其规律的排列方式上可以推测，也存在单线分隔线，用以确定纹样带的位置，但纹样带之间分隔不明显，相邻纹样带紧密相连，与纹饰造型相对较大的垂鳞纹、斜三角折线纹等基本上为单一纹样带布满器表的情形较为相似，因此可将二者划归一类，即将纹样带之间区分不明显的纹饰作为一个整体看待。较为复杂的纹饰，如作为主体纹饰的勾连涡纹，纹样带之间则常见多组线纹分隔，纹样带之间区分明显。（表4-12）

表4-12 各类纹饰分隔纹样带特征统计

	双勾涡纹	菱形纹	倒三角纹	对弧线三角纹	直角三角纹
单线		○	○		○
多线	○			○	

辅助纹样带位于筒形器器表凸棱的下侧，多见菱形纹、短斜线纹和双勾涡纹（简化和复杂）三种，皆曾作为主体纹饰出现在较早阶段的筒形器上，虽然可见两周纹样带，但纹样带间的区分不明显，可以将其视为一组。

筒形器器表纹饰布局可以根据辅助纹样带的有无分为两类。

其一，A类由辅助纹样带与主体纹样带共同构成器表纹饰，辅助纹样带在上，主体纹样带在下。组合方式较为简单，可见以下几种。

菱形纹与垂鳞纹的组合，见于N2Z4A的地层中。

简化双勾涡纹与垂鳞纹的组合，数量较少，见于第十六地点。

复杂双勾涡纹与斜三角折线纹，此种纹饰目前仅见于第五地点，N5SCZ1地层及N5Z1M1填土中。

简化双勾涡纹与斜三角折线纹，此类纹饰目前多见于第十六地点，N2Z2地层中也有少量发现。目前发现的采用此种纹饰布局者主体纹样带皆不分段，由于发现的彩陶片较为残碎，不排除存在其他组合方式的可能。

其二，B类无辅助纹样带，由单一纹饰主题构成器表纹饰。器表纹饰的排列方式可以分为分段（B1）和不分段（B2）两种。不分段纹饰可见直角三角形和倒三角形纹饰两种，而分段纹饰则可见横向宽带纹、对弧线三角纹、简化双勾涡纹和平行宽带纹等几种，除横向宽带纹不见分隔纹样带外，其余几种相邻纹样带之间皆有多组平行线构成的分隔纹样带。

分析可以发现，牛河梁遗址彩陶纹饰的布局方式略有差别。综合来看，A类有辅助纹样带者也可以划归为分段纹饰。基于两种不同的分类标准可能对不同纹饰在分类中的位置有所影响，以下将上述纹饰布局划分为三类。

①原 A 类纹饰布局，辅助纹样带与主体纹样带的组合，主体纹样带不分段。

②原 B1 类纹饰布局，主体纹样带分段排列，相邻纹样带之间间以多组平行线纹。

③原 B2 类纹饰布局，单一纹饰构成，相邻纹样带之间无明显分界。

纹样布局与基本纹饰单元有相对固定的组合，①类纹饰布局主体纹饰见大三角折线纹和垂鳞纹两种；②类纹饰布局的纹饰见对弧线三角纹、平行宽带纹和简化双勾涡纹；③类纹饰布局见直角三角纹和倒三角纹两种。不同的纹饰布局与纹饰主题的组合相对稳定，因此可以认为纹饰主题、纹饰布局的特征在纹饰制作中较为一致。

对不同地点发现的筒形器纹饰特征的统计（表 4 - 13）没有发现不同分类下的纹饰的明显的分布规律，可以发现几种纹饰布局的器物在遗迹单位内共存的现象，这表明，筒形器可能属于社会共同制作并统一分配的产品，其特征所反映的并不是积石冢或地点所代表的社会群体的内部分工的结果。这种纹饰布局的差异与使用群体无关，而更多可能与制作者关系密切。

表 4 - 13　筒形器纹饰特征的空间分布情况统计

纹饰\地点	①类			②类				③类	
	垂鳞纹	斜三角折线纹（粗）	斜三角折线纹（细）	对弧线三角纹	简化双勾涡纹	宽斜线纹	宽带纹	倒三角纹	直角三角纹
N2Z1		2	2		5	3	46	2	
N2Z2	2	2	2	1	2	1		3	
N2Z3				1	1	1	1	1	
N2Z4A	12				6			1	3
N2Z6					1				
N3	2	4					8	1	
N5SCZ1		20			11		2		
N16	1	3	24	1	8	2	16	1	3

辅助纹样带与主体纹样带的组合可视为分段布局和不分段布局的折中模式，而另外两者都可以发现相对连续的变化过程，可以双勾涡纹作为主

题的纹饰布局的变化予以简要说明。

作为主体纹饰的双勾涡纹根据纹样带之间分隔纹样带的变化可以分为三式。（图4-21）

Ⅰ式（N2Z4M6:1）　　　　Ⅱ式（N2Z4L:1）　　　　Ⅲ式（N2Z2:49）

图4-21　分隔纹样带特征演变示意

Ⅰ式，器表纹样带之间留白作为自然分隔。

Ⅱ式，在纹样带之间的空白处施画单线纹作为纹样带之间的分隔。

Ⅲ式，纹样带之间分隔线数量增加，分隔纹样带加宽。

Ⅰ式见于N2Z4M6和N2Z4M5出土彩陶盖罐上，Ⅱ式见于N2Z4出土的A型筒形器上，Ⅲ式数量较多，可见于积石冢冢体堆积中出土的塔形器和B型筒形器上。根据纹饰母题特征及筒形器形制的变化可以确定，以双勾涡纹为主体纹饰的彩陶纹饰中，存在分隔纹样带逐渐出现并加宽的趋向。

纹饰特征渐变明显的单勾涡纹却没有发现明显的纹饰布局方式的变化，都采用单线纹作为相邻纹样带之间的边界，相邻纹样带的纹饰反向排列。第四期出现的不分段的纹饰布局的特征与第二期流行的纹饰的排列特征基本一致，仅具体纹饰略有变化。第二期较为具体的纹饰变得更加抽象，直至第四期出现几何纹饰，因此也可以将第四期不分段的几何纹饰作为第二期时流行的不分段的纹饰布局的延续。

三种纹饰布局分别代表三种不同的纹饰制作传统，或可视为存在三种不同的纹饰制作群体。除辅助纹样带与不分段主体纹样带组合的特征主要见于第四期之外，另外两种都是自第二期就已经出现的特征的延续。而在同一纹饰布局的分类之下，还存在不同的具体纹饰，其意义仍有待进一步探讨。

对纹饰特征的统计没有发现存在明显的使用区域方面的差异，同一遗迹单位内各种纹饰布局的器物都有发现。这表明，纹饰特征所表现的也是制作者的特征，而受使用者的影响并不明显。

分析可知在陶器的成型、修整和纹饰的绘制过程中都存在多种并列的特征，这种特征和习惯的差异可能与制作者或制作群体的不同习惯有关。

以下将通过对器形和纹饰组合方式的分析，探讨制作器物和绘制纹饰的群体之间的关系，若二者有着较为固定的组合关系，则意味着这种不同工序上的分工为同一制作群体的内部分工，若没有固定的组合关系，则表明存在较为普遍的社会分工，可能并未形成针对特殊器物和器类的特殊制作群体。

由于牛河梁遗址发现的彩陶片以腹部残片居多，很难确定其与器形之间的直接对应关系，而对纹饰特征与口、底特征的简略统计（表4-14）显示C型筒形器上仅见倒三角纹一种，但鉴于目前仅有一件绘有此纹饰的C型筒形器的材料发表，无法构成统计规律，而B型筒形器上虽然各种布局和纹饰皆有发现，但没有发现纹饰布局特征甚至具体纹饰与制作特征之间的相对固定联系。因此可以初步推测器物形制与纹饰并无固定的组合关系。

表4-14 筒形器制作特征与纹饰特征对比统计

制作特征 ＼ 纹饰特征	①类			②类				③类	
	垂鳞纹	斜三角折线纹(粗)	斜三角折线纹(细)	对弧线三角纹	简化双勾涡纹	宽斜线纹	宽带纹	倒三角纹	直角三角纹
底部特征 a	●	●		●			●		●
底部特征 b	●	●	●			●		●	●
底部特征 c		●	●		●		●		
口部特征 Ba	●			●		●			
口部特征 Bb	●				●		●	●	
口部特征 C								●	

以上的分析发现，在筒形器的制作过程中，从器物的成型、修整到纹饰的绘制三个阶段皆可以发现不同的特征。器形特征和内壁修整特征的相对自由组合，以及二者并存的延续性特征表明，器物的初步成型和内壁修整为两道工序，由不同的工人来完成。纹饰特征与器形相对自由的组合也显示，纹饰的特征与筒形器的形制并无固定的组合关系，器物的不同制作

阶段相对独立，相邻阶段的制作者之间并不存在单一性的依赖关系，而显示为较为稳定的多群体交叉的特征。

由此可以将器物制作过程进一步分解，每一制作阶段都由多人或多个群体来完成，不同阶段的群体之间的依存关系较为稳定（图4-22）。每一制作工序都相对独立，作为统一的整体面对相邻的制作工序的制作者，同一工序内又包括多个制作群体，这种制作特征表明在陶器的制作中可能已经出现了"流水化"作业。不同工序特征的随机组合表明，虽然存在多个制作者或制作群体，但其制作者都应集中在相近的工作区域内。一件器物的制作由至少两个群体协作完成，不同制作工序的制作者之间并无直接的联系，这种协作关系之上应有更高一级的协调者。

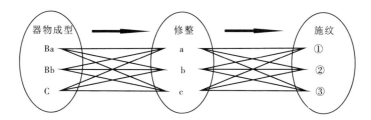

图4-22　第四期筒形器各制作阶段关系示意

三　陶器烧制技术的发展与完善

陶器制作过程中，以烧成阶段的考古学证据最为明显，除了可以从陶器色泽特征方面对烧成方式加以分析，陶窑也为我们了解陶器的烧成方式等内容提供了丰富的证据。目前牛河梁遗址并未发现陶窑等与陶器的烧制过程相关的遗迹，推测其应与同时期其他地区器物的烧制过程的特征较为相似。目前仅在赤峰四棱山[1]和上机房营子[2]发现了红山文化的陶窑。

上机房营子遗址发现红山文化陶窑两座，皆位于发掘区西北侧、山梁顶端的相对平坦位置，其西、北部发现大量红山文化陶片，发掘者推测此

---

[1]　辽宁省博物馆、昭乌达盟文物工作站、敖汉旗文化馆：《辽宁敖汉旗小河沿三种原始文化的发现》，《文物》1977年第12期。

[2]　内蒙古自治区文物考古研究所、吉林大学边疆考古研究中心：《赤峰上机房营子遗址与西梁》，科学出版社，2012，第11~25页。

两座陶窑应位于此红山文化遗址的南部边缘。① 两座陶窑形制略有差别。

位于北侧的 Y1，整体近弧边三角形，前端三角形部分东西长约 80 厘米，深 50 厘米，向西连通两个相对独立的火膛，火膛近窑床部分呈坡状高起，北侧窑室呈圆角长方形。在窑室内向下挖外侧的环形火道和与其相交的两个直火道，形成三个略高于火道平面的"窑柱"，其上铺设石板及碎石作为装烧平面，陶窑内发现的遗物有筒形罐、钵、斜口器、圈足器等。陶窑前端的三角形部分应为陶器装烧过程中的操作平面，操作者自此处向两个火膛内投柴，控制窑温。而所谓"窑柱"则为故意留出的较为固定的装烧平面的基础。在火道和火膛壁上皆有抹泥。（图 4 - 24：5）

Y2 位于 Y1 南侧，窑室平面近圆形，深 50 ~ 57 厘米，底部铺不规则石块。在西南壁斜向上方向挖有长 20 厘米、宽 10 厘米、深 20 厘米的凹槽，可能为投柴或排烟口，但基于其位置无法保证投柴后在窑内的均匀燃烧，作为排烟口的可能更大（图 4 - 24：1）。出土器物 10 件，可见筒形罐、壶、盆、斜口器和器盖。

Y1 火膛处产生的热量及烟火沿火道进入窑室，火焰不直接接触器物，可以有效避免因器物受热不均而导致的变形问题。从器物的色泽上来看，Y1 内出土陶器多属灰色系，较为稳定，而 Y2 出土的器物则多偏红色系，且器表多可见灰色或黑色的斑点。这些都表明在陶窑的结构、窑温的控制等方面，Y1 都更为先进，而 Y2 火焰与器物直接接触，与地面堆烧的特征更为接近。造成这种差异的原因可能有如下三个。

一与烧造技术的进步有关，从陶窑结构发展的角度来看，Y1 更为先进，若如此则 Y1 的年代应晚于 Y2 的年代。

二与其使用者的差异有关，相比而言 Y1 的使用者可能更为重视陶器的烧成效果，或可与其所属不同的窑工有关，即二者可能为同时使用而使用者不同。

三与烧造器物的种类有关，由于对陶色及烧成温度要求不同而采用了不同特征的陶窑，即使用者和使用时间相同，而与其烧制器物的种类不同有关。

---

① 内蒙古自治区文物考古研究所、吉林大学边疆考古研究中心：《赤峰上机房营子遗址与西梁》，科学出版社，2012，第 11 页。

Y1 陶窑内器物摆放整齐，小型器物放置在大型器物之内，部分器物倒扣于装烧平面上，这种规范的特征显示残存在陶窑内的遗物应当为陶窑最后一次使用后的遗留，即陶窑内共存的器物皆为同时烧造完成的。器物共时性的确定为通过对器物的类型学分析判断器物形制特征的先后关系提供了重要的资料。以下将根据发现的材料分别予以分析。

对出土遗物种类的分析可以发现，两座陶窑内出土遗物组合基本相似，皆是以筒形罐为主的日用生活陶器，未见其他。因此可以排除因器物的种类和烧制要求的不同而造成陶窑特征差异的可能。

陶窑内出土遗物以筒形罐数量最多，特征也最为明显，筒形罐根据纹饰布局的特征可以初步分为两型。（图 4 – 23）

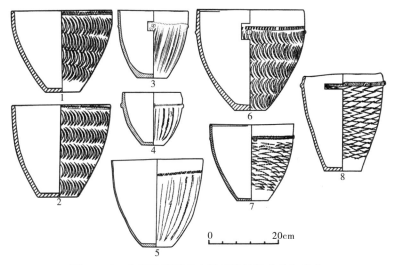

图 4 – 23 上机房营子出土筒形罐纹饰分类与演变

注：1. Aa 型 Y1：2；2. Ab 型 Y1：3；3. Ba Ⅰ式 Y2：2；4. Ba Ⅱ式 Y2：3；5. Ba Ⅲ式 Y1：30；6. Bb Ⅰ式 Y1：21；7. Bb Ⅱ式 Y1：11；8. Bc 型 Y1：23。

A 型自口沿部分开始施纹，主体纹饰为之字纹或斜线刻划纹，以之字纹为主，之字纹可见横排和竖排两种；仅见两例斜线刻划纹，其中一例为规整排列的短斜线，可视为竖排之字纹的变体。根据口部具体纹饰的不同还可以进一步划分为：Aa 无附加堆纹的短斜线纹和 Ab 施于附加堆纹之上的短斜线纹两种。没有发现此类器物口部附加堆纹的有无与主体纹饰中之字纹的排列方式有固定的组合关系，无法确定两个亚型的纹饰处理方式是否也存在时间的早晚，因其在陶窑内共出，可暂将二者视作同时的特征。

B 型施纹位置略偏下，主体纹饰可见之字纹和斜线刻划纹两种，比例大体相当，最上段纹饰由附加堆纹上刻划纹或无附加堆纹刻划短线纹与贴纽组成，综合上段纹饰处理和主体纹饰的特征，可以将 B 型分为三个亚型。

Ba 型，主体纹饰为刻划纹，上段纹饰可见附加堆纹，根据上段纹饰中贴纽的有无和位置的变化可以分为三式。

Ⅰ式，规整双瓣纽位于附加堆纹上的刻划短线纹下侧。

Ⅱ式，双瓣纽或其简化形式的中间下凹的乳钉位于附加堆纹之上。

Ⅲ式，不见贴纽或乳钉。

Bb 型，主体纹饰为之字纹，上段纹饰中不见附加堆纹，由刻划短线纹和贴纽组成，根据贴纽位置的变化可以分为二式。

Ⅰ式，规整双瓣纽位于刻划短线纹下侧。

Ⅱ式，双瓣纽或其简化形式的中间下凹的乳钉位于刻划短线纹之上。

Bc 型，主体纹饰为之字纹，上段纹饰由附加堆纹及其上刻划短线纹和贴纽组成，只见位于附加堆纹之上的双瓣纽或其简化形式的中间下凹的乳钉一种。

三个亚型纹饰皆可以发现贴纽位置的变化，且变化趋向基本一致，大体存在贴纽位置逐渐上升直至消失的过程，推测贴纽特征相同的器物的制作时间也较为相近，据此可以将三个亚型的器物纳入相应的时间序列中。根据纹饰演变的连续性特征可以初步推测筒形罐纹饰演变过程存在纹饰装饰中的双瓣纽简化为乳钉纹直至消失不见的过程。对器物的共存关系的统计（表 4 - 15）可以发现 Y2 出土的筒形罐上仅见 Ⅰ 式纹饰，而 Y1 中则除了 Ⅰ 式之外仍可见到其他两式的纹饰。

表 4 - 15　B 型纹饰筒形罐共存关系统计

	Ba	Bb	Bc
Ⅰ式	Y2:2、Y2:3 Y1:5、Y1:16、Y1:21	Y1:1	
Ⅱ式	Y1:4、Y1:10	Y1:11	Y1:23
Ⅲ式	Y1:25、Y1:30		

筒形罐上主体纹饰可见之字纹和刻划纹两种，从主体纹饰与两型主要纹饰布局特征的组合可以发现，B 型纹饰布局多与刻划纹为相对固定组合，而 A 型纹饰布局则多与之字纹成固定组合，这种并存的特征在 Y2 中表现更为明显，而在 Y1 中则发现了两种特征互相混杂的现象。之字纹出现在 B 型纹饰布局的器物上，而同时 A 型纹饰布局中也出现了以刻划纹为主体纹饰的特征。陶器上纹饰特征的变化也表明，两座陶窑的使用时间可能存在差异，由此可以认为根据陶窑形制变化特征所获得 Y1 年代略晚于 Y2 的推测基本无误。

同遗址中还发现了一座夏家店下层文化的陶窑，陶窑的位置与两座红山文化的陶窑相距不远，陶窑被灰坑打破，根据残存的情况可以大体了解陶窑的结构。窑室平面呈圆形，下侧为与火膛相连的中空火道，其上为厚约 45 厘米的窑算，沿窑算外围残存 4 个火眼（图4-24：6）。从陶窑的形制来看，其与红山文化的 Y1 更为接近，窑室的装烧平面逐渐脱离陶窑的火膛的范围。这可以作为本书所认为的 Y1 年代略晚的观点的佐证。

赤峰四棱山遗址①发现红山文化陶窑 6 座，其中 3 座有具体材料发表，发掘者根据窑室结构的不同将陶窑分为三式。

Ⅰ式一座（Y3），长方形单室窑，通长 2.9 米，火膛位置略低于窑室，窑室近梯形，长 1.5 米左右，宽 0.6~1.1 米，窑室内中轴线位置保留两个凸起的"窑柱"，未发现其上有铺垫痕迹，发掘者推测陶器应放置在窑柱上烧成。

Ⅱ式三座（Y1、Y4、Y5），发表材料为 Y1，也为单室窑，火膛低于窑室地面，窑室近圆角方形，南北长 1.4 米、东西宽 1.38 米，窑室内以中轴线为中心对称分布 4 个窑柱。

Ⅲ式两座（Y2、Y6），发表材料为 Y6，双火膛单室窑，窑室为圆角长方形，东西长 2.7 米、南北宽 1 米，两个火膛分别设于东西两侧，二者之间保留原生黄土堆积。窑室内存窑柱 8 个，基本成中轴线对称分布。

---

① 辽宁省博物馆、昭乌达盟文物工作站、敖汉旗文化馆：《辽宁敖汉旗小河沿三种原始文化的发现》，《文物》1977 年第 12 期。

从 I 式到Ⅲ式，窑室和装烧平面面积都有所增加，双火膛的陶窑则有效避免了窑室过宽造成的旧有单火膛无法保证不同位置的器物均匀受热的问题。从技术更新的角度来看，这一变化的过程显示了烧成工艺的逐渐提升。Ⅲ式的 Y2、Y6 打破Ⅱ式 Y4 的层位关系也为陶窑形制的变化提供了地层学的依据。

根据陶窑特征的变化可以将上机房营子遗址发现的 3 座陶窑分别置于陶窑特征演变过程的首尾两端，初步确定陶窑形制的变化存在上机房营子遗址 Y2→四棱山遗址 Y3（I 式）→四棱山遗址 Y1（Ⅱ式）→四棱山遗址 Y6（Ⅲ式）→上机房营子遗址 Y1→上机房营子遗址 Y3 的变化过程（图 4 – 24）。从整体的趋向上来看，陶器烧成区域逐渐与燃烧间分离，在此基础上装烧面积逐渐增加，从只能在陶窑内局部放置器物到以整个窑室范围为烧制平面的变化，逐渐实现了对温度和产量的有效控制。

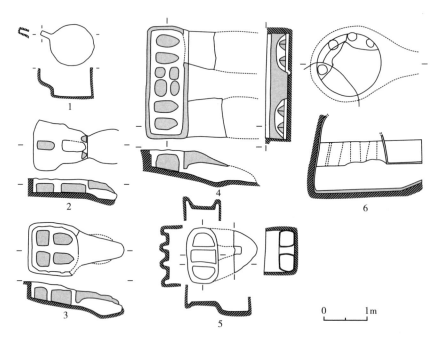

图 4 – 24　辽西地区史前时期陶窑形制的演变

注：1. 上机房营子遗址 Y2；2. 四棱山遗址 Y3；3. 四棱山遗址 Y1；4. 四棱山遗址 Y6；5. 上机房营子遗址 Y1；6. 上机房营子遗址 Y3。

　　简报并未对四棱山遗址窑内出土遗物的情况进行完整的发表，我们无法准确了解陶窑结构变化所带来的工艺革新的结果，而从上机房营子遗址出土陶器的特征上可以略略窥见这种技术革新给器物生产的质量及产量带来的影响：最为简陋的 Y2 面积小，残存陶器数量也较少，从陶器的颜色上来看，虽然以红褐色为主，但器物上多可见灰色或灰褐色的色斑，而改良后的 Y1 内出土遗物则多见灰褐色，陶色较为均匀。

　　牛河梁遗址除了日用生活陶器之外，还发现了大量的红陶或彩陶筒形器，器表颜色均匀，未出现局部颜色深浅不一的情况。虽然尚未进行过陶器烧成温度的检测，但从筒形器的特征可以推测牛河梁遗址陶器烧制时窑工对温度及空气的控制手段已经相当完善，而在上机房营子等遗址发现的陶窑所表现的烧造工艺的逐渐提升则从实际技术的角度提供了红山文化陶器烧制技术逐渐完善的信息。这种技术的提高和完善表明可能已经由在陶器烧制方面有专长的人来专门从事这项工作。

　　这种基于技术特征差异的专业化生产的特征也可以在陶窑内出土遗物的特征中发现。前文笔者对上机房营子陶窑内出土陶器的初步分析可以发现，根据器形及施纹特征可以粗略将陶窑内出土筒形罐分为两组（即依纹饰布局特征划分的 A、B 两型）。

　　A 组自口沿部分开始施纹，Aa 短斜线纹或 Ab 施于附加堆纹之上的短斜线纹，主体纹饰为之字纹或斜线刻划纹，以之字纹为主；B 组施纹位置略偏下，主体纹饰可见之字纹和斜线刻划纹两种，斜线刻划纹数量较多。两组器物不仅在器形上存在差异，并且存在各自的纹饰布局特征的变化，至年代稍晚的 Y1 中才发现了二者彼此交叉的特征。虽然在上机房营子中发现两种纹饰布局特征在器物上交叉出现，但从纹饰特征来看，B 型纹饰布局的器物上出现了原本只见于 A 型纹饰布局器物上的主体纹饰，应当是不同制作者之间彼此借鉴的结果，而非制作者之间在工作分工上的交叉。

　　以 Y1：7、Y1：21 为例可以发现，虽然在 B 型纹饰布局中出现了 A 型中常见的横排之字纹的纹饰，但其特征与出现在 A 型纹饰布局中的横排之字纹略有不同（图 4 - 25），假设制作者使用右手完成纹饰的制作，此两件器物的之字纹表现为施纹方式是从右到左，而其他的器物的施纹则是从左到右。这种差异或者表明制作者在用手方面的差异，或者可能与此两件器物纹饰制作时口部在下而其他器物的制作则以底部在下有关，无论哪种差别都表明存在制作习惯的差异。也就是说，虽然纹饰特征相似，但器物并非由同一个体或同一制作习惯群体完成的，这种纹饰的相似性应该为制作者之间相互借鉴的结果。

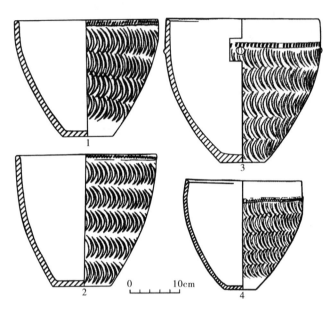

图 4 – 25　上机房营子出土筒形罐之字纹特征比较

注：1、2 为 A 型纹饰布局（Y1：2、Y1：3），3、4 为 B 型纹饰布局（Y1：21、Y1：7）。

制作特征的差异与筒形罐的器形大小无直接关系，因而也与器物的功能差别无关，不同的制作和装饰习惯表明这批筒形罐的制作者可能不同。由此可以对上机房营子遗址材料所表现的陶器制作的分工有如下认识：同一器物的成型及纹饰制作者为同一个人或者属于同一群体，遗址中存在至少两组此类制作群体，虽然彼此之间存在纹饰特征的借鉴，但各自独立完成器物的初步制作过程。

两个群体制作的产品在同一陶窑内共存且比例基本相近，显示虽然器物由不同的工匠来完成，但共用陶窑，器物制作的最后阶段的设备由双方共用，或者可能由另一技术成熟的群体来完成。

上机房营子所表现的并不是由同一群体完成陶器制作的全部过程，在陶器的制作过程中出现了基于不同技能而产生的分工。但没有发现完全依据制作过程不同而进行的分工，而是在独立完成的基础上进行进一步的分工（图4－26）。其所表现的分工方式与牛河梁遗址第二期较为相近，而不像第四期时所表现的那样复杂。

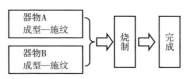

图4－26　筒形罐制作分工示意

将上机房营子遗址中发现的筒形罐与前文分期中的筒形罐进行比较可以发现，B型纹饰布局见于分期中的D型筒形罐，双瓣纽的造型虽与疣状耳略有差异，但在器表分布位置及变化过程基本一致，据此可以推测上机房营子窑址的使用时间大体与牛河梁遗址第二期相当。其陶器制作分工的特征与第二期早段较为相似，而与第二期晚段存在差别。这种不同可能与遗物的功能有关，日用陶器多为使用者自行制作，自由度相对较高，产品个性相对明显，而筒形器等与礼仪行为有关的陶器的制作受社会统一规范的影响，制作者受到社会管控的特征较为明显。

四　陶器制作的分工与特征的变化

牛河梁遗址出土陶器可见日用生活陶器和与墓葬或礼仪性活动有关的陶器两种，分别以筒形罐和筒形器的数量最多，特征最为明显。使用方式的差异对器物的制作提出了不同的要求：筒形罐着重于承装物品的使用功能，修整重点为内壁，而筒形器则注重外形及纹饰，修整重点为外壁；筒形罐器表多为灰褐色或黄褐色，表明其为还原气氛下烧成、筒形器多为红色，为氧化气氛下烧成；筒形罐多见于灰坑等日常生活遗存，而筒形器则见于积石冢或非日常生活使用的遗迹。

两类陶器在色泽方面的差异表明其对烧成氛围的要求存在差异，不可能在同一陶窑内烧制完成。发掘和近年的调查都没有在牛河梁遗址区发现陶窑的遗迹，而在红山文化区域范围内仅在四棱山和上机房营子遗址中明确发现了陶窑，以烧制筒形罐、钵、壶等日常生活用器为主。筒形器的陶色较为一致，皆为红色，未发现器表色泽不统一的现象，这表明制作者对于窑温及烧成环境的控制技术较为成熟。器物制作要求和烧造特征的差异表明在红山文化中已经出现了基于器物不同功能而有的陶器生产的分工。

对于大量出现在牛河梁遗址的可能与礼仪性活动有关的陶器的分析则显示，此类陶器的数量更多，分工更为复杂。

牛河梁遗址的陶器特别是筒形器在制作成型、修整、纹饰制作各工序都显示出了不同的特征，这种特征的差异显示器物的制作过程有多个或多组个体或群体参与。而这种差异性特征在不同时期的延续渐变则提示着每种特征皆属于一个长期存在的技术群体。

在第二、第四期都有发现的塔形器在造型和双勾涡纹的纹饰方面都存在较为连续的变化，这表明第四期陶器制作的这两种特征是自前一个时期延续下来的，技术传统和风格的一致性表明牛河梁遗址的人群存在相对稳定连续的发展。

筒形器的特征变化最为明显，第二期筒形器仅见一种造型，而第四期则出现了两种形制的筒形器，器形差别明显。第四期数量最多的 B 型筒形器根据口部特征的差异还可以进一步分为 Ba 和 Bb 两个亚型，两亚型器物相同的唇部逐渐加长卷曲的变化过程表明两种特征在第四期长期共存。筒形器底部特征所显示的修整方式的差异也在第四期一直存在，且可以向前追溯至第三期，在第三期流行的 D 型筒形器上三种修整的特征已经完全出现。

不同时期纹饰变化明显，但仍延续前期流行的纹饰主题和构图风格。这种延续渐变的特征在出现时间早、延续时间长的双勾涡纹上表现得最为明显。第二期就已经出现的双勾涡纹存在从复杂向简单的变化，在简化双勾涡纹流行的第四期，仍有部分复杂双勾涡纹得到使用。纹饰主题与构图方式较为一致的渐变过程表明，纹饰也是作为一个技术群体的特征加以保存并流传的。

各类制作特征的延续使用在一定程度上表明根据器物制作特征所划分的制作单元（人群）曾在牛河梁遗址长期并存。器形、纹饰的不同步变化显示器形和纹饰特征可能作为不同的技术传统，分别代表着不同的技术群体。

据此，我们可以初步将牛河梁遗址发现的多种陶器制作的特征认定为特定技术人群的标志，并在此基础上探讨人群之间的分工和群体关系的变化。

根据技术特征的差异可以初步将第二期早段涉及的群体划分为 5 个，分别属于陶器的制作（筒形器、塔形器和彩陶盖罐）和纹饰的制作（单勾涡纹、双勾涡纹）两个阶段。制作筒形器、塔形器的群体与制作单勾涡纹纹饰的群体关系密切，而彩陶盖罐的制作者则与双勾涡纹的绘制者保持着紧密的合作关系。器物本体的制作者与纹饰的制作者之间的单一联系方式显示这种基于制作工序上的分工应属群体内部的分工，甚至可能由同一个体独立完成器物的制作。不同器物的制作者之间的差异更为明显，即可以将 5 个群体进一步合并为两个主要的制作群体，参与陶器制作的群体数量少，关系相对简单。

第二期晚段表现出相对复杂的特征，前一时期存在的 5 个群体表现出各自独立的特征，制作群体的内部联系减弱，器形与纹饰之间的固定组合方式被打破，出现了彼此间较为复杂的联系和组合。每件器物的制作过程仍然涉及 2 个制作群体，分别代表制作过程的不同工序。而与第二期早段不同的是，前一工序的生产者所面对的是下一工序的多个生产者，也就是说，参与前一工序的多个个体或群体作为一个整体与下一工序的参与者发生联系，而并没有相关群体之间的直接联系，这意味着社会关系中的节点由一个增加到至少三个。

第四期除了器类之间的分工之外，数量急剧增加的筒形器的生产群体的数量也有所增加，并出现了群体细分的现象，如制作 B 型筒形器的群体可以细分为 Ba 和 Bb 两个，纹饰主题的数量明显增加，但根据其制作特征的差异可以合并为三个群体，其代表特征分别是采用单一纹饰主题的分段纹饰、由辅助纹样带和主体纹样带联合构成的分段纹饰以及不分段的纹饰。每一组还包含多种纹饰特征，但没有发现不同组的纹饰特征的进一步组合。除了筒形器制作的技术分工最为明显之外，塔形器、彩陶盖罐仍然存在，其纹饰的制作者与筒形器上纹饰的制作者基本相同。目前发现第四期彩陶盖罐上仅见分段的双勾涡纹，而塔形器上则还可见到不分段纹样。

筒形器的器形与纹饰的不固定组合，以及纹饰特征相对无差别地出现在筒形器和其他器物上的特征表明，第四期所见的陶器制作的技术群体应相距不远，可能属于同一个制作工场。

从第二期到第四期，陶器制作的分工愈加复杂，从根据器物种类所进行的简单分工，到不同工序多个制作者的亲密合作，陶器制作的分工不仅带来了效率的提高，更是将不同的社会群体整合到同一项工作当中，而其中小群体的进一步划分与第三章分析中所发现的社会群体的进一步分化的特征一致。

第三节　手工业生产专业化与复杂社会的形成

手工业生产专业化分工与社会复杂化之间存在较为密切的关系的观点已得到研究者的公认，但究竟是生产的专业化导致了社会的复杂化，还是社会的复杂化推动了专业化分工的出现却是研究中较难解决的问题，在不同的社会中二者的关系可能存在不同。以下将在前文讨论的基础上，在本书所设定的较为细致的分期框架之下，结合第三章中发现的社会群体分化的特征和趋向，对牛河梁社会中手工业分工的专业化与社会复杂化的形成予以初步讨论。

一　牛河梁遗址所见的手工业生产专业化

对牛河梁遗址社会手工业生产专业化分工的研究仅选取了出土遗物中特征较为明显、信息保留较多的器物，虽然不能以此了解社会分工的全貌，但可借此对社会分工特别是手工业生产专业化分工的形成及分工方式的变化加以探讨。分析结果显示，在牛河梁遗址中已经较为普遍地出现了手工业生产的专业化分工，这种分工不仅表现在对制作技术要求差别明显的陶器和玉器上，质地相同的器物甚至同一件器物的制作也存在多个制作者间的分工合作。

牛河梁遗址手工业生产专业化分工根据其特征和表现可以分为三个阶段，分别对应分期的第二期早段、第二期晚段和第四期，不同阶段手工业分工的特征略有差异。

在牛河梁遗址第二期早段，已经出现了陶器制作专业化的特征，主要表现在日常生活用品和与墓葬或礼仪行为有关的陶器的生产方面的区分，后者主要是在埋葬或特殊礼仪行为中使用的红陶器。没有发现烧制筒形器等红陶器的陶窑，目前发现的陶窑皆位于居住址附近，且只烧造日用生活陶器，这些信息都提示我们这种区分的存在。二者在制作过程和管理方式上也存在差别，作为日用生活陶器的筒形罐个体差异较为明显。虽然在器物烧制方面可能已经出现了专业的工匠，但在器物的制作方面并没有特别复杂的分工，器物本体和纹饰的制作者并无明显的差异，可能为同一个制作者连续完成的。筒形器等特殊陶器的制作虽然已经出现了一定程度的器物本体制作与纹饰制作之间的分工，但这种分工仅限于器类制作者的内部分工。在此阶段，并未发现日用陶器与筒形器等特殊陶器的生产组织方式存在明显的差别。

第二期晚段与礼仪行为有关的陶器的制作出现了较为复杂的以技术手段作为区分标准的分工，不同制作阶段的区分更加明显，同器类制作的不同工序之间的联系明显减弱，彼此之间没有直接的对应关系。生产过程中，制作群体之间联系的节点明显增加，第二期早段器物从成型到纹饰的制作最多需要一个节点，而第二期晚段时因为不同工序的制作者之间没有直接的联系，完成器物的制作至少需要三个联系节点，陶器制作的复杂管理形式初步显现出来。

由于从现有材料无法对筒形罐的特征进行更为细致的划分，因此我们无法确定第二期晚段时筒形罐的制作是否也发生了类似的变化。如果日用陶器的制作分工也相应地复杂化，则表明这种专业化的分工已经深入社会的经济生活层面；若日用陶器与礼仪性陶器的制作分工的变化并不同步，则凸显礼仪性物品的生产在牛河梁社会中的重要意义。

第四期手工业生产的分工更加复杂，技术分工进一步细化，不仅表现为不同类的器物有不同的制作要求，同种器物的制作也出现了多种制作传统和多个制作群体，这种分工的特征在牛河梁遗址这一时期发现数量较多的陶器和玉器的制作过程中都可以发现。陶器和玉器的制作分工分别展现了对社会生产控制的不同方式和范围。

陶器特别是筒形器的器物形态特征及器表遗留痕迹与制作者关系更为

密切。筒形器是在积石冢或相近功能遗迹中使用的器物，其使用范围较为固定，应为专门制作并一次性使用的器物，基于陶器的易碎型，其生产地点可能并不会太远离其主要的使用地。

以筒形器为例，由于我们没有发现陶窑等设施，排除烧成的过程，将器物的制作过程进一步细化为成型、修整、施纹三个阶段。第四期陶器制作的三个阶段都出现了不同的特征，且多种特征长期共存，器物成型的阶段不仅出现了并存的制作群体，还可以发现制作群体进一步分化的证据。器物生产过程中不同工序上的特征的自由组合则进一步表明不同工序的制作者并没有直接的联系。每一个制作工序至少需要有一个管理者负责与下一个工序的管理者进行协调和沟通。这种复杂的分工方式在第二期晚段已经出现，在第四期时进一步细化，出现了更为细致的小的群体划分。（图 4 - 27）

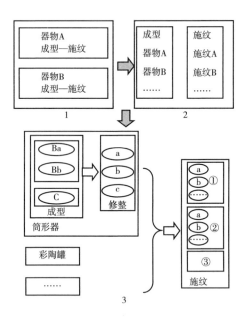

图 4 - 27　牛河梁遗址陶器制作分工变化示意

注：1. 第二期早段；2. 第二期晚段；3. 第四期。

参与器物制作不同阶段的多个群体虽然存在技术职能的分工，但应同属于一个制作工场，至少其位置应较为接近，即已经出现了相对集中分布的特殊陶器的制作者。虽然我们无法确定这些制作者是否以制作陶器为唯一的生计手段，但可以确定这种专业化的分工已经相当完善。

如果说陶器的制作给我们看到了牛河梁遗址区域范围内生产分工的组织方式，玉器的生产则在更大的范围上显示了牛河梁遗址的人群在生产控制方面的能力。

前文的分析表明，虽然牛河梁遗址区域范围内存在玉工集团，但其工作主要进行玉器的后期加工和器物的简单修复与再利用，牛河梁遗址并不是玉器的主要生产地。对制作程序较为复杂的勾云形玉器的分析表明，玉器制作的分工与陶器制作分工表现出相似的复杂特征，勾云形玉器制作过程中也发现了基于不同的工序的制作分工，在同一制作工序中也有不同的参与者。这些特征表明，同类器物的制作地点可能相同。不同的器物由于要求和制作传统的差异，其间区分较为明显，现有的证据显示不同造型的器物的生产地点可能存在差异。如果分析无误，则牛河梁遗址玉器的制作地点可能远超过我们目前所知的牛河梁遗址的范围。

玉器上多可见破损修整及残器再利用的痕迹，这表明，这些玉器并非专为随葬使用，而是现实生活中经常会用到的器物，在其成为随葬品出现在牛河梁遗址之前，曾多次被使用。牛河梁遗址没有发现玉器制作的遗迹，因而可以确定在牛河梁遗址中作为随葬品使用的玉器并非在区域范围内制作完成的。而对于牛河梁遗址中使用玉器的人群而言，其玉器的制作和使用存在如下可能。

其一，玉器为原产地制作完成后输入本地。

其二，引进原料，在特定地点加工制作完成。

牛河梁遗址玉料的特征显示其原料有多种来源，研究者根据玉料特征将牛河梁遗址玉料分为岫岩系和贝加尔－吉黑系两种。[①] 两种玉料来源不同的玉器在 N2Z1M21 共出，属于贝加尔－吉黑系的玉璧等类器物呈灰白、绿白色，透明度较高；而岫岩系的勾云形玉器、玉镯等器物则呈黄绿色，二者区分明显。但对两种玉料来源不同的玉璧的比较可以发现，

---

① 邓聪、刘国祥：《牛河梁遗址出土玉器制作技术初探》，载辽宁省文物考古研究所编著《牛河梁——红山文化遗址发掘报告（1983—2003 年度）》，文物出版社，2012，第527页。

二者的制作特征基本相同，皆采用直刃工具切割，内外壁皆采用由方取圆的方式制作完成。虽然原料的来源可能存在差异，但皆在相同的制作规范的管理之下制作完成的。没有发现原料特征与制作技术的固定组合关系，因此可以推测，牛河梁遗址玉器并非在原料产地加工完成作为成品引入区域范围的，而更可能为引进原料或半成品并在特定地点加工完成的。

从玉料来源不同的器物的相似性特征可以知道，牛河梁遗址社会中对玉器的控制主要是通过对生产和分配的过程的管理实现的。

二 手工业分工的复杂化与社会整合能力的增强

对牛河梁遗址陶器和玉器上残留制作痕迹的分析没有发现器形、纹饰特征与特定的使用人群相关的迹象，即器物上遗留的痕迹皆与制作者的习惯有关，而较少受到使用者的影响。虽然依据目前的材料我们无法对参与器物制作的多个群体与牛河梁遗址发现的多个地点的人群进行一一对应，但其皆为牛河梁遗址社会的重要组成部分应当无误，由此可知我们根据器物特征来探讨社会分工问题的设定基本无误。

由于目前的发现中我们对当时社会中人群的居住状态的了解并不多，虽然我们可以通过对器物上残存的制作痕迹的分析来了解当时社会手工业生产方面的分工，但无法据此对社会分工中所见生产人群的分类与社会群体的划分进行直接的对应。社会分工的形式所反映的是社会对手工业的管理方式，参与社会分工的群体的数量与社会分工所能协调的人群的数量和能力相关，如果通过社会分工可以将更多的社会群体整合到社会生活中则表明，社会的综合管理和整合能力的提高。

前文根据技术特征的延续变化将各种技术特征作为特定人群的代表，从第二期到第四期，涉及的技术人群的数量明显增加，人群之间的独立性和联系的复杂性也近乎同步地变化。虽然牛河梁遗址并非玉器的主要生产地点，但基于人群对玉器生产和分配过程的控制，玉器制作的专业化特征也可以视作牛河梁遗址社会分工的特征。目前考古发掘并没有发现埋葬于牛河梁遗址人群的居住地点，因此也并不排除玉器的生产地点与牛河梁遗址的人群的居住地点更为接近的可能。第四期不仅出现了本章所分析的复杂的手工业生产的分工，也出现了分化程度不同的多个社会群体（详见本书第三章）。以下将通过对二者的对比分析，探讨人群的关系并对社会群体的分化、社会分层与社会分工的关系进行简要讨论。

目前经过发掘的第二期遗存数量较少，很难就此了解社会的整体状况，但较少的人口数量和分布范围与这一时期社会分工方式相对简单的特征一致。目前经过发掘的几个地点都可见第四期遗存，考古调查也显示第四期遗存的数量更多（详见本书第一章）。与第二期相比，不仅分布范围更广，同一地点内墓葬的数量也明显增加，这些证据表明在第四期时人口总量有了较为明显的增长。根据分布位置的差异，笔者将不同地点埋葬的人群区分开来，而将同一地点埋葬的人群划归同一社会群体。而对这一时期的进一步分析发现，在第四期所能够划分的五个时段中，每一时段最高等级墓葬只有一座或一组。排除最高等级墓葬，各地点之间在墓葬规模和随葬品数量、种类方面都没有明显的区别，即在牛河梁遗址第四期各时段都有一个出身于不同的社会群体的最高的管理者，但整体而言不同社会群体之间的差别并不明显。在牛河梁遗址规模最大的第二地点，第四期较早阶段就出现了多个再分社会群体，这些社会群体选择不同的埋葬区域，而在第四期5段，较早阶段的单一群体中也进一步出现了小群体分化的趋向。通常小群体的分化与社会分工都被作为由于人口密度增加而产生的社会分化的反映，而这种小群体的出现也意味着社会中的关系节点的增加，社会复杂化程度进一步提升。

第四期的陶器和玉器虽然也有形制的变化，但这种变化与墓葬特征的变化并不同步，因而暂时无法将手工业生产专业化的特征进一步细化到第四期的各个时段。从B型筒形器的制作特征来看，在第四期开始的阶段就已经出现了B型筒形器的生产人群的进一步划分，并在第四期一直延续存在。从两种特征所表现的小群体分化出现的时间来看，埋葬空间所反映的群体分化与筒形器制作所表现的复杂生产分工在第四期1段已出现。

筒形器的制作显示出较为复杂的制作过程的分工，多个制作群体相对集中的现象表明社会对于此类特殊产品的生产有着相对严格的控制，这种器物的规范性特征与日常生活用具相对独立的制作特征表明，手工业生产专业化的分工主要集中在与埋葬等礼仪行为有关的物品上。而这类特殊的物品通常与社会唯一的核心人物相关，这提示着牛河梁遗址中的核心人物以及与其相关的礼仪性行为是整合社会各种力量的核心，复杂化的社会分工出现在与礼仪相关的器物的制作环节，也表明宗教和礼仪行为是牛河梁遗址社会权力的核心特征。

从社会的组织结构来看，牛河梁遗址的人群拥有进行大规模生产的管理能力。虽然我们无法准确了解到特定物品的获取或交换的过程，但无论这些器物是专人生产，还是由专人管理组织实施，都需要相当规范的管理。牛河梁遗址已经表现出较为明显的纵向管理的能力，这种多层级的制作分工模式与前文分析所见的社会复杂的群体结构相一致。这种分工确保大量同类产品特征要素的一致性并使大规模的量化生产成为可能。

手工业制作的模式，特别是筒形器生产的模式，颇具有商业生产的特征，不同个体或群体从事生产线上的单一劳动内容，通过彼此间的互相配合，大大提升了生产的效率和产品的规范性。原料来源不同的玉器在器形与纹饰特征方面的一致性表明，玉器的制作具有相对规范的特征，其制作过程可能受到了社会规范的影响和控制。这种生产的特征与依附性手工业生产①的特征较为相似，生产的组织、产品的分配似乎都受到了来自社会上层的控制。由于牛河梁遗址中并未发现与生计模式或农业生产有关的证据，我们无法确定是否社会中已经存在了专门以特殊产品的生产为谋生手段的工匠，或者陶器或玉器的生产者仅在农闲时间从事生产。但从生产的特征来看，与社会礼仪活动有关的特殊产品的生产的分工较筒形罐上所见的日常生活用品生产的分工更为复杂。

虽然依据目前的材料我们无法准确判断是社会分工的出现促进了社会群体中复杂化组织模式的出现或是相反，但从社会的整体结构来看，社会分工的确是与多社会群体及高层级的领导个体的出现相伴而出现的。随着第四期社会群体数量的增加，社会分工的确起到了将多个社会群体

---

① 〔美〕凯西·科斯汀：《手工业专门化：生产组织的定义、论证及阐释》，郭璐莎、陈力子译，《南方文物》2016 年第 2 期。

整合成为一个团结的有机体的作用。社会分工中所显示的多个社会群体与埋葬所体现的多个群体无法直接对应，这可能与我们获取的材料并不完全有关。也反映着牛河梁遗址的多个群体中可能有些并不是手工业生产的直接参与者，牛河梁遗址实际的社会分工情况可能比已发现的情况更为复杂。

小　结

除了生产作坊等直接与手工业生产相关的证据之外，手工业生产的产品及其生产过程所显示出的标准化特征也是探讨手工业生产专业化的重要证据和切入点。本章从产品入手，通过对遗物特征的分析，选取其中与制作者有关的特征，对牛河梁遗址所代表的社会中手工业生产专业化的特征进行了简要的分析。分析表明，在牛河梁遗址中已经较为普遍地出现了手工业生产的专业化分工，这种分工不仅表现在对制作技术要求差别明显的陶器和玉器制作的分工上，质地相同的器物制作甚至同一件器物的制作也存在制作者间的分工合作。

第一，陶器生产专业化分工的发展和复杂生产管理体系的形成。

由于器物的功能和使用方式不同，第二期开始出现了日用陶器和与墓葬相关的特殊类陶器的制作分工，其中后者的分工方式复杂，变化较为明显。

第二期早段开始，不同的制作者或群体开始较为固定地从事特定产品的生产；至第二期晚段，前一阶段按照器类确定制作者分工的限制被打破，按照不同制作工序的分工开始出现，将陶器的制作成型和施纹过程区分开来，由不同的个体或群体分别承担。

第四期的专业化分工在第二期晚段的基础上进一步细化，大量生产的筒形器在同一个制作工序上出现了多组制作者。随着生产的节点增加，参与器物制作的群体数量也有所增加，群体关系更加复杂。不同技术岗位的制作者之间简单的横向联系被打破，代之以复杂的多层级管理体系。生产者只负责器物生产的一部分，也不与下一阶段的生产者发生直接的联系，器物生产过程的协调和组织者的工作成为保证产品生产正常运行的必要环节。这种多层级的制作分工的模式与前文分析所见复杂的社会组织层级相一致。

第二，玉器生产的专业化分工与管理范围的扩大。

玉器的标准化特征显示了专业化生产分工的存在，对造型复杂的器物的分析也表明，玉器制作的分工与陶器制作分工表现出相似的复杂化特征。现有的证据表明，不同造型的玉器的生产地点可能存在差异，与陶器的相对集中化生产相比，玉器的生产地点可能更加分散。牛河梁遗址虽然存在可以从事简单的玉器加工和修复的工匠群体，但牛河梁遗址是玉器的主要消费地而非生产地，玉器的制作地点可能超出了牛河梁遗址的范围。社会对玉器生产的管理可能更集中于对生产过程的整体监控和产品的分配方面，社会管理所涉及的区域范围也有所扩大。

第三，复杂的手工业生产的分工间接促进社会团结。

复杂的手工业生产的分工将多个承担不同职能的制作群体整合到社会生产的过程，成为促进社会团结的重要途径。生产过程中技术群体的区分与牛河梁遗址第四期社会小群体分化的出现时间基本一致。虽然依据目前的材料我们无法对参与器物制作的多个群体与牛河梁遗址发现的多个地点的人群进行直接的对应，但生产环节和生产者之间联系节点增加所显示的社会纵向管理体系和玉器生产分工所显示的社会管理的空间范畴都表明牛河梁遗址的多个社会群体也应在此管理体系下。

在与埋葬等特殊礼仪行为相关的器类上专业化分工表现得更加明显，纵向的生产管理层级、社会分层以及第四期各时段"首领"的出现都将为接下来对社会权力的特征和来源的分析提供线索。

第五章

红山文化晚期的社会形态

本章将在对前文分析所获知的社会分化及社会分工特征的基础上，结合近年来红山文化的考古调查及发掘成果，探讨红山文化晚期的社会形态。

第一节　牛河梁遗址社会的特征

牛河梁遗址社会群体的关系曾发生稳定而缓慢的变化，从最早的彼此相对独立、各自为政的小规模社会到多个小群体经过紧密互动形成一个相对稳定的社会群体，其过程历经牛河梁遗址遗存特征变化的三个时期，三个时期器物形态和遗迹特征的变化存在明显的连续性。遗存数量最多的第四期特征更为一致，不仅积石冢结构和形制基本相同，墓葬特征也是如此，在墓地使用过程中，相同时段葬入的墓葬在死者头向、随葬品的处理以及石棺的砌筑方面都表现出相同的特征。

一　牛河梁遗址的社会特征

前文分别从墓葬所反映的社会纵向分化、埋葬位置与埋葬特征的不同所反映的群体差异、手工业制作专业化分工所显示的社会活动的多群体参与的角度对牛河梁遗址的社会特征进行了分析。分析显示，牛河梁遗址所反映的社会组织、管理方式存在渐趋复杂的变化，以社会纵向分化和多层级的社会组织管理体系为代表的复杂化社会的特征皆出现在牛河梁遗址第四期，以下将重点对牛河梁遗址第四期社会的特征加以概括。

1. 小群体分化的出现与多群体统一社会的形成

小群体的分化是随着人口规模和社会容量增加而出现的社会现象，也是复杂社会的表现之一。民族学与考古学资料的结合[①]可以发现相同群体的社会成员的埋葬位置相对较近，而属于不同群体的墓葬则在墓葬特征和埋葬位置上都略有差异，此种原则也适用于史前社会。因此我们可以根据墓葬埋葬位置的差异对社会组成个体之间的关系进行初步的划分。

目前发掘的 4 个地点都发现了第四期的遗存，其所反映的社会组织的特征略有差异。第二地点由多个积石冢组成，除去发现遗迹太少无法进行进一步分析的 N2Z6 以及不作为埋葬单元使用的 N2Z3 和 N2Z5，第二地点共有 3 个埋葬区（积石冢）。3 个埋葬区内都可见第四期墓葬相对集中分布，虽然同属第二地点，但分布范围较为清晰，同一埋葬单位内的墓葬分布位置较为接近。对墓葬的年代分析显示这 3 个埋葬区在第四期并存。第五地点的情形也较为相似，可见并存的两个埋葬区域。

第三地点墓葬的分布相对集中，未见存在埋葬区域的空间区分。第十六地点各时段葬入的墓葬在分布位置上略有差异，至墓葬数量最多的第四期 5 段，出现了两组在空间上略有区分的埋葬单元。这一时段墓葬共计 6 座，根据分布位置的差异可以分为南北两组，北侧墓葬以 79M2 规模最大，南侧墓葬以 N16M14 级别较高。两组墓葬在墓葬数量、随葬品种类和墓葬规模上并无明显差异，墓葬所体现的层级划分也较为相似，但功能相同的随葬品在墓葬中的使用方式则存在细微的差异。空间和随葬品特征的区分同时存在，显示第十六地点这一时段已经出现了小群体的分化，群体之间有意识的区分通过埋葬时对随葬品的不同处理方式加以强调。

虽然第十六地点两个埋葬区的区分并不像第二地点那样明显，但除了埋葬范围没有明确的砌石边界之外，与第二地点的埋葬区的区分基本相同。而前文的分析显示，砌石边界并不是划定埋葬区域的必要条件，因此可以认为第十六地点这一时段出现的两个小群体的区分的性质与第二地点的多个积石冢的区分基本相同。第四期 5 段第十六地点南北两个埋葬区的

---

① John M. O'Shea, *Mortuary Variability: An Archaeological Investigation* (Academic Press, 1984).

出现，是延续发展的同一人群内部小群体分化的结果，同样在第二地点发现的多个埋葬单位也是群体内部的小群体区分，其发生时间较早，在第四期1段就已有所区分，社会小群体的分化是人口数量增加的结果。

随着社会群体规模的扩大而新分化出的小群体并未表现出明显的差异，公共的社会活动在维持群体的一致性方面显示了重要的作用。出现多个埋葬单位的第二、第五地点，都出现了不作为墓葬区使用的积石建筑。

N2Z5长方形，位于第二地点的最东侧，建筑在一层含有红烧土和陶器残片的黑花人工垫土层之上，以单层石墙作为外围边界，在石墙内侧摆放筒形器。中部位置可见一堆石带，在堆石带北侧的中心位置发现了圆形石堆。在堆石带以南的黑花垫土层下发现三组人骨，无墓圹和葬具，死者头向东南，仰身直肢葬。墓葬埋葬于积石冢建造之前，此积石冢却并非为墓葬服务的，而可能与其他的功能有关。

第五地点N5SCZ3是位于东、西两组有墓葬的积石冢中间的长方形积石冢，方向148度。有明显的边界石墙，石墙只有一道，石墙范围内为小块积石所覆盖，石墙内、外皆不见筒形器。只有一组石墙且无同期墓葬的特征与第二地点的N2Z5较为一致。积石冢建筑在同时期两座主要的积石冢之间，其位置之下为一天然的基岩坑，坑内堆放两层较大石块，发掘者称之为堆石遗迹，在堆石上侧有一层较为纯净的棕红色垫土，N5SCZ3即修筑在这层垫土上。在北半部分中心位置的垫土上可见四组二次葬人骨，未见明确的墓圹及葬具，头向东南，与N2Z5发现人骨头向较为相似，其上积石。这种处理方式表明，虽然二次葬人骨与此积石冢关系密切，但处置方式与其他积石冢存在明显的差异，表明其功能可能与其他积石冢并不相同。

《牛河梁》将这种不作为墓地使用的积石结构命名为"坛"，因其范围内并未发现墓葬，且结构与作为墓地使用的积石冢也存在差异，其功能可能与祭祀等礼仪性活动有关。而其仅在有多个积石冢的地点出现，表明其作为"坛"的功能为该地点社会群体所共用。多个人群共用相同功能遗存也表明埋葬于同一地点的多个积石冢单位人群之间的关系更为亲密。

如果我们将一个积石冢单位内的人群作为社会群体的一个基本的人群单位，特殊遗迹单位，如N2Z5、N5SCZ3在有多个积石冢的地点中出现，且功能与祭祀等特殊的礼仪行为有关，这表明，在分化出多个小社会群体的人群中，仍然需要有特殊的仪式行为来维持社会群体的凝聚力。

牛河梁遗址第四期，在社会小群体分化出现的同时，墓葬特征所显示的社会群体间的一致性也较前一时期有所增加，而这一时期除了同一地点内出现的具有整合多个社会群体功能的建筑之外，还发现了与积石冢地点共存，由多个社会群体共用的公共礼仪性建筑。

位于第二地点中心位置的 N2Z3 未见墓葬，是一座三重圆环结构的圆"坛"，有学者指出其可能与"祭天"的行为有关。[①] 此种圆形"坛"在牛河梁遗址中仅发现一例，可能为牛河梁遗址第四期多个社会群体所共同使用的特殊遗迹。圆坛仅见一例，应为多个群体所共有，而方坛出现在多个积石冢共存的地点，应为各地点所各自拥有的祭祀地点。

在第一地点和第十三地点所发现的遗存也并未在其他地点重复出现，这种功能性建筑的单独存在表明其可能为整个社会所共有。

以相对集中的埋葬单元为基本的社会单位，同一地点内出现的多个埋葬单位之间的联系更加紧密，通过发生在特定地点的共同的礼仪性行为将多个小群体整合在同一个社会群体中。社会中出现了可以协调各群体完成对公共大型设施的建筑及维护的"社会权威"，多群体共同参与的公共社会行为将多个社会基本单元整合为一个有机的整体，出现了较为复杂的社会关系。（图 5－1）

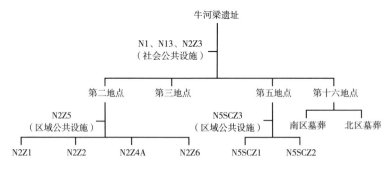

图 5－1　牛河梁遗址第四期社会组织关系示意

---

① 冯时：《红山文化三环石坛的天文学研究——兼论中国最早的圜丘与方丘》，《北方文物》1993 年第 1 期。

在第二、第三期没有发现牛河梁遗址社会多个社会群体统一的特征，而第四期不同地点的多个社会群体的统一性明显增强，成为得到有效整合的社会整体。

虽然依据目前的考古发现无法明确获知牛河梁遗址人群的居住模式，但从墓葬埋葬地点的选择和位置的远近差异仍可大致了解不同群体之间的关系。牛河梁遗址中发现了几处延续使用的地点，可以推测不同时期同一社会群体在埋葬地点的选择方面可能并没有发生明显的变化，延续存在的社会群体基本沿用相同或相近地点作为墓地使用。而调查中发现的仅有最晚期遗存的地点可能为新分化出的社会群体的埋葬地点，因而我们仍然可以依据埋葬地点的选择对不同地点埋葬群体之间的关系进行初步探讨。根据埋葬地点的远近可以初步推测，埋葬于同一地点的个体属于同一社会群体，而包含多个埋葬地点的牛河梁遗址则为以埋葬地点为单位的多个社会群体的联合。调查表明牛河梁遗址还存在多个积石冢地点，目前经过发掘的仅是其中的一小部分，即牛河梁遗址社会应比我们目前所知的更为庞大，组织结构也更为复杂。

2. 多群体参与的复杂社会生产活动

牛河梁遗址第四期出现了多个较为特殊的建筑，如第一地点的大平台（N1J2）、N2Z3 的三重石环、N13 的大型夯土 - 积石建筑，从建筑所需原料及劳动力消耗来看，皆不属于单一社会群体可以完成的工作，这些应该都是多个社会群体合作的产物。由于材料的局限，目前尚无法对大型设施的建造过程所涉及的群体关系进行探讨，玉器和陶器的生产也表现出相似的特征，在短期内大量出现的造型、纹饰特征各异的筒形器也是多个社会群体合作的结果。

牛河梁遗址手工业制作的分工不仅表现在不同器类的制作者不同，还表现在同类器物制作过程中的分工合作。这种分工合作方式，特别是同一件器物制作过程中的合作表明器物的制作过程存在相对严格和统一的管理。由此我们可以将牛河梁遗址手工业分工的管理组织方式加以简单概括。（图 5 - 2）

本书在牛河梁遗址出土的多种陶器和玉器中仅选择了制作加工过程表现较为明显的器物进行具体的分析，其中筒形器和勾云形玉器分工制作的特征较为明显，都表现出不同制作工序之间的分工，同一制作工序有多个

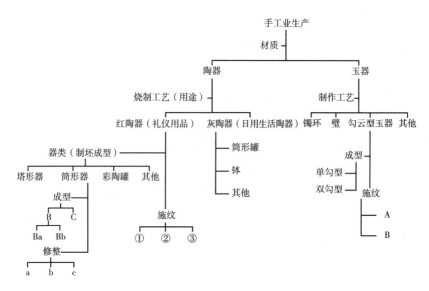

图 5 - 2　牛河梁遗址第四期手工业分工管理示意

制作群体参与，不同工序的群体之间并无固定的合作关系。虽然社会中对于不同的制作工艺都有相当程度的掌握，但在具体操作方面，特定器物仍然与特定的制作工艺相关，如虽然已经熟练掌握了管钻工艺，但在制作玉璧时却并未采用管钻。

筒形器的制作可以分为器物成型、内壁修整和纹饰制作三个阶段，不同工序由两个或两个以上个体或制作群体完成，而不同工序之间并不存在制作群体之间的直线交流，即不同制作阶段的联系并不是通过相关群体之间的直接联络完成的，而需要一个纵贯整个器物制作过程的管理单元来完成不同制作阶段的衔接和沟通。

以筒形器为例，第四期筒形器的器型可见 Ba、Bb 和 C 型三种特征，而修整的过程中也可见起台、起棱和不起棱台三种特征，没有发现器物成型和修整过程中出现的特征存在固定的组合关系。由于这几种特征在第四期不同时段内延续，皆属于特定制作群体的传统或习惯，即每一种特征皆反映参与制作的一个社会群体的工作。没有发现彩陶纹样的特征与筒形器的制作或修整痕迹紧密相关的迹象，即纹饰的制作者与前一阶段的制作者没有直接的联系。每一制作流程中有多个群体参与，且相邻工序上的多个群体在制作过程中没有固定的联系，意味着在器物的每一步制作过程中都可能存在协调和管理者。

勾云形玉器的制作也表现出类似的特征，器物造型与纹饰、使用孔的不规则组合，以及各种特征在不同时段的延续都表明，勾云形玉器的制作流程中也涉及多个制作群体，而整合不同工序上的个体完成器物的制作，需要协调和管理者的存在。

筒形器和勾云形玉器的制作分工分别是陶器和玉器制作分工的具体表现，这种器物制作流程的分工表明手工业制作分工的进一步细化。虽然依据现有材料暂时无法对所有器物的制作分工的情况进行详细分析，但依据单一器类制作分工的专业化可以推知不同器类有不同的制作分工，璧与镯环类器物在制作方式上的差异也表明了此种分工的存在。

陶器和玉器的制作技术和要求的差异表明，在牛河梁遗址最主要的两种手工业制作群体之间也存在明显的区分。虽然制作工艺和过程存在差异，但两类器物在使用方面有着相对固定的规则，特别是玉器和陶器中的筒形器都与墓葬行为直接相关，器物的制作和使用过程有相对固定的范式可以遵循。

通过对手工业分工的分析可知，牛河梁遗址手工业制作至少存在四级管理模式：对特定生产过程的管理，如筒形器制作的三个阶段中都可见多个制作群体的痕迹，每一制作阶段的管理是手工业分工管理的最基础管理单元；其上为特定器物的制作过程的管理；再上为不同造型器物制作的管理；而对不同器类，如玉器和陶器制作的综合管理是手工业制作的最高层级管理体系。由于玉器在制作完成和成为随葬品之间可能存在较长的时间，因而依据目前的证据并不能完全确定存在统管玉器和陶器制作的管理单位，而这一层级的管理与器物的使用和分配者可发生较为直接的关联。

分析表明，至迟在牛河梁遗址第四期已经出现了较为复杂的社会生产分工，手工业分工的专业化将大量的人口整合在手工业生产中。生产过程的参与者之间存在较为稳定的依存关系，群体关系较为稳定。

这种多层级的社会分工管理体系在牛河梁遗址第四期表现较为明显，第二期同一器物的制作过程较为连续，通过二者的对比可知牛河梁遗址这种较为复杂的多层级社会分工管理体系的形成与人口数量的增加和小群体分化是相伴出现的。

社会群体的组成及手工业分工都表明，在牛河梁遗址第四期已经出现了多层级的管理系统，社会凝聚力和组织能力较之前几个时期明显增强。

3. 社会分层的形成与规范化特征的出现

个体在随葬品种类、数量和墓葬规模方面的差异都显示着纵向分化的存在，根据随葬品种类和数量的差异、石棺砌筑方式的规范化特征以及附属建筑设施的有无可以对第四期的墓葬进行层级的划分（表5－1）。除第四期1段随葬品种类数量与墓葬规模的组合略显不规范之外，其余时段可以根据这种标准对墓葬所处层级进行准确划分。

表5－1　牛河梁遗址第四期墓葬层级分组对照

组别	附属设施	墓葬特征	随葬品种类
Ⅰ	有	A	a＋b＋c
ⅡA	无	A	a＋b＋c
ⅡB		A	b＋c
		B	a＋b＋c
ⅡC		B	b＋c
		C	
ⅡD		B/C	c/a
Ⅲ		B/C	0

明确的墓葬等级化的特征在牛河梁遗址范围内普遍出现，并未限定在特定的社会群体内部，表明这种纵向分化为社会整体的特征。

斜口筒形玉器、玉璧、勾云形玉器、玉镯等出土数量较多的器物在墓葬中的摆放位置和使用方式相对固定，玉器使用的规范化也显示与埋葬行为有关的社会规范的存在。

规范化的社会纵向层级分化和随葬品使用的标准化特征显示，社会中已经出现了用以强调墓主身份地位的礼仪规范，社会分层已经初步形成。

4. 较强的社会流动性[①]

社会流动是社会学中较为常用的概念，指个体在不同社会位置之间的转换，包括水平流动和垂直流动两方面。水平流动指个体在空间或社会群

---

① Pitirim A. Sorokin：《社会流动与文化流动》，李国武译，载〔美〕戴维·格伦斯基编《社会分层》，华夏出版社，2005，第264页。

体之间的变化，垂直流动则主要指个体在不同层级之间的变化。在此借用社会流动的概念，考察牛河梁遗址社会中不同层级或群体内个体流动的特征，并为进一步判断社会形态特征提供参照。

遗址中无人骨墓葬和二次葬墓葬的出现表明存在个体在不同社会群体或者埋葬地点之间变动的可能，但因为牛河梁遗址中发现的无人骨墓葬与二次葬个体无法对应，因此无法确认这种区域间的横向流动出现在牛河梁遗址中的不同社会群体之间，也可能表明牛河梁遗址中埋葬的人群是社会中相对特殊的人物。二者的同时存在提示着，应存在另外的埋葬地点，用以埋葬本地迁出的人骨，以及作为本地出现的二次葬人骨的来源。

前文将石棺的砌筑方式与随葬品种类、数量的组合作为划分不同层级的标准，从不同层级之间特征组合的变化可以发现，如果将石棺砌筑方式作为死者在社会中所获得的实际地位的体现，在同样地位个体中随葬品数量和种类的差异则可能代表个人在社会生活中所获得的财富的数量和能力的不同，二者的不完全吻合表明在死者的社会地位方面存在变化的可能。对比可以发现，社会地位与经济地位并不完全吻合，社会地位较高而经济地位较低者可能为在社会层级中存在向下流动倾向的个体，而经济地位较高、社会地位却并未完全与之吻合者则可以视为社会中的新贵，因为财富获取和支配能力较强而表现出明显的社会地位上升势头。

第四期出现了明显的纵向分化，并且出现了社会层级的划分，不同层级个体在葬仪及随葬品特征方面存在相对固定的规范，但在牛河梁遗址并未出现阶层固化的现象。在作为社会人群主体的中间阶层中可以看见较为明显的社会流动的特征，中间阶层的个体可能通过个人的努力成为上一阶层的候选人，也可能因为各种原因而流动至下一阶层。没有发现特定阶层与特定社会群体相关的现象，虽然在特定时段，Ⅰ级个体所在的社会群体表现出整体财富数量上增加的趋势，但个体之间的差异仍然存在。

牛河梁遗址代表的是一个以中间阶层为主体的橄榄型社会，存在阶层流动的可能，尚未出现等级固化的现象。

5. 最高权力者与权力的特征

根据随葬品的种类、数量和墓葬附属设施的有无，可以将牛河梁遗址的 4 组墓葬确定为区域内等级最高的墓葬，分别为第四期 1 段的 N2Z1M25

和 N2Z1M26、3 段的 N5Z1M1、4 段的 N16M4 和 5 段的 N2Z2M1。

这几座墓葬皆位于由封闭的"冢台－内界墙－中界墙"所构成的积石冢砌石结构的中心，内界墙与中界墙之间摆放筒形器。砌石结构与筒形器都是专为中心墓葬设置的，而非为墓地内全体成员所共有。以 N2Z1 为例，在封闭围墙内侧见中心位置的 M25、M26，而其余墓葬皆位于积石冢内界墙的外侧，部分打破了内界墙，而筒形器位于封闭的中界墙内侧，有彩陶纹饰一侧向外侧摆放，南侧打破冢内界墙的墓葬也打破筒形器的范围，筒形器仅圈定了中心墓葬的范围，后葬入的南侧墓葬不在筒形器和砌石围墙所圈定的范围之内。积石冢核心结构和筒形器等相关设施只与中心墓葬相关，而并非积石冢内其他墓葬所共有的建筑设施。

前文对各遗迹单位发现的筒形器的简要统计没有发现筒形器特征存在明显差异，没有发现根据成型－修整－施纹的过程所划分的制作者特征与特定遗迹单位有关。由此可以推测，筒形器及中心墓葬外围砌石围墙的修筑可能并非由其所在的社会群体单独建造完成，而是由整个社会共同完成的。

玉器是牛河梁遗址墓葬中常见的随葬品，玉器的组合方式具有标示墓主所处社会层级的重要意义，镯、环类器物在墓葬中较为常见，而勾云形玉器、斜口筒形玉器和玉人等特异造型的玉器则为较高等级个体所拥有。目前发现的多数残损的器物上都有修复的痕迹，这表明这些器物在成为随葬品之前都经过了较长时间的使用。镯、环等与佩戴功能有关，而璧、勾云形玉器、斜口筒形玉器等类物品由于器形较大，很难作为随身装饰物品使用，也并不属于社会生产必需的工具。玉器并非随葬专用，而与特殊的社会行为有关，此类器物是墓主生前使用、死后随葬的，可能与墓主生前所参与的特殊的仪式活动或承担的社会职能有关。

在牛河梁遗址没有发现制作玉器的作坊，对玉器制作特征的分析显示，随葬的玉器可能并非墓主亲自制作完成并使用的，而是由专业工匠在多个地点制作完成的，牛河梁遗址人群对于玉器的控制主要是通过控制生产和分配的过程来实现的。玉器不仅是个体财富和地位的象征，也是所有者能力和活动范围的彰显。

N2Z1M21 的墓主是区域内发现的较为特殊的个体之一，从墓葬规模和随葬品数量、种类上看，其等级都相对较高，出土遗物的数量甚至超过了第四期的最高等级墓葬，只是不见最高等级墓葬外围的砌石附属建筑，随葬品总量的增加并未改变墓主人所属的社会层级。玉器原料可能有两种不同的来源，数量最多的玉璧的原料几乎都来源于贝加尔-吉黑地区，若是排除此种玉料来源较为特殊的玉器，源于岫岩地区的玉料所制成的产品共计6件①，虽仍略高于同时段与其等级相近的墓葬的随葬品数量，但偏差并不明显。N2Z1M21墓主所处社会层级与出土遗物数量的矛盾特征显示社会地位与获得特殊原料的能力或其经济地位无关，随葬品的严格使用规范显示社会中可能存在特殊物品的再分配规则。

陶器和玉器的制作都显示出多群体参与的特征，社会中已经存在可以管理或协调多个群体共同完成手工业制作过程的管理体系。大型建筑、墓葬特征的变化以及社会生产过程的分工都表明，在牛河梁遗址的社会中已经存在生产和再分配的管理系统，而各时段的最高等级墓葬，可能是多层级社会管理体系中的最高权力者。

复杂的手工业专业化分工是将牛河梁遗址第四期的多群体社会团结在一起的重要途径，社会集合了多个社会群体的力量共同完成与特殊礼仪行为有关的玉器和陶器的制作，而日用陶器的生产分工则相对简单。遗址区内出现的第一地点建筑址和第十三地点的"金字塔"建筑都与日常的生产活动无关，而与宗教或某种礼仪行为相关。与宗教或礼仪行为有关的物质遗存的建设动员了大量的社会劳动力资源，"神权"是牛河梁社会权力的核心。地位较高者及活动的重点都与宗教或礼仪行为有关，从事此类活动的人群在社会中应具有较高的社会地位，社会中最高等级的个体同时也是宗教和礼仪行为的执行者。

中心大墓在不同遗迹单位出现，意味着不同时段权力中心在各社会群体之间的转移，这种最高权力的转移并非按照个体与最初权力中心个体之间亲缘关系的远近来实现的。最高等级个体出现于不同的社会群体中意味着各时段牛河梁遗址社会的最高管理者和权力的拥有者并不在固定的社会

---

① 辽宁省文物考古研究所编著《牛河梁——红山文化遗址发掘报告（1983—2003年度）》，文物出版社，2012，第527页。

群体中产生，社会权力并非通过继承方式获得。

在没有发生小群体分化的第三地点，虽然也发现了规模相对较大的墓葬，但并未发现完整的积石冢砌石结构，在随葬品种类、数量方面也相对较少，在其存续时段该群体内并未产生出牛河梁遗址社会的最高领导者。这表明社会权力并不是采用在多个社会群体中"轮值"，而是"有能者居之"，个人能力与社会贡献是获取社会地位和权力的关键因素。除 1 段可见男女两性个体外，其余时段可确定的高等级个体皆为成年男性，其所处年龄阶段应为个体体力和智力的最高峰，也符合高等级地位的获取与个体能力有关的判断。

通过对社会群体构成、社会分工管理结构、社会分层的规范性以及"一人独尊"现象的分析可以简要了解牛河梁遗址社会的特征。分析显示，牛河梁遗址最高等级个体在社会声望、宗教或礼仪方面的影响更为重要。

①至迟在牛河梁遗址第四期，社会纵向分化表现出制度化的特征，出现了明显的社会分层。根据随葬玉器的种类、数量，墓葬的处理方式可以确定个体的社会层级，随葬玉器的规范化使用方式也渐趋展示出其标示死者地位的"礼器"的特征。手工业专业化分工显示社会中出现了复杂的多层级生产管理体系，处于社会顶层、可以动员大量社会资源的社会权力中心出现。社会权力可以在不同社会群体之间转移，并未形成权力的继承制度，也没有发现权力与生产或经济地位的获取方面直接相关的信息，宗教或礼仪性行为可能是社会权力的核心。

②随着人口和社会容量的增加，至牛河梁遗址第四期社会中已经出现了社会群体的进一步分化，社会群体数量增加，关系更加复杂。同一群体虽然分裂成多个小群体，但彼此关系仍较为密切，且有共同的公共活动或礼仪行为对彼此关系加以巩固。小群体作为独立的群体参与公共社会活动，并没有证据显示存在凌驾于新分裂的小群体之上的行政组织或机构。手工业专业化分工也愈加复杂，出现了多层级的分工管理体系，社会组织方式进一步完善和细化。

牛河梁遗址社会分工的特征与社会构成方式存在较为一致的变化：第二期的社会分工以器类的划分为主，不同群体或多个个体分别完成特定器物的制作；第四期的生产分工则表现出明显的专业化特征，不仅相邻工序的制作者不同，在相同工序上也存在多个制作者。从社会分工的管理方式上来看，由于涉及多个群体或多组个体，每一个工作程序都需要有专人来完成工作的分配和协调，完成器物的整体制作不仅需要不同工序间的协调者，而且每一个工序都需要有相应的管理者，在器物的制作过程中可以发现明显的纵向管理的特征。手工业生产的专业化分工成为将多个社会群体整合到社会生活当中，促进社会团结的重要手段。

③牛河梁遗址社会是以中间层级个体为主的橄榄型社会，社会流动性良好，个体能力是获取社会权力和地位的重要条件。

二　社会群体关系的分子考古学分析

根据上文对墓葬特征、处理方式和死者头向等与埋葬习俗有关的特征的分析可知，处于同一埋葬单位（积石冢）的个体在埋葬特征上基本一致，而与其他埋葬单位或埋葬地点的个体存在不同程度的差异。据此特征可以初步推测埋葬于同一单位的个体受相同习俗或规范的影响更加明显，应是属于具有相近亲缘关系或居住地点较为接近的社会群体或人群共同体。但据此并不能对个体之间的关系进行准确的判断，也无法确知其群体的性质属于血缘群体或地缘群体。分子考古学从古 DNA 入手，通过对基因片段的鉴别来获取其遗传信息，进而对人类的起源和迁徙，血缘世系和家庭关系加以探讨[1]，新的方法为我们对人群关系的讨论提供了新的思路和线索。

储存遗传信息的 DNA 可以分为三组[2]。mtDNA（线粒体 DNA），显示为母系遗传的特征，即子、女的 DNA 组成中皆可以发现与母亲相同的线粒体 DNA。YDNA，只见于男性染色体中，通过父系遗传，女性的 DNA 中没有此种信息。此两组在遗传过程中并不发生重组。常染色体，用以解释个体之间复杂的亲缘关系，分别继承自父、母的 DNA 中，并经过自身

---

[1]　蔡大伟：《分子考古学导论》，科学出版社，2008，第 1~3 页。
[2]　蔡大伟：《分子考古学导论》，科学出版社，2008，第 57 页；李辉、金力：《Y 染色体与东亚族群演化》，上海科学技术出版社，2015，第 16 页。

的重组，从而显示出较为复杂的特征（彩图 12）。由于常染色体受混血影响较为明显，可能在遗传过程中发生明显的变化，检测难度较大，而 mtDNA 和 YDNA 具有稳定的遗传特征，在确认母系或父系血缘方面的作用更为明显。虽然由于多种原因，遗传信息也可能发生变异，又称为"遗传漂变"，通常仅在特殊个体中出现，而当这种改变稳定下来之后，便形成了新的 DNA 序列。人群规模较小而出现的遗传漂变或者基因突变都可能导致此种 DNA 遗传特征的变化。根据现代社会中人类基因的保存情况，在相对较短的时期内，遗传特征基本相对稳定。

目前牛河梁遗址共有 31 例人骨进行过 mtDNA 检测[①]，其中 6 例又有 YDNA 检测的数据。[②] 虽然现有的检测样本数量过少，并不具备完全的统计学意义，但可以从中大体窥见牛河梁遗址人群的关系。

分析这 31 例样本，排除不属于红山文化时期的几例，N2Z1M21 和 N2Z1M24N（合葬墓北侧个体）因样本过于残破未能获得准确信息没有结果之外，共获得 18 例 mtDNA 的有效检测数据。（表 5 - 2）

表 5 - 2　牛河梁遗址人骨 DNA 检测结果统计

样本编号	墓葬编号	样本类型	墓主性别	年龄（岁）	mtDNA	YDNA	时段
N15	N16M1	白齿	M	30～35	N9a		2
N18	N16M4	白齿	M	40～45	N9a	N	4
N16	N16M2	白齿	M	≈40	D5		5
N31	N2Z1M26	股骨	M	成年	D5	N	1
N4	N2Z1M25	白齿	M	≈40	D5		1
N24	N2Z1M27	白齿	F	40～45	D5		2
N3	N2Z1M17	白齿	M	≈50	D5		3
N26	N2Z1M15	白齿	F	40～45	N9a		2
N29	N2Z1M27 二次	胫骨	F	≈40	N9a		2

① 赵欣：《辽西地区先秦时期居民的体质人类学与分子考古学研究》，博士学位论文，吉林大学文学院，2009，第 47 页。
② 李红杰：《中国北方古代人群 Y 染色体遗传多样性研究》，博士学位论文，吉林大学生命科学学院，2012，第 26 页。

续表

样本编号	墓葬编号	样本类型	墓主性别	年龄（岁）	mtDNA	YDNA	时段
N7	N2Z1M2	臼齿	F	≈30	M9a		3
N2	N2Z1M4	臼齿	M	≈35	N9a	C	3
N27	N2Z1M24S	股骨	M	成年	N9a		3
N22	N2Z2M2	臼齿	M	13～15	N9a		1
N8	N2Z4M7	臼齿	M	50～55	A	N	二期晚段
N9	N2Z4M8	臼齿	M	≈50	B5b	O	
N10	N2Z4M15	臼齿	F	36～40	A4		
N30	N3M7	臼齿	M	≈45	N9a	N	2
N25	N5Z1M1	臼齿	M	≈50	N9a		3

注：时段中除特别注明外，所标示各时段皆属于牛河梁遗址第四期。

mtDNA 分析显示有 5 个单倍型类群，分别为 A、B、D5、M9a 和 N9a，其中 D5 和 N9a 的数量最多。从东亚地区线粒体 DNA 的演化树来看（图 5-3），这 5 个单倍型类群可以进一步归属为两个较大单倍型类群：M（包括 M9a 和 D5）和 N（包括 N9a、B 和 A）。进一步的追溯显示，这 5 个单倍型类群分别来源于两个在较早时期就已经有所分别的单倍型类群。也就是说，埋葬于牛河梁遗址的人群至少有两个不同的母系血缘的来源。

从各类检测结果的空间分布情况来看，第十六地点检测数据 3 个，其线粒体 DNA 分别属于 N9a（2 例）和 D5；N2Z1 检测结果 9 个，分别为 D5（4 例）、M9a（1 例）和 N9a（4 例），较为常见的 N9a 和 D5 单倍型类群人数比例相当。从墓葬的埋葬时间来看，虽然 N2Z1 中 D5 个体埋葬时间较早，N9a 和 D5 在 N2Z1 延续使用的第四期 2～3 段都有发现，对母系血缘不同的个体在墓地中分布位置的统计没有发现明显的规律（图 5-4），没有发现母系遗传特征不同的个体在同一埋葬单位内有相对固定埋葬区域的现象。除只有单一数据的 N3、N2Z2 之外没有发现相同母系血缘个体集中分布的特征。以积石冢所确定的基本社会单位中个体成员之间的关系并未完全依据单一母系血缘关系确定。

虽然第十六地点和 N2Z1 个体目前的 mtDNA 的检测结果多只显示 D5 和 N9a 两个单倍型的母系特征，但都没有表现出某种性别个体更倾向于某一种线粒体 DNA 的单倍型的特征。也就是说，依据目前的材料，虽然

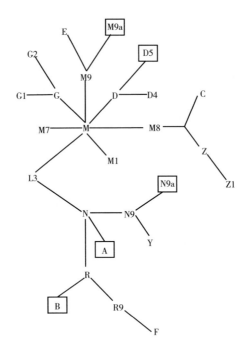

图 5 - 3　牛河梁遗址人群线粒体 DNA 分组

图片来源：据蔡大伟《分子考古学导论》（科学出版
社，2008）改绘。

两地点人骨在母系 DNA 的检测结果上存在相似的特征，但无法确定二者
属于姻亲关系。

　　YDNA 显示牛河梁遗址中有三种单倍型类群，分别为 C（1 例）、N
（4 例）和 O（1 例），其中 N 的数量最多，这表明牛河梁遗址的人群至少
有 3 种父系血缘的来源。在从父居或以父系血缘记述世系的社会中，
YDNA 应具有更明显的聚群分布的特征。[①] 而从对检测到数据最多的单倍
型类群 N 的分布来看，在第二期的 N2Z4，第四期的 N2Z1、N3、N16 皆
有发现；单倍型类群 C 见于第四期的 N2Z1，O 见于第二期的 N2Z4。虽
然从检测结果来看，牛河梁遗址的人群以父系单倍型类群 N 为主，但并
未表现出规律性的分布特征，同一埋葬单位可见不同的父系 DNA，如第
二期的 N2Z4 和第四期的 N2Z1 皆出现了两个单倍型类群，分别为 N、O

---

　　① 　蔡大伟：《分子考古学导论》，科学出版社，2008，第 69 页。

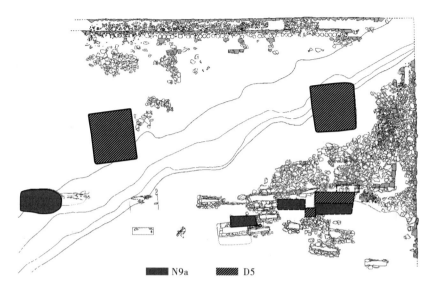

N9a　　D5

图 5 - 4　N2Z1 母系血缘特征分布

和 N、C。数据在不同时期分布的不均衡可能与检测数据的局限有关，有些地点如 N3 仅有一例检测数据，而检测样本上数量较多的 N2Z1 则显示出有不同的父系血缘的存在。由于检测数据有限，现有结果并不能准确反映牛河梁遗址不同时期相同父系血缘个体的分布情况，从目前几例数据可以初步推测，虽然依据目前的材料牛河梁遗址的人群以单倍型类群 N 的父系血缘人口为主，但其埋葬位置的确定似乎并不是完全依据父系血缘。

　　分析结果并未显示出特定血缘关系的个体明显的聚集分布或不同血缘个体在分布地域上存在差异的特征，测定数据最多的第二地点可见 D5 和 N9a 两个母系单倍型类群，同时可见 C 和 N 两个父系单倍型类群，二者在同一个区域内共存。第十六地点 mtDNA 的结果也可见相同的两组，但因为 YDNA 检测数据较少，仅见 N 单倍型类群一例。父系和母系血缘的特征皆未对埋葬地点产生影响，因此可以认为牛河梁遗址可能并不是依据成员之间血缘关系的远近而确定埋葬地点。同一墓葬中埋葬两个女性个体的 N2Z1M27，DNA 分析显示两位女性个体的母系血缘并不相同，分别属于 D5（直肢葬个体）和 N9a（二次葬个体），根据 mtDNA 的分析结果可以确定二者之间并无直接的母系血缘关系。

牛河梁遗址中目前发现 5 座最高等级的墓葬，除 N2Z2M1 被盗无人骨之外，其余 4 座墓葬墓主的 mtDNA 检测结果显示 N16M4 和 N5Z1M1 的母系血缘相近，皆属 N9a；N2Z1M25 和 M26 则具有相同的母系血缘（D5）。因为目前并无其他血缘个体出现，提出此两种母系血缘的个体是社会中最高级别领导者的候选人似无风险，但由于此两种母系血缘个体在目前牛河梁遗址检测数据中数量最多，其中发现的社会层级较低的个体也不少见，因此也无法确定母系血缘在获取社会地位方面具有明显的意义。基于同样的原因，虽然父系血缘检测显示第四期 1 段和 4 段级别最高的个体皆属于单倍型类群 N，也无法确定具有此种父系血缘在获取社会最高权力方面具有重要意义。

目前仅发现两例 mtDNA 和 YDNA 检测结果都一致的个体，分别见于 N3M7 和 N16M4，mtDNA 结果为 N9a，YDNA 的结果为 N。两个个体不仅在埋葬时间（埋葬时间分别为第四期 2 段和第四期 4 段）和空间上存在明显差别，且在处置方式上也有不同。N3M7 虽然是第四期 2 段第三地点级别最高的墓葬，但其规模和随葬品数量较第四期 4 段的中心墓葬 N16M4 仍有明显差别。根据遗传的特征，除了同父母的亲兄弟之外，姨表姐妹与堂兄弟分别结合所生之子的 mtDNA 和 YDNA 也应相同，即检测结果只能说明二者的母系和父系血源都相同，但无法据此准确判断二者的关系。两个体死亡年龄相近，从埋葬时间看，二者之间存在至少 25 年的年龄差①，而牛河梁遗址死亡个体的平均年龄不超过 40 岁②，两个体虽血缘关系较近，但是亲兄弟的可能性较小。从对死者进行安葬的特征上来看，二者与同墓地内的墓葬在死者头向、墓葬的砌筑方式上都更为接近，个体在人群归属中的倾向则更显示出不受血缘关系影响的特征。从墓地的延续使用时间上来看，第十六地点墓葬分别见于第四期的第 2、

---

① 假设牛河梁遗址延续使用 500 年，按照牛河梁遗址的四期延续时间相同，牛河梁遗址第四期的 5 个时段也平均划分的话，则第 2 段和第 4 段埋葬的个体之间在埋葬时间上至少有 25 年的时间差。

② 男性平均死亡年龄 39.85 岁，女性平均死亡年龄约为 35.24 岁。［潘其风、原海兵、朱泓：《牛河梁遗址红山文化砌石墓出土人骨研究》，载辽宁省文物考古研究所编著《牛河梁——红山文化遗址发掘报告（1983—2003 年度）》，文物出版社，2012，第 491 页］

4、5 段，而第三地点墓葬则分属于第四期的第 2、3 段，二者曾在第四期 2 段共存，因此应不存在同一社会群体在不同时期选择不同的埋葬地点的可能。虽然两个个体在遗传特征上较为相似，但可能分别处在不同的社会群体之中。

分析显示牛河梁遗址的个体在埋葬区域的选择上并未表现出明显的受血缘关系影响的特征，在不同地点发现相同血缘的个体，而在同一埋葬区内也可见无法直接确定其存在血缘或亲缘关系的个体，因此可以初步推测牛河梁遗址以积石冢为单位的社会群体并不是完全按照血缘关系组织起来的，而更可能为地缘群体，即其可能是活动或生活区域相近的成员的墓地。牛河梁遗址以积石冢为最小单位的人群与依据遗迹的空间分布特征所显示的地方性社区较为相近。而基于其在社会组成方式上的相似性，可以初步判定，牛河梁遗址相当于一个由多个小的地缘群体组成的、分布范围更广的地域性群体。从遗传的特征来看，构成牛河梁遗址社会的人群是由几个不同的血缘群体逐渐整合形成的区域性社会群体，至牛河梁遗址繁荣的时期已经出现了在血缘之上的地域群体，在相同或相近区域内生活的个体在社会规范方面更为接近，血缘关系不是团结社会各方面因素的主要力量。

目前进行 DNA 检测的样本数量少，根据目前的发现虽然可以初步确认以积石冢为单位埋葬的人群并没有明确地按照母系或父系血缘组织起来的特征，但根据 DNA 遗传的原理，并不能断定埋葬在同一区域的个体之间没有亲缘关系，如表兄妹各自的子女在 mtDNA 和 YDNA 的结果都不相同。由于亲属关系的外延根据计算中心点的不同可能有各样的变化，也相对不够稳定，虽然埋葬在同一埋葬单位的个体彼此之间联系更多，关系更为密切，但无法确认是依据亲缘关系建立起来的群体。

由于材料的缺乏，我们无法对牛河梁遗址多个地点人群的血缘关系进行准确的判断，但可以对牛河梁遗址的社会构成进行初步推测：以积石冢为埋葬单位的人群中可能存在相当数量具有血缘关系的个体，但整个群体的组织方式却并不是依据血缘关系，而可能是在地域上更为接近、彼此之间互相依赖和联系更为密切的地缘社会组织，宗教和礼仪性行为是维系社会团结的关键力量。

第二节　其他遗址所显示的社会特征

牛河梁遗址所代表的红山文化晚期社会已经出现了社会分层和多层级的社会生产管理系统，这一时期已经进入了分层社会，社会权力的获取更多地依赖于个体的能力而并未出现权力的继承制度；虽然出现了社会层级的分化，但各层级之间的流动性较大，并未出现阶层固化。虽然存在群体规模的差异，但并未出现较大规模的、可以对其他群体具有领导或支配权力的社会群体。由于牛河梁遗址是目前发现规模最大的红山文化遗址群，其作为红山文化政治或礼仪中心的地位决定其在社会分化和社会群体的组成方式上的特征可能存在一定程度的特殊性，并不能反映红山文化晚期的普遍特征，因此以下的分析将从其他遗址的发掘和区域性调查的材料入手，分别探讨其社会形态特征。

一　墓葬分析

目前发表材料较为丰富的红山文化墓地有田家沟遗址、胡头沟遗址和半拉山墓地，以下将分别对其墓葬及相关遗存进行分析。

1. 田家沟遗址①

遗址位于凌源市三家子乡河南村田家沟组，地处大凌河支流渗津河左岸的山梁上。与牛河梁遗址相似，遗址区域范围内发现了 4 个独立的埋葬单位（图 5 - 5），共发现红山文化晚期墓葬 42 座，方形祭坛 1 座。出土玉器、彩陶盖罐、筒形器等各类遗物，目前仅第一地点的材料发表较为完整。

第一地点是田家沟遗址最西侧遗存，发掘者又称之为"西梁头墓地"，墓地外围不见石围墙及筒形器等遗存。7 座墓葬（图 5 - 6）在区域内近环形分布，石棺皆有盖板，而未见使用底板，以基岩为底，部分墓葬由于底部不平采用了局部垫土或铺垫小石板的方式来修平墓底。发掘者根据墓葬

---

① 王来柱：《凌源市西梁头红山文化石棺墓地的发掘与研究》，载辽宁省博物馆编《辽河寻根　文明溯源——中华文明起源学术研讨会论文集》，文物出版社，2012，第 65～81 页；辽宁省文物考古研究所：《辽海记忆——辽宁考古六十年重要考古发现（1954—2014）》，辽宁人民出版社，2014，第 53～59 页。

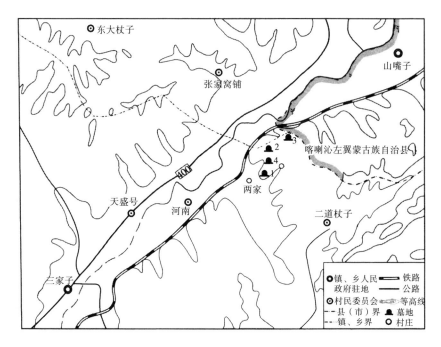

图 5 – 5　田家沟遗址遗迹地点分布示意

空间分布位置的差异将 7 座墓葬分为三组：以位置相近、头向相对的墓葬
为一组。认为此墓地为一家族墓地，墓葬组之间的差异为死者家族的代际
差异；同组墓葬相隔较近而组间墓葬在代际关系及埋葬时间上相距较远，
以位于山梁相对较高处的 M5 组墓葬为此家族墓地的埋葬中心。

　　死者皆仰身直肢葬，头向差异较大，主要可以分为西北向和东南向两
组，东南向墓葬位于西北向墓葬的外围。石棺皆有盖板而未见明确的底板
的特征与牛河梁遗址第四期 2～3 段较为相近。这一时段牛河梁遗址死者
头向多见东、西两种，与田家沟遗址墓葬中死者的头向略有差异，暂时无
法将其与牛河梁遗址的墓葬年代进行直接对应，但据墓葬特征认为此墓地
的年代与牛河梁遗址第四期一致应当无误。牛河梁遗址第三地点的死者头
向则可见西北和东南两组，田家沟遗址的死者头向以及不见积石冢砌石建
筑的特征与牛河梁遗址第三地点较为相似。报告并未提及墓葬的开口层位
以及彼此之间可能存在叠压关系，根据与牛河梁遗址第三地点发现的死者
头向变化的对比，可以初步推测田家沟第一地点墓葬的年代相当于牛河梁
遗址的第四期 2～3 段。

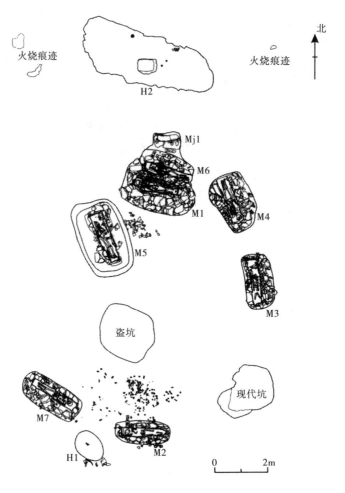

图 5-6　田家沟遗址第一地点遗迹分布

　　7 座墓葬共出土玉器 5 件，其中玉镯 3 件，分别出土于 3 座墓葬中，统计显示玉镯的随葬方式与牛河梁遗址相同，单镯位于男性墓主的右手，而位于女性墓主的左手。由此可以初步确定田家沟遗址的墓葬特征及随葬品的使用规律与牛河梁遗址基本一致。

　　第二地点是一处有积石覆盖的墓地，发掘者根据墓葬开口位置的差异分为开口于基岩面、垫土面和积石堆积面三种，据此可知田家沟遗址第二地点作为墓地使用曾经过至少三个时期。在主体区域外侧有石围墙的痕迹，但目前并不清楚石围墙与哪一时期的墓葬相对应。

第三地点遗迹包括墓葬、祭祀坑、祭坛、三重石围圈、一重白石头圈（其上有筒形器）和白石头圈外侧的两道平行的白石头带。根据 8 座墓葬的开口位置可以将其埋葬过程分为四次，墓葬分别开口于生土面、第一次垫土、第二次垫土和第三次积石堆积面。前三次埋葬的墓葬皆被"白石头圈及其上的筒形器所叠压"，而从公布的第三地点的航拍照片也可知，三重石围圈的范围大于白石头圈和白石头带所圈定的范围，且第二重石围圈叠压白石头圈，由此可以将第三地点的利用过程从早到晚简单概括如下。

开口于生土面墓葬—第一次垫土及墓葬—第二次垫土及墓葬—白石头遗迹—积石堆积圈及墓葬。

若该地点的此种利用过程无误，则可以确定，各类石墙及积石皆与墓葬无直接关系，目前尚未公布关于祭坛的材料，无法确定各类遗迹与祭坛的关系如何。

第四地点遗迹由方、圆两组围墙和墓葬组成，圆形围墙位于方形围墙的内侧，墓葬 12 座。墓葬也可以根据其开口层位分为三个埋葬时段，分别为：开口于基岩的墓葬，开口于垫土上的墓葬以及开口于积石堆积面的墓葬。依据目前发表材料尚无法确定围墙与哪一时段的墓葬相关。

虽然田家沟遗址的材料并未完整发表，但从发表的材料可以发现其特征与牛河梁遗址基本相同：都存在相似的墓葬及死者头向的变化趋向，随葬品的使用规范也基本相同。在田家沟墓地也发现了同一地点的连续使用过程，虽然都被称为"冢"，但石墙等建筑并非墓地的标配，其可能与特殊的礼仪行为或特殊的个体有关。这种相似性表明，两地点人群可能受相同社会规范的约束。

从目前可知的材料看，田家沟遗址 4 个地点在使用特征上存在差别，第一地点只见墓葬，而未见砌石结构，第三地点则可见到多个砌石遗迹。由于田家沟的报告目前并未发表，仅依靠已经发表的资料很难确定 4 个地点的最初使用和沿用时间是否相同，若其年代大体相同，则这种不同的利用方式和埋葬特征皆与牛河梁遗址较为相似，推测其社会组织模式可能也与牛河梁遗址所发现的相同。

2. 胡头沟遗址①

遗址位于辽宁省阜新蒙古族自治县化石戈乡胡头沟村西南牤牛河东侧的山丘上，是一处新石器至青铜时代遗存，新石器时代遗存为红山文化积石冢，由于牤牛河水的侵蚀，遗址西部受到严重破坏。遗址经过1973年和1993年两次发掘。1973年由于发掘面积较小（图5-7），确认红山文化墓葬2座（M1、M3）、春秋时期墓葬3座（M2、M4、M5），石围圈1座。遗迹仅保留东侧部分，确认石围圈叠压在泥质红陶筒形器片上，在东外侧残存石墙外围有保存原位的彩陶筒形器11件。位于石围圈中心位置的红山文化墓葬M1被青铜短剑墓M2打破。M1死者头向西，以薄石板作底板和盖板。②

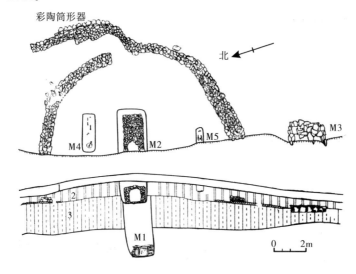

图5-7　胡头沟遗址1973年发掘遗迹平剖面

注：1. 黑土表层；2. 碎陶、石片层；3. 黑土层。

---

① 方殿春、刘葆华：《辽宁阜新县胡头沟红山文化玉器墓的发现》，《文物》1984年第6期；方殿春、刘葆华：《辽宁阜新县胡头沟红山文化积石冢的再一次调查与发掘》，《北方文物》2005年第1期；赵振东：《辽宁阜新县胡头沟新石器时代红山文化积石冢二次清理研究探索》，《中国考古集成东北卷（5）》，北京出版社，1997，第1657～1659页；辽宁省文物考古研究所：《辽海记忆——辽宁考古六十年重要考古发现（1954—2014）》辽宁人民出版社，2014，第48～50页。

② 方殿春、刘葆华：《辽宁阜新县胡头沟红山文化玉器墓的发现》，《文物》1984年第6期。

1993 年又对该遗址进行了补充发掘，发掘位置在 1973 年发掘区的东侧。在 1973 年发现的圆形石围圈的东侧发现了一道直墙，东墙外侧可见原位摆放的筒形器，半面彩，纹饰集中在向外一侧。发掘进一步确认1973 年发现的 11 件彩陶筒形器即为此道直墙外侧筒形器的一部分。"墙似可分为内、中、外三道"①，最外侧围墙保存较好。另发现红山文化墓葬两座，死者头向东，石棺上有石板封盖，无底板。(图 5 - 8)

关于彩陶筒形器的位置，第二次发掘的两组报道略有差异，上述方殿春等人的报道中认为彩陶筒形器皆位于 1993 年发现的直墙的外围，而赵振东的报道则提出彩陶筒形器位于石围圈的外围。②

从原位放置的筒形器的情况来看，发掘者曾认为 1973 年发现的筒形器位于圆形石墙的外围，但 1993 年的进一步发掘则表明，这些筒形器应与外侧的直墙为同组遗迹。但报告没有提供 1993 年发现的直墙与 1973 年发现的圆形石墙之间的层位关系，将二者作为同时遗存，未进行进一步的区分。1973 年发现的 11 件彩陶筒形器 "叠压在石围圈东外侧下面" 似乎提示着筒形器及相关的直墙的年代应略早于石围圈。以石围圈所确定的圆丘上为黑土堆积未见积石。结合遗物的共存关系则可以发现，位于原位的筒形器皆位于直墙的外侧，而圆形石墙叠压在散落筒形器片之上，这表明两组遗迹之间可能存在早晚关系。从简报所提供的层位来看，位于中心位置的73M1 与积石结构中较早的直墙可能为同期遗迹，距离墓葬最近的石围圈叠压筒形器片，可能并非 73M1 同时的遗迹。在东侧发现的残存的 3组直墙痕迹，以及第三组石墙外侧筒形器的特征与牛河梁遗址所发现的最高等级墓葬的特征基本一致。

两次发掘共发现红山文化墓葬 4 座，其中位于中心位置的为 73M1，死者头向西，墓葬埋藏较深，叠砌石板作为石棺，底板、盖板保存完好。对比牛河梁遗址第四期的墓葬特征，应相当于牛河梁遗址的第四期 5 段。墓圹开口位置被晚期墓葬打破，特征不甚清晰，1993 年补充发掘确认在

---

① 方殿春、刘葆华：《辽宁阜新县胡头沟红山文化积石冢的再一次调查与发掘》，《北方文物》2005 年第 1 期。
② 赵振东：《辽宁阜新县胡头沟新石器时代红山文化积石冢二次清理研究探索》，《中国考古集成东北卷 (5)》，北京出版社，1997，第 1657～1659 页。

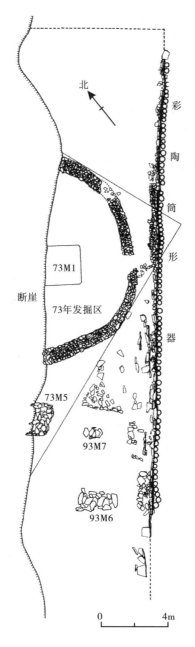

图 5 − 8　胡头沟遗址遗迹分布

其南侧有二层台阶。由于墓葬遭到破坏，遗物的出土位置不详，确认属于
该墓葬的玉器共计 15 件，包括勾云形玉器 1 件，玉鳖 2 件，雌雄各一，

玉鸟 3 件，玉璧、玉环各 1 件，玉珠 3 件，玉棒形器 4 件。虽然器形都明显小于牛河梁遗址发现者，但随葬品的种类可见牛河梁遗址中高等级墓葬中所发现的三类器物。从墓葬规模和随葬品种类、数量等方面看，该墓属于与牛河梁遗址中心大墓相类似的等级较高的墓葬。

73M3，位于 73M1 南侧，墓葬埋藏较浅，共埋葬 5 个个体，死者头向东，石板立置，盖板、底板俱全，相当于牛河梁遗址第四期 4 段。

93M6，为同时期最南侧墓葬，死者头向东，有盖板无底板，相当于牛河梁遗址第四期 3 段；93M7 与 93M6 特征基本一致，也应相当于第四期 3 段。

由于胡头沟遗址的材料相对较少，无法依据其自身特征判断墓葬的早晚关系，通过参照牛河梁遗址墓葬的埋葬过程可以初步确定，这 4 座红山文化墓葬也存在埋葬时间的变化，位于中心位置的是区域内最晚的墓葬。结合其外围与其相关的砌石围墙和筒形器，可知其规模可能与牛河梁遗址中心大墓相当，应为胡头沟遗址的最高等级墓葬。与牛河梁遗址发现的墓地布局相似，胡头沟遗址发现的其他小型墓葬也位于中心墓葬的南侧。

虽然胡头沟遗址红山文化积石冢受到的破坏较为严重，但从残存迹象来看，砌石围墙整体应为长方形，规模最大的墓葬位于围墙圈定范围的中心，其余小型墓葬位于墓地南侧。从墓葬的埋葬次序来看，南侧小型墓葬较早，而中心大墓年代较晚。虽然目前在区域内并未发现更多的积石冢群，但从其特征来看，胡头沟遗址与牛河梁遗址较为相似，砌石围墙等设施与中心墓葬密切相关，而与同一区域范围内的规模较小的墓葬无关，对中心墓葬的处理方式与牛河梁遗址基本相同。胡头沟遗址 73M1 为第四期 5 段所在区域内规模最大的墓葬，目前仅发现此一处红山文化的墓地，推测在周边仍可能有年代相近的墓地。

胡头沟遗址受到的破坏较为严重，仅残存积石冢东侧部分，但从残存遗迹来看，其积石冢的特征和营建过程与牛河梁遗址较为相似：积石冢的围墙等相关建筑都以中心墓葬为中心，甚至是为中心墓葬而专门建造的，在中心墓葬出现之前，区域内也不断有墓葬葬入，但并未设置多重的石界墙。

筒形器与牛河梁遗址出土的 B 型筒形器造型较为相似，口下弦纹，弦纹下为彩陶纹样的布局也基本一致，但筒形器上不见牛河梁遗址 B 型筒形器上皆有的凸棱，凸棱部分由黑彩弦纹代替，其下的纹饰布局基本相同，纹饰可见平行宽带纹和简化双勾涡纹与垂鳞纹的组合纹饰。虽然筒形器整体特征相似，彩陶半面绘彩的纹饰特征也相同，凸棱部分表现方式的不同应为相同文化传统下的地域差异。这表明，两地彩陶筒形器的制作者可能不同，也没有发现如牛河梁遗址常见的口部制作特征的差异。（图 5-9）

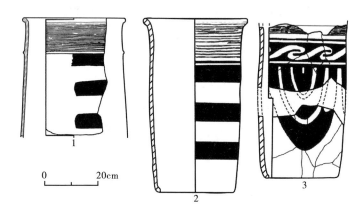

图 5-9 牛河梁遗址与胡头沟遗址出土彩陶筒形器比较

注：1 为牛河梁遗址出土；2、3 为胡头沟遗址出土。

胡头沟与牛河梁遗址也存在一定程度的差异，筒形器可能位于最外层石界墙的外侧，目前发掘区域中并未发现石界墙的南侧边界；彩陶筒形器的特征虽然总体与牛河梁遗址相似，但也存在细微的变化，如筒形器上凸棱被黑彩所替代，这种变化可能为本地人群的特殊选择，也可能与区域交流的方式和途径有关。积石冢的整体规模较牛河梁遗址发现者略小，可能代表中心区与核心区的差异，其所反映的应是与牛河梁遗址相似的另一地域的特征。

3. 半拉山墓地①

墓地位于辽宁省朝阳市龙城区召都巴镇尹杖子村大杖子村民组东北，

---

① 辽宁省文物考古研究所、朝阳市龙城区博物馆：《辽宁朝阳市半拉山红山文化墓地的发掘》，《考古》2017 年第 2 期；《辽宁朝阳市半拉山红山文化墓地》，《考古》2017 年第 7 期。

大凌河支流十家子河西侧山地上，发掘共清理墓葬 78 座，祭坛 1 座，祭祀坑 29 座（图 5-10）。两次简报①虽未能完整论及半拉山的发现，却为研究提供了丰富的信息：发掘者将文化层划分为②A 上层积石堆积、②B 下层积石堆积、③A 上层冢体、③B 下层冢体，并据此地层关系将墓地的使用过程合并为早晚两期：将下层冢体的纯净的黄色垫土堆积及相关遗迹（包括 15 座墓葬和祭祀坑）确定为早期遗存；而将上层冢体的黑花垫土堆积及其他遗迹（包括墓葬、祭祀坑、界墙、祭坛等）划归为晚期遗存。

在此分期的结果之下半拉山墓地的墓葬特征与前文详细分析过的牛河梁遗址存在较大的差异，这种差异所反映的是地域不同、年代早晚、社会组织方式的不同还是分期标准的差别？要确定这种差异的性质也需对其进行进一步的分析。

根据两层垫土的形成早晚所进行的时代的区分基本代表了积石冢营建和使用过程的两个阶段，为探讨墓地的营建和使用过程提供了重要的证据。但在此分期框架之下，两期墓葬在墓葬形制、死者头向等方面都未显示出明显的特征：发掘者将墓葬分为土坑墓、石棺墓和积石墓三种（附表二），除积石墓仅见于晚期墓葬之外，另外两种墓葬形式在两个时期都有发现；死者头向则都存在东、西、北三种。据这种无差异的墓葬特征、晚期墓葬之间频繁的打破关系以及同属晚期的墓葬和界墙之间的叠压打破关系可知，半拉山墓地的使用过程可能更加复杂。因此，以下将依据已发表的材料对各类遗迹重新加以探讨。

遗迹主要包括墓葬、祭祀坑、祭坛和建筑址。

土坑墓与石棺墓并存，以石棺墓为主。粗略的统计显示，石棺墓中墓均随葬品的数量略高于土坑墓，基于土坑墓在营建过程中并不需要另行制作石板，二者可能在修筑时的劳动消耗方面存在差异，可能墓主之间在经济或社会地位等方面存在差异。

石棺多由多块立石并排砌筑而成，部分石棺（M11）深达 1 米，

---

① 辽宁省文物考古研究所、朝阳市龙城区博物馆：《辽宁朝阳市半拉山红山文化墓地的发掘》，《考古》2017 年第 2 期；《辽宁朝阳市半拉山红山文化墓地》，《考古》2017 年第 7 期。

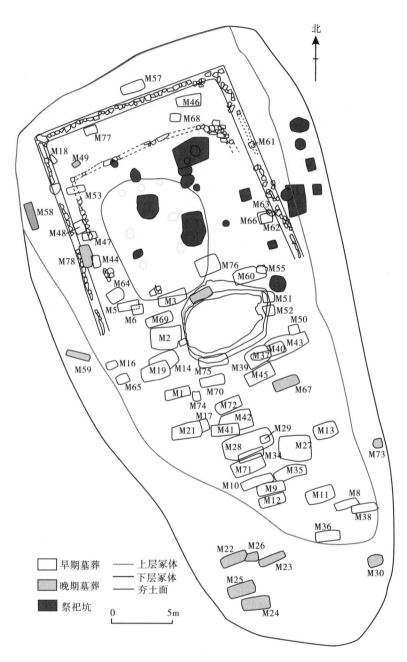

图 5 - 10 半拉山墓地遗迹平面

注：早、晚期墓葬的划分依据简报的判定。

并不排除由多块立置石板叠砌完成的可能，排除此种较为特殊的情况，半拉山墓地石棺的高度在 20 厘米左右。目前根据登记表所记录的土坑墓，除几座墓葬墓圹较深，明显大于平均构筑石棺的石板高度之外，多数墓葬墓圹深度皆低于 20 厘米，甚至有些仅有 10 厘米左右。统计显示土坑墓墓圹平均深度 0.35 米，确定的 21 座土坑墓中，有 14 座低于此数值，而 M36 所确定的土坑墓墓圹较浅，在墓圹范围内残存数个大石块。据此可以推测半拉山墓地的"土坑墓"存在以下两种形式。

其一，与 M49 相仿，墓顶有大石板封盖，无明确贴立于墓圹边缘的石板，"下部开凿在基岩上"[1]，此种可以确定没有石板砌筑石棺，石棺以基岩代替，或许也可以视作石棺墓。

其二，与 M36 的情形相似，墓圹较浅，明显小于一般砌筑石棺的立石高度，无石棺可能是受到破坏的结果。

因此，半拉山墓地中土坑墓与石棺墓的区分的意义可能有待材料进一步发表才能明确。

目前 6 座墓葬有具体材料发表，M20 墓葬特征最不清晰，在此暂不讨论，其余 5 座墓葬特征如下。

M23 开口于①层下，墓葬盖板、底板俱全，死者头向东。

M49 开口于③A 层下，有盖板而无底板，死者头向东。

M12 开口于②B 层下，盖底板俱全，死者头向东。

M37 开口于②A 层下，为积石墓，死者头向东。

M36 开口于②B 层下，盖板特征不详，无底板，死者头向东。

目前发表的 5 座墓葬中 M37 年代最晚，建造时半拉山墓地已经基本结束使用，其年代应晚于开口于②B 层下的 JK4，或已超过了红山文化的年代下限。

其余几座墓葬仍可见盖板和底板组合的差异，M36 保存状况较差无法确定盖板有无，其余 3 座墓葬皆有大石板作为封盖。根据底板的特征大体

---

[1] 辽宁省文物考古研究所、朝阳市龙城区博物馆：《辽宁朝阳市半拉山红山文化墓地的发掘》，《考古》2017 年第 2 期，第 7 页。

可以分为两种：一种底板和侧边立石俱全，见 M23 和 M12；另一种直接开凿于基岩上，不另外铺设底板和侧边立石。此种墓葬特征的差异也见于牛河梁遗址，牛河梁遗址所发现的墓葬特征的变化趋向可能也适用于半拉山墓地。根据牛河梁遗址的墓葬特征可以确定 M49 相当于第四期 3 段；M12 则相当于第四期 4 段；M23 相当于牛河梁遗址的第四期 4 段；而 M36 无底板的特征仅见于牛河梁遗址的第四期 2 段和 3 段，根据死者头向可以确定其相当于第四期 3 段。

根据地层关系可以对墓葬的早晚关系进一步加以确认：M49（四期 3 段）开口于③A 层下，M36（四期 3 段）开口于②B 层下，M12（四期 4 段）开口于②B 层下，M23（四期 4 段）开口于①层下。层位关系显示参照牛河梁遗址墓葬特征所确定的墓葬的早晚关系基本无误。层位关系与根据墓葬特征所确定的墓葬的相对年代基本一致，表明墓葬特征的变化规律与牛河梁遗址基本一致，墓葬底板与盖板特征的变化可能为这一时期较为广泛流行的墓葬特征。

除了墓葬特征之外，出土遗物的比较也显示出相同的趋向。

半拉山墓地出土的玉器整体造型与牛河梁遗址出土者基本一致，从出土玉器及筒形器的特征可以初步推测其年代应大体与牛河梁遗址第四期相当。但仍有许多细微的差别，M39（开口于②B 层下）出土的三联璧的特征与胡头沟 79M3 出土者基本一致，埋葬时间大体相当于牛河梁遗址第四期 4 段。

比较表明半拉山墓地的墓葬年代可能大体相当于牛河梁遗址的第四期 3~4 段（表 5-3），发表的材料中未见与牛河梁遗址第四期 5 段年代相当的墓葬。墓葬特征的变化与墓地的营建过程整体趋向一致，半拉山墓地发表的材料显示墓地的主体年代可能相当于牛河梁遗址第四期的较晚阶段，墓地中最晚的墓葬年代可能已超出了红山文化的年代下限。

祭祀坑内出土遗物较少，主要见开口于②B 层下和③A 层下两种，目前有 6 座祭祀坑的材料发表。

JK5 开口于③A 层下，无遗物；JK14 被 JK13 打破，开口层位不详；其余几座祭祀坑皆开口于②B 层下，仅 JK4 内出土了多件筒形罐。

表5－3　半拉山墓地墓葬年代对照

牛河梁遗址		半拉山墓地	
		墓葬单位	层位
第四期	3 段	M49	③A 下
		M36	②B 下
	4 段	M12、M39	
		M23	① 下
	5 段	/	/
		M37	②A 下

　　筒形罐上可见红山文化常见的之字纹，而保存相对较为完整的两件筒形罐则与大南沟遗址①出土的小河沿文化的筒形罐更为相似（图5－11），因此可以认为 JK4 的年代下限可能已经进入了小河沿文化时期。

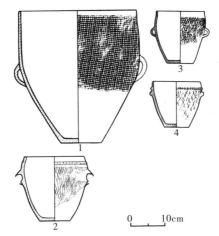

图5－11　半拉山墓地与大南沟遗址出土筒形罐对比

1. 半拉山 JK4：1　2. 半拉山 T0607②A：2　3. 老鸹窝
山 M6：2　4. 大南沟 M32：3

　　祭坛和建筑址皆位于发掘区北侧，由界墙、坛墙、夯打活动面和柱洞组成。②

①　辽宁省文物考古研究所、赤峰市博物馆：《大南沟——后红山文化墓地发掘报告》，科学出版社，1998。
②　发掘者对于祭坛组成部分的定义在两个简报中略有差异，在此将其划归一处讨论。

界墙挖槽砌筑，开口于②B下，打破③A，可见北、东、西墙，未见南墙。其内侧"坛墙"为长方形封闭石墙，开口于②B下，不挖槽，直接砌筑于③A上。在西侧坛墙的外侧可见保留于原位的筒形器。参照牛河梁遗址的发现，可以将这两组石墙和筒形器划归同一组功能遗存，相当于报告所言之"祭坛"。

在封闭石墙的内侧保留有近似圆角方形的夯打活动面，活动面位于②B和③A层之间，其上有柱洞7个，排列较为规整，柱洞皆打破夯打活动面，且二者范围也大体一致，由此可将其划归同一组功能遗存，相当于报告所言的"建筑址"。

以下简要讨论几组遗迹的关系。

"祭坛"与墓葬。遗迹平面图显示约有11座墓葬与"祭坛"的两组围墙之间存在叠压或打破关系（见图5-10），除M78、M5、M76开口于③A下年代早于祭坛外，其余几座墓葬皆与祭坛的界墙一样开口于②B下，打破关系显示其间应存在早晚。[①] 依据目前的材料暂时无法确定哪些墓葬与祭坛曾经同时，而界墙、坛墙等的功能也有待依据进一步的材料加以判断。

建筑址与墓葬。平面图显示M3与建筑址的夯打活动面之间应略有早晚。

祭祀坑与墓葬。目前尚未有材料显示祭祀坑与墓葬之间有叠压或打破关系，祭祀坑主要集中在遗址的北部，而南部基本不见。暂时也无法对二者的关系加以讨论。

祭坛与建筑址。坛墙南侧石墙保留的石块叠压在建筑址的夯打活动面上，由此可以确认两组遗存在建筑时间上可能略有早晚，但依据目前的材料暂时无法确认其是否曾同时使用。

祭祀坑与建筑址。在建筑址范围内还见三组打破建筑址活动面的祭祀坑，分别为JK1、JK12和JK13。其中JK12打破建筑址的柱洞D2，JK13的底部为有草拌泥的烧土块堆积层，可能为建筑址烧毁后的废弃堆积。据

---

① 发掘者提供的坛墙西侧筒形器的照片（《考古》2017年第7期，图六）显示筒形器叠压M47、M48，线图（《考古》2017年第2期，图三）显示坛墙叠压M47，M48打破砌筑界墙时的挖槽，虽然不同信息所显示的各类遗存的早晚略有差异，但都能确认其并未同时存在。

此可以推知 JK12 和 JK13 开始使用时建筑址的功能应已基本废止，甚至已经废弃。暂时无法确知晚于建筑址修建的"祭坛"与建筑址废弃后使用的祭祀坑是否共存或有早晚关系。

半拉山墓地是目前经过发掘的出土了制玉原料和半成品的墓地，这些材料为我们了解红山文化玉器制作的方式和特征提供了线索。材料显示有未经进一步加工的玉料出土。

M30：3，近似圆角方形，经初步的修整加工，长 9.2 厘米，宽 7.9 厘米，厚 3.1~4.6 厘米，从尺寸上来看，可以制作各种扁平状玉器，包括璧、镯等。

M10：3，近似圆角梯形，宽 7.9~10.8 厘米，长 13.6 厘米，厚 2.9 厘米，保留原始石皮，并未进行进一步的加工。几乎可以制作除玉龙等立体造型的器物之外的所有器物。

玉器制作的半成品一件，外缘为不规则圆形，内侧可见圆环状管钻凹槽，从内径的尺寸来看，更可能为制作镯、环类器物的半成品。另在遗址中还发现了多个管钻钻芯，与牛河梁遗址发现者不同的是，多数钻芯并未经进一步的修整或再加工。钻芯和制玉半成品皆出土于 M20 填土中，但该墓葬中不见人骨，且打破了多个墓葬，因而其中发现的玉器和其他器物并不能明确判断其属于该墓葬。虽然无法确定这些器物的所有者，但从制玉过程的各类残存遗物频繁出土可以初步判断在半拉山墓地中应当存在专门的制玉工匠。虽然钻芯的尺寸与玉璧的内径较为接近，但从玉璧的特征可知，玉璧的中心部分的钻孔并不是通过管钻完成的，因此，可以初步确定其应是制作其他器物的残余。而墓地中并没有发现可与其配对的器物出现，因此可以认为拥有这些钻芯的工匠所制作的物品并不是由本人甚至本地使用的。

对最为常见的镯、环类器物特征的比较可以发现半拉山墓地出土玉器与牛河梁遗址出土者存在显著的差异：牛河梁遗址的镯、环类制作精美，器物横截面皆为圆角的三角形，而在半拉山墓地中还可以见到横截面呈梯形的镯、环类器物。这种差异可能与不同地区人群的审美和要求有关，而在制作器物所耗费的时间来看，后者更为简略粗糙，制作所耗费的时间和劳动量都较少。

　　虽然依据目前的材料尚无法对半拉山墓地各类遗迹之间的关系进行准确的判断，但仍丰富了我们对红山文化的认识。

　　第一，与牛河梁遗址的对比可以发现，二者在墓葬特征方面存在较为一致的变化，这种变化在目前有材料发表的其他遗址中也可以发现，这表明这种墓葬特征的改变可能与这一时期相对较为稳定的社会规范有关。

　　第二，通过墓葬和遗物特征的比较可以确定半拉山墓地的主要使用年代大体开始于牛河梁遗址第四期 3 段，而结束的时间则晚于牛河梁遗址，或已经进入了小河沿文化时期。

　　第三，可大体将半拉山墓地的营建和使用过程分为 5 个阶段（表 5 - 4），而第 2 阶段主要遗迹之间复杂的叠压打破关系则显示，遗址的利用过程较目前所知的更为复杂。

表 5 - 4　半拉山墓地使用过程统计

使用过程	主要遗迹	开口层位
1	③B 垫土 墓葬及祭祀坑	③A 下
2	③A 垫土 墓葬、祭祀坑、"祭坛"、建筑址	②B 下
3	②B 积石	
4	墓葬	②A 下
5	②A 积石	

　　第四，半拉山墓地也发现了积石和砌石围墙，但与我们在牛河梁遗址所发现的略有不同，界墙与墓葬的密切联系有所改变：在半拉山墓地中没有发现如牛河梁遗址中那样的以界墙和相关建筑为边界的中心墓葬，其特征也与在牛河梁遗址 N2Z4 发现的有明确的界墙及相关建筑设施但没有中心大墓的情况略有差异。筒形器摆放于封闭围墙的外侧的特征也与牛河梁遗址有所差别。

　　第五，虽然也发现了积石层，但积石与墓地的使用并未发生直接的关系，即积石堆积应并不是墓地结构的必要组成部分，在两次冢体垫土之间并没有积石层也证明了这一点。无法确定积石堆积的出现是使用该墓地的人群的有意识的行为，而两层积石堆积的形成原因仍需进一步讨论。

第六，与墓葬营建有关的两层垫土的墓葬之间并无明显的差异，甚至在墓葬特征上还表现出了明显的连续性，目前尚不清楚这种重新堆砌冢体的行为的原因是什么，而从界墙与墓葬之间的打破关系可以确定并非为了"祭坛"或建筑址的建造而特意堆砌的冢体。

第七，关于开口于①下墓葬的年代问题。现存两层垫土的范围皆不规整，在东南侧地势较为低洼之处多可见垫土缺失的情况，积石堆积也都集中在地势较高的东北部，因此并不排除东南侧上层垫土的范围明显小于下层垫土是由于水土流失等原因造成的可能。而开口于②B层下、墓圹开掘较深的墓葬也会打破③B层，其存在状态与墓地西南部缺失积石堆积和③A层垫土而直接开口于①层下打破③B层的墓葬的情况相似，因而不能仅依据墓葬打破③B层而确定其属于早期墓葬，仍需更多的材料才能对其年代进行准确判定。

虽然半拉山墓地的红山文化遗存显示出与牛河梁遗址的差异，但墓葬特征变化的一致性趋向表明二者受相同社会规范的制约，期待随着材料的完整发表，可以对半拉山墓地人群的社会结构等问题有更为清晰的认识。

4. 草帽山积石冢①

位于内蒙古自治区四家子镇东的草帽山的山梁上，遗址分东、中、西三个地点，目前有材料发表的是东部的第一地点（图5-12），发现墓葬7座，墓主头向皆西南向。根据石棺盖板和底板的特征的差异可以分为盖板底板俱全和只见盖板无底板两组，两组墓葬之间可见一例打破关系：盖板和底板俱全的M6打破了有盖板而无底板的M7（图5-13）。由此可以初步确定，两组墓葬之间应当存在早晚关系。其所显示的石棺建造的特征与牛河梁遗址的变化基本一致，对照牛河梁遗址中墓葬特征的变化，两组墓葬分别相当于牛河梁遗址的第四期2段和第四期5段。也就是说，草帽山第一地点积石冢也属于在较长时间内沿用的遗址。根据石棺砌筑方式的差异可以分为砌石（多块石板叠砌）和立石两种，二者属于墓葬规模的

---

① 《敖汉旗四家子红山文化积石冢》，载《中国考古学年鉴2002》，文物出版社，2003，第157页；邵国田：《草帽山祭祀遗址群》，载《敖汉文物精华》，内蒙古文化出版社，2004，第27~29页；刘国祥：《红山文化研究》，科学出版社，2016，第315~320页。

差异，采用砌石石棺的墓葬墓圹较大。但没有发现两种砌筑方式的墓葬在空间分布上有明显的差异。

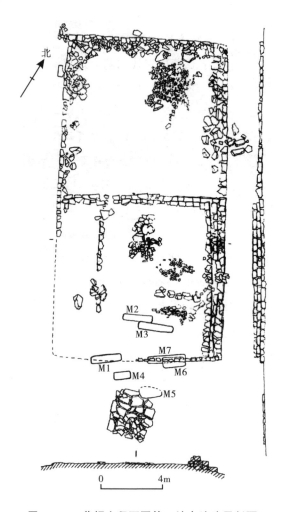

图 5 – 12　草帽山积石冢第一地点遗迹平剖面

图片来源：刘国祥著《红山文化研究》，科学出版社，2015。

　　该地点遗迹主体为砌石构成的"祭坛"，至少 4 座墓葬叠压于此"祭坛"的垫土或石墙下。石墙不见牛河梁遗址中常见的规整的多重石墙的结构，主体部分东侧为三层台阶状石墙，北侧为两层台阶状石墙，西侧石墙两道，外围石墙与北、南侧石墙相接，内侧石墙位于中轴线偏西位置。

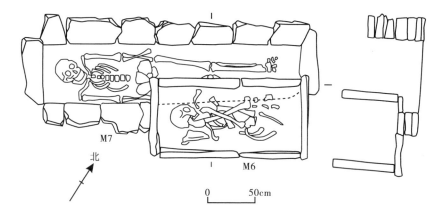

图 5 – 13　草帽山积石冢墓葬特征示例

注：M7 有盖板无底板，M6 底板盖板俱全。

在主体石墙的北侧还可见与其相接的单层石墙。目前尚不清楚此地点的石墙构筑的建筑的功能，但从不同遗迹单位的叠压关系来看，草帽山第一地点发现的砌石建筑皆晚于墓葬的埋葬时间，由此可以推测草帽山积石冢的砌石建筑的年代可能略晚于牛河梁遗址第四期 5 段。砌石建筑的功能与牛河梁遗址发现的多重石墙的砌石建筑略有差异，不再与墓葬有关，即草帽山积石冢第一地点并未发现中心大墓和相关的砌石建筑。无中心墓葬的墓地没有明确砌石边界的特征与牛河梁遗址基本相同。

草帽山积石冢的发现也表明，砌石建筑并不是墓地的必要组成部分，而只是与标示中心大墓有关。草帽山积石冢发现的墓葬多没有随葬品，与牛河梁遗址所见以玉器为随葬品的特征存在较大差别，但埋葬方式及墓葬特征的变化却较为一致。这表明不同地点的埋葬特征基本一致，而牛河梁遗址中常见的有砌石边界的积石冢并非牛河梁遗址所特有的埋葬方式，而是显示其中的中心墓葬在规模、等级方面的优势。

草帽山积石冢也有多个地点，虽然目前尚不清楚其他地点的具体情形，但根据第一地点的情况可以推测其应与牛河梁遗址大体相似。

除了牛河梁遗址之外，笔者还选取了其他几处"积石冢"遗存进行了分析，胡头沟、半拉山和田家沟都属于大凌河流域，而草帽山积石冢则属于老哈河流域，两地发现的积石冢皆有较为相似的特征。

虽然多数积石冢中可见冢墙等设施，但具体的分析都可以发现，冢墙并非作为墓地的标准设施。牛河梁和胡头沟的材料显示，冢墙等设施与中心墓葬的年代相当，为中心墓葬的附属设施；而半拉山和草帽山墓地的发现则表明，冢墙等设施的年代晚于墓地内墓葬埋葬的时间，其范围内也没有发现如牛河梁遗址那般的中心大墓，"界墙"等建筑的年代皆晚于区域内的墓葬，可能为墓地结束后的设施。

虽不同遗址的墓葬在死者头向方面略有差异，但死者头向的变化趋向和墓葬处理方式的变化基本相似，即不同地域的人群可能处在相同的社会规范之下。

不仅牛河梁遗址，其他遗址中也多发现了多群体共存的特征，田家沟、草帽山皆发现了不止一个积石冢地点。

而从墓葬特征来看，除田家沟遗址多个地点的情况尚不明确之外，其余几个遗址表现的特征并不完全相同，牛河梁遗址表现出比较规范的砌石建筑与中心墓葬的联系，第四期各时段都发现一座或一组中心墓葬。在墓葬的建造过程中，高等级的墓葬与一般墓葬有着较为明显的区分；胡头沟和草帽山虽然发表的材料都较为有限，但也表现出了相近的特征。半拉山墓地墓葬数量明显高于其他几个遗址，区域内并未发现高等级的墓葬，墓圹内立置石板砌筑石棺，但石板加工较为粗劣，大小差别明显。这种处理方式与目前其他遗址发现的情况差别较为明显，在墓地的安排上也没有明显的规范，其社会性质和人员组成可能与其他遗址存在差异。

若不考虑整体情形不甚清晰的田家沟遗址和特征差异明显的半拉山墓地，胡头沟遗址和牛河梁遗址表现出相似的特征，二者同时存在区域内的中心墓葬，但在与墓地关系密切的筒形器的特征上也相应地存在差异，这表明两个遗址可以分别代表两个在不同地域并存的组织方式相似的社会群体。在中心墓葬的规模上，胡头沟墓地与牛河梁遗址的墓葬仍存在一定程度的差别，这种差别可能与人群共同体之间财富和资源的不同占有情况有关。

墓葬规模和随葬品种类、数量所显示的社会纵向分化的特征在牛河梁遗址更为明显，而在其他遗址则未发现墓葬间明显的差异。牛河梁遗址可能为红山文化的中心区，与周边其他区域相比其社会分化的特征及各项职能都较为完善。而在其他地区仍然存在区域性的中心，即社会的纵向分化与社会分层的特征应为红山文化较为普遍的社会形态。从墓葬特征来看，相当于牛河梁遗址第四期时，红山文化已经普遍进入了分层社会，不同地区的社会分化程度略有差异。牛河梁遗址所反映的社会特征可能为红山文化晚期社会的普遍特征，而牛河梁遗址的人群是红山文化晚期出现的多个地域群体之中发展程度较高的一个。

二　居住形态分析

墓葬所反映的个体在社会中财富和地位的差异及相应的规范化特征，以及墓葬的空间分布是我们探讨社会分化和社会群体关系的重要资料，墓葬资料与居住形态的综合比较可以为讨论提供更为充分的信息。在西台和魏家窝铺遗址发现了规模较大的红山文化居住址，但由于两遗址皆未有完整报告发表，在此我们仅能依据目前所能获取的材料进行初步分析。

1. 西台遗址①

遗址位于赤峰市敖汉旗王家营子乡阿福营子西台居民点西侧，大凌河上游牤牛河沿岸。发现了两组南北相接的环壕聚落，北侧环壕近长方形，范围相对较小，其内发现红山文化房址；南侧环壕也近长方形，四面壕沟保存完好，与北侧环壕相连，其北侧壕沟亦可作为北侧环壕聚落的南侧壕沟。在东南侧环壕位置留有出入口，为中间较宽、两侧较窄的三“门道”设置，环壕内也发现多组红山文化房址（图5-14）。F202内发现了红地红彩的彩陶钵，其红地红彩的特征也见于魏家窝铺遗址房址中发现的彩陶器上。

南北两个环壕相接，发掘者未对二者关系进行详细论述。南侧环壕聚落发现了明确的出入口的痕迹，但北侧未见出入口。两区域内发现的红山文化房址都可见朝向东南和朝向西南两组，在有更多的材料可以对其进行进一步判断之前，笔者倾向于二者的关系可能并非为同时存在的社会群体，虽然有环壕，但环壕的作用似乎并非区分两个居住区，且从目前情况

---

① 杨虎：《敖汉旗西台新石器时代及青铜时代遗址》，《中国考古学年鉴》，文物出版社，1988；杨虎、林秀贞：《内蒙古敖汉旗红山文化西台类型遗址简述》，《北方文物》2010年第3期；邵国田主编《敖汉文物精华》，内蒙古文化出版社，2004，第25页。

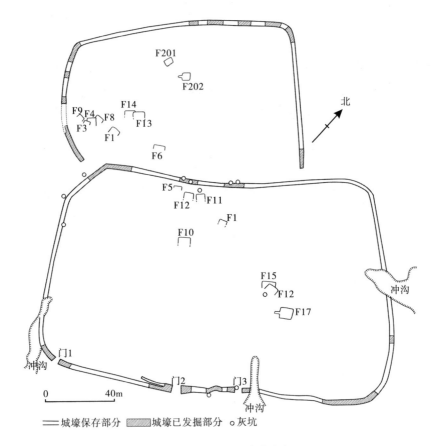

图 5-14 西台遗址遗迹分布

来看，在南侧环壕聚落建筑完成后，北侧环壕内的房址可能没有了出入的通道。而南侧环壕聚落的北侧壕沟可能借用或破坏了北侧的环壕，存在由于人口增加而居住区南移的可能。

2. 魏家窝铺遗址

遗址位于内蒙古自治区赤峰市红山区文钟镇魏家窝铺村，是目前发现的规模最大的红山文化聚落址，该遗址经过 2009、2010①、2011 年② 3 次

① 段天璟、成璟瑭、曹建恩：《红山文化聚落遗址研究的重要发现——2010 年赤峰魏家窝铺遗址考古发掘的收获与启示》，《吉林大学社会科学学报》2011 年第 4 期。
② 塔拉、曹建恩、成璟瑭、王春雪：《内蒙古赤峰魏家窝铺遗址 2011 年发掘成果》，《中国文物报》2012 年 2 月 10 日，第 4 版。

发掘，从发表的材料中我们可以对魏家窝铺遗址的情况有初步了解。

出土遗物中可见"彩绘陶"，按照 2011 年发表的照片应为彩陶。彩纹以红地红彩为主，少见黑彩，图案可见弧线条带纹、折线纹、几何状方格纹、三角纹、弧边三角形等，基本纹饰单元与红山文化墓地中发现的彩陶纹饰并无明显差别。但以红彩为主的特征与目前发现的墓葬中出土彩陶的特征略有差异，由于发表材料尚少，尚不清楚这种纹饰特征的差异是因为使用地点的不同还是存在时代差异。目前牛河梁遗址发现的所有彩陶皆为红地黑彩，红地红彩的纹饰在稍晚的小河沿文化[①]中多有发现，以红地红彩为主的纹饰特征或许表明其年代可能较晚，由于目前发掘的其他居住址中很少见到彩陶，也不排除彩陶纹饰特征的差异与其使用功能有关。

发掘发现灰沟 4 条，灰沟的走向显示其可能为环绕房址等其他遗迹的环壕的一部分，其中 2010 年发现的两条灰沟皆位于房址等主要遗迹的东侧，其中 G2 位于内侧，其内侧的房址可见偏东南向和偏西南向两种，而 G1 与 G2 之间的房址则以偏西南向者为主，"G2 以东没有发现房址"与前文所述 G1 位于 G2 东侧，且在两条灰沟之间有房址的说法矛盾，此处 G2 可能为 G1 之误。2011 年也发现了两组灰沟，尚不清楚其与之前发现灰沟的关系。根据房址和灰沟分布位置以及东南向房址与 G2 的叠压打破关系推测东南向房址可能晚于西南向房址。在遗址使用的较晚阶段，人口规模可能发生了明显增长，并且越过了原有环壕的范围而向外扩张。

虽然在魏家窝铺遗址发现了多组具有环壕性质的灰沟，但从位置相对较为确定的 G1、G2 来看，两组灰沟所标示的范围有所扩张，其所反映的应该是同一社会群体人口规模增长的结果。而区域内发现的两组朝向不同的房址，目前发表的资料无法确定其是否曾同时存在，若两组房址曾同时存在，则可能反映的是人口规模增加之后社会小群体的分化。这种分化的特征与牛河梁遗址第四期 5 段 N16 墓葬相对聚群分布的特征较为一致。

目前发现的规模较大的红山文化遗址如西台和魏家窝铺遗址，虽然可以发现多个范围不同的环壕聚落的特征，但从遗迹的建造和使用过程来

---

① 辽宁省文物考古研究所、赤峰市博物馆：《大南沟——后红山文化墓地发掘报告》，科学出版社，1998。

看，特别是魏家窝铺遗址，多个环壕为不同使用时期的遗迹，而并未作为界定两个共存的社会群体的空间范围的标志。在魏家窝铺遗址中发现的两组朝向不同的房址如果曾同时存在，其可能反映了社会群体的分化，但这种分化为同一社会群体渐趋产生的下一层级分化。即从目前发现的居住特征也可以看到社会群体的裂变。

虽然在多个遗址都发现了红山文化的房址，但发表材料较少，且未有房址的分布及遗迹之间的关系的材料发表，无法提供探讨社会形态等相关内容所需的信息。

三　考古调查的发现

历年调查工作开展较多，材料也较为丰富，除了获取红山文化遗存的分布范围之外，根据调查材料所获取的遗物的分布范围，以及在此基础上对有关人类居住模式和组织关系的特征的探讨，是在有限发掘的基础上最大限度利用调查材料的有益尝试。根据分析方法的差异可以分为两种，第一种以传统的"遗址"为基本的分析单位，根据遗迹或遗物的集中分布情况确定遗址的规模，根据区域内遗址规模的差异进一步划分层级，从而确定不同层级遗址的分布规律及遗址之间的关系。采用此种方法进行调查分析的材料包括蚌河、老虎山河、教来河、少狼河、半支箭河流域的调查。

蚌河流域考古调查①选择蚌河下游河流两岸的平缓坡地作为重点调查区域，调查面积约 70 平方公里，发现红山文化遗址 23 处，时代皆相当于红山文化中期，出土的钵等遗物与牛河梁遗址第一期较为相似。根据遗迹和遗物的空间分布确定遗址的面积约在 0.2 万 ~ 21 万平方米不等。由此确定遗址存在规模的差异，并根据不同规模的遗址在空间上的分布规律，确认蚌河流域可能存在两组以最大型遗址为中心，包括多个不同规模遗址的遗址群，即可能存在一个在聚落形态上具有三级结构的社会集团。

---

① 中国社会科学院考古研究所内蒙古工作队、内蒙古自治区敖汉旗博物馆：《内蒙古敖汉旗蚌河、老虎山河流域新石器时代遗址调查简报》，《考古》2005 年第 3 期。

老虎山河源自努鲁尔虎山东南麓，向东南汇入大凌河。老虎山河流域调查①区域确定在老虎山河上游两岸，调查总面积约 70 平方公里，发现 8 处红山文化遗址和 9 个采集点。8 处红山文化遗址中，7 处为有冢或坛的祭祀性遗址。从出土筒形器的特征来看，应与牛河梁遗址的时代相同。

根据两调查区域考古发现的差异，可以初步认为祭祀遗址群与居住群分离可能是红山文化的典型特征。调查材料没有更多地公布另外一处有灰土圈的遗址的出土遗物的信息，尚不知其与其他几处祭祀性遗址的年代关系如何，因此这种遗址功能的差异是否与不同时期有关仍需更多的材料来加以探讨。

教来河上游考古调查②将发现的 127 处遗址，根据空间分布情况分为 5 个群组，根据遗址面积又将遗址划分为 5 个层级。

少狼河流域调查发现遗址 24 处，遗址面积在 0.48 万 ~ 10 万平方米不等，根据遗址面积的差异划分了 6 级聚落。

半支箭河中游调查发现红山文化遗址 19 处，遗址面积为 0.15 万 ~ 7 万平方米，根据遗址面积的差异划分 5 个层级。

分布位置相近的多个遗址构成一个遗址群，不同遗址群之间存在较为宽广的空白地带。调查的结果显示遗址群中都出现了遗址规模的差异，据此可以进一步划分遗址所属的层级。同一遗址群内不同层级遗址的出现表明已经出现了多层级的聚落，即存在多层级的社会组织结构。多层级的聚落形态是复杂酋邦的特征之一，考古学研究可以据此对红山文化时期的社会性质进行进一步的分析。

根据遗址规模判断遗址的层级并进一步根据考古调查材料进行社会分析是考古学研究的一项重要进展。虽然遗址的规模大小在一定程度上反映了遗址中活动人口的数量，但在未确立准确的分期标型器的条件下对遗址规模的判定则存在很大的问题：由于未对遗址的延续使用时间进行分析，而将其作为一个整体在特定考古学文化延续千余年的范围内进行分析，则在单位时间人口不多但延续时间较长的遗址与虽然短时期使用但人口较多

---

① 中国社会科学院考古研究所内蒙古工作队、内蒙古自治区敖汉旗博物馆：《内蒙古敖汉旗蚌河、老虎山河流域新石器时代遗址调查简报》，《考古》2005 年第 3 期。

② 刘国祥：《红山文化研究》，科学出版社，2016，第 44 ~ 124 页。

的遗址之间无法进行进一步的区分，从而使得分析结果与实际情况存在明显的偏差，影响分析的意义。虽然这种区域调查和分析的方法也曾经遭到研究者的批评①，但为我们了解红山文化社会形态的整体特征提供了重要的参考。

另一种则以"采集点"作为分析单位，目前采用同种调查方法开展的调查工作可见大凌河中上游地区和赤峰地区的考古调查。由于调查时主要依据地表采集遗物的密度来判断人口的密度，在缺乏明确遗迹特征的情况下，仅依据采集遗物在判断遗迹或遗址年代方面可能存在较大的误差，因而调查材料所判断的是采集遗物所反映的整体时段，如红山文化时期的整体状况。由于遗址延续使用时间的差异，由此所获知的社会组织特征可能会比实际情况略有增强或减弱，此种情况可以据调查区域内的整体情况予以平衡。虽然无法判断特定的现象的具体时间，但仍可以此作为前文对具体遗迹分析所获知的信息的验证和补充。

区域考古调查方法并不局限于发现遗址点并加以标记，调查将对确定区域进行无差别踏查，以 50 米 × 50 米作为标记采集点的基本单位。对于采集遗物密度较大区域（陶片密度超过 0.5 个/平方米）进行系统性采集，而遗物分布密度较低区域进行一般性采集，若采集单位内采集到少于 2 个陶片则不标记采集点。在采集陶片的基础上，进一步进行人口规模的估算，从而获得区域内人口的分布情况。考虑到遗址延续使用时间无法进行准确判断，人口估算参数的确定将获得的面积 - 密度指数除以文化延续的世纪数来计算，从而降低由于累积叠加而出现的遗址规模过大的问题。根据采集单位的集中分布情况，确定相应的集群的分布，并通过空间分析确定基本的社会组织单位——地方性社区。② 再进一步通过地方性社区的集中分布情况将分布位置相近、与其他地方性社区有较明显的空间分隔的"地方性社区"进一步合并为更大规模的社会单元"超地方性社区"。

在活动内容和区域性质一致的情况下，使用时间长、活动人口多的地

---

① 裴安平：《"区域聚落形态"可以休矣》，《东南文化》2015 年第 1 期。
② 辽宁省文物考古研究所、匹兹堡大学比较考古学中心：《大凌河上游红山文化区域性社会组织》，匹兹堡，2014，第 28～32 页。

点所产生的垃圾和剩余物品应相对较多，由于对采集遗物的判断主要以考古学文化为单位，而不对其进一步分期，因此不考虑遗址延续时间的变化。综合采集遗物密度，采集点数量、面积，遗址点面积等多种因素获取人口密度指数，并利用发掘资料的验证，将人口密度指数转换为实际人口数量。[1]

人口密度的信息通过等高线图或透视地形图可以发现人口密度较高的遗址点为较高凸起的"山峰"，通过峰值的差异可以较为直观地了解到调查区域内人口的分布情况。其人口规模及各采集点集中分布情况可能是某种社会组织形式的反映。

采用此种方法进行调查的两个区域的调查面积和遗存的分布特征略有差异：赤峰调查[2]面积 1234 平方公里，在区域内没有发现与牛河梁遗址类似的大型的礼仪性建筑；大凌河调查[3]面积 200 平方公里，区域内包括已发掘的东山嘴遗址[4]，根据东山嘴的遗迹特征，学者们皆较为认同其为宗教或祭祀的场所。根据调查区域内遗存的差异，研究者将红山文化分布区分为核心区和周边区。基于核心区与周边区在特征方面的差异，以及将二者直接对比可能存在的风险[5]，以下将依据各自的材料特征进行分别的介绍和说明。

根据上述对人口规模和采集点的分布所确定的集群关系分析的原理，对两次调查材料的分析都发现了地方性的大型社区或行政区。

大凌河中上游地区包括东山嘴遗址在内的 200 平方公里的调查区域内识别出 134 个地方性组织，根据集群的空间分布特征，确定了 4 个聚落集群，这种由多个地方性组织构成的聚落集群被称为"超地方性社区"。每个大的社会单元内部都有多个小的"地方性社区"，部分超地方

①　张忠培等编著《内蒙古东部（赤峰）区域考古调查阶段性报告》，科学出版社，2003，第 65~72 页。

②　张忠培等编著《内蒙古东部（赤峰）区域考古调查阶段性报告》，科学出版社，2003。

③　辽宁省文物考古研究所、美国匹兹堡大学人类学系、美国夏威夷大学：《辽宁大凌河上游流域考古调查简报》，《考古》2010 年第 5 期。

④　郭大顺、张克举：《辽宁喀左县东山嘴红山文化建筑群址发掘简报》，《文物》1984 年第 11 期。

⑤　辽宁省文物考古研究所、匹兹堡大学比较考古学中心：《大凌河上游红山文化区域性社会组织》，匹兹堡，2014，第 4 页。

性社区内有多达 10 个的小型地方性社区。多个人口高峰区域聚集分布，并显示出围绕一个人口峰值最高的中心区分布的特征，在峰值集中区域之间有较为空旷的无遗迹地带。研究者根据调查发现的材料指出大凌河上游地区发现的这 4 个聚落集群所代表的区域彼此相对独立，集群内部的关系明显较集群之间的关系更为密切，可能每个超地方性社区内都有一个礼仪或宗教中心（图 5－15）。研究指出虽然可能在东山嘴遗址所在的区域内曾经发生调查区域内人群都参与的某种宗教或祭祀行为，但并未出现该社区可以领导其他社区的情形，每个"超地方性社区"为一个酋邦。

赤峰地区的调查根据空间集群的原则将采集点划分为多个地方性社区，规模从独立家庭的农庄到容纳 250~500 人的大型村落，分布较为分散。其中两个大型的地方性社区分别拥有 50~100 人，而超过 100 个地方性社区为只有 1~2 个家庭的小型农庄。调查发现了多个地方性大型社区或行政区，行政区内多个遗址点相对集中分布，在行政区之间存在着较为空旷或人烟稀少的区域。行政区空间跨度为 2~5 平方公里，区域内可能包括超过 10 个小型地方性社区。行政区人口不超过 500 人，每一行政区都可以被看作一个小型的独立政治单元，没有发现某个社区凌驾于其他社区之上的迹象。

虽然调查区域不同，功能遗迹的分布情况也存在差异，但对两区域的调查都发现了相对独立的多个"社区"，社区内部的关系更为密切。并没有发现不同社区之间存在等级或管理关系。在两区域内同时发现的此类现象表明，这种多个遗址点聚群分布的特征为红山文化时期的普遍特征。在红山文化区内存在多个"区域中心"，这种具有地域特征的多个区域中心共同构成红山文化社会。大凌河中上游地区的调查发现的每一个"超地方性社区"不仅有一定的分布地域、区域中心，甚至还包含各自独立的宗教或礼仪性功能区，虽然规模大小略有差异，但彼此相对独立。

对红山文化现有考古资料的分析可以发现，在红山文化时期随着人口的增加，社会群体规模的扩大，出现了小群体分化的趋向，这种趋向可以从牛河梁遗址第十六地点第四期 5 段墓葬的分布以及魏家窝

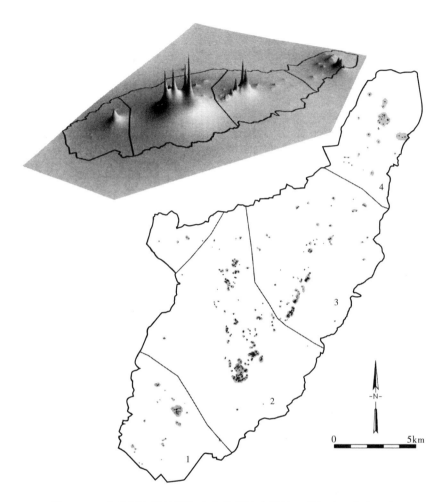

图 5 – 15　大凌河上游地区红山文化超地方性社区或行政区分布示意

图片来源：辽宁省文物考古研究所、匹茨堡大学比较考古学中心：《大凌河上游流域区域性社会组织》，匹茨堡，2014。

铺遗址中所见房址数量的增加、门道朝向相同房址的集中分布上反映出来。而与社会容量扩展相伴而生的就是社会组织的复杂化，虽然由于胡头沟遗址受到破坏，田家沟遗址的材料并未完全发表，我们尚无法对牛河梁遗址之外其他遗址的特征有全面的了解，但在遗址中发现的与牛河梁遗址相似的特征也表明，在红山文化区可能存在多个类似的埋葬地点，而每一个埋葬区域内都可能存在一个相对完整的礼仪区域。

　　区域考古调查的材料也表明红山文化分布区内存在多个相对独立的
"超地方性社区"，这种地方性社区的特征与牛河梁遗址所见的特征较为
相似：存在相对固定的分布地域，有共同的宗教或礼仪性功能区。而在红
山文化区内普遍发现的这类特征则反映，虽然牛河梁遗址规模较目前发现
的其他遗址更大，但在社会组织形态上没有明显的差别，至迟在红山文化
较晚阶段，由多个地理位置相近的人群构成的区域社会组织是社会中普遍
出现的组织形态。

　　由于受考古发现的限制，目前尚无法对这些"地方性社区"之间的
关系进行进一步的探讨。依据牛河梁遗址提供的人骨鉴定的数据，无法对
个体之间的关系做准确的判断，我们也无法依据此类材料来确认不同群体
之间是否存在血缘关系，仅能通过对比牛河梁遗址和其他遗址发现的资料
初步了解红山文化晚期的社会形态。

　　西台、魏家窝铺遗址所见的大型聚落应为红山文化的"地方性社
区"，而调查发现由多个聚落所组成的地域分布范围更广的聚落集群，则
为"超地方性社区"，是多个地方性社区的联合，从区域内发现的较为集
中的礼仪建筑可以初步推测宗教或礼仪行为是团结多个社区的重要力量，
但并未出现凌驾于地方性社区之上的社会组织。与其他同级别的"超地
方性社区"相比，同一社区内的联系和互动更为明显，地域分布也较为
相近。区域内的宗教或礼仪性建筑为区域内社会群体所共享，相关建筑和
仪式行为由多个社会群体共同完成。

　　按此特征，则牛河梁遗址所发现的多个埋葬地点应可以与村落或
"地方性社区"相对应，而在同一埋葬地点内所发现的积石冢或如第十六
地点所发现的两组略有分别的墓葬群似可以与魏家窝铺遗址中所见的两组
并存但略有分别的房址相对应。牛河梁遗址则类似于由多个地方性社区所
组成的"超地方性社区"，除墓葬之外，遗址内没有发现性质或功能相近
的遗迹重复出现，即可以认为这些功能性建筑为区域内人群所共同拥有。
牛河梁遗址墓葬所显示的特征表明，虽然在区域内存在统率多个社会群体
的领导者，但领导者仍隶属于特定的社会群体，并未因此形成一个明确的
管理多个社会群体的机构，社会群体之间的关系仍彼此平等。在社区内部
形成了较为规范的多层级的生产管理决策体系，出现了可以带领区域多个

社会群体的领袖人物，并没有发现领袖人物具有强权的特征，而以宗教或礼仪性行为作为团结多个社会群体的核心力量。

第三节　红山文化晚期的社会形态

虽然目前发表的红山文化晚期大型聚落址的材料较少，我们无法准确判知红山文化晚期人群的生活和居住方式，但对牛河梁遗址和同时期其他几个以墓葬为主的遗址以及考古调查材料的分析都发现了较为相似的特征，可以认为对牛河梁遗址的分析所发现的社会特征应是红山文化晚期社会中较为普遍存在的特征。

红山文化社会发展进程或社会形态的研究随着文明起源研究的深入也受到了较多的关注，关于红山文化时期已经进入文明社会或是已经显现出文明社会的曙光，或是已经进入了复杂化社会的讨论也很多。而前文的分析也显示以牛河梁遗址为代表的红山文化晚期已经出现了相对复杂的组织结构，关于以牛河梁遗址为代表的红山文化晚期社会的性质，研究者基本都同意其社会是已经出现了社会分层的复杂社会，但在具体表述方面则略有差异：有学者提出其已经进入初级文明社会[①]，或将其定义为"酋邦"[②]，也有人更进一步提出红山文化晚期社会已经进入"神权型复杂酋邦制度的发展阶段"[③]。酋邦是目前对这一时期社会性质的讨论中最为常见的概念，但这一概念从其产生沿用至今，其涵盖的内容和范围已经有了丰富和发展。而在采用此概念之前，因为篇幅所限，以往的研究者并未详述研究概念所涉及的范围。除了酋邦之外，也有其他不同的概念和提法出现，因此本章对红山文化晚期社会形态进行进一步讨论之前，先对与此相关的理论问题做简要探讨。

一　基本概念与理论探讨

关于史前社会形态和社会发展阶段的问题，学者们提出了很多的概念

---

① 刘国祥：《红山文化研究》，科学出版社，2016，第 741 页。
② 王立新：《辽西区史前社会的复杂化过程》，《吉林大学社会科学学报》2005 年第 2 期。
③ 索秀芳：《燕山南北地区新石器时代文化研究》，博士学位论文，吉林大学，2006。

和理论，试图用简单的概念来对社会形态的基本特征及其发展阶段加以说明。关于社会形态最为流行的两种提法分别是弗里德提出的"平等社会、阶等社会、分层社会和国家"的原始社会政治演进的四阶段论和塞维斯提出的"游团—部落—酋邦—国家"的社会发展四阶段论。根据弗里德和塞维斯对于社会发展阶段的定义，有学者①将二者之间社会形态变化的特征和过程进行了对比，比较表明二者对于分层社会出现的时间表述略有差异：塞维斯认为分层社会是国家的社会特征，而弗里德则将分层社会置于阶等社会与国家之间（表5-5）。也就是说，虽然二者都将社会发展过程分为四个阶段，但四个阶段并不完全对应。在这两个社会形态的描述序列中，"分层社会"和"酋邦"是社会复杂化研究中使用频率较高的两个概念，也是与牛河梁遗址所处社会阶段较为相似的社会形态的概念。

表5-5 塞维斯、弗里德社会形态定义对比

塞维斯	游团	部落	酋邦	国家	
弗里德	平等社会		阶等社会	分层社会	国家

注：资料参见王震中《中国古代国家的起源与王权的形成》，中国社会科学出版社，2013，第43页。

分层社会。弗里德是这一概念的最早提出者，根据他的定义"分层社会"（stratified society）是介于"阶等社会"（rank society）和"国家"之间的社会形态，其具体表现为"相同年龄和性别的成员在获取基本生存资料的权利上存在差异"。在阶等社会中，与社会领导者之间亲缘关系的远近是决定社会成员能获取生活资料的数量和质量的重要因素，而在分层社会，相应生存资料的获取更加依赖个人的能力，而非其与社会领导者之间的亲缘关系。阶等社会与分层社会的差异表现为前者更注重血缘群体而后者则与地缘群体关系密切。

酋邦。社会学的理论认为在国家产生之前曾经存在平等社会向着不平

① 王震中：《中国古代国家的起源与王权的形成》，中国社会科学出版社，2013，第43页。概念对比表与表述特征略有差异。

等社会的变化，在社会发展的过程中曾经存在一种形态，可以定义为"酋邦"。此理论最早由持社会进化论的学者塞维斯提出，他认为酋邦处于血缘社会向地缘社会发展的时期，是一种以血缘为基础的地缘社会。而由于酋邦理论的广泛使用，其概念和使用在不断受到质疑的同时，又有学者随着研究的开展对其进行了进一步的发展和完善。

刘恒武等[①]认为塞维斯的演化图示及酋邦的概念存在如下几个方面的局限：①资料偏依靠民族学领域，并未充分融汇历史学与考古学的材料和成果；②强调人口规模和人口密度的增大对文化进程的促进作用，漠视社会集团内部矛盾，社会集团间冲突与交流以及自然环境压力等因素所产生的演进动力；③低估社会分层在前国家社会人际关系中的重要性。由于衡量酋邦的部分标准诸如再分配等在衡量时可能存在的问题，又有学者对酋邦的复杂化以及"酋邦"的确定提供了新的标准和讨论。罗斯·科迪对酋邦的基本特征进行了概括，认为酋邦拥有5个特征：①较大的人口密度；②生存物资的重新分配；③社会分层；④手工制品的专业化生产；⑤大规模的公共工程。[②] 按此标准，在牛河梁遗址红山文化晚期社会中可以发现其中4种较为明显的酋邦的特征，但由于分析材料中少见与经济生活相关的内容，因此，并未见到明显的生存物资再分配的特征。但从牛河梁遗址中发现的人群远离日常经济生产的特征可以推测，应当存在生活产品的再分配以确保从事非经济生产的个体的生活所需。

厄尔在《酋邦的演化》中将酋邦定义为"一个集中组织了特定区域数以千计人口，在一定程度上还存在着社会等级世袭和经济分层的政体"。他提出了酋邦的多样性问题，介绍3种酋邦类型的划分方案：①依据发展水平分为简单酋邦和复杂酋邦；②依财政经济样态分为基本物品财政和贵重物品财政；③根据酋邦结构特点分为集体型酋邦和个体型酋邦。

---

① 刘恒武、刘莉：《论西方新进化论之酋邦概念及其理论困境》，《社会科学战线》2010年第7期。

② Ross H. Cordy, *A Study of Prehistoric Social Change*：*The Development of Complex Societies in Hawaiian Islands*（New York：Academic Press，1981），p. 26.

他指出社会分层在复杂酋邦阶段已经出现。① 完善之后酋邦的概念可以更好地与分层社会相对应，简单酋邦对应阶等社会而复杂酋邦对应分层社会。② 按照厄尔的定义，人口增加、社会分层和等级世袭是确定酋邦的重要因素。

最早使用酋邦理论对中国史前社会的发展状况的探讨见于刘莉对龙山文化的研究，在其后的研究中又重申了此前的观点。③ 通过对遗址规模的分析，了解不同聚落所代表的决策层级的变化，并由此探讨聚落间的关系；基于聚落分析和人口规模的估算，对长江流域、黄河流域考古学文化的研究也取得了相当的进展。经过多年理论的丰富和完善，国内的研究者也基本接受了"酋邦"的概念，但对其内涵的理解却存在不同。谢维扬在《中国早期国家》中指出酋邦为地域群体，群体之间的关系超乎血缘，是一个有着绝对权力的组织④；而沈长云等则提出酋邦是个血缘的群体，其内的分层及财富占有的差异与同"酋长"的血缘关系的远近相关。⑤ 也就是说，酋邦的概念并没有准确的关于社会成员之间关系的判断。

随着考古学材料的丰富，为了使"酋邦"的概念在针对古代遗存方面具备更加明显的可操作性，考古学家提出酋邦拥有一个高于基层社群的决策等级，建立考古确认的聚落集群内的等级体系与古代区域社会的决策等级体系之间的对应关系，4 层聚落等级反映基层社群之上存在 3 个决策等级，3 层聚落等级则显示出 2 个决策等级的存在，以此类推。⑥ 聚落等级是其中最为重要的概念，是由聚落规模即人口的数量、遗迹的规模和分布范围来判定的，在调查中的确发现了调查区域内遗址或聚落规模的差异，并且可以据此划分聚落的不同等级。

与对"酋邦"的热烈讨论不同，分层社会的讨论相对较为平淡，虽然也使用"分层社会"的概念，但很少按照弗里德将其作为"阶等社会"进一步发展的结果，而更多的是将其作为在等级、阶层的层面上来表述的

① 〔美〕蒂莫西·厄尔：《酋邦的演化》，陈洪波等译，《南方文物》2007 年第 4 期。
② 王震中：《中国古代国家的起源与王权的形成》，中国社会科学出版社，2013，第 45 页。
③ 刘莉：《中国新石器时代——迈向早期国家之路》，文物出版社，2007。
④ 谢维扬：《中国早期国家》，浙江人民出版社，1996。
⑤ 沈长云、张渭莲：《中国古代国家起源与形成研究》人民出版社，2009。
⑥ 易建平：《从摩尔根到塞维斯：酋邦理论的建立》，《史学理论研究》2008 年第 4 期。

概念。① 在传统的研究中，分层社会或者社会分层的概念通常与社会发展阶段相关，而并非用来表述一种社会中开始出现不平等和层级分化的状态。作为社会学分析中常见的概念，社会分层（social stratification）被用来表述在社会中出现的不平等现象，并借此对不平等的程度和特征进行分析，而与社会发展阶段并无直接关联。与之相关的"分层社会"也应是一种对存在社会分层的社会状态的表述，而并不表明其所处的社会阶段。也就是说国家作为最复杂的社会形态存在社会分层，但出现了社会分层的社会却并不一定进入了国家的阶段。

而对比两组概念可以发现，虽然酋邦和分层社会皆作为社会发展阶段的表述，但其关注点不同：分层社会关注社会分化的特征，而酋邦则更加关注社会组织方式，二者所表述的社会发展阶段必然存在交叉。而从描述社会形态特征方面，社会分层是被用来确定分层社会的重要特征，但社会分层的现象是在多种社会形态中出现的特征，从广义上来看，国家也属于分层社会。因其概念所包含的范围不够明确，因此，采用分层社会作为社会形态的表述不如"酋邦"这类与社会组织形态特征相关的概念有更广泛的接受度。随着理论的逐渐完善，研究者逐渐将酋邦与社会分层的概念结合起来，并且基本得出社会分层为酋邦时期出现的一种社会现象的结论。但确认酋邦社会除了社会分层之外，仍需要有与社会组织相关的要素与之吻合。

除了这两个由西方学者首先提出，而后也在较为广泛的领域内为国内学者所采用的概念之外，中国学者也提出了自己的概念。苏秉琦先生根据中国考古的发现，提出了在探讨中国文明起源时的"古文化—古城—古国"，将古国定义为"高于氏族部落的、稳定的、独立的政治实体"②，并将红山文化划归到"古文化"阶段。此后又提出了"古国—方国—帝国"的中国古代国家的演进过程，将之前所提出的古国进一步细分为古国和方国，进而根据红山文化中发现的"庙坛冢"等遗迹提出红山文化

① 王震中：《中国文明起源的比较研究》，陕西人民出版社，1994，第9、169页。
② 苏秉琦：《辽西古文化古国古城——兼谈当前田野考古工作的重点或大课题》，《文物》1986年第8期。

已是古国。① 严文明在对黄河流域文明发展的研究中提出用"国"的名称来代替塞维斯和厄尔提出并完善的"酋邦"，具体可称这一阶段的国为"原始国家"或"古国"。② 李伯谦进一步提出古国存在三种不同的类型，认为红山文化古国是以神权为主的神权国家。③ 古国的概念也在不断地完善中，但对古国的概念并未做明确的定义，也缺乏对古国的特征的准确表述。

二 红山文化晚期社会与"酋邦"

若将红山文化晚期的社会形态直接描述成古国并且作为其他相近文化社会形态特征的典型标尺，仍需对古国的概念和范畴进行更进一步的完善，因此本书暂不采用这一概念。在与红山文化社会形态相关的三种表述中，"酋邦"是讨论最多、表述最为完善的概念，也是与古国相对一致的概念，因此，接下来将通过对牛河梁遗址所代表的社会特征与酋邦特征的对比，探讨红山文化晚期的社会形态。

根据定义以及对包含范畴的进一步界定，酋邦在物质特征方面的证据可以包括体现在财富占有和分配不同的社会分层和由聚落和人口规模所体现的决策层级。

牛河梁遗址中社会各部分组成和联系较为明确的阶段见于牛河梁遗址第四期，虽然根据墓葬特征的变化，第四期仍可以细分为 5 段，但这 5 段之间并没有发生明显的变化。从目前发现有限的资料看，不同时段在以积石冢为单位所划分的社会群体的数量、以随葬品数量和墓葬规模来划分的社会纵向分化的程度并没有发生明显的变化。分析显示 5 个时段在墓葬建造过程中消耗社会劳动和资源最多的个体出现在不同的位置，但延续的风格基本一致：同一时间段仅有一个规模最大且有相应砌石建筑的墓葬。从各埋葬单位墓葬的分布情况来看，虽然不同埋葬单位（积石冢）内规模最大的墓葬出现的时间并不相同，但墓葬的空间分布显示在墓地使用的过

① 苏秉琦：《中国文明起源新探》，生活·读书·新知三联书店，1999，第 137 页。
② 严文明：《黄河流域文明的发祥与发展》，《华夏考古》1997 年第 1 期。
③ 李伯谦：《中国古代文明演进的两种模式——红山、良渚、仰韶大墓随葬玉器观察随想》，《文物》2009 年第 3 期。

程中存在较为严格的规划，规模最大的墓葬在北侧，而其余的墓葬都位于墓地的南侧。对埋葬规范的严格遵守表明葬入同一墓地的个体遵循着相同的社会规范。而 DNA 分析则显示，同一埋葬单位内的个体可能并不具有明确的血缘关系，应该并非以血缘为社会关系维系纽带的家族或氏族，而可能为包含多个血缘单位的群体，同一埋葬单位的个体间的密切联系可能与生活地域相近有关。

前文对牛河梁遗址发现的 4 座不同时段处于最高等级的墓主的 DNA 分析显示其线粒体 DNA 可以分为两组，而这两组 DNA 同样是牛河梁遗址中最主要的两个母系 DNA 的来源，并不能显示最高等级个体存在明显的与血缘或遗传有关的特殊性。按照此前对同一埋葬单位个体在社会关系上更为亲近的认定，5 个时段规模最大的墓葬出自不同的埋葬单位，表明这种"社会领导地位"应并不是通过继承获得的。

除了最高等级的个体之外，牛河梁遗址目前发现的几个积石冢的材料都表明社会层级的划分标准在第四期的 5 个时段以及多个遗迹单位中基本相同，这表明社会的整体规范基本一致。以不同核心人物为代表的第四期的多个时段所显示的特征基本相同：埋葬在牛河梁遗址的多个地点的个体应属于同一个最高等级个体所带领的社会群体，虽然不同阶段的领导个体有所变化，但社会组织形式基本相同。

个体作为行动者是组成社会的最小单位，行动者依据特定的规则参与到对资源的使用和再分配当中，这种规则及其相关的资源成为凝聚社会中行动者的主要因素。因为个体对于资源的获取和再分配的能力产生了相应的支配资源和人力的权力，这种权力渐渐转移到社会中较为特殊的个体手中。而这种规则经过行动者的强化逐渐成为社会中所有行动者所接受的制度。[1] 牛河梁社会中出现了社会的纵向分化，且这种纵向分化也渐趋表现出明显的制度化特征。在玉器种类的获得和使用方面以及特定物品的使用方式及适用人群的相对限制都表明，这种社会的层级分化已经为社会人群所接受。也就是说，以牛河梁遗址为代表的社会群体不仅出现了社会层级

---

① 〔美〕乔纳森·H. 特纳：《社会学理论的结构》，邱泽奇、张茂元等译，华夏出版社，2005，第 451 页。

的分化和与此相关的社会制度和规范，也出现了彼此相继的"领导者"，但领导者产生并不是通过继承实现的，而可能与领导者的能力相关。

处于这一规范之下的社会包含多个各自相对独立的小群体。牛河梁遗址发现的多个地点在人口规模和墓地的分布范围方面也存在差异，除了第三地点仅见一个埋葬单位之外，牛河梁遗址第二地点中出现了多个以积石冢为基本范围的埋葬单位。而前文对多个埋葬单位之间的关系的分析显示，虽然埋葬个体数量存在差异，但多个埋葬单位之间相对独立，并没有发现规模较大的群体对于规模较小的群体具有领导或支配的权力。即便是同一群体内出现的分化的小群体，彼此之间也相对独立，并未发现其间存在领导或支配的关系，也并没有发现前一阶段处于领导地位的个体所在的社会群体在社会资源占有或地位方面优于其他社会群体的迹象。由此可以推测牛河梁遗址的社会是多个小型社会团体的自由联合，并在其中推选出最有声望和能力的个体作为领袖。

胡头沟遗址，只见一个墓地和一个处于核心位置的个体，但其社会的特征与牛河梁遗址基本相同，处于核心位置的73M1出土遗物也与牛河梁遗址处于同样等级的个体的墓葬相似。这表明，以胡头沟遗址为代表的区域内可能也存在一个与牛河梁遗址相似的社会群体。

从出土玉器的体量和风格来看，胡头沟遗址墓葬的规模虽略小于牛河梁遗址，但社会等级分化的标准与牛河梁遗址基本一致。这种结构相似的群体的出现表明，在红山文化晚期可能存在多个类似的社会群体。胡头沟遗址出土遗物的特征以及埋葬特征、风格的变化与牛河梁遗址基本相同，表明二者是年代相同、组织方式相近的社会群体。虽然尚无法确定二者之间的关系如何，可以初步推测二者应当各自相对独立，并没有直接隶属或控制关系。

除了考古发掘的墓葬显示红山文化晚期有多个相对独立的规模不同的社会群体的存在之外，考古调查的材料也表明在相近区域或环境内的遗址存在规模的差异，这种差异可以与牛河梁遗址墓地规模和面积不同的多个地点相对比。遗址规模的差异表明人口规模的不同，人口规模较大的区域，人群活动范围较广，相应的遗址的面积也会比较大，反之亦然。

对赤峰和大凌河地区的区域考古学调查成果的后续研究不仅对遗址面

积进行了划分，更是对不同规模遗址之间的关系进行了区分：根据地面
采集陶片的空间分布情况确定空间相近的区域为"地方性社区"，在多个
地方性社区之间存在可以进行彼此区分的空白地带。根据同样的原理将
在空间分布位置相近，并与其他地方性社区之间存在明显地域区分的地
方性社区合并为一个"超地方性社区"。对超地方性社区范围内的多个地
方性社区的比较发现，地方性社区的规模并不相同，最小者可能仅包含
一两个家庭，最大者可能为容纳近百人的村落，而在同一个超地方性社
区之内存在一个规模最大的地方性社区和多个规模略小的地方性社区。
调查者在大凌河下游200平方公里左右的调查区域内确定了4个超地方
性社区。

　　比较可以发现，调查发现的这种"超地方性社区"的组成特征与牛
河梁遗址多个社会群体的构成特征较为相似，两种分析所获得的结论基本
一致。调查者根据超地方性社区的空间分布方式及其相互关系的分析，提
出超地方性社区可以与酋邦相对应。① 从对牛河梁遗址和红山文化晚期其
他遗存的分析可知，在红山文化晚期存在多个类似的有相对固定的生活区
域、有明显社会分层和制度，存在相应的领导着社会群体的个体的社会群
体，这一群体可能是包含多种血缘的地域群体。由于社会规模的增加，社
会的组织方式不再以血缘为主，但并未形成明显的国家制度或社会强制
力，在社会特征上与酋邦社会相似。

　　而通过对牛河梁遗址的具体分析，我们可以对红山文化晚期出现的社
会组织的特征及其形态进行更为准确的判断，牛河梁遗址所显现的酋邦的
特征与我们现有对于酋邦的认识并不完全一致。

　　其一，按照酋邦的概念及其引用者的使用，酋邦是一个金字塔型社
会，在社会中居于上层个体的数量较少，而以下层人口的数量最多，即社
会人口的主体位于最下阶层。而本书分析所认识的牛河梁遗址的社会是橄
榄型社会，中间阶层为社会的主体。

　　其二，酋邦是世袭制的等级社会，作为社会上层的权力是由个体与前

① 辽宁省文物考古研究所、匹兹堡大学比较考古学中心：《大凌河上游流域红山文化区域
性社会组织》，匹兹堡，2014，第68页。

代上层者的关系所决定的，相应地，与最高领导者亲缘关系较近的个体也为社会上层。而在牛河梁遗址中所发现的是，虽然社会中出现了明确的阶层分化，但并未出现阶层固化的现象，不同阶层之间存在一定的流动性，可以根据个体的能力差异而发生向上或向下的流动，也并没有发现社会权力在特定个体之间交接转移的特征，具有管理社会权力的个体在各社会群体中随机产生。虽然出现了明显的层级划分，但并未出现权力或地位的世袭，虽然层级的规范性特征愈加明显，但社会成员之间的关系仍相对平等；虽然各时段都出现了等级最高的个体，作为多个社会群体的首领，但这种社会声望和地位的获得并非源自权力的世袭或与前代首领的血缘关系的远近，不同时段的首领在不同的社会群体中产生。

从酋邦理论的不断发展和完善的过程来看，研究者们也注意到了酋邦可能并非一种固定的社会状态，而存在多样性和各种变化。现今对于酋邦的定义更多的是认为，它是介于平等社会与国家社会之间的一种社会的状态，出现了不平等的特征，但也存在不同地域和不同文化传统的差异。虽然牛河梁遗址所表现的社会特征和传统认为的酋邦社会存在一定的差异，但其社会管理和组织方式较为接近，其社会形态已经进入酋邦社会，牛河梁遗址所代表的是红山文化众多酋邦中最为繁荣的一个。

小　结

虽然有完整材料发表的红山文化遗址数量仍相对较少，但通过对牛河梁遗址的发掘材料及其他地点的调查和发掘材料的综合分析，我们可以初步了解以牛河梁遗址为代表的红山文化晚期社会的结构。

第一，随着人口的增加和社会规模的扩大，社会的组织分化更加复杂，出现了多层级的社会组织形态，以血缘群体为特征的社会群体之上出现了彼此联络更加密切的地域群体，并在此基础之上出现了协调和管理多个社会群体的社会领导组织者。个体的能力是获取社会权力的最主要因素，尚未出现权力的继承或世袭制度。

第二，至红山文化晚期，社会分层现象渐趋明显并出现了制度化的倾向，"礼制"逐渐形成。处于不同层级的个体在墓葬规模、随葬品种类和数量方面有着相对明确的规定，虽然存在依据个体能力上升的空间，但与死者财富、地位相关的埋葬方式和葬仪为社会中通行的规范，与死者身份地位相关的器物的使用方式也逐渐规范，玉器的使用显现出"礼制"的萌芽。

第三，社会出现了分层的特征，但仍相对较为平等，还没有出现阶级或阶层固化的现象，不同层级之间具有明显的流动性。从社会分工、社会分化以及多层级社会管理体系的出现，我们都可以认为以牛河梁遗址为代表的红山文化晚期社会已经出现了不平等的因素，处于平等社会向不平等社会过渡的阶段。

第四，通过对牛河梁遗址发现的分析，结合其他遗址的发现以及区域考古调查的成果可知：红山文化晚期时，区域内存在多个社会群体，其中最小的社会单元共用同一个埋葬区域，关系最为密切；埋葬地点不同的社会群体之间相对独立和平等，从不同时期彼此的联系来看，存在关系渐趋密切的特征，可能为居于相近地域、联系逐渐密切的地缘群体。这种区域社会组织遵循相同的社会规范，共同完成大型公共设施的修筑和使用。

在红山文化区内普遍出现了区域性的社会组织或称"酋邦"，由多个略小规模的社会群体或地方性社区组成，在空间上有一定的分布地域，牛河梁遗址便是这种社会形态的典型代表。虽然目前尚无法在经过发掘的聚落址的分布中对此进行确认，但根据西台遗址附近发现的多个同时期的遗址，以及调查发现的地方性社区的分布特征，对照牛河梁遗址的考古发现可以认为，牛河梁遗址为当时社会中存在的多个"酋邦"中的一个。从所见牛河梁遗址与同类的田家沟遗址、胡头沟遗址的差异可以发现，以地域为单位的"酋邦"之间可能也存在规模的差异，但彼此间仍较为平等，并未发现彼此间存在管理或从属的关系的证据。区域的一致性表明，酋邦之间可能也存在不同程度的统一与联合。

第六章

红山文化晚期社会的构成

社会构成的概念可以分为广义和狭义两种。广义的社会构成包括社会形态和社会的构成原则两方面，可以分解为社会的基本单元（社会群体）及其组织方式、社会与环境的关系等多方面的内容，其中包括个体（行动者）、资源和规则等要素。个体是社会最基本的构成要素，规则是个体间联系和互动的基本方式，资源产生权力，在资源获取和分配方面的能力给予行动者以相应的支配其他个体的权力，社会参与者的互动方式反映了基本的社会规则，社会基本单元的组成方式决定了古代社会人群基本的社会形态。狭义的社会构成则只包括社会的构成原则，而不把表现在现象方面的社会形态归入其中。[1]

前文通过对牛河梁遗址及其他遗址的考古发现的分析对社会形态加以讨论，发现以牛河梁遗址为代表的红山文化晚期社会中已经出现了一定的社会规范，虽然并未表现出国家机器或军事强制力量存在的迹象，但已经出现了在社会地位和财富的占有以及社会号召力方面明显高于其他社会成员的个体，并且其影响的范围已经超过了其所属的群体，成为区域内的领导者。领导权的获取更多地依赖于个体的能力而非继承，社会的特征与通常所言的"酋邦"较为相似。而在酋邦的定义之下，存在社会组织原则的差异，有关酋邦是血缘组织还是地缘组织的争论仍然存在。社会的组织方式和原则是导致其社会形态的形成和差异出现的原因，因此，本章对牛河梁遗址红山文化晚期社会构成的探讨将主要关注

---

[1] 杜玉华：《社会结构——一个概念的再考评》，《社会科学》2013 年第 8 期。

社会的构成原则。

在正式分析开始之前，先对此前出现的概念进行简要的总结，并对"酋邦"的地域范围加以说明。本书中涉及几个与人群和社会单元有关的概念，其中"社会群体"是本书中出现次数最多的一个与人群关系相关的描述，用以概括那种依靠群体成员的共同感情或共同信仰建立起来的社会团结，是一种建立在共同生活、居住、劳作的基础上的人群共同体①，是对无论是以血缘为纽带还是以地缘为特征，甚至是以共同的信仰为基础的人群关系的总括。除了在生活地域上相近之外，社会群体的成员之间有着稳定的社会关系，社会中应存在协调成员活动的组织系统或规章制度。② 因而此概念是一种较为模糊的关于人的集合的概念，其本身并不具有标示血缘或地缘关系的意义，其范围也随着界定标准的不同有所变化，但无论是哪一种组合方式，都存在成员之间密切的社会联系。与此相关的是"社区"（community）的概念，对社区有很多种定义，但其中最为显著的特征就是存在明显的地域限制，即社区更加关注的是人群活动区域的范围，其范围的大小也与界定标准有关。从概念所定义的范围来看，社会群体与社区有着相对的一致性，因为在考古学中所能判断的无论是血缘群体还是地缘群体都要有相近的分布地点，二者的范围可能重合也可能存在差异，而进行较为明确的居住或者活动空间的判定时，在不能对其血缘或世系记述方式有明确的了解之前，采用以社区为名标示的社会群体的名称应较为稳妥。因为我们无法确定埋葬在同一区域的个体在分布地域上也完全相同，因而选用了此种相对模糊的"社会群体"的概念。根据社会群体包含范围的不同，其群体关系的密切程度也略有差别，最小范围的社会群体成员之间的关系更为密切，红山文化的"酋邦"就是由多个分布在不同小地域的社会群体所组成的。

根据牛河梁遗址材料所获得的信息，结合区域性考古调查所获得的结论可以发现，虽然根据遗迹在空间分布上的集群特征可以初步确定在红山文化区内分布着多个酋邦，但这些在政治上相对独立的酋邦在考古学文化

---

① 李猛：《"社会"的构成：自然法与现代社会理论的基础》，《中国社会科学》2012 年第 10 期。

② 包智明：《论社会结构及其构成要素》，《社会科学辑刊》1996 年第 5 期。

的特征上却有着相当明显的同质性，多个酋邦共同构成红山社会。上文已经对红山文化的社会形态做了初步的探讨，接下来将对社会形态所反映的社会构成原则加以讨论。

第一节　社会公共设施与礼仪活动

一般而言，社会公共设施可以为社会成员提供经济方面的便利，如大型水利设施的兴建可以促进经济生产；同时社会公共设施也是社会礼仪活动发生的重要场所，所反映的是社会成员共同的信仰或活动需要。由于目前红山文化的考古发现中并没有与社会经济生产相关的设施，分析将从社会公共设施与宗教礼仪入手。

一　社会公共设施

社会公共设施是指由社会成员共同营建和使用的建筑或场所，与同时出现的其他设施相比，社会公共设施的使用人群与影响范围相对广泛。目前牛河梁遗址乃至红山文化晚期遗址中，除居住遗址和作为墓地使用的积石冢之外，性质较为特殊者包括以下几种。

1. 牛河梁第一地点、第十三地点

第一地点和第十三地点都发现了大型的砌石建筑，其范围内未见墓葬，性质应与牛河梁遗址中常见的作为墓地使用的积石冢不同。

牛河梁遗址第一地点是目前在牛河梁甚至整个红山文化区内发现的规模大、结构特殊的建筑群。它由 4 组建筑组成，其中 N1J2 面积最大，处于第一地点相对核心位置，由三个成品字形排列的长方形山台建筑组成（图 6-1）。北山台位于第一地点最高点南侧相对平缓的坡地上，山台的西北角砌石较为清晰，地势较低处砌石较高，至山梁顶端地势较高处则不见砌石。北墙、西墙以及两墙相接部分基本明确，东侧及南侧边界并不清晰，在西北角砌石外侧有大量红烧土块。

东山台目前可确认的部分包括东墙、南墙、西墙和北墙的局部，除北墙与东墙转角较为清晰之外，其余部分尚不明晰。

西山台南墙东段保存较好，西侧残失，东墙仅保留南侧部分，北侧也

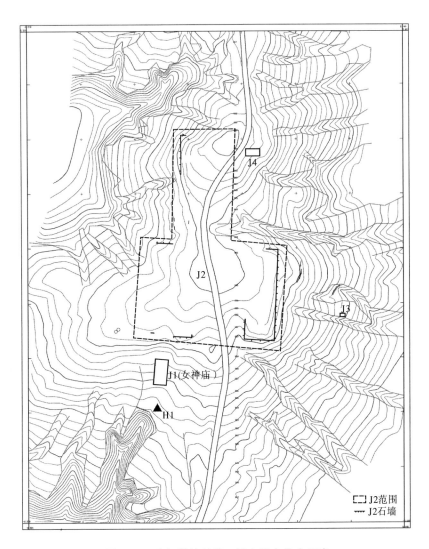

图 6 - 1　牛河梁遗址第一地点遗存分布示意

图片来源：辽宁省文物考古研究所编著《牛河梁——红山文化遗址发掘报告（1983—2003 年度）》，文物出版社，2012。

保留一段石墙，与东山台北侧石墙位置相近。

除了东山台的范围相对明晰之外，西山台和北山台的范围都有待进一步确定。依据目前的发现暂时无法确定这三个山台是否存在建筑时间的早晚或者功能的差异。

除了位于第一地点中心位置、规模最大的 N1J2① 之外，第一地点还可见三个规模较小的建筑址，分别靠近 N1J2 的三个山台。

N1J3② 位于 N1J2 东山台东侧，圆角长方形，东西长 11 米，南北宽 4.4 米。堆积可以分为几个部分：最下层堆积为陶片夹杂小石片，残存形状显示小石片似乎为建筑底部铺设的石板，但因保存状况较差，很难确定其原状。其上较为纯净，为黏土和夯土的连续堆积，西壁的情况显示，夯土上侧平坦。其上出土了 80～100 件筒形器的残片。筒形器直径为 22 厘米左右。根据建筑址的平面面积和筒形器的尺寸，此遗址内应可以存放超过 100 件的筒形器，筒形器残片的空间分布并不均匀，中部位置堆积较高。由此可以推测，N1J3 内发现的筒形器并非有意堆放筒形器的残留，而更像是倾倒堆积。虽然根据口底特征可以初步判断筒形器的数量，但能修复完整者较少，这也印证了其为废弃后倾倒的堆积的说法。而从 N1J3 的特征来看，筒形器堆积处于 N1J3 使用过程的较晚阶段，在筒形器堆积形成的同时，此建筑址最初建筑的功能可能已经停止。从底部堆积以上的黏土和夯土的处理可以推测，在此建筑址成为筒形器的倾倒地之前，曾经具有其他使用功能。（图 6－2）

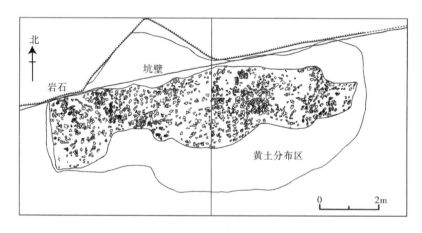

图 6－2　N1J3 平面

---

① 新的考古发掘显示 N1J2 仍可细分。

② 辽宁省文物考古研究所：《牛河梁女神庙平台东坡筒形器遗存发掘简报》，《文物》1994 年第 5 期。

N1J4 位于东山台的北侧，北山台的东侧。由于北山台并没有发现明确的东侧石墙，依据现在的材料无法对 N1J4 与北山台的关系进行准确的判断。该房址东西长 10 米，南北宽 5 米，房址内发现成排分布的柱洞，居住面上出土石器、C 型筒形器和灰陶器残片，未发现完整器。房址中部略偏东位置有烧土面四处，位置相对集中，晚期烧土面叠压在早期烧土面上，可确定其使用时间并不相同，房址延续使用时期内其功能基本没有发生变化。从报告提供的房址的剖面来看，D7 开口于①层下，打破②③层，虽然报告并没有仔细解释此建筑的地层关系，仍可确定②层应为 D7 使用时的居住面。并不清楚发现的多个柱洞在使用时间上是否存在差异。③层可能为建造房屋的垫土或房址最初建造时利用的结果。（图 6 - 3）

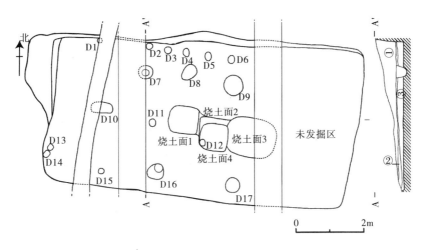

图 6 - 3　N1J4 遗迹平面

N1J1 位于 N1J2 西山台南侧，地势略低于西侧山台，总体为一南北向的半地穴式建筑，在穴口的外缘发现碳化木柱，似为木骨泥墙，墙壁抹泥，发现了一定数量的带有彩绘壁画的墙面（图 6 - 4）。N1J1 包括南北两部分，北侧部分中间偏北位置有东、西两个侧室，以两个侧室位置为参照，将北侧房址的各部分分别称为北室（两侧室位置北侧）、中室（两侧室之间）、南室（两侧室位置南侧）。西室被冲沟破坏，仅对部分区域进行了试掘。目前发现的泥塑遗物可见人像和动物雕塑两种，皆位于中室和

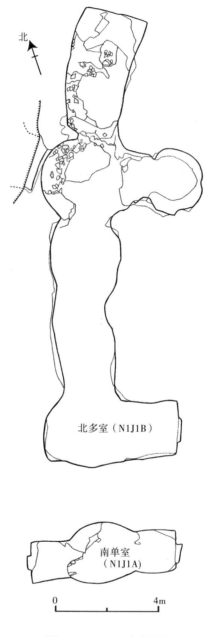

北多室（N1J1B）

南单室
（N1J1A）

0   4m

图 6－4　N1J1 遗迹平面

北室，没有发现两类遗物在空间分布位置上的明显区分。除此之外，还发现了塔形器等器物残片。南侧房址为东西长的半地穴式建筑，在废弃堆积的顶层发现了用以制作雕塑的泥料，烧结较为充分。基于文物保护方面存在的问题，发掘仅揭露表层部分便未再进一步进行，所获信息也相对较少，仍有待新的发掘材料来加以确证。

虽然由于工作有限，对牛河梁遗址第一地点的认识仍有待进一步丰富和完善，但在 N1J1 发现的大量的泥塑雕像和 N1J3 集中出土的筒形器在目前牛河梁遗址甚至整个红山文化区域内都未再发现，而处于第一地点中心位置、规模更大的 N1J2 在功能和意义上可能更为重要。虽然我们仍有待更多的资料来具体分析第一地点的四个建筑址之间的关系，但可以根据其中发现的筒形器的特征初步确定其大体皆属于红山文化第四期。而截至目前的考古发现，第一地点的建筑规模远超过目前红山文化区域范围内发现的其他相近功能的遗存，其特殊性不言而喻。

第十三地点由于工作有限，获取的信息相对较少，从目前的发现来看仅能确定其整体为圆形，由中心部分直径 40 米的夯土和外围砌石组成，砌石墙直径 60 米，在圆形围墙所能确定的区域范围内并未发现红山文化墓葬。虽然目前很难确定其功能如何，但可知其与埋葬等行为无关，且在区域内并没有发现与其形制相同的遗迹。

第一地点和第十三地点未进行系统发掘，获取的资料也相对有限，可以初步依据其建筑和陶器的特征确定其使用的年代主要在牛河梁遗址的第四期，二者皆属区域内结构较为特殊的建筑，区域内并未发现其他具有相似特征的遗存。虽然在空间位置上分别位于遗址区的东、西两侧，但并无证据显示这类遗存只与周边相邻遗址点关系密切。牛河梁遗址埋葬区与其他功能区的区分较为明显，基本上在埋葬区未见大规模的建筑遗迹或房址。因此可以确定这些没有墓葬的地点在区域内的功能较为特殊，可能为区域内多个人群所共用，是社会公共礼仪活动的重要地点，此类设施应属于地域性公共建筑设施。

2. 其他地点的特殊遗存

牛河梁遗址有三个较为特殊的"积石冢"，在主体建筑之下的垫土上虽然有人骨发现，但处理方式较为特殊，并未见与其他积石冢处理方式相似的墓葬，报告将其区分出来，称之为"坛"，以区分此类遗存与其他积石冢。这三座坛分别为 N2Z3、N2Z5 和 N5SCZ3。

　　N2Z3 的三重方形石柱立置插于垫土中，与垫土同时形成①都属于同一功能建筑的一部分，可将二者视为同时遗存。在此遗迹中并未发现墓葬。在内圈石柱的内侧发现了位于原位的筒形器，大部分堆石也在内界桩内侧发现。虽然目前这些堆石的具体特征并不明确，最后的封石也主要堆积于内界桩的范围内。从外界桩开始，形成向内逐渐高起的台状。从垫土内发现的筒形器残片可知 N2Z3 建造时已进入牛河梁遗址第四期，尚无法准确判断其与第二地点的哪些墓葬同时。而从垫土和石界桩的修建过程来看，在其修建和使用过程中并未有将其作为墓地使用的意图。

　　N2Z5 和 N5SCZ3 形制较为相似，皆为长方形，最外层砌石较为规整，N2Z5 砌石内侧可见摆放原位的筒形器，目前尚无法确定此种筒形器与摆放于墓葬外围的筒形器的特征是否存在差异。N2Z5 中央有圆形堆石一组，此组堆石直接叠压于灰坑之上，因未对灰坑进行解剖，不知道灰坑与 N2Z5 垫土之间是否存在时间上的先后。虽然仍有问题并不清晰，但从遗迹特征的差异仍可以初步确定此两组遗存的性质也应与其他积石冢不同。

　　第二地点除 N2Z6 受到的破坏较为严重，建造和使用时间无法确定之外，其余几座墓地在第四期的多个时段并存。第二地点多个埋葬区域共存的现象应自第四期 1 段就已经出现，一直延续至 5 段。N2Z5 出土的筒形器特征显示其可能在第四期持续使用。因此可以推测第二地点功能较为特殊的 N2Z5 的建造时间可能与第二地点多个埋葬单位出现的时间基本一致。

　　根据牛河梁遗址墓葬特征变化的普遍规律可以初步确定第五地点第四期最早的墓葬见于第四期 2 段，至第四期 3 段时出现了两个埋葬单位在同一地点共存的现象，由此可以推测位于两个埋葬单位之间的不作为墓地使用的 N5SCZ3 的建造和使用时间大体在第四期 3 段前后。

　　长方形无墓葬的积石冢仅在第二地点和第五地点发现，两地点中皆可见多个埋葬单位同时存在的现象，从此种长方形积石冢所在的位置，无法判断其与某一埋葬单位关系更为密切，可能为同一地点同时存在的多个社会单元所共同拥有和使用的公共设施。基于其影响范围相对有限，可以将

---

① 辽宁省文物考古研究所编著《牛河梁——红山文化遗址发掘报告（1983—2003 年度）》，文物出版社，2012，第 132 页。

其作为特定地点人群共同使用的特殊礼仪行为发生的场所。

这种仅在多个埋葬单位共存的地点出现，且不作为墓地使用的特殊遗存，因其并不明确归属于某一个体或社会群体，而位于独立区域，可以推测其可能与团结区域内多个小群体的社会活动有关。

第二地点的多个埋葬单元边界较为清晰，没有发现遗迹之间直接的叠压或打破关系，建造最晚的 N2Z2 也未对整体布局产生影响，因此可以推测在 N2Z2 建造时 N2Z3 仍在使用中。N2Z3 的形制和特征都较为特殊，在区域内其他地点并未发现属于同一时期的类似遗存，因此可以推测其使用范围可能略广于另外两座"坛"。从目前的发现中很难确定其建造和使用的时间属于第四期的哪一个时段，但其使用的人群范围可能明显大于功能相近的另外两座方坛，而可能为牛河梁遗址甚至更广泛人群所使用的特殊功能建筑。

3. 东山嘴遗址①及其他遗址发现的"祭坛"

东山嘴遗址是目前发现的较为特殊的遗迹单位之一，在发掘之初便有研究者指出这可能是一处特殊的与礼仪行为有关的遗迹单位，并且将其与牛河梁遗址共同视为红山文化大型礼仪性建筑的一部分。

根据简报提供的信息可将东山嘴遗址的地层分为三层：黑灰土层，其中夹杂碎石片；黄色土堆积；黄色硬土堆积。根据遗迹与标准地层之间的叠压或打破关系可以获得如下各类遗迹的建造和使用顺序。

最早为 F1 和叠压于红烧土之下的人骨，人骨见于红烧土下，未见明确的墓圹范围，头向 90 度。头部和脚端置有石板，无随葬品，人骨上可见陶片。虽然报告没有明确指明其具体的分布位置，但从描述上来看，人骨也可能被北侧的建筑基址所叠压。

其次为黄色硬土层，及修建于此层之上的方形基址，在方形基址东西两侧各有一道石墙，石墙距离方形基址皆为 6 米，石墙内铺垫有规整石片。中部方形基址的建筑形态显示核心部分为面阔 11.8 米、进深 9.5 米的长方形建筑，砌石内壁修整较平，东西两壁外侧的"翼墙"在左右侧

---

① 郭大顺、张克举：《辽宁省喀左县东山嘴红山文化建筑群址发掘简报》，《文物》1984 年第 11 期。

分别向外延伸 6 米。报告并未提供翼墙的北侧边界与方形基址的北墙之间的距离，从残存的情况来看，翼墙的外侧砌石较为平齐，内侧并未做太多修整，在翼墙内侧皆有平铺石板。从"两翼"石墙及其分布位置与标准地层的对比，可以初步推测，两翼的石墙与中部的方形基址应属于一个整体，可将二者视为同一建筑。

最晚者为在废弃后的方形基址上的黄色垫土和建于黄色垫土之上的石圆圈。石圆圈可以分为两组：一组为下层的三个椭圆形相连石圈，另一组为叠压下层石圈的正圆形石圈。两组石圈的修筑方法基本一致，外层由较大的鹅卵石砌筑，内侧铺垫略小的鹅卵石。虽然二者在使用时间上略有早晚，但风格一致。

东山嘴遗址整体规模较大，且包括不同形制的多组建筑，简要的分析表明，遗址中发现的多组建筑遗存可能属于不同时期，其规模和影响范围也应存在相应的变化。在东山嘴遗址延续使用时期，规模逐渐缩小，由原来的存在一个较大的方形基址到仅余一个规模较小、直径为2.5 米的圆坛。

以东山嘴遗址为中心的大凌河流域考古调查的结果显示，在各个地方区域内都存在一个规模略有差异，但功能较为相似的礼仪中心，东山嘴遗址虽然规模相对较大，但仍然是这类礼仪中心之一。目前的发现还无法确定东山嘴遗址的规模较其他同类遗址更大，其影响范围仍然是以其为中心的小区域。

目前发现的较为特殊的建筑还包括草帽山遗址第一地点的坛式建筑，由多层砌石组成，其建筑和使用年代皆晚于同遗址的墓葬。在半拉山墓地中也发现了类似祭坛的建筑遗存，由石砌坛墙、筒形器和柱洞等建筑遗存组成，其年代也略晚于区域内的大部分墓葬。

虽然我们目前并不能明确了解这些设施的具体功能如何，但其不同于居住址和埋葬区的特征，且仅在有限区域内存在显示了这些遗存的特殊性。简要的分析显示，多个遗址都发现了具有公共设施性质的遗迹，仅在特征和规模上略有差异。这类特殊的建筑遗存，根据其使用和影响范围的不同可以分为区域性和地区性设施两种，后者规模和影响范围都较小，可在多个区域内同时出现；而前者规模更大，只在部分地区出现，与此相关的各类活动只能在特定地点或区域内发生。

小区域人群共用的设施，如 N2Z5、N5SCZ3、东山嘴"祭坛"等，仅限于小区域范围内的社会群体使用。多区域人群的公共建筑，如 N2Z3、第一地点、第十三地点，建筑规模和影响范围都明显增加，至少可以确定是牛河梁遗址区域内活动的人群所共享的社会公共设施。东山嘴遗址的特殊遗存性质较为单一，整体规模也不小，但这些遗存的建造和使用时间并不相同，就单一时期而言，其规模远不及牛河梁遗址所发现的大型建筑遗迹，其使用和影响范围可能也相对较小。牛河梁遗址中不仅出现了小范围群体所共用的建筑设施，还出现了在其他地点不曾发现的大规模的公共设施。第一地点和第十三地点的这类建筑在其他遗址中并未发现，且从其规模来看，基本与占据同一地点的多个埋葬单元的规模相一致，因此，其可能为空间分布范围更为广泛的地域性社会群体所共用，是更广泛区域范围内的特殊的活动中心。牛河梁遗址特殊功能建筑的建造和使用者可能并不只限于埋葬于牛河梁遗址的人群，也可能是红山文化时期更广泛区域内的人群所共同使用的公共设施。

二　公共礼仪活动

除了公共设施之外，社会礼仪活动也是促进社会团结的重要因素，丧葬礼仪是考古学中能够通过对墓葬特征及埋葬行为的分析获取相关信息的社会礼仪活动之一。

从墓地的特征和被置于其外围的筒形器可以略略窥见牛河梁遗址的重要礼仪活动——葬仪之一斑。目前发现的多个积石冢在建筑过程上也略有差异，而无论其具体的营建方式有何不同，积石冢的建造和使用都与位于积石冢中心位置的墓主关系最为密切。积石冢内可以发现在制作和装饰特征方面都略有不同的筒形器共出，对筒形器的制作分工的分析显示，这些筒形器可能由多个个体或群体共同制作完成，而将其统一在同一个区域的埋葬行为则可能是当时社会中非常重要的活动之一，其影响范围可能远超过墓主及其亲属的范畴，可能成为整个社会广泛参与的重要礼仪活动。

积石冢的营建过程与埋葬于积石冢中心位置的个体关系密切，与之相关的摆放于积石冢外围的筒形器也是如此，而在积石冢范围内其他个体的墓葬并不具有相同或类似的设施，这表明，社会对不同层级个体的处理方式存在着明显的差异。

中心大墓的墓主是社会的核心人物，第四期的各时段仅发现一个或两个处于此层级的墓主，与对其他墓主的处理不同，对处于社会最高等级的中心大墓的处理相对较为复杂，下面将在发现的多个建筑特征可确定的积石冢中，选择各部分结构保存相对完整的 N2Z1、N2Z2 进行具体说明。

N2Z1 中心大墓属第四期 1 段，不仅是埋葬单元内最早的墓葬，也是牛河梁遗址第四期最早的两座墓。与其相关的石砌围墙的建造年代与中心大墓相近，而早于埋葬于积石冢南侧的其他墓葬。各层冢墙中，内层冢墙建造时间最早，从保留下来的东侧部分显示，其并非完全直立，而是略有收分，其内应为墓葬完成之后的垫土堆积，在其外围设立中层冢墙（"台壁"），推测距离中心墓葬位置更近的内层冢墙（"内台壁"）的建筑方法也应如此。如报告所示，除了外层冢墙（"内界墙"）是兴建于垫土之上外其余几座围墙皆建造于原地表，即中心墓葬的开口面。在"内界墙"的内侧垫土上安放筒形器，筒形器半面施彩，有彩一侧朝外。发掘时，虽然有大量的筒形器保存在原位，但已经损毁严重，仅底部仍在。南侧堆积显示在此遗迹之上有封土和积石。冢墙、筒形器和冢上积石的形成之间应当存在一段时间差，从积石冢砌石围墙建造完成到冢上的封土和积石的形成之间的时间段，是与埋葬行为有关的礼仪活动发生的时间，而积石和封土则标志着礼仪活动的结束。积石和封土内散见的陶片，可能为后期活动的遗留，也可能是对在封土积石的过程中毁坏的位于积石冢边缘的筒形器的处理的结果。筒形器外侧的最外层封闭冢墙（"中界墙"）则可能是冢体封土、积石的范围。由此我们可以大致对 N2Z1 主体结构的使用过程有如下了解。

中心大墓和外围的砌石围墙建造年代相近，而摆放在最外侧封闭围墙之内的筒形器为这一时期礼仪活动的重要内容。筒形器的造型虽较为相近，但其制作过程中汇集了多个制作者或制作群体，而其从烧制完成到使用的时间可能并不长。积石冢上出现了多种特征的筒形器则在一定程度上表明此墓葬及相关设施的营建动员了多个社会群体（共同体）的力量，为多个社会群体共同参与的社会活动之一。

N2Z4A 没有中心墓葬，但具有较为完整的砌石围墙结构，从中可以窥见牛河梁遗址埋葬行为的部分流程。N2Z4A 北侧筒形器保存相对完好，其他部分的筒形器基本不见，这可能是受到后期破坏的结果，也可能当时尚未能将筒形器全部摆放完成。这显示有可能筒形器的制作略早于墓穴的修建并可能在墓葬修建完成之后的一段时期内仍一直持续。筒形器是与埋葬相关的重要礼仪行为的一部分，而多数筒形器都叠压于积石冢的封土和积石之下，这显示封土和积石标示着筒形器及与中心墓葬相关的礼仪行为的正式结束。而后来埋葬入同一区域的墓葬未再享受相同的待遇。

N2Z2 的修建过程可能与 N2Z1 基本一致，墓葬完成后修建最内层"冢台"，而最外侧封闭冢墙（"中阶墙"）即为封土的最外边界，在封土之上堆砌石块，即"积石"，积石范围也基本由最外侧封闭冢墙所限定。虽然塌落的积石可以部分覆盖外侧不封闭的界墙，但原初积石和封土的范围并未及此。也就是说，最外侧的界墙只是用以圈定墓域范围，而并不以此作为圈定封土和积石范围的界限。

无论中心墓葬出现较早的 N2Z1，还是出现时间最晚的 N2Z2，积石冢上的封土与积石对埋葬行为并无明显影响，封土和积石也应在最外层封闭石墙所圈定的范围之内。

由此，我们可以对牛河梁遗址围绕中心墓葬的主人开展的丧葬礼仪的特征进行初步的讨论。

可以初步确定与埋葬相关的礼仪活动发生的时间应当大体开始于积石冢主体结构的建造，至封土积石所标志的积石冢使用功能的完结，而其中最能反映积石冢的使用过程和丧葬仪式特征的，当属安置在最外侧封闭围墙内的筒形器。

中心墓葬规模最大且处理方式较为特殊，墓主应是这一时段社会的核心人物。对摆放在积石冢外围的筒形器的简要统计可以发现，在第四章分析中所确定的制作和纹饰特征在分布上并没有明显的差别，也就是说，积石冢中同时发现了多种制作特征的筒形器。筒形器的制作过程中出现的多组群体特征在多个积石冢内同时出现，因此可以认为在牛河梁遗址中存在专门为特殊仪式制作产品的群体，也可能意味着这一仪式动员了牛河梁遗址社会中的大部分甚至全部的社会单元。

　　社会中普通个体与社会核心人物的埋葬处理差别较为明显，未见与特殊纪念或礼仪活动有关的迹象，但在随葬品的使用方面仍表现出明显的社会规范。牛河梁遗址的多数墓葬皆有玉器随葬，但随葬品的种类与数量根据个体所处层级的不同有所差异，虽然获取资源和财富的能力可以增加墓主随葬玉器的数量，但不能相应提升其所在的社会层级，这一点在N2Z1M21中表现最为明显。该墓葬是目前牛河梁遗址中发现的随葬玉器数量最多的墓葬，其随葬品的数量甚至超过了其他几个时段中心大墓的随葬品的数量。但综合其墓葬规模和随葬品数量两方面的特征，其仍与随葬品数量少许多的墓葬同属牛河梁遗址社会的第二层级，墓葬规模所反映的社会对个体的认同与排除掉导致其随葬品数量明显偏高的贝加尔–吉黑系玉器之后的结果相当。

　　牛河梁遗址墓葬的处理表现出较为明显的规范性特征，埋葬所动员的社会力量与个体在社会中所处的层级密切相关，礼仪活动强化了已有的社会规范。与层级有关的礼仪行为规范的差异表明社会中已经出现了保障社会稳定的制度性的规范——"礼制"。这种规范性的特征除了体现在不同层级的个体在埋葬行为和礼仪上的不同，还体现在对同类物品的使用方式的一致方面，如墓主性别与玉镯的使用等。

　　除了牛河梁遗址之外，在胡头沟遗址中也发现了类似的埋葬处理方式的差异，即牛河梁遗址中发现的社会规范与礼仪特征可能并非只在小区域内流行，可能是红山文化晚期社会的共同特征。与墓葬及社会层级的认定方面的相关礼仪行为成为维持社会团结与稳定的重要保证。

　　与牛河梁遗址存在与高等级个体有关的礼仪活动和公共建筑设施不同，胡头沟遗址中虽然发现了与牛河梁遗址相同的社会层级规范的特征，但并未发现牛河梁遗址那种大规模的公共设施。这表明与社会层级规范相关的丧葬礼仪与其他社会公共礼仪活动所影响的范围可能并不相同，针对处于社会核心位置的个体的复杂的丧葬礼仪是维持同地域社会成员之间关系的重要活动，而大型公共设施则可能是团结整个红山文化社会的重要活动场所。虽然牛河梁遗址最高层级的墓葬较胡头沟遗址最高层级的墓葬在规模和随葬品种类数量上有更为明显的优势，但没有证据显示牛河梁遗址所代表的酋邦对于胡头沟遗址所代表的酋邦有直接的控制或管辖的权力。

而这种可能团结多个酋邦的共同的礼仪活动也许与宗教等有关，红山文化中虽然可以见到多种不同种类和造型的玉器，但在宗教信仰方面可能仍相对较为统一，这种统一性则表现在宗教和礼仪中心的存在。小区域或酋邦的范围内有自己相对独立的礼仪中心，而在更大的范围内，则存在可以动员和影响更广泛区域人群的更大规模的宗教和礼仪中心。

在牛河梁遗址和其他遗址中都未发现明确的与经济或生产方式有关的设施，第一地点的大型建筑址和其他建筑址内出土遗物的特殊性显示，这类大型公共设施应与特殊的礼仪行为密切相关。大型设施与祭祀礼仪的集中出现表明，礼仪性行为及其建筑是社会关注的核心，也是影响社会形态的重要因素。墓葬中所显示的社会层级的区分，是社会中存在的等级规范的反映，而与此相关的礼仪行为反过来又强化了社会对这种规范的认知和接受。这种较为特殊的却统一进行的礼仪活动是团结和影响更广泛区域内的红山文化社会的重要方式。

第二节 特殊物品的生产与再分配

社会财富的生产与再分配显示了社会控制和管理的基本原则，是探讨社会构成原则的重要分析内容。生产及其空间分布是确定社会控制方式和范围的重要途径，而社会财富的再分配则是社会秩序及人群关系的反映，其中最为重要的是社会剩余产品的分配，在考古资料中则可以表现为个体或群体在获取社会财富方面的差异。由于目前并未在牛河梁遗址中发现与社会经济生产有关的资料，我们仅能通过对超过日常生活所需的特殊物品的生产和再分配对牛河梁遗址社会的规范和制度做简要讨论。在牛河梁遗址目前公布的考古资料中，将所能获取信息较为充分的筒形器和玉器作为分析的重点。

一 筒形器的生产与再分配

筒形器是目前牛河梁遗址发现数量最多的陶器，至第四期时筒形器的造型多样，形制也更加规范，以 B 型筒形器数量最多。其制作过程包括成型、修整、施纹、烧制等多个流程，目前仍未找到筒形器的制作地点，无法确定器物的烧制是在同一地点或多个地点完成的。从器物的成型、修整和纹饰的制作等几方面来看，不同阶段都有多种制作特征共存，依据前文的分析可知筒形器的制作过程中有多个社会群体参与，由不同制作阶段的多个制作者共同完成。筒形器上可见的制作过程可以分为成型—修整—施纹三个阶段：在 B 型筒形器的成型阶段，存在两个制作群体；在器物的修整过程中，根据筒形器底端的修整特征可以分为至少三个承担此工作的群体；在纹饰的制作过程中也存在根据纹饰布局习惯不同而有的多个制作群体。而从单个筒形器的特征上来看，三个制作过程中的多种特征在筒形器上的出现较为随机，没有发现不同阶段的制作特征的固定组合。相邻制作工序的制作者之间并无明确的合作关系。也就是说筒形器制作成型之后，进入下一个制作工序之时，直接面对下一工序的多个制作者，而不是固定一组工匠完成某一件筒形器的制作，而另一组完成另外一件筒形器的制作。

牛河梁遗址的多个遗迹单位都发现了筒形器，此前的分析并没有发现区域内不同遗迹单位出土的筒形器之间存在明显的差异，不同时间段筒形器造型的延续性显示筒形器的制作者之间的传承较为明确，生产管理的模式并未发生改变。而这种短时期内的规模化生产则提示着，筒形器的生产并不是个体行为，而是一种有组织的生产方式，筒形器的制作过程中存在一个相对复杂有效的管理系统。

手工业制作的分工是在流水作业的基础上进行的，而处于不同作业程序上的工作者之上应当存在各自独立又彼此依存的管理者。同一工序上管理者的存在保证工序内部工作分工的同时又可以与相邻工序的管理者协调完成器物的制作。而在每一工序的管理者之上，可能还存在一个统管器物制作的个体。筒形器制作的分工方式表明虽然制作过程有多个制作群体参与，但在制作程序和管理上相对统一，因此，不管涉及多少制作者，根据其在筒形器制作过程中彼此依存的关系可知，这些制作群体在空间距离上也应较近，参与筒形器制作的多个工匠或工匠群体都应分布在相近地域，甚至可能属于同一个筒形器制作工场。

牛河梁遗址区内发现的筒形器的制作特征基本相似，而在其他遗址如胡头沟遗址，虽然筒形器的整体造型与牛河梁遗址发现的较为相似，但皆不见中部的凸棱。这可能与不同地域人群对筒形器造型的要求不同有关，这同时也显示着制作者的不同。鉴于陶器的易碎性不适于长途搬运，其制作地点应与使用地点相距不远，而在造型特征上的差异也表明应不是相同制作者在不同地域制作完成的，可能在每个地域皆有一组制作筒形器的工匠来满足区域内对筒形器的需求。

筒形器是重要的社会公共活动的设施之一，目前确认的牛河梁遗址晚期遗存中都可以发现筒形器的身影，多出现于与积石冢或其他非生活居住性建筑相关的遗存中。截至目前，第一地点的功能尚不清楚，集中出土于第一地点的筒形器并非正常的使用位置，而更可能是损毁后物品的堆积场所，我们暂时无法确知第一地点筒形器的使用方式。而牛河梁遗址相当数量的筒形器见于作为墓地使用的积石冢。牛河梁遗址第二期筒形器的分布显示，几乎每一个埋葬于此地的墓主皆有一组围绕在墓葬外围的筒形器。而到第四期时，筒形器似乎并未与每一个墓主相关，而仅与特定墓主人关系密切：筒形器所圈定的范围内基本仅有一座或两座中心墓葬，而在同一墓地内虽然出现了多组墓葬，但其余墓葬或是打破筒形器或积石冢石墙的范围，或是被其所叠压。也就是说，虽然筒形器的制作者涉及多个个体或群体，但在墓地中筒形器使用过程中的所有者相对较为明确，皆为中心墓葬的墓主。

除了明确有中心墓葬的积石冢之外，N2Z4A 虽然积石冢的主体结构保存相对完好，但并不见中心墓葬。从积石冢的建造过程来看，在中心墓葬出现之前，积石冢的主体结构以及筒形器已经出现，但目前仅在积石冢的北侧发现了位于原位的筒形器，因此目前尚不清楚是否全部筒形器皆在中心墓葬葬入之前安放完毕。若筒形器的使用略晚于中心墓葬的完成，二者也应相差不远。围绕中心墓葬开展的礼仪活动可能在墓地营建之初就已经开始，筒形器可能是这种礼仪活动的重要物质载体，筒形器的出现表明与此相关的礼仪活动的开始，而封土、封石以及随之而来的筒形器的损毁则标志着活动的结束。同一墓地稍早或稍晚埋葬的级别较低的个体则并没有专门的筒形器。

因此可以初步确定出现在牛河梁遗址第四期墓地中的筒形器是为特殊人物制作的物品，从筒形器的生产到使用延续的时间并不长，在短期内组织人员完成了筒形器的生产。

二 玉器的生产与获取

玉器是牛河梁遗址最重要的物品之一，不仅在墓葬中具有标示墓主社会地位的作用，器物上使用和修复的痕迹表明其在墓主的社会生活中也扮演着重要的角色。

牛河梁遗址并未发现玉器的制作场地，这一方面可能与调查发现的局限性有关，另一方面则显示牛河梁遗址可能并非玉器的主要制作地点，仅器物上的使用孔的制作和针对使用过程中造成的器物损毁进行的修复在牛河梁遗址中发生。

对玉器器表残留的制作痕迹的分析可以发现，根据玉器造型的需要存在多种不同的制作工艺，如镯环类器物多使用管钻，而此种工艺却很少应用在玉璧的制作中。两种制作方法长期共存却并未彼此借鉴，不同种类器物的制作者之间彼此的交流较少，制作地点可能不同。勾云形玉器上器型与纹饰特征的不固定组合表明，在勾云形玉器的制作过程中也存在基于制作工序不同而特有的专业化分工。这种不同工序的制作者之间的依存关系表明其在空间位置上应较为相近。

除了制作特征的差异之外，在牛河梁遗址中还发现了用不同来源的玉料制作的器物在墓葬中共存的现象，最典型的案例见 N2Z1M21，该墓葬内出土的玉器根据色泽等特征可以分为两类：岫岩系和贝加尔 - 吉黑系，后者皆为玉璧。从玉璧的制作特征来看，与其他墓葬中发现的同类玉器的造型和制作方式基本一致，也就是说虽然玉料来源存在明显的差异，但玉器的制作者或者说制作地点应基本一致。牛河梁遗址人群虽然可能并没有稳定的控制玉料的产地，但对玉器制作生产过程的影响和控制则相当严格。由此可以推测牛河梁遗址出土的玉器并不是器物或成品交换的结果，而是获取原料后统一加工而成的。

玉器制作的规范化特征显示，当时的社会对于玉器的生产有着相对统一的规范和严格的控制。虽然没有关于红山文化的玉器生产作坊的资料公布，但依据玉器制作工艺特征所显示的制作者之间交流的缺乏，可以推测不同器类的制作地点可能相距较远，牛河梁遗址的人群的控制范围可能远超目前所划定的牛河梁遗址的范围。

　　玉器多见于墓葬中，其所有者更为明确，除了造型较为简单的镯、璧类器物之外，器物造型、大小皆相似者仍较为少见。目前勾云形玉器中可见两组较为相似者，分别为 N16M2 出土者与第十六地点采集者，以及 N2Z1M14 与胡头沟遗址 M1 出土者。造型及制作特征皆较为相似，但使用者却有明显的不同。制作特征的相似性表明其制作者可能相同，而使用者的差异可能与不同使用者的获取途径有关，也与玉器的再分配原则有关。

　　在牛河梁遗址，除了墓葬的规模反映墓主所处的社会层级之外，作为随葬品的玉器的种类和数量也是标示墓主社会地位的重要因素。

　　前文在探讨牛河梁遗址人群的社会分化问题时，曾将牛河梁遗址中随葬的玉器根据出现频率的高低分为三类，这三类玉器在不同程度上对墓主的地位做出了标示，显示了牛河梁遗址社会的一般规则。

　　其中 a 类器物仅发现 1 件，未发现造型相近的器物，在使用中也只见于规模较大的墓葬。从牛河梁遗址中对残损玉器的修复和再次利用的情况来看，玉料并不属于牛河梁遗址的社会所能轻易获取的资源，因而这类造型特殊的器物可能与墓主的喜好和特殊定制的行为有关，更显示了墓主的相对特殊的身份以及在玉器的分配与获取方面的优势。

　　b 类器物则在牛河梁遗址中较为常见、制作较为复杂，如斜口筒形玉器、勾云形玉器等。这类器物的造型相近，在墓葬中使用时也存在相对固定的规范，在墓葬中的摆放位置和使用方式也显示出固定化的倾向，即牛河梁社会在玉器的获取和使用方面存在相对固定的规范。

　　c 类的器物也表现出相似的规范性的特征，玉镯、玉璧在墓葬中都表现出了使用过程的规范性特征：如埋葬不同性别个体时在玉镯的数量和佩戴位置的有意识区分，以及玉璧在墓葬中使用位置的规范化趋向。

　　三类玉器在不同程度上显示了牛河梁遗址社会的规则，无论是玉镯、玉璧等常见器物在不同性别个体墓葬中的规范性使用，还是斜口筒形玉器、勾云形玉器在墓葬中使用方式的固定化，都显示不同层级个体在玉器使用方面的规范化趋向。玉器在墓葬中的规范使用是社会制度的物化表现，也就是说，社会中已经出现了"礼制"。这种规范是社会秩序的反映，虽然有些墓葬（如 N2Z1M21）的随葬玉器数量较多，但在种类方面仍与其他同层级个体相似，随葬品数量的增加在一定程度上反映个体获得社会资源的能力，但并没有相应改变其在社会中的位置。

对造型和纹饰特征相对复杂的勾云形玉器的使用者的分析没有发现勾云形玉器中纹饰的特征受使用者影响的迹象，即勾云形玉器纹饰的特征受制作者的影响较为明显。由此可知，勾云形玉器既非由使用者制作完成，也未发现使用者所属社会群体存在区分的迹象，因此可以推测，勾云形玉器的取得是社会统一分配的结果。

玉器的获取和使用中存在与社会层级制度相一致的规范，这表明可能存在相应的玉器的使用和再分配的规则。

无论是筒形器还是玉器，都是牛河梁遗址中较为特殊的物品，这类器物制作过程的规范管理和使用过程的独占性都是社会秩序的反映，同时与其相关的社会活动又强化了社会对此种秩序和规范的认同。

第三节　红山文化晚期的"神权"社会

迈克尔·曼[①]在探讨人类社会权力的性质时，定义了社会权力的四种来源，分别是经济、意识形态、军事和政治，其中政治作为规范化的社会管理方式，直接与国家权力相对应，在前国家阶段很难确认此种权力的存在。排除无法确认其形态特征的政治权力，此种划分方式与乔纳森·哈斯[②]对与社会分层有关的社会权力的划分基本一致。根据中国史前考古研究者的习惯又可称之为军权（军事）、神权（意识形态）和王权（经济和社会管理权，包括经济和政治权力）。

与史前经济生活相关的证据如农业设施等通常较难保存下来，即便发现了局部与经济生产有关的设施，仍需要更多的资料才能对社会的经济形态和组织方式有所了解。因此我们对史前社会的分析仍以埋葬或居住方式为主加以探讨。

---

① 〔英〕迈克尔·曼：《社会权力的来源——从开端到 1760 年的权力史》第一卷，刘北成、李少军译，上海人民出版社，2015，新版前言第 2 页。

② 陈星灿：《权力：研究国家起源的契机——读〈史前国家的演进〉》，《文物季刊》1993年第 1 期。

一　"神权"社会的确认

由于三种权力具有不同的表现方式，选择分析对象的侧重点也有所差别：经济权力的信息可以通过对生计产品的生产和分配、手工业分工以及商品的远途贸易的分析来获得；意识形态的权力可以通过对特殊建筑或建筑群落、与意识形态相关的特殊物品、墓葬及埋葬行为的分析来获得；政治和军事权力可以根据遗存中发现的涉及军事或暴力活动的遗迹或遗物来加以分析。[①] 以下将从不同角度对遗存的性质及前文分析的结论加以再分析，以确认牛河梁遗址红山文化晚期社会权力的来源。

1. 手工业生产专业化与经济权力

牛河梁遗址并未发现明确的与生计方式有关的遗存，但手工业生产专业化的特征较为明显。从现有的资料看，日用陶器的生产分工相对较为简单，而出现在牛河梁遗址中的大量筒形器，特别是第四期的筒形器的制作则表现出明显的专业化的特征。制作分工不仅表现在不同器物的制作者不同，在同一器物的制作过程中也存在制作工序上的分工。这种分工方式与工业化时代的流水线较为相似，明显提高了生产效率，具有商业化生产的特征。筒形器制作中，虽然对整体器物造型的要求较为一致，但参与制作的工匠可以采用自己习惯的操作方式，这种手工业生产分工的出现意味着不同工作阶段的协调和管理是保证生产有序进行的关键，生产组织者将工匠集合起来共同完成筒形器的制作。而器物的出土位置是产品再分配的结果。从目前的发现来看，位于原位的筒形器多集中在形制规范的积石冢上，位置相对固定，所有者的特征也较为一致，皆为第四期不同阶段中心墓葬的墓主。在筒形器的制作和分配特征上所显明的经济权力的目标并不是获得更多的物质财富，而与特殊地位和特殊行为有关。

除了筒形器之外，玉器的制作也表现出同样的专业化特征，不仅不同种类的玉器的制作者可能不同，同一件器物的制作也由负责不同制作工序的工匠共同完成，而对纹饰制作特征略有差异的勾云形玉器的分析没有发

---

① 张弛：《葬仪中的社会与社会权力》，载《社会权力的起源——中国史前葬仪中的社会与观念》，文物出版社，2015，第5页。

现其在分布位置方面存在明显的规律。牛河梁遗址中虽然出土了大量的玉器，但既未在区域内发现制玉的作坊，更未发现以制玉工具随葬的迹象。① 玉器的拥有者可能并不是器物的制作者，而前文对玉器制作特征的分析也显示，牛河梁并非玉器的主要制作地点，牛河梁遗址玉器制作更着重于对制作过程的管理，而未表现出明显的高等级个体对稀缺的玉料资源及制作工艺的独占优势。

筒形器和玉器的手工业生产专业化以及产品再分配的特征都显示，牛河梁遗址虽然出现了明显的手工业生产专业化的特征，但产品的再分配表现出明显的 "计划分配" 而非商业化的特征。产品的生产和分配的方式强化了社会不同职能个体分化的结果，也就是说，并不是由产品的生产和交换带来社会权力的获取和社会地位的提升，经济权力并不是牛河梁社会权力的核心和基础。

2. 钺与军事权

在牛河梁遗址甚至红山文化晚期社会，并未发现明显的与暴力行为有关的遗存，如城墙等防御措施，虽然大型居住址的外围通常有环壕②，但从环壕的深度和宽度来看，并不能作为军事设施。在牛河梁遗址所代表的红山文化社会中，军事活动相对较少。

在大体同时期的其他考古学文化中，钺通常被认为是军权和王权的象征③，此类器物在牛河梁遗址出现的频率并不高，目前仅在 N2Z1M9 发现石钺一件，N2Z1M23 出土钺式玉璧一件。两座墓葬皆属于第四期 3 段，分别处于社会分层的ⅡC 和ⅡB，墓葬规模和随葬品种类、数量所显示的社会层级都相对较低。如果钺在牛河梁遗址也是军权的反映，则从事军事活动的个体在社会中的地位和声望并不高，因而军权也不是社会的核心权力。

3. 礼仪活动与 "神权"

牛河梁遗址中发现了大规模的建筑，如 N1J2 和第十三地点。虽然举

---

① 与牛河梁遗址年代相近的良渚文化墓葬中可见成品玉器与解玉砂、玉锥等共出，墓主可能既是玉器的拥有者，也是玉器的制作者。参见刘斌《神巫的世界——良渚文化综论》，浙江摄影出版社，2007，第 148 页。

② 西台和魏家窝铺都发现了环壕，但具体功能仍有待分析。

③ 良渚文化的大型墓葬中出土有相当数量的玉钺，墓葬等级相对较高，随葬品数量也相对较多，由此被认为是军权和王权结合的象征。

行的具体活动的内容和方式暂时无法确知，但在区域内并未发现明确与生计或其他基本生活相关的设施，而其与作为墓地使用的积石冢处于同一区域，由此可以推测其可能与特殊的礼仪行为有关。

对不同遗址发现的类似遗存的分析可以发现，牛河梁遗址的规模明显高于其他地点。建筑、设施都表现出与宗教或礼仪行为而非日常生活相关的特质，器物的生产分工的方式也表现出围绕特殊行为展开的趋向。也就是说大型的公共设施并非作为以经济活动为核心的场所，其所表现出的可能与特殊社会活动有关的迹象显示礼仪活动是公共设施的主要功能。

牛河梁遗址第四期的墓葬以玉器随葬，未见陶器及其他随葬品。因为玉器的特殊性质及其在稍晚社会中的重要意义，玉器的使用通常被认为与通神行为或巫术有关。① 从前文分析所发现的玉器残损后的多种修复特征可知，在牛河梁遗址中出现的玉器并不只是丧葬仪式中的明器，而是死者生前所经常使用之物。镯、环以及小型的坠饰等便于佩戴可能作为装饰品之外，表现出明显埋葬规范的斜口筒形玉器、勾云形玉器等并不便于日常携带，这种经过频繁使用的非日常用品可能与特定的场合或礼仪行为有关。

对牛河梁遗址所显示的社会权力特征的分析显示，社会层级的划分、社会财富的集中倾向与经济和军事都不相关。在牛河梁遗址的社会中，经济和军事权力并不是社会权力的核心和获取权力的主要途径，对经济行为的控制和拥有军事权力的象征并未直接带来社会地位的提升。

牛河梁遗址第四期出现的大型公共建筑和随葬的玉器等特征都显出与社会礼仪活动有关的迹象，这种礼仪活动是社会意识形态的反映，礼仪性公共建筑、礼仪行为是维护社会统一的核心力量，与宗教或礼仪行为有关的"神权"是牛河梁遗址红山文化晚期社会权力制度的核心。②

---

① 玉器，特别是动物造型的玉器通常被认为是沟通天地的媒介，而拥有此类器物的墓主则可能是具有此种能力的巫或觋。参见郭大顺《红山文化"玉巫人"的发现与"萨满式文明"的有关问题》，《文物》2008 年第 10 期。"玉器是神祇信仰的礼器，而陶器为祖先信仰的礼器。"参见李伯谦《中国古代文明演进的两种模式——红山、良渚、仰韶大墓随葬玉器观察随想》，《文物》2009 年第 3 期。

② 基于牛河梁遗址出土遗物的情况，李伯谦在分析中国史前两种不同的文明演进的模式时指出玉器是神祇信仰的礼器，而陶器为祖先信仰的礼器，仅以玉器随葬的红山文化晚期社会是以神权为中心，神权高于一切。参见李伯谦《中国古代文明演进的两种模式——红山、良渚、仰韶大墓随葬玉器观察随想》，《文物》2009 年第 3 期。

二 红山文化晚期 "神权" 社会的特征

分析显示,牛河梁遗址红山文化晚期社会是以 "神权" 为核心的社会,而这神权的中心是一神或是万物有灵,对祖先的祭祀是否成为维系社会团结的重要方式,其与年代相近的其他神权社会的特征是否存在差异等都是我们分析神权社会需要考虑的问题。以下将依据前文分析的结果,对红山文化的 "神权" 社会中意识形态的问题加以简要探讨,以期对红山文化晚期社会有更为深入的了解。

1. 超越空间范围的意识形态

牛河梁遗址是红山文化晚期社会的缩影,从中可以大体窥见红山文化晚期社会之一斑。前文的分析显示,牛河梁遗址出现了规模不同的礼仪性建筑,属于较小人群共同体的如第二地点的 Z5,第五地点的 N5SCZ3;属于更大规模人群的 N1J2、第十三地点、N2Z3。不同规模的设施其使用的人群略有差异,属于较小范围人群共同体的公共设施不仅规模较小,且在区域内重复出现,而规模较大的公共设施则较为特殊,在区域内皆只发现一处。虽然在周边遗址中也发现了如东山嘴遗址这类特殊的遗存,但分析显示东山嘴遗址较牛河梁遗址中发现的大型建筑址规模小了很多。而大凌河上游地区的调查发现了多个与东山嘴遗址相似但规模略小的地点,分别位于遗址点集中分布的区域中心。这种以礼仪建筑为核心的集中分布趋势与在牛河梁遗址中发现的多个小区域人群共用礼仪设施的特征相同。

小型礼仪建筑在多个地点并存,而大型礼仪建筑仅在牛河梁遗址出现,这表明牛河梁遗址应是红山文化晚期重要的中心区域,而其中发现的大规模的礼仪建筑则是多个地点甚至多个区域人群共同拥有和使用的,是红山文化晚期开展宗教或礼仪活动的重要场所。这种信仰和礼仪活动所影响的范围应超越目前所确定的牛河梁遗址的范围,即红山文化晚期的这种意识形态超越了红山文化 "酋邦" 的范围,多个 "酋邦" 统一在相同的意识形态之下。[①] 牛河梁遗址出土的较为特殊的玉器中,以

---

① 迈克尔·曼在探讨社会权力的来源时提到有一种超越社会空间的意识形态,这种意识形态脱离并凌驾于世俗权威之上。参见〔英〕迈克尔·曼《社会权力的来源——从开端到 1760 年的权力史》第一卷,刘北成、李少军译,上海人民出版社,2015,第 30 页。

勾云形玉器和斜口筒形器数量相对较多，而对两类玉器使用者的统计
（表6－1）并没有发现明显的规律，同时拥有两类玉器的墓主数量相对
较少，基本仅在第四期某些时段出现，第2、3、5段各有1位墓主同时
拥有此两类玉器。两类器物使用规范的差异显示不同的使用者所承担的
职能可能存在差异，但仍处于相同的社会规范（或信仰体系）之下，也
可作为相同意识形态存在的证据。

表6－1　特殊玉器与墓主特征的相关性统计

时段	编号	斜口筒形玉器	勾云形玉器	性别	层级
1	N2Z1M25	2		M	Ⅰ
2	N2Z1M21	1	1	M	ⅡA
	N2Z1M27		1	F	ⅡB
	N3M7	1		M	ⅡB
	N2Z1M14		1	F	ⅡC
	N2Z1M15	1		F	ⅡC
	N2Z4M15	2		F	ⅡC
	N16M10	1		？	ⅡC
3	N5Z1M1		1	M	Ⅰ
	N2Z1M22	1	1	M	ⅡB
	N2Z1M24		1	M	ⅡB
	N2Z1M9		1	M	ⅡC
	N2Z1M4	1		M	ⅡC
4	N16M4	1		M	Ⅰ
5	79N16M2	1	1	M	ⅡB
	N16M14	1		F	ⅡB
	N2Z4M2	1		F	ⅡB
	N16M15		1	M	ⅡC
总计		14	9		

注：墓主性别据人骨鉴定、DNA检测和随葬玉镯的性别规范的综合结果确定。

　　牛河梁遗址是红山文化晚期意识形态领域的核心，埋葬在牛河梁遗址
的人群与葬于其他非核心地点的人群之间是否存在职能或权力上的差异就
成为接下来需要讨论的问题，有观点认为牛河梁遗址的人群代表红山文化

晚期掌握宗教权力的巫觋集团。① 目前经过发掘的红山文化墓地的材料并不多，有些遗址并没有完整地发表资料，具体的情况仍有待资料公布后探讨。胡头沟遗址中发现了与牛河梁遗址相似的中心墓葬及埋葬处理方式，同一埋葬区域内也发现了与牛河梁遗址相同的，在墓葬规模、随葬品种类数量都相应变化的处于不同层级的墓葬。相同特征的重复出现表明，如果牛河梁遗址中发现的随葬品及相关墓葬与特殊职能有关，牛河梁遗址的人群也并非权力的独占者。而牛河梁遗址中除了有玉器随葬的墓葬之外，也可以发现相当数量的无随葬品墓葬以及仅随葬镯、璧等规模较小的墓葬，这种较少随葬品的墓葬特征与田家沟、半拉山等遗址发现的墓葬基本一致。基于此类墓葬出现的范围相当广泛，不足以依据其分布在牛河梁遗址便判定其属于特殊的功能集团。因此笔者接受以下观点：虽然牛河梁遗址是红山文化晚期社会礼仪活动的中心，牛河梁遗址的人群属于红山文化晚期多个地域人群之一，牛河梁遗址中发现的与胡头沟遗址并行的社会特征显示二者应是同时存在、相对独立的社会群体"酋邦"。彼此之间相对独立，牛河梁遗址人群也是社会宗教或礼仪活动的参与者之一，尚未获得超越其他"酋邦"的垄断权力，是相同的意识形态和礼仪行为将他们联合在一起，这种联合超越了地域、经济和军事的范畴。

目前对红山文化意识形态的一般判断倾向于认为红山文化中存在祖先崇拜、动物崇拜和自然崇拜等多神崇拜的特征，即红山文化人群的信仰倾向于万物有灵。② 多种崇拜对象共存似与前文通过礼仪建筑的特征所推测的统一的意识形态存在矛盾，以下将分别就几种崇拜对象及其证据进行简要探讨。

红山文化的祖先神通常被分为两种："女神庙"中出土的女性雕像被认为是红山文化的远祖神，此种观点最早见于苏秉琦先生在《中华文明起源新探》中提及女神庙出土的女性雕像时，指出"这是红山文化的女

① 徐昭峰、于海明：《牛河梁遗址与红山文化祭祖权的垄断》，《辽宁师范大学学报》（社会科学版）2017 年第 1 期。

② 徐昭峰、于海明：《牛河梁遗址与红山文化祭祖权的垄断》，《辽宁师范大学学报》（社会科学版）2017 年第 1 期。

祖，也是中华民族的共祖”的观点；① 此后有学者在此观点的基础上进一步提出牛河梁遗址所埋葬的个体皆为红山文化的“近祖”②，并由此进一步指出葬于牛河梁遗址中的人群是掌握宗教和祭祀权力的“强宗”，他们垄断了祭祀活动，并且成为被后世所祭祀的祖先神。③

虽然中心墓葬的墓主在埋葬处理上存在明显不同于其他个体的特征，围绕积石冢主体建筑的筒形器通常被作为此种祭祀活动延续存在的证据。而根据前文对积石冢营建过程的分析可以发现，筒形器及与中心墓葬有关的积石冢砌石围墙的修筑皆属葬礼的一部分，筒形器的功能在葬礼完成后即宣告结束。并没有证据表明与此中心墓葬相关的“祭祀行为”持续存在，因此围绕中心墓葬的筒形器及相关设施都应视为葬仪的一部分，即礼仪活动发生在埋葬过程当中，而并非葬礼结束之后的祭祀活动。因此可以认为虽然牛河梁遗址的中心墓葬的墓主的社会地位较为特殊，但并未上升到神的层面，也并未成为后世祭祀的对象。

在“女神庙”中同时发现了大小各异的人像雕塑和动物雕塑的残件，玉器造型多样，且有大量的动物造型的玉器，这些都是判断红山文化存在多神信仰的重要证据。若是这些雕塑确是分别代表了不同的神，多种造型雕塑的和平共处也表明，这些“神”处于同一个相对规范的体系之内。玉器造型各异但其使用遵循相同的社会规范，这种多神信仰仍旧可以统合在同一个信仰体系之内，即“多神信仰”与相同的意识形态在红山文化中很好地融合在一起，而这种统一的信仰成为红山文化晚期神权社会超越区域范围存在的基础。

2. 独特的神权社会

李伯谦④根据社会核心特征的不同将史前社会分为两种：神权社会与

① 苏秉琦：《中国文明起源新探》，三联书店，1999，第112页。
② 关于“远祖”和“近祖”的分析还见于巫鸿《从“庙”至“墓”》，载《庆祝苏秉琦考古五十五年论文集》，文物出版社，1989，第98～99页；田广林《红山文化“坛、庙、冢”与中国古代宗庙、陵寝的起源》，《史学集刊》2004年第2期。
③ 徐昭峰、于海明：《牛河梁遗址与红山文化祭祖权的垄断》，《辽宁师范大学学报》（社会科学版）2017年第1期。
④ 李伯谦：《中国古代文明演进的两种模式——红山、良渚、仰韶大墓随葬玉器观察随想》，《文物》2009年第3期。

王权社会。前者是红山文化和良渚文化的典型特征，而后者则是仰韶文化社会特征的概括。同是以神权为主的社会，良渚文化和红山文化的墓葬中都有大量的玉器随葬，良渚文化中还可以看到军权、王权与神权结合的特征，而红山文化则是以神权为核心的社会。下文将通过对良渚文化和红山文化神权特征的简要比较对牛河梁遗址所反映的红山文化神权社会的特征进行初步论述。

从权力的物质载体来看，良渚文化中以琮为神权的物质象征，以钺为军权和王权的象征，并且可以发现从以神权为主体到以军权和王权为主体的权力体系的变化过程。① 在以神权为主体的社会阶段，公共权力也产生于社会生产和经济生活②，神权的拥有者同时也是经济生产和军事权力的控制者。玉锥等加工工具在墓葬中的出现表明良渚文化中标志社会权力的玉器的拥有者同时也是玉器的制作者。③ 对于玉料和制玉工艺的独占是彰显其权力的重要方式，获取此类物品是获取社会权力的重要途径。④ 这意味着在良渚文化中以神权为核心的权力体系是纵向等级制的，存在一个权力核心。

牛河梁遗址中出土了相当数量的玉器，但并未发现如良渚文化中以特定器物作为神权的标志的现象，而是以一套玉器来彰显相应的社会规范，社会权力的特征中经济和军事权力的特征并不明显。对牛河梁遗址出土玉器的分析则表明，虽然社会上层组织了玉器的制作，但牛河梁遗址并不是玉器的生产地点，遗址中玉器的使用和拥有者也并不是随葬玉器的直接制作者。玉料和制玉工艺并不是获取神权的必要方式，玉器只是个体所处地位和职能的彰显。牛河梁遗址虽然是社会礼仪活动的中心，但牛河梁遗址中的核心人物（神权的拥有者）也并没有控制权力的分配。不同区域的核心人物之间的关系相对较为平等，并未出现明显的贯彻全区域的纵向的权力分配。

---

① 宋建：《良渚——神权主导的复合型古国》，《东南文化》2017 年第 1 期。
② 何驽：《长江流域文明起源商品经济模式新探》，《东南文化》2014 年第 1 期。
③ 刘斌：《神巫的世界——良渚文化综论》，浙江摄影出版社，2007，第 146～159 页。
④ 玉琮特征的差异显示其获取方式的不同，从而可以确定拥有者获取权力的途径。参见宋建《良渚——神权主导的复合型古国》，《东南文化》2017 年第 1 期。

在良渚文化中发现了商品经济存在的信息①，商业经营以及由此产生的财富和社会影响的增加，可能是良渚文化晚期由以神权为主导的社会向以王权为主导的社会转变的重要动力。牛河梁遗址也出现了明显的手工业流水线分工的特征，但这种集中生产的产品并未用于贸易或其他消费，而是较为集中地出现在某些地点，表现出明显的"计划"而非商业的特征。复杂的手工业分工都是围绕特殊产品的生产展开的，而这些产品则是社会礼仪活动中的重要内容。没有发现与世俗权力有关的特征，在牛河梁遗址中神权应是独立且凌驾于世俗社会生活之上的。

牛河梁遗址所代表的红山文化晚期是以神权为核心的社会，这种社会意识形态（虽然目前暂时无法对其意识形态的内容有准确的了解）是超越地域范围的权力，并未因统一意识形态的出现而形成绝对的权力，对于区域内的人群并没有强力的约束作用，只是通过社会所共同认同的礼仪活动来强化这种一致性。

小　结

对牛河梁遗址发现的人骨的分子生物学检测结果显示，牛河梁遗址所代表的并非完全依据血缘关系确立的社会，而是在血缘的基础上，以地缘关系为主的社会组织。本章从社会公共设施和礼仪行为与特殊物品的生产和使用的规范入手，对牛河梁遗址酋邦社会的组织规范和原则进行了简要的讨论。

第一，虽然目前暂时无法准确判断社会公共设施的用途，但根据遗迹的性质可以初步对区域内出现的较为特殊的设施进行分类。根据影响人群范围的差异，这类特殊的设施的使用者可以分为小地区人群和地域性人群两种，前者的影响范围和使用人群相对有限，而后者则可能是区域内全部或多数人群所共同使用的。也就是说，在红山文化晚期社会可能存在多个不同层级的社会礼仪活动中心，而建筑规模最大、结构最为特殊的牛河梁遗址区的特殊功能建筑可能是多个酋邦社会共同举行特定仪式的场所。每

---

① 何驽：《长江流域文明起源商品经济模式新探》，《东南文化》2014 年第 1 期。

个酋邦或更小规模的社区都可能存在各自的社会礼仪中心，而牛河梁遗址的特殊功能建筑则可能是整个红山文化区内人群共同的社会礼仪中心。

第二，宗教或社会礼仪行为是促进社会团结的重要力量。每个小区域内存在各自的区域中心，这种特征不仅在不同地域（如大凌河流域调查）中有所表现，在埋葬单元的分布中也表现出类似的特征，如出现在第二地点和第五地点的方形"坛"。牛河梁遗址出现的大型社会公共建筑则是更广地域范围内的人群所共同的礼仪活动的场所。

第三，与埋葬行为相关的礼仪行为，包括埋葬的仪式和随葬品的使用不仅是社会规范的反映，更是强化了这种以领袖个体为核心的社会秩序。而与此相关的社会特殊产品的生产和分配背后的原则也显示出社会等级制度的不断完善。牛河梁遗址所代表的红山文化晚期社会并不是基于社会成员之间的血缘关系建立起来的，而是建立在以地域为单位、社会制度相对完善的分层社会之上的，以宗教和礼仪活动为核心的区域人群共同体。

第四，社会公共设施的营建和使用以及特殊产品的生产和再分配方式，都表现出较为明显的制度化特征。虽然在牛河梁遗址中没有发现类似后世的那种规范的礼仪用器，但对最高层级个体的特殊处理、相关的礼仪活动和可能超越牛河梁遗址范围的社会公共设施都表明，宗教或社会公共的礼仪行为是强化以牛河梁遗址为代表的红山文化晚期社会人群之间关系的重要因素。而较为单一的大型礼仪中心的出现则提示着红山文化中虽然出现了各异的玉器造型，但不同区域的信仰和仪式行为则基本一致，即红山文化人群可能存在相同或相近的信仰。

牛河梁遗址红山文化晚期是以神权为主导的社会，统一的社会意识形态和据此展开的公共礼仪活动是联合多个地域群体（"酋邦"）的力量，这种神权尚未形成普遍范围的社会强制力量。

结　语

　　牛河梁遗址是多种功能遗迹并存的遗址群，材料发表之初就受到了学界的广泛关注，关于红山文化及其社会形态的认识多出自对牛河梁遗址的研究，《牛河梁》的出版为深入研究红山文化提供了丰富的资料。近年不乏魏家窝铺遗址这样的大型红山文化聚落发现，虽然尚未有完整材料发表，但发表的零星材料也可以为研究提供有利的佐证。加之考古学获取材料手段的提高，通过区域考古调查方法可以在不进行考古发掘的情况下最大限度地收集有关遗址的信息。有明确层位的发掘材料与涉及范围广泛的调查材料的有机结合将有效兼顾研究的深入与范围的扩展。新材料的发表、研究方法和分析手段的提高，为深入研究红山文化创造了条件。

　　本书以《牛河梁》提供的材料为主，结合其他遗址的发掘及区域考古调查的材料，综合运用考古学、社会学和人类学的研究方法，通过对遗迹和遗物特征的分析，确定本书分析的时间框架。在细致的时间框架下，从社会分化、社会群体的构成和组织方式、社会分工等多方面对以牛河梁遗址为代表的红山文化晚期社会进行深入探讨，并依据现有的资料对牛河梁遗址社会形态背后的社会组织原则进行论述。

一　研究成果及主要收获

　　牛河梁遗址红山文化遗存大体相当于红山文化的较晚阶段，其所反映的社会特征，在一定程度上也是红山文化晚期的社会形态。大量与社会精神和礼仪活动有关的设施及其所反映的规范的社会制度表明，至迟在以牛河梁遗址较晚阶段遗存为代表的红山文化晚期，社会结构已经较为复杂，规范的社会秩序基本建立。

牛河梁遗址的堆积相对简单，不同地点之间相距较远，彼此间相对年代关系的确立是进行分析和比较的基础。运用地层学与类型学方法，根据遗迹和遗物特征及组合关系的变化所建立的牛河梁遗址的分期与相对年代的划分，为全书的分析提供了细致的时空框架。

根据遗迹和遗物特征的变化，将牛河梁遗址红山文化遗存分为四期，遗迹、遗物特征的变化基本同步。

第一期以日常生活遗存为主，陶器为钵、筒形罐等，可见数量较多的细石器，遗迹数量较少，多见灰坑。

第二期以筒形器砌筑的圆形边界的墓葬为特征，出土遗物仍以陶器为主，可见筒形器、彩陶罐等，玉器数量和种类都相对较少。

第三期遗迹可见以砌石为边界的圆形积石冢，共出 D 型筒形器。

第四期遗迹在数量和特征上都较为多样，以砌石作为边界的方形积石冢最为常见，积石冢范围内多见墓葬，随葬器物只见玉器一种，共出筒形器多见 B 型。

除第一期遗存发现数量较少外，从第二期开始以积石遗迹为主要特征，虽然不同时期器物各有特色，但仍存在明显的连续性特征。牛河梁遗址的规模是在其延续使用过程中逐渐形成的，各时期遗存在遗迹和遗物特征上存在一定程度的差异，而同一时期的遗存虽然分布位置不同，但在特征上存在较为明显的一致性，这表明当时的社会中存在较为统一的观念和流行风格。牛河梁遗址范围内确定的多个遗迹地点的存续时间并不相同，以第四期遗址点数量最多，遗址数量的增加与人口的增长直接相关。器物特征的变化表明，第二、第四期仍可进行进一步的划分。

根据墓葬和随葬品特征的变化可以将第二期遗存细分为早晚两个时段，早段随葬品皆为陶器，晚段开始出现以玉器随葬。

遗存数量最多的第四期，虽然遗物特征的变化显示其存在进一步细分的可能，却未能提供可以进一步划分的依据。墓葬则存在相对稳定和连续性的变化，根据墓葬特征中死者头向与石棺砌筑时盖板、底板特征的组合，将第四期墓葬进一步划分为 5 个时段：1 段死者头向西，石棺有底板而无盖板；2 段死者头向西，石棺有盖板而无底板；3 段死者头向东，墓葬特征与前一时段相同；4段死者头向与前一时段相同，石棺盖板底板俱全；5段死者头向变化，朝向西，而墓葬特征与前一时段相同。

这一分期不仅将不同特征的遗存从大的时段当中区分出来，甚至对具体墓葬的相对埋葬时间予以具体划分，细致的年代划分虽然面临更大的被证伪的风险，却也使得从有限的资料中获取更多的信息成为可能。

遗迹的共时性是讨论遗址之间的功能联系的基础，根据器物的类型学分析所确立的分期可以大体限定遗迹延续使用的时间范围，却无法准确限定其最初建造使用的时间，而考古学可以根据建筑特征和地层关系初步复原遗迹的建造、使用和废弃的过程。对遗迹形成过程的分析和最小共时单元的划分进一步实现对研究对象的细化，不仅可以帮助我们从现有的资料中获取更为丰富的信息，也使我们对遗迹的功能和关系有了深入的认识。

积石冢是研究牛河梁遗址时不可回避的概念之一，虽然发掘者最初对其进行了严格的限定，但在实际使用中，积石冢的概念指向并不清晰。本书从宽泛的积石冢概念入手，根据特征的差异将积石冢分为以筒形器为边界的圆形积石冢、以砌石为边界的圆形积石冢和以砌石为边界的方形积石冢三个类型。三类积石冢虽然在整体造型上存在差异，但筒形器的摆放和使用表现出明显的延续性特征：第二期时无砌石围墙，以筒形器作为积石范围的边界；第三期开始出现圆形的砌石围墙，筒形器的位置也从三重砌石围墙的外侧逐渐向内移动；至第四期仍在使用圆形砌石围墙的积石冢，筒形器的位置已经移至内层围墙之内，而新出现的方形砌石围墙积石冢筒形器的位置则相对固定在最外侧封闭围墙之内。圆形积石冢虽然存在砌石围墙有无的区分，但筒形器的位置变化有着较为明确的规律，虽功能可能存在差异，但两类圆形积石冢延续性明显，不同时期的风格易于判断。除N5SCZ1属于第三期时修造并在第四期延续使用之外，其余积石冢的建造和使用时间皆相对固定。

第四期新出现的方形积石冢是较为符合"以石垒墙、以石筑墓、以石封顶"的相对严格概念的积石冢。但墓葬与石墙之间的叠压、打破关系显示，即便范畴限定最为严格的积石冢，石墙和多座墓葬的建造和延续使用时间也可能存在差异。这表明，即便是最严格定义下的积石冢也是一个历时性的遗迹单位，仍可对其进行最小遗迹单元的划分。

最小共时性单元的确认重新界定了"界墙"等砌石围墙的使用时间，并据此对墓葬和石墙这两个积石冢的重要组成部分进行了重新的划分。通常被作为积石冢最重要组成部分的砌石围墙在各遗迹单位出现和使用的时间并不相同，大体可以分为以下三种。

其一，砌石围墙与区域中心位置墓葬同时，而早于区域内的大部分墓葬，当新的墓葬出现时，砌石围墙的功能则基本结束，典型遗迹为 N2Z1。

其二，先有墓葬葬入，而后修筑中心墓葬和砌石围墙，如 N2Z2。

其三，砌石围墙与中心墓葬处于埋葬区域使用的中间时段，如 N16Z1。

砌石围墙的使用时间可以根据与其相关的中心位置墓葬的年代加以确认，在本书所划分的第四期的 5 个时段中，N2Z1 的砌石围墙修筑于第四期 1 段，与 N2Z1M25 和 N2Z1M26 同时，N2Z2 的砌石围墙修筑于第四期 5 段，为 N2Z2M1 的附属建筑，而 N16Z1 的砌石围墙则修筑于第四期的 4 段，与 N16M4 同时。而在埋葬区域使用的其他时段的墓葬则没有砌石围墙作为其边界范围。

分析显示，即便是最严格的积石冢的概念所涵盖的仍然是一个历时性的空间单位，其建筑和使用的过程仍可细化。而按照"以石垒墙、以石筑墓、以石封顶"的积石冢的概念，仅有上述几组遗迹可以积石冢称之，而其余的墓葬和虽然有砌石围墙但不见同时期墓葬的 N2Z4A 都须排除在积石冢之外。

传统意义上的积石冢代表一个空间上相对独立的区域，因其范围内皆可见墓葬，可将其视为同一个埋葬区或墓地。虽然大部分墓葬在石墙所圈定的范围内，但多数墓葬与石砌围墙并不同时存在，石墙仅与其中的部分墓葬相关。石墙并不是墓地所必需的特征，如此便可以解释何以牛河梁遗址第三地点未见"冢墙"。目前区域内发现的积石冢的建造和主要的使用时间并不相同，虽然各时段都存在大量的墓葬，但大体每一时段只有一座积石冢，并未发现多座积石冢在区域内共存的现象。

以石墙和墓葬作为限定特征的积石冢并非红山文化普遍的墓葬特征，而仅是特定时段对特定个体的特殊的埋葬处理方式。在区域内广泛出现的砌筑石棺的墓葬才是红山文化更为普遍的特征。

社会分化是社会规模扩大的必然结果，牛河梁遗址社会中纵向分化和横向分化的表现都相当明显。通过对墓葬特征，特别是墓葬规模、随葬品种类、数量等方面的比较可以发现，第二期社会纵向分化的特征并不明显，直至牛河梁遗址第四期才出现了较为明显的社会纵向分化。不同层级的墓葬在规模、随葬品种类和数量方面有相对明显的区分，特定随葬品的使用方式逐渐固定，不仅出现了基于不同性别的随葬品使用的差异、特定物品的使用方式和规范，也出现了对于不同层级个体的随葬品种类和墓葬处理方式的差异。至迟在牛河梁遗址第四期，牛河梁遗址社会中已经出现了社会分层，"礼制"社会的特征逐渐完善。

墓葬及其共时遗迹的确认将最高等级的墓葬区分出来，而这种以砌石围墙和相应的筒形器作为边界的墓葬的时空分布将第四期不同时段社会中地位最为特殊的个体凸显出来。这种相对特殊的个体在各时段都仅见一例，这表明"一人独尊"的地位并不仅限于积石冢所代表的社会群体内，更是整个牛河梁遗址所代表的社会整体的"领袖"。对于每一时段的社会核心人物，不仅在随葬品的种类和数量上优于同时期的其他个体，在与埋葬相关的社会礼仪方面也相对复杂。对于社会中的此类特殊人物，出现了动员社会中大部分甚至全部人力开展的生产和纪念活动，社会认同和相应的仪式强化了社会分层。

个体的层级分布显示，牛河梁遗址是以中间阶层为社会主体的橄榄型社会，除最高等级个体之外，其余个体之间的差异并不明显，各阶层流动性较强，没有出现阶层固化的现象。虽然纵向分化是牛河梁遗址的普遍特征，但纵向层级分化的特征仍显示为个体之间的差异。在牛河梁遗址第四期已经出现了地位和威望超过其他社会成员的个体，而不同时段"领袖"的墓葬分布位置的变化则显示最高权力在不同社会群体中的流转，社会权力和地位的获得与个体能力相关，并未出现权力或地位世袭的情况。

社会的横向分化表现在不同性别个体在同类随葬品的处理方式上的不同，如玉镯、玉璧的摆放位置都显示出与性别有关的特征，但暂无证据表明，不同性别个体承担的社会职能存在不同。

群体分化是社会横向分化的另一种表现形式，从第二期开始，牛河梁遗址中便可以发现社会群体分化的特征，埋葬在不同地点的人群在死者头向的处理上存在明显差异，这种差异表明，埋葬在不同地点的人群在对死者处理的社会规范方面并不完全一致。第三期虽然没有墓葬，但在不同地点同时存在的圆形"积石冢"则表明，在各个地点都存在社会活动的中心，这种各自独立的趋向也表明不同地点的人群之间的联系并不紧密，存在各自相对独立的社会职能。第四期群体数量增加、规模扩大，不同地点的埋葬群体之间相似性较为明显，存在较为一致的变化趋势，在墓葬的建造和随葬品的使用上采用完全一致的规范，不同群体之间的联系得到了进一步的加强。小群体分化是第四期社会规模扩大、人口数量增加的重要表现，牛河梁遗址第二地点的多个埋葬单元、第十六地点5段墓葬在埋葬位置上的区分都是小群体分化在墓葬方面的表现。新分裂的小群体因其源出母体相同，彼此之间的相似性和联系相对更为密切，在新分裂的小群体之间并未发现居于其上的群体或机构以保持群体的一致性，各自作为独立的社会单元参与社会活动。虽然在牛河梁遗址中出现了小群体的分化，但并未形成多层级的社会管理模式，小群体之间的关系相对平等。

虽然牛河梁遗址第四期出现了明显的社会分层，也出现了地位超然的领导者，但没有发现对于社会中领导者的埋葬所涉及的冢墙的砌筑、筒形器的制作等事件中存在强制措施的迹象，即领导者可能并未具有社会强制力量。不同时段领导个体在不同社会共同体之间的轮流出现表明领导的职权并非依据血缘或其他关系世袭而得，社会中同时存在的多个人群共同体的关系较为平等。

小群体分化通常被认为是人群适应环境的一种方式，因为单位生态环境的人口承载量有限，小群体分化同时也意味着生活地点的分隔，是群体在单位环境内竞争的结果。群体数量增加，但分化后的小群体在规模上并无明显增加，这在一定程度上表明虽然人口数量增加，但人群的生计方式并未发生明显改变，单位生态环境所能承载的人口数量也没有明显的增加。在资源环境承载力有限的条件下，社会并未因小群体分化的扩大而分裂，却在社会群体规模明显扩大的第四期表现出更为明显的一致性，社会分工是在环境承载力有限的情况下避免群体间竞争而有效增进社会团结的重要方式。

社会分工特别是手工业制作的分工逐渐完善，是团结和组织社会各部分，并且彰显社会影响范围和动员能力的重要因素。牛河梁遗址的人群不仅出现了相对独立的玉器和陶器的制作群体，在同类制作群体内部也出现了基于产品种类及制作过程的分工，与此相关的社会管理系统也愈加复杂。

对遗物数量相对较多的第二期、第四期的分析表明，复杂的社会分工逐渐形成和完善。第二期手工业制作的分工相对简单，制作群体之间的联系相对固定，各制作群体各自完成器物的制作；第四期则表现出了多层级的手工业制作管理的特征，不仅出现了不同器物之间制作的分工，同一件器物的制作也由多个个体或群体共同完成，不同工序的多个社会群体之间的联系较为随机，群体之间的联系和依赖性较为平衡，社会分工在保持社会群体之间的联系方面起到了重要的作用。手工业分工方式的变化显示第四期时社会的动员和组织能力明显增强，筒形器的制作是需要动员人力在短时间内完成的工作，而玉器则在一定程度上彰显了社会影响和控制的范围，出现在牛河梁遗址的各类玉器的生产地点皆可能是在牛河梁遗址社会的控制范围内。

红山文化晚期已经进入复杂社会基本是学界的共识，但其所反映的社会形态是概括为酋邦还是古国则存在不同意见，两种意见的持有者并没有进行直接的辩论，而是在各自的语境内进行着单独的论述。分析显示牛河梁遗址社会出现了明确的社会规范和社会分层，并且有相应的礼仪行为来强化这种社会分层，是在一个"领袖"带领之下的统一社会。但社会的纵向流动性较强，社会成员的地位相对较为平等。分子生物学检测的结果显示以同一墓地为基本单位的人群之间在血缘关系上并没有明显的一致性，即牛河梁遗址的基本人群单位并不是以血缘为单位，而是在血缘基础上形成的地缘群体。

红山文化区域范围内可能存在多个与此相类似的地域群体，虽然其社会形态与传统表述中的酋邦仍不完全相同，但二者的核心内容都是存在社会分层的地域社会的特征相对较为接近，因此笔者采用酋邦的概念来定义牛河梁遗址所代表的社会形态。红山文化区域范围内应存在多个与此相类似的地域群体，牛河梁遗址是其中规模较大的酋邦之一。

对反映个体社会层级的随葬品的进一步分析没有发现与经济或军事权力有关的特征，以特殊功能的社会公共设施和针对社会核心个体所举行的礼仪活动作为维持社会稳定和团结的主要力量。

红山文化晚期与牛河梁遗址并存的多个酋邦的墓葬显示出一致的特征和变化，却只有在牛河梁遗址中发现了大型的社会公共建筑，这显示，这类大型的社会公共建筑可能并不是牛河梁"酋邦"所特有的礼仪中心，而是被区域内多个酋邦所共同使用的。正是这种共同的"宗教"礼仪活动成为区域内多个平等独立的酋邦的凝聚力量。红山文化可能是在统一社会意识形态之下的多个独立平等酋邦的自由联合，除了神权之外，并没有社会的强制力量保证这种联合的存在，也无法形成准确的边界和疆域。从现有的材料中没有发现与经济和军事权力有关的特征，也没有发现由神权社会向由神权主导的王权社会转变的迹象。因此可以初步认为在红山文化社会中，统一的社会意识形态（神权）是社会权力的核心，是超越世俗社会权力之上的，也是确定社会礼制和层级制度的基础。

二　存在问题与研究展望

本书重点对历年来牛河梁遗址发掘材料进行了重新梳理，结合其他地区的零星发掘资料和近年来区域考古调查的成果，对牛河梁遗址及其所代表的红山文化晚期社会形成了一些新的认识。有些内容虽略有提及，由于材料所限未能进行深入讨论，依据牛河梁遗址的材料所形成的某些观点也有待于新的发掘资料的丰富和验证。

小群体分化是牛河梁遗址第四期最为普遍的特征之一，群体数量的增加可能与社会规模和人口数量的增加直接相关，而对比在第四期最早阶段就已经出现的第二地点多个人群的划分和在第四期5段第十六地点出现的小群体的区分，二者在新分裂人群的一致性上略有差异。第二地点的多组人群的相似性更为明显，而第十六地点则出现了不同埋葬群体的有意识的区分，前者可能与发生在第二地点小群体之间的公共礼仪行为有关，而第十六地点未见此类可以促进社会团结的公共设施。这种差异也显示第四期较早阶段虽然也出现了小群体的划分，但促进社会团结的力量有效地遏制了由于社会规模增加而出现分裂的趋向，而第四期最晚阶段，这种有意识的彼此区分已经出现，这也可能导致牛河梁遗址所代表的社会群体的分裂和衰落。

最小共时单元的划分更新了我们对积石冢的概念，积石冢上保存原位的筒形器仅是围绕中心墓葬开展的礼仪活动的载体，礼仪活动结束即宣告其功能的完结，而其使用的时间可能早于或晚于墓地内发现的其他墓葬。围绕墓葬展开的礼仪活动的结束时间还可以根据封土和积石形成的时间加以判断。关于封土积石形成的过程目前存在三种可能：每座墓葬都有封土并有积石；只有中心大墓有明确的封土和积石，用以作为丧葬礼仪完成的标志；将积石冢所代表的埋葬区域作为一个整体，封土和积石的年代可能与墓地废弃的年代一致。半拉山墓地发现的两层积石堆积皆发生在墓地整体的埋葬功能结束之后，即积石并非红山文化晚期墓地的标配。这种处置方式的差异所反映的是地域还是社会群体的差异仍有待继续讨论。N2Z1的一组年代测定的数据显示冢上的封土、积石的年代可能早于较晚葬入墓地的墓葬：N2Z1 封土内木炭的树轮校正年代约在前 3799～前 3517 年，而 N2Z1M8 样本的树轮校正结果则在前 3360～前 2920 年。以往的发掘并未对此项内容予以关注，可能需要在今后的发掘中对此有意识地加以验证。

筒形器的特征显示牛河梁遗址陶器制作存在复杂的专业化分工，但目前并未发现可以对此予以验证的制作地点。与牛河梁遗址的礼仪活动密切相关的筒形器的制作地点应与其使用的地点相距不远，制作工场和陶器烧制地点的确认是确定其手工业分工及生产组织方式的关键环节，期待随着牛河梁遗址考古研究的深入，可以对此予以确认。

神权是红山文化社会组织的核心原则和力量，第一地点多种造型泥塑的发现显示牛河梁所代表的可能是多神的社会，而墓葬所反映的礼仪特征在多区域的一致性以及社会公共建筑的集中修建等特征则表明在红山文化当中存在相对统一的意识形态，这种多神的特征如何整合为多个地域酋邦所共同接受的观念并成为社会团结的基础是接下来要讨论的问题，而其所信仰的对象及其意义是进一步认识的基础。第一地点和第十三地点的遗存可能与宗教或礼仪行为关系密切，其在牛河梁遗址第四期的位置，与第四期的哪个阶段人群相对应，都是在探讨红山文化晚期社会意识形态特征时需要解决的重要问题。第一地点的发掘可能为红山文化晚期的礼仪活动内容、组织方式及其影响范围的探讨提供线索和资料。

虽然我们可以获知红山文化晚期出现了社会分层等复杂化的特征，但因为前期的材料不足，很难对其社会复杂化的形成过程有更深入的了解。对红山文化的认识仍然局限于某个断面而不能形成整体的认识。同样，红山文化神权特征的变化及神权社会的形成过程也需要材料的进一步丰富来进行深入的讨论。

牛河梁遗址是红山文化晚期社会的缩影，显示了红山文化文明发展到高峰期的特征，但牛河梁遗址所发现的遗存性质相对单一，要更深入地认识红山文化，就需要将范围扩展到整个红山文化的分布区域的综合研究。

居住方式与墓葬行为是反映先民生活方式的两个方面，牛河梁遗址等以墓葬和特殊礼仪活动遗存为主的遗址与魏家窝铺等红山文化聚落址中出土的遗物存在明显的差别，前者的陶器多见筒形器而后者则多见筒形罐。对两类遗物分析的结果很难进行直接的对应，依据单一性质的材料所获得的认识并不能反映红山文化的整体特征。牛河梁遗址所发现的各类生产活动的特征与生计方式并无明显相关性，特殊的礼仪行为在推动和维持社会发展的作用以及支持此种非生产性活动的社会资源的来源尚不清晰，分析中也没有发现神权与世俗的社会管理方式之间存在明确的联系，期待随着与生计和居住方式有关的资料的进一步丰富可以对此进行深入的讨论。

目前的发掘材料以牛河梁遗址第四期墓葬遗存为主，从埋葬位置和墓葬特征来看，不同地点的墓葬应该属于不同的人群。从墓葬处理方式所表现出的差异来看，这些人群在居住地点上可能也存在差异，但在牛河梁遗址区内的调查并没有发现同期的生活遗存，这些人群的居住形态和分布位置，也是我们认识红山文化社会构成的重要内容。目前虽然也发现了多个大型的红山文化聚落群，但其与牛河梁遗址的年代关系或功能分工仍是未来研究中需要关注的内容。

玉器制作的专业化分工和牛河梁遗址作为玉器消费遗址的存在意味着在周边其他区域存在玉器的生产遗址，期待随着考古发现的丰富可以对牛河梁遗址甚至红山文化对特殊产品的生产和消费的过程有更深入的认识，并在此基础上丰富对红山文化人群的社会管理方式的认识。

牛河梁遗址经过了 1983～2003 年的发掘，并且有《牛河梁》报告对资料的相对完整的公布，推动了红山文化研究的深入，而现有的研究成果及存在的问题显示，以解决学术问题为目的的围绕牛河梁遗址的调查和发掘工作仍非常必要。希望辽宁省文物考古研究所启动的大凌河上游地区红山文化研究的项目以及随之开展的多项考古发掘成为解决上述问题的重要突破口，可以逐步丰富我们对牛河梁遗址的认识。也期待在对红山文化有更深入了解的基础上，通过与周边文化的对比，探讨红山文化在中国文明起源进程中的作用与意义及其与周边同时期考古学文化之间的相互影响与借鉴。

本书将研究的重点集中在牛河梁遗址，对其他遗址仅有简要的分析，由于篇幅和资料的限制，分析中仅对资料较多、保留信息明显的部分进行了重点分析，研究内容并未涉及牛河梁遗址发现的全部，深望此书能成引玉之砖，推动红山文化研究的深入。

参考文献

〔美〕埃尔曼·塞维斯，2019，《国家与文明的起源——文化演进的过程》，龚辛等译，上海古籍出版社。

安徽省文物考古研究所，2004，《潜山薛家岗》，文物出版社。

——2006，《凌家滩——田野考古发掘报告之一》，文物出版社。

敖汉旗博物馆，2004，《敖汉文物精华》，内蒙古文化出版社。

包智明，1996，《论社会结构及其构成要素》，《社会科学辑刊》第5期。

蔡大伟，2008，《分子考古学导论》，科学出版社。

曹彩霞，2015，《从酋邦理论探讨红山社会复杂化》，《赤峰学院学报》（汉文哲学社会科学版）第5期。

陈国庆，2003，《浅析红山文化筒形器》，《北方文物》第4期。

——2008，《红山文化研究》，《华夏考古》第3期。

陈淑卿，2012，《大南沟墓地分析——基于ACESS的数据发掘》，《东方考古》，科学出版社。

陈星灿，1990，《红山文化彩陶筒形器是陶鼓推考》，《北方文物》第1期。

——1993，《权力：研究国家起源的契机——读〈史前国家的演进〉》，《文物季刊》第1期。

——1997，《等级－规模模型在聚落考古研究上的应用》，《学人》第11辑，江苏文艺出版社。

崔天兴，2016，《考古学视角的史前社会分工与分层》，《重庆社会科学》第 2 期。

〔美〕戴维·格伦斯基，2005，《社会分层》（第 2 版），王俊等译，华夏出版社。

〔英〕德雷克·格利高里、约翰·厄里，2011，《社会关系与空间结构》，谢礼圣、吕增奎等译，北京师范大学出版社。

邓聪、刘国祥，2011，《红山文化东拐棒沟 C 形玉龙的工艺试析》，《中国文物报》1 月 21 日、2 月 18 日。

丁亮，2015，《豫西南地区史前出土石器研究》，硕士学位论文，郑州大学历史学院。

杜玉华，2013，《社会结构——一个概念的再考评》，《社会科学》第 8 期。

段天璟、成璟瑭、曹建恩，2011，《红山文化聚落遗址研究的重要发现——2010 年赤峰魏家窝铺遗址考古发掘的收获与启示》，《吉林大学社会科学学报》第 4 期。

〔英〕多琳·马西，2010，《劳动的空间分工：社会结构与生产地理学》，梁光严译，北京师范大学出版社。

〔美〕厄尔，2007，《酋邦的演化》，陈洪波等译，《南方文物》第 4 期。

恩格斯，1999，《家庭、私有制与国家的起源》，人民出版社。

方殿春、刘葆华，1984，《辽宁阜新县胡头沟红山文化玉器墓的发现》，《文物》第 6 期。

方殿春、刘晓鸿，2005，《辽宁阜新县胡头沟红山文化积石冢的再一次调查与发掘》，《北方文物》第 1 期。

方殿春、朱达，2012，《红山文化牛河梁期的确立》，《辽河寻根　文明溯源——中华文明起源学术研讨会论文集》，文物出版社。

方辉主编，2007，《聚落与环境考古学理论与实践》，山东大学出版社。

冯时，1993，《红山文化三环石坛的天文学研究——兼论中国最早的圜丘与方丘》，《北方文物》第 1 期。

傅宗德，1997，《筒形器用途初探》，《辽海文物学刊》第 1 期。

高美璇、李恭笃，1986，《辽宁凌源县三官甸子城子山红山文化遗存分期探索》，《考古》第 6 期。

郭大顺，1984，《论辽河流域的原始文明与龙的起源》，《文物》第 6 期。

——1996，《红山文化勾云形玉佩研究——辽河文明巡礼之四》，《故宫文物月刊》第 164 期。

——1997，《红山文化的"唯玉为葬"与辽河文明起源特征再认识》，《文物》第 8 期。

——1997，《中华五千年文明的象征——牛河梁红山文化坛庙冢》，《牛河梁红山文化遗址与玉器精粹》，文物出版社。

——2005，《从牛河梁遗址看红山文化的社会变革》，载中国社会科学院中国文明研究中心编《中国文明研究》，文物出版社。

——2006，《红山文化勾云形玉器再研究》，中国社会科学院考古研究所编《21 世纪的中国考古学——庆祝佟柱臣先生八十五华诞学术文集》，文物出版社。

——2007，《辽河流域文明起源研究回顾与前瞻》，《辽宁师范大学学报》（文史哲版）第 1 期。

——2008，《红山文化"玉巫人"的发现与"萨满式文明"的有关问题》，《文物》第 10 期。

——2010，《牛河梁遗址所见东北南部早期聚落演变与文明进程》，载中国社会科学院考古研究所、郑州市文物考古研究院编《中国聚落考古的理论与实践（第一辑）——纪念新砦遗址发掘 30 周年学术研讨会文集》，科学出版社。

——2013，《写在牛河梁遗址发掘报告出版之际》，载辽宁省文物考古研究所编《红山文化学术研讨会论文集》，辽宁人民出版社。

郭大顺、张克举，1984，《辽宁喀左县东山嘴红山文化建筑群址发掘简报》，《文物》第 11 期。

郭立新，2005，《长江中游地区初期社会复杂化研究》，上海古籍出版社。

郭明，2008，《管窥勾云形玉器》，载杨伯达、郭大顺、雷广臻主编《古玉今韵——朝阳牛河梁红山玉文化国际论坛文集》，中国文史出版社。

——2008，《试析红山文化勾云形玉器》，《考古与文物》第 5 期。

——2011，《大南沟墓地社会结构初探》，《华夏考古》第 1 期。

——2012，《红山文化时期玉器的使用与修复》，载北京艺术博物馆编《时空穿越》，北京美术摄影出版社。

——2013，《牛河梁遗址出土勾连涡纹的演变》，载辽宁省文物考古研究所编《红山文化学术研讨会论文集》，辽宁人民出版社。

国家文物局合组赤峰考古队，2002，《半支箭河中游先秦时期遗址》，科学出版社。

何驽，2014，《长江流域文明起源商品经济模式新探》，《东南文化》第 1 期。

贺云翔，2013，《具有解构思维特征的"文化因素分析法"——考古学者的"利器"之四》，《大众考古》第 5 期。

华玉冰，1994，《牛河梁女神庙平台东坡筒形器群遗存发掘间报》，《文物》第 5 期。

——2000，《说玦》，载《中国考古学的世纪回顾与前瞻》，科学出版社。

黄建秋，2007，《陶器形态与折衷陶器研究》，《南方文物》第 3 期。

——2013，《牛河梁遗址出土红山文化斜口筒形器》，载辽宁省文物考古研究所编《红山文化学术讨论会文集》，辽宁人民出版社。

黄可佳，2007，《八里岗遗址史前石器研究——兼论南阳盆地史前时期工业》，硕士学位论文，北京大学考古文博学院。

科技部社会发展科技司、国家文物局博物馆与社会文物司，2009，《中华文明探源工程文集——社会与精神文化卷（Ⅰ）》，科学出版社。

〔美〕科斯汀，2016，《手工业专门化：生产组织的定义、论证及阐释》，郭璐莎、陈力子译，《南方文物》第 2 期。

孔昭宸、杜乃秋等，1991，《内蒙古自治区赤峰市距今 8000～2400 年间环境考古学的初步研究》，载周昆叔主编《环境考古研究》第一辑，科学出版社。

〔美〕赖斯，2014，《陶器生产专业化演变——一个尝试性模型》，郭璐莎、陈力子、陈淳译，《南方文物》第 1 期。

李伯谦，2009，《中国古代文明演进的两种模式——红山、良渚、仰韶大墓随葬玉器观察随想》，《文物》第 3 期。

李恭笃，1986，《辽宁凌源县三官甸子城子山遗址试掘报告》，《考古》第 6 期。

李恭笃、高美璇，1987，《内蒙古敖汉旗四棱山红山文化窑址》，《史前研究》第 4 期。

李辉、金力，2015，《Y 染色体与东亚族群演化》，上海科学技术出版社。

李猛，2012，《"社会"的构成：自然法与现代社会理论的基础》，《中国社会科学》第 10 期。

李新伟，2008，《地理信息系统支持的兴隆洼文化手工业生产专业化研究》，《考古》第 6 期。

——2017，《仪式圣地的兴衰——辽西史前社会的独特文明化进程》，上海古籍出版社。

辽宁省博物馆、昭乌达盟文物工作站、敖汉旗文化馆，1977，《辽宁敖汉旗小河沿三种原始文化的发现》，《文物》第 12 期。

辽宁省文物考古研究所，1986，《辽宁牛河梁红山文化"女神庙"与积石冢群发掘简报》，《文物》第 8 期。

——1994，《牛河梁女神庙平台东坡筒形器群遗存发掘简报》，《文物》第 5 期。

——1997，《辽宁牛河梁第二地点四号冢筒形器墓的发掘》，《文物》第 8 期。

——1997，《辽宁牛河梁第二地点一号冢 21 号墓发掘简报》，《文物》第 8 期。

——1997，《牛河梁红山文化遗址与玉器精粹》，文物出版社。

——1997，《辽宁牛河梁第五地点一号冢中心大墓（M1）发掘简报》，《文物》第 8 期。

——2001，《辽宁凌源市牛河梁遗址第五地点 1998～1999 年度的发掘》，《考古》第 8 期。

——2004，《牛河梁遗址》，学苑出版社。

——2008，《牛河梁第十六地点红山文化积石冢中心大墓发掘简报》，《文物》第 10 期。

——2008，《牛河梁红山文化第二地点一号冢石棺墓的发掘》，《文物》第 10 期。

——2012，《牛河梁——红山文化遗址发掘报告（1983—2003 年度）》，文物出版社。

——2014，《辽海记忆——辽宁考古六十年重要考古发现（1954—2014）》，辽宁人民出版社。

辽宁省文物考古研究所、朝阳市龙城区博物馆，2017，《辽宁朝阳市半拉山红山文化墓地的发掘》，《考古》第 2 期。

——2017，《辽宁朝阳市半拉山红山文化墓地》，《考古》第 7 期。

辽宁省文物考古研究所、赤峰市博物馆，1998，《大南沟——后红山文化墓地发掘报告》，科学出版社。

辽宁省文物考古研究所、美国匹兹堡大学人类学系、美国夏威夷大学，2010，《辽宁大凌河上游流域考古调查简报》，《考古》第 5 期。

辽宁省文物考古研究所、匹兹堡大学比较考古学中心，2014，《大凌河上游流域红山文化区域性社会组织》，匹兹堡。

刘斌，2007，《神巫的世界——良渚文化综论》，浙江摄影出版社。

刘国祥，1994，《红山文化无底筒形器的考古发现及其功用》，《中国文物报》9 月 11 日。

——2000，《牛河梁玉器初步研究》，《文物》第 6 期。

——2012，《牛河梁第十六地点四号大型墓及相关问题探讨》，载辽宁省博物馆编《辽河寻根　文明探源——中华文明起源学术研讨会论文集》，文物出版社。

——2015，《红山文化研究》，科学出版社。

刘恒武、刘莉，2010，《论西方新进化论之酋邦概念及其理论困境》，《社会科学战线》第 7 期。

刘晋祥，1997，《燕山南北长城地带史前聚落形态的初步研究》，《文物》第 8 期。

刘莉，1998，《龙山文化的酋邦与聚落形态》，《华夏考古》第 1 期。

——2007，《中国新石器时代——迈向早期国家之路》，陈星灿译，文物出版社。

吕军，1998，《红山文化玉器研究》，载吉林大学考古系编《青果集——吉林大学考古学系建系十周年纪念文集》，知识出版社。

吕学明、朱达，2002，《牛河梁红山文化墓葬分期及相关问题》，载费孝通主编《玉魂国魄——中国古代玉器与传统文化学术讨论会文集》，北京燕山出版社。

吕学明等，2015，《2014 年牛河梁遗址系统性区域考古调查研究》，《华夏考古》第 3 期。

栾秉璈，2008，《兴隆洼文化和红山文化玉料来源问题》，《赤峰学院学报》第 1 期。

栾丰实，2002，《关于聚落考古学研究中的共时性问题》，《考古》第 5 期。

——2013，《试论牛河梁及周边地区的红山文化晚期社会》，载辽宁省文物考古研究所编《红山文化学术研讨会论文集》，辽宁人民出版社。

〔英〕迈克尔·曼，2015，《社会权力的来源——从开端到 1760 年的权力史》第一卷，刘北成、李少军译，上海人民出版社。

〔瑞典〕蒙特留斯，1937，《先史考古学方法论》，滕固译，商务印书馆。

内蒙古自治区文物考古研究所、吉林大学边疆考古研究中心，2012，《赤峰上机房营子与西梁》，科学出版社。

裴安平，2008，《中国史前晚期手工业的主要特点》，《中国经济史研究》第 4 期。

——2015，《"区域聚落考古"可以休矣》，《东南文化》第 1 期。

尚晓波，1993，《牛河梁红山文化遗存丧葬习俗初探》，载《青果集——吉林大学考古专业成立二十周年考古论文集》，知识出版社。

邵国田，1995，《概述敖汉旗的红山文化遗址分布》，载《中国北方古代文化国际学术研讨会论文集》，中国文史出版社。

——2004，《敖汉文物精华》，内蒙古文化出版社。

沈长云、张渭莲，2009，《中国古代国家起源与形成研究》，人民出版社。

施雅风主编，1992，《中国全新世大暖期气候与环境》，海洋出版社。

宋建，2017，《良渚——神权主导的复合型古国》，《东南文化》第 1 期。

苏秉琦，1986，《辽西古文化古城古国——兼谈当前田野考古工作的重点或大课题》，《文物》第 8 期。

——1999，《中国文明起源新探》，读书·生活·新知三联书店。

苏家寅，2014，《史前社会复杂化理论与陶寺文化研究》，博士学位论文，中国社会科学院研究生院。

孙守道、郭大顺，1984，《辽河流域的原始文明与龙的起源》，《文物》第 6 期。

——1986，《牛河梁红山文化女神头像的发现与研究》，《文物》第 8 期。

索秀芬，2006，《燕山南北地区新石器时代文化研究》，博士学位论文，吉林大学。

索秀芬、李少兵，2007，《牛河梁遗址红山文化遗存分期初探》，《考古》第 10 期。

塔拉、曹建恩、成璟瑭、王春雪，2012，《内蒙古赤峰魏家窝铺遗址 2011 年发掘成果》，《中国文物报》2 月 10 日。

〔美〕特纳，2006，《社会学理论的结构》（第 7 版），邱泽奇、张茂元等译，华夏出版社。

田广林，2004，《红山文化"坛、庙、冢"与中国古代宗庙、陵寝的起源》，《史学集刊》第 2 期。

佟柱臣，1989，《中国东北地区和新石器时代考古论集》，文物出版社。

〔法〕涂尔干，2013，《社会分工论》，渠东译，读书·生活·新知三联书店。

王来柱，2010，《凌源市西梁头红山文化石棺墓地的发掘与研究》，载杨晶、蒋卫东主编《玉魂国魄——中国古代玉器与传统文化学术讨论会文集》（四），浙江古籍出版社。

王立新，2005，《辽西区史前社会的复杂化过程》，《吉林大学社会科学学报》第 2 期。

王荣，2009，《薛家岗玉器加工工艺的微痕迹初探》，《文物保护与考古科学》第 4 期。

王荣、吴在君，2015，《中国玉器的古代修复工艺研究——以出土玉器为例》，《东南文化》第 3 期。

王巍，2009，《红山文化与中华文明起源研究》，载科技部社会发展科技司、国家文物局博物馆与社会文物司编《中华文明探源工程文集社会与精神文化卷（Ⅰ）》，科学出版社。

王震中，1994，《中国文明起源的比较研究》，陕西人民出版社。

——2013，《中国古代国家的起源与王权的形成》，中国社会科学出版社。

魏凡，1994，《牛河梁红山文化第三地点积石冢石棺墓》，《辽海文物学刊》第 1 期。

文德安，2007，《工艺生产与中国古代社会的复杂化进程》，卢建英译、方辉校，《南方文物》第 1 期。

巫鸿，1989，《从"庙"至"墓"》，《庆祝苏秉琦考古五十五年论文集》，文物出版社。

夏正楷、邓辉、武弘麟，2000，《内蒙古西拉木伦河流域考古文化演变的地貌背景分析》，《地理学报》第 5（3）期。

谢维扬，1996，《中国早期国家》，浙江人民出版社。

徐昭峰、李浩，2014，《红山文化积石冢与辽东半岛积石冢关系辨析》，载赤峰学院红山文化研究院编《第八届红山文化高峰论坛文集》，辽宁大学出版社。

徐昭峰、于海明，2017，《牛河梁遗址与红山文化祭祖权的垄断》，《辽宁师范大学学报》（社会科学版）第 1 期。

严文明，1996，《中国文明起源的探索》，《中原文物》第 1 期。

——1997，《黄河流域文明的发祥与发展》，《华夏考古》第 1 期。

杨虎，1988，《敖汉旗西台新石器时代及青铜时代遗址》，《中国考古学年鉴》，文物出版社。

——1989，《关于红山文化的几个问题》，《庆祝苏秉琦考古五十五周年论文集》，文物出版社。

杨虎、林秀贞，2010，《内蒙古敖汉旗红山文化西台类型遗址简述》，《北方文物》第 3 期。

杨建华，2010，《论社会分化的三个维度》，《浙江学刊》第 1 期。

易建平，2004，《部落联盟与酋邦》，社会科学文献出版社。

——2008，《从摩尔根到塞维斯：酋邦理论的建立》，《史学理论研究》第 4 期。

尹达，1955，《中国新石器时代》，读书·生活·新知三联书店。

俞伟超，1996，《考古学是什么》，中国社会科学出版社。

张弛，2003，《长江中下游史前聚落研究》，文物出版社。

——2015，《考古年代学四题》，《文物》第 9 期。

——2015，《社会权力的起源——中国史前葬仪中的社会与观念》，文物出版社。

张光直，1986，《考古学专题六讲》，文物出版社。

——2002，《考古学中的聚落形态》，胡鸿保、周燕译，陈星灿校，《华夏考古》第 1 期。

张星德，1991，《红山文化分期初探》，《考古》第 8 期。

——2005，《红山文化研究》，中国社会科学出版社。

张忠培，1999，《聚落考古初论》，《中原文物》第 1 期。

张忠培等，2003，《内蒙古东部（赤峰）区域考古调查阶段性报告》，科学出版社。

赵宾福，2012，《以陶器为视角的红山文化发展阶段研究》，《考古学报》第 1 期。

赵辉，1998，《遗址中的“地面”及其清理》，《文物季刊》第 2 期。

赵欣，2009，《辽西地区先秦时期居民的体质人类学与分子考古学研究》，博士学位论文，吉林大学文学院。

赵振东，1997，《辽宁阜新县胡头沟新石器时代红山文化积石冢二次清理研究探索》，载孙进己、冯永谦、苏天钧主编《中国考古集成东北卷新石器时代》（二），北京出版社。

郑红，1997，《红山文化筒形器研究》，《辽海文物学刊》第 1 期。

中国社会科学院考古研究所，2012，《科技考古的方法与应用》，文物出版社。

中国社会科学院考古研究所内蒙古工作队、内蒙古自治区敖汉旗博物馆，2005，《内蒙古敖汉旗蚌河、老虎山河流域新石器时代遗址调查简报》，《考古》第 3 期。

周南、柯睿思，2004，《早期酋长制群体的聚落形态比较研究》，《吉林大学社会科学学报》第 5 期。

周星，1992，《黄河中上游新石器时代的住宅形式与聚落形态》，《史前史与史前考古学》，陕西人民出版社。

朱乃诚，2013，《中国早期文明的红山模式》，载辽宁省文物考古研究所编《红山文化学术研讨会论文集》，辽宁人民出版社。

朱延平，1997，《东北地区南部公元前三千纪初以远的新石器考古学文化编年、谱系及相关问题》，《考古学文化论集（4）》，文物出版社。

——2007，《红山文化彩陶纹样探源》，《边疆考古研究（6）》，科学出版社。

Binford, Lewis R., 1971, "Mortuary Practices: Their Study and Their Potential," *Memoirs of the Society for American Archaeology*, vol. 25.

Cordy, Ross H., 1981, *A Study of Prehistoric Social Change: The Development of Complex Societies in Hawaiian Islands*, New York: Academic Press.

Hegon, M., 1998, "Technology Style and Social Practices: Archaeological Approaches," in M. T. Stark, ed., *The Archaeology of Social Boundaries*, Washington: Smithsonia Institution Press.

Ling-yu, Hong, *Pottery Production, Mortuary Practice, and Social Complexity in the Majiayao Culture*, NW, China, doctoral dissertation, Washington University, 2011.

O'Shea, John M., 1984, *Mortuary Variability: An Archaeological Investigation*, Academic Press.

Trigger, Bruce G., 1968, "The Determinants of Settlement Patterns," in *Settlement Archaeology*, edited by K. C. Chang, Palo Alto, California: National Press Books.

附 表

附表一 牛河梁遗址第四期墓葬特征统计

遗迹地点	编号	头向（度）	性别	长（米）	宽（米）	深（米）	盖	底	砌筑
N2Z1	N2Z1M1	东					有迹象	大石块，不全	石板立置
	N2Z1M10	85	F					无	石板立置
	N2Z1M11	75	M					无	3叠1立
	N2Z1M13	70	F				石板	无	叠砌（长边）+立置（短端）
	N2Z1M14	260	F			0.13	石板	无	石板立置
	N2Z1M15	250	F				石板	无	石板立置
	N2Z1M16	86		1.42	0.34	0.35		石板	叠砌（长边）
	N2Z1M17	83	F	0.5	0.25		盖板	无	石板立置
	N2Z1M19	78		0.95	0.55	0.3~0.45	封石	无	石板立置
	N2Z1M2	破坏							
	N2Z1M20	252		1.92	0.28	0.18	盖板	无	石板立置
	N2Z1M21	256			2.66	1.2	石盖板	无	石板叠砌
	N2Z1M22	75				1.3		?	
	N2Z1M23	82	M			1.9		无	石板叠砌
	N2Z1M24	84	合葬	3.1	1.95c	2.14	盖板	无	石板叠砌
	N2Z1M25	257	M	3.15	3.5	2.7	无	石板	石板叠砌
	N2Z1M26	255	F	3.4	3.9	1.9	无	石板	石板叠砌
	N2Z1M27	255	F	3.3	1.86	1	盖板	无	石板叠砌
	N2Z1M3	二次葬							
	N2Z1M4	85	N2Z1M				石板+封石	无	石板立置

续表

遗迹地点	编号	头向（度）	性别	长（米）	宽（米）	深（米）	盖	底	砌筑
N2Z1	N2Z1M5	85					封石	无	不规则石块
	N2Z1M6	85						无	石板立置
	N2Z1M7						封石	无	
	N2Z1M8	80	F	0.99	0.36		石板	无	大石板 + 石块
	N2Z1M9	88	M	1.86	0.26 ~ 0.56	0.18		无	石板立置
N2Z2	N2Z2M1	100		2.21	0.85	0.5	盖板	石板	
	N2Z2M2	248		3.1	2.8	1.2	无	底板	
	N2Z2M3	85		2.8	1.4		无	底板	
	N2Z2M4	95		4	2.2	0.5	盖板	无	
N2Z4A	N2Z4AM10	86	F	2.15	0.6	0.3			叠砌（外侧）+ 立置（内侧）
	N2Z4AM11	76		1.7c	0.52	0.19	未见	石板	石板叠砌
	N2Z4AM14	72					盖板	石板	石板叠砌
	N2Z4AM15	261		1.99	0.62	0.69 ~ 0.78	盖板	无	叠砌（外侧）+ 立置（内侧）
	N2Z4AM2	305	F				盖板	石板	叠砌（外侧）+ 立置（内侧）
	N2Z4AM3	72					未见	石板	
N3	N3M10	84	U	3.04	0.88 ~ 1.44		盖板	无	石板叠砌
	N3M11	154	U	2.61	1.45		盖板	无	石板叠砌
	N3M12	139	U				盖板	无	石板叠砌
	N3M2	115	F	2.26	0.8		盖板	无	石板立置
	N3M3	325	F				盖板	无	叠砌（上侧）+ 立置（下侧）
	N3M4	325	M					无	叠砌（上侧）+ 立置（下侧）
	N3M5	330	扰动	2.38	0.66			无	石板立置
	N3M6	110	U	2.4	1.1			无	
	N3M7	315	M	2.9	1.35 ~ 1.85			无	石板叠砌
	N3M8	335	U				盖板	无	叠砌（上侧）+ 立置（下侧）
	N3M9	330	M					无	石板立置

续表

遗迹地点	编号	头向（度）	性别	长（米）	宽（米）	深（米）	盖	底	砌筑
N5	N5Z1M1	119	M	3.8	3.05	2.25	盖板	无	叠砌（长边）+立置（短边）
	N5Z2M1	95		2.28	0.6	0.55			叠砌（长边）+立置（长边）
	N5Z2M2	98		2.1	0.78~1.1	1	盖板	无	3叠1立
	N5Z2M3	279		2.3	1.25	0.65	盖板	石板	石块叠砌
	N5Z2M9								
N16	79M1	310					不详	底板	石板立置？
	79M2	280		2.54	1.5	1.2	盖板	底板	石板叠砌
	79M3	331		1.49	0.48	0.6	不详	底板	不详
	N16M1	196					盖板	无	石板立置
	N16M10	215		2.52	0.85	1.4	盖板？	无	石板立置
	N16M11			2.2	1.1		盖板	无	
	N16M12			1.8	0.4~0.42	0.3	石块	石块	石叠平砌
	N16M13			2.3	0.95	0.44	大石块	底板	石板立置
	N16M14	东南－西北	F	2.9	1.25		大石块	底板	石板立置
	N16M15	297		2.49	1	0.24	盖板	底板	叠砌（外侧）+立置（内侧）
	N16M4	80		3.1	3.9	4.68	盖板	底板	石板叠砌

附表二 半拉山墓地墓葬要素统计

简报分期	编号	方向（度）	开口居位	打破居位	墓圹深度（米）	石棺深度（米）	随葬品	葬式	墓葬类型
早期	M23	68	1	3b	0.42	0.4	双联璧	二次	石棺墓
	M24	85	1	3b	0.52	0.36	/	二次	石棺墓
	M25	70	1	3B	0.15	？	环	仰身直肢葬	石棺墓
	M30	71	1	3b	0.62	0.37	坠饰/玉料/玛瑙刮削器	二次	石棺墓
	M22	72	1	3b	0.57	0.35	环/镯	仰身直肢葬	石棺墓
	M26	90	1	3b	0.1	？	镯	仰身直肢葬	土坑墓
	M59	114	1	3b	0.17	/	/	仰身直肢葬	土坑墓
	M73	356	1	生土	0.24	/	/	二次	土坑墓
	M4	64	3a	3b	0.3	？	/	仰身直肢葬	石棺墓
	M76	73	3a	3b	0.55	0.24	环4/镯	仰身直肢葬	石棺墓

续表

简报分期	编号	方向（度）	开口居位	打破居位	墓圹深度（米）	石棺深度（米）	随葬品	葬式	墓葬类型
早期	M56	70	3a	基岩	0.11	/	/	二次	土坑墓
	M49	56	3a	3b	0.14	/	环/璧	二次	土坑墓
	M5	76	3a	3b	0.65	/	/	U	土坑墓
	M67	245	3a	3b	0.63	0.17	环2/钏2	仰身直肢葬	石棺墓
	M78	345	3a	3b	0.32	?	环2	仰身直肢葬	石棺墓
晚期	M3	70	2b	3a	1.52	0.41	珠2	U	石棺墓
	M53	74	2b	3a	0.37	0.31	/	U	石棺墓
	M33	69	2b	3a	0.32	0.2	/	U	石棺墓
	M1	110	2b	3a	0.9	?	/	U	石棺墓
	M16	76	2b	3a	0.14	0.07	/	二次	石棺墓
	M29	74	2b	3a	0.22	?	环6/璧2/坠饰2	二次	石棺墓
	M48	75	2b	3a	0.31	0.25	/	二次	石棺墓
	M50	76	2b	3a	0.37	0.22	环/坠饰	二次	石棺墓
	M77	71	2b	3a	0.39	0.32	环	二次	石棺墓
	M31	69	2b	3a	0.5	0.4	/	二次	石棺墓
	M65	67	2b	3a	0.51	0.5	/	二次	石棺墓
	M9	68	2b	3a	0.62	0.42	镯	二次	石棺墓
	M34	68	2b	3a	0.65	0.21	/	二次	石棺墓
	M66	62	2b	3a	0.67	0.14	/	二次	石棺墓
	M43	70	2b	3a	0.75	0.29	环3	二次	石棺墓
	M64	59	2b	3a	0.79	0.25	/	二次	石棺墓
	M71	71	2b	3a	0.79	0.47/0.33	环/璧	二次	石棺墓
	M13	73	2b	3a	0.9	0.35	斧/环	二次	石棺墓
	M35	71	2b	3a	0.92	0.3/0.22	环/璧	二次	石棺墓
	M54	85	2b	3a	0.95	0.26	/	二次	石棺墓
	M14	83	2b	3a	1.03	0.39	坠饰	二次	石棺墓
	M41	86	2b	3a	1.26	0.28	/	二次	石棺墓
	M40	70	2b	3a	1.4	0.29	/	二次	石棺墓
	M46	73	2b	3a	0.12	0.23	/	仰身直肢葬	石棺墓
	M32	69	2b	3a	0.2	0.2	/	仰身直肢葬	石棺墓
	M8	75	2b	3a	0.2	?	镯2/璧	仰身直肢葬	石棺墓
	M38	70	2b	3a	0.43	0.34	/	仰身直肢葬	石棺墓
	M69	68	2b	3a	0.65	0.46	镯2	仰身直肢葬	石棺墓
	M10	70	2b	3a	0.65	0.23	镯/环/玉料	仰身直肢葬	石棺墓
	M12	70	2b	3	0.67	0.39	龙/璧/柄端/石钺	仰身直肢葬	石棺墓

简报分期	编号	方向（度）	开口居位	打破居位	墓圹深度（米）	石棺深度（米）	随葬品	葬式	墓葬类型
	M2	76	2b	3a	0.8	0.37	镯/饰件		石棺墓
	M21	76	2b	3a	0.84	0.32	环/璧	仰身直肢葬	石棺墓
	M28	68	2b	3a	0.87	0.78	镯	仰身直肢葬	石棺墓
	M60	74	2b	3a	0.92	0.38	镯3/环2	仰身直肢葬	石棺墓
	M19	66	2b	3a	0.92	0.32	环/璧	仰身直肢葬	石棺墓
	M70	87	2b	3a	0.96	0.3	环/璧	仰身直肢葬	石棺墓
	M11	68	2b	3a	1	1	环/璧	仰身直肢葬	石棺墓
	M72	61	2b	3a	1.08	0.22	环4/镯2/璧3	仰身直肢葬	石棺墓
	M27	88	2b	3a	1.08	0.27/0.23	环4/镯	仰身直肢葬	石棺墓
	M45	65	2b	3a	1.15	0.22	环2/璧2/镯/玛瑙镞	仰身直肢葬	石棺墓
	M75	74	2b	3a	1.61	0.44	/	仰身直肢葬	石棺墓
	M20	70	2b	3	1.99	?			石棺墓
	M55	100	2b	3a	0.17	/	环2	二次	土坑墓
	M37	70	2a	2b	0.1	/	/	仰身直肢葬	积石墓
	M57	69	2b	3a	0.11	/	/	仰身直肢葬	土坑墓
	M25	70	1	3b	0.15	/	环	仰身直肢葬	石棺墓
	M36	85	2b	3	0.18	/	璧	仰身直肢葬	土坑墓
晚期	M74	79	2b	3a	0.38	/	玉料	二次	土坑墓
	M51	78	2b	3a	0.69	/	/	U	土坑墓
	M52	78	2b	3a	0.75	/	/	二次	土坑墓
	M6	78	2b	3a	0.92	/	/	二次	土坑墓
	M39	70	2b	3a	1.2	/	环3/三联璧/璧	仰身直肢葬	土坑墓
	M42	245	2b	3a	0.42	0.22	环3	仰身直肢葬	石棺墓
	M68	266	2b	3a	0.16	0.08	/	二次	石棺墓
	M18	135	2b	3a	0.15	/	/	二次	土坑墓
	M63	145	2b	3a	0.18	/	/	二次	土坑墓
	M47	154	2b	3a	0.38	0.26	/	二次	石棺墓
	M44	168	2b	3a	0.15	/	环	二次	土坑墓
	M15	315	2b	3a	0.1	/	环	二次	土坑墓
	M61	336	2b	3a	0.11	/	/	二次	土坑墓
	M62	345	2b	3a	0.26	0.2	璧	二次	石棺墓
	M58	350	2b	3a	0.8	/	/	仰身直肢葬	土坑墓
	M17		2b	3a	0.66	0.34	/	二次	石棺墓
	M7		2a	2b	?	?	坠饰	U	积石墓

附　图

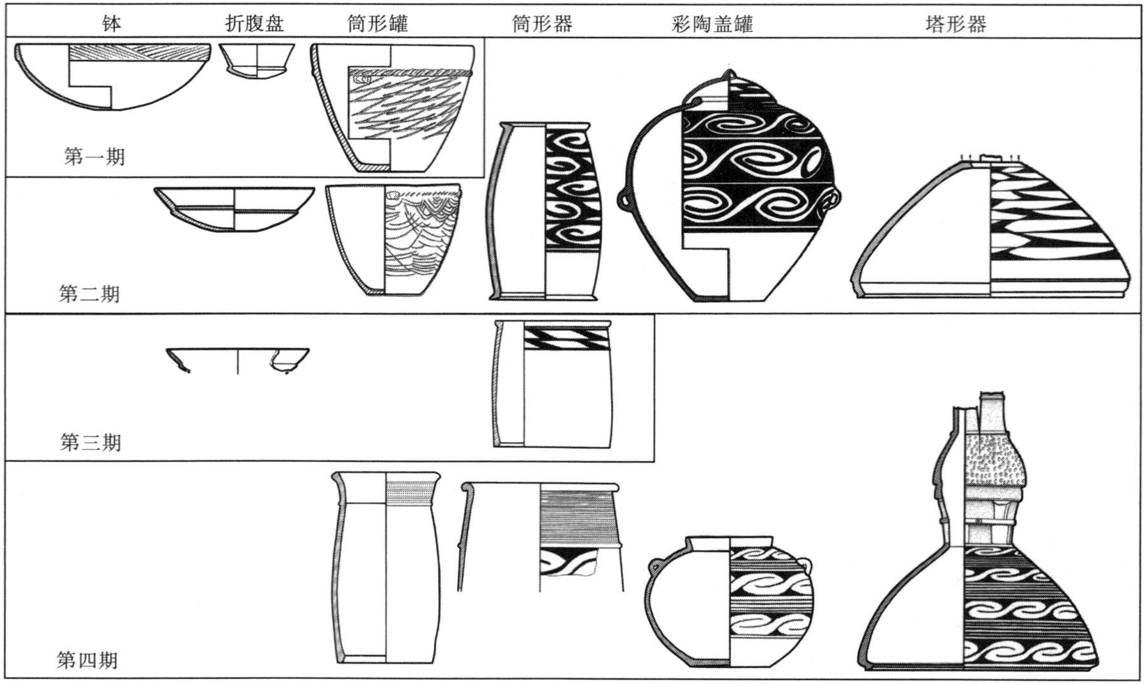

附图一　牛河梁遗址陶器分期示意

索 引

后 记

本书最初是 2013 年辽宁省社科基金重点项目"牛河梁遗址红山文化晚期社会的构成及变化研究"（L13AKG002）的成果，预期也只是个十万字的文章。准备结项时，笔者才发现未仔细阅读的"申报指南"中的结项要求是"出版"。虽然申请国家社科基金后期资助的初衷是完成辽宁省社科基金项目的结项，却随着研究内容的扩展和深入实现了文本质量的提升，从最初的国家社科基金后期资助的申请文本，到依据专家意见所进行的修改，再到最后确定的文本，不仅体量有所增加，结构有诸多调整，讨论的内容也有所深入。本书也是毕业十年来唯一一个耗费时间和精力与博士学位论文相当的成果，谨以此书作为对十年光阴的小小总结。一路走来，衷心感谢给予帮助、鼓励的领导、师长和陪伴成长的诸位友人。

感谢辽宁省博物馆吴炎亮馆长和辽宁大学华玉冰教授，正是他们的鼓励和支持，推动我申报辽宁省社科基金项目，并获得资助，成就了本书的最初版本；感谢好友詹群慧、孙雪岩，在本书写作和资料收集过程中提供了诸多帮助、支持和劝勉；感谢中国人民大学吕学明教授、华中师范大学宋亦萧教授，他们为后期资助的申报文本提供了重要的修改建议；感谢社会科学文献出版社的编辑人员在后期资助的申请和图书出版过程中付出的辛苦和努力；感谢社科基金后期资助项目为本书的出版提供经费支持；感谢中国社会科学院考古研究所贾笑冰老师，本书写作中很多想法和灵感源自牛河梁遗址第一地点发掘时与贾老师的交流和讨论；感谢后期资助的各位匿名评审专家，他们提出的宝贵意见使本书内容得以丰富和深入。

特别感谢郭大顺先生，他一直不吝对后辈提供支持，在百忙之中为本书作序。感谢我的导师黄建秋教授，本书虽然不是基于博士学位论文写作而成，但书中所采用的基本的研究方法和理念都是承自老师的教导。从考古的素人到如今可以有专著出版，衷心感谢老师多年来的关心和培养。

最后也要感谢我的家人，虽然他们并不赞同我所选择的职业，却能一如既往地给予支持。

从最初选题的确定到图书出版，无论是材料的收集、文本的写作还是经费的管理和使用都离不开诸位师友、同事的支持和鼓励，未能一一列出，在此一并致谢。

付梓在即，却没有预想中的轻松，反而忐忑不已，深恐有负师友的帮助。从文章定稿到校对出版期间一些新的发现和探讨未能收录书中不免遗憾。学无止境，对红山文化的研究亦是如此，谨以此书抛砖引玉，期待红山文化研究的新成果。

受笔者学识和研究能力所限，本书难免有疏漏和不足之处，敬请各位师友、同行批评指正。

郭　明

2019 年 9 月 4 日

图书在版编目（CIP）数据

牛河梁遗址红山文化晚期社会的构成 / 郭明著. --
北京：社会科学文献出版社，2019.9
　国家社科基金后期资助项目
　ISBN 978 - 7 - 5201 - 3376 - 0

　Ⅰ.①牛…　Ⅱ.①郭…　Ⅲ.①红山文化 - 文化遗址 -
研究 - 朝阳　Ⅳ.①K878.04

　中国版本图书馆 CIP 数据核字（2018）第 205156 号

·国家社科基金后期资助项目·

牛河梁遗址红山文化晚期社会的构成

著　　者 / 郭　明

出 版 人 / 谢寿光
组稿编辑 / 宋月华　袁卫华
责任编辑 / 袁卫华

出　　版 / 社会科学文献出版社 · 人文分社（010）59367215
　　　　　　地址：北京市北三环中路甲 29 号院华龙大厦　邮编：100029
　　　　　　网址：www.ssap.com.cn
发　　行 / 市场营销中心（010）59367081　59367083
印　　装 / 三河市龙林印务有限公司

规　　格 / 开 本：787mm × 1092mm　1/16
　　　　　　印 张：28　插 页：0.5　字 数：430 千字
版　　次 / 2019 年 9 月第 1 版　2019 年 9 月第 1 次印刷
书　　号 / ISBN 978 - 7 - 5201 - 3376 - 0
定　　价 / 198.00 元